U0092175

探尋胡適的精神世界

的精神世界

歐陽哲生

目次

胡適的文化世界

　　在歷史上，我們常常賦予那些在一個時代起著關鍵作用或導向意義的人物以特別顯赫的地位，甚至以他的名字來命名一個時代。如果我們要選擇一位代表「五四」以來中國文化發展趨向的歷史人物，作為這個時代的代表或象徵，胡適無疑是最具挑戰意義的人選。

　　中國人文學術從十九世紀後期開始醞釀新的突變，其變化更新主要出自二途：一是在繼承中國傳統學術的基礎上，尋找新材料，拓展新領域，借用新工具，發展中國人文學術，使之獲得新的生命力，此謂推陳出新。一是通過傳播外來學術文化（主要是歐美科學文化），擴大國人的視野，給中國文化輸入新的血液，所謂援西入中。兩途並非判然有別，而是相互影響。外來學術文化為人們重新認識、整理中國傳統學術和文化遺產提供新的借鑒，本民族習慣的思維模式和興趣愛好又制約著人們對外來學術文化的選擇和理解。它們構成推動中國人文學術從傳統向現代轉型的雙重動力。

　　這一文化轉型是與幾代中國學人的持續努力和辛勤勞作分不開。大致從十九世紀八、九十年代至 1915 年，此時西學傳輸已初步展開，國學（特別是經學、子學）研究漸露新機，是為新學之草創階段。這一代學人的代表性人物有康有為、梁啟超、嚴復、譚嗣同、章太炎、劉師培、孫詒讓、夏曾佑、羅振玉、王國維諸人。如論其影響力，當首推梁氏；而以治學之邃密，成就最具創獲性，則應認王國維。從 1915 年至三、四十年代，西方各種新的主義、新的思潮紛紛湧入中國學術界，國學研究層面大為擴展，新的學科體系逐漸建立。中西交融，古今錯落。此期大家薈萃，各有專精，如魯迅的中國小說史研究，陳寅恪、陳垣、傅斯年、顧頡剛、錢穆的史學研究，董作賓、李濟的考古學研究，郭沫若的甲骨文研究，錢玄同、

1

趙元任、李方桂的語言學研究，歐陽漸、呂澂、湯用彤的佛學研究，馮友蘭的哲學研究，金岳霖的邏輯學研究，……他們學有所守，相互切磋，建構了中國現代人文學術的基本框架。平心而論，若論對此一時期學術文化之風氣影響最巨者，則無出於胡適之右。

胡適屬於通才型的大家。他常說：哲學是他的「職業」，歷史是他的「訓練」，文學是他的「娛樂」。其論學涉及文學、史學、哲學、語言學、民俗學、宗教等領域，在學科分工日趨專業化的現代，如以某一學科的具體成就而言，也許不難找到與胡適匹敵，甚至超越胡適者；但像胡適這樣在諸多領域取得一流的成績，或發生重要影響，確屬罕見。

胡適一生的學術生涯可分為三個階段：早年（1891－1917年）、前期（1917－1937年）和後期（1937－1962年）。

早年是胡適學業的準備階段。這時期他在家鄉經歷了九年的傳統教育（1895－1903年），在上海梅溪、澄衷、中國公學等處接受了七年不中不西的新學堂教育（1904－1910年），然後赴美國康乃爾大學、哥倫比亞大學留學（1910年9月－1917年7月），受到西方現代學術訓練。胡適的求學過程可謂中國學術文化從傳統向現代急速轉型的一個縮影。其中在美的七年留學生涯，又為他學業成長的關鍵階段。正是在這七年，胡適不僅接受了系統的西方學術訓練，親身接觸、體驗了西方社會政治生活和文化傳統；而且自覺地深入鑽研本國的傳統典籍，思考中國文化革新的路徑，在文學、哲學等領域找到了新的突破口，從而奠定了其一生志業堅實的基礎。一部《胡適留學日記》是他這段生活的自供狀。只要把胡適的這部日記與當時中國國內的學術文化的狀況作一比較，即不難看出他思想超前的一面。後來亦留美的梁實秋先生曾感慨地說：「我讀過他的日記之後，深感自愧弗如，我在他的那個年齡，還不知道讀書的重要，而且思想也尚未成熟。如果我當年也寫過一部留學日記，其內容的貧乏與幼稚是可以想見的。」[1]可以說，胡適的「暴得大名」自然有「時

---

[1] 梁實秋：〈懷念胡適先生〉，收入《梁實秋文學回憶錄》，長沙：岳麓書社，1989

勢造英雄」的因素，但與他本人優化的知識結構和思想的相對超前分不開。

胡適成為現代中國一個文化巨人，首先是因他的名字與具有劃時代意義的新文化運動聯繫在一起。講到新文化運動，多年來各派、各黨之間曾就這一運動的領導者發生過爭議和辯駁。然證之於歷史事實，以當時的作用和影響而言，蔡元培、陳獨秀和胡適三人可謂舉足輕重。新文化運動作為一場中國文化的革新運動，陳獨秀創辦《青年雜誌》，為這一運動拉起民主（人權）、科學的大纛；蔡先生整頓北大，以「兼容並包」、「思想自由」、「教育獨立」的治校方針為新思潮、新文化護航；胡適在這時期發表的《中國哲學史大綱》（卷上）、《嘗試集》、《胡適文存》等著作，以其多方面的、創獲性的文化成就為整個運動提供了典範。關於這一歷史情形，陳獨秀晚年曾有明白的交代：「五四運動，是中國現代社會發展之必然的產物，無論是功是罪，都不應該專歸到那幾個人；可是蔡先生、適之和我，乃是當時在思想言論上負主要責任的人。」[2]

胡適自謙「但開風氣不為師」，其實新文化運動作為克服民族文化危機的「文藝復興運動」，其職責即是創造新的文化範式（Pattern）。這種新的範式具體體現於新文化運動，一方面創造性地提出一套新的文化價值觀念，建構新的學科框架；一方面又通過新的成果、新的人格精神，提供工作典範和道德模範。但既然是雛形，就相對粗糙，需要精雕細琢；既然是框架，就留下了許多需要解決的問題。儘管如此，它仍不失為一個偉大的開始。

新文化運動初期主要是在文學和道德兩個領域取得突破。所謂提倡新文學，反對舊文學；提倡新道德，反對舊道德。胡適的先導作用亦是表現在此。在文學領域，他以一篇〈文學改良芻議〉，首先拉開了「文學革命」的序幕。繼後一發而不可收拾，發表了〈建設

年 1 月版，第 138 頁。

[2] 陳獨秀：〈蔡孑民先生逝世後感言〉，原載 1940 年 3 月 24 日《中央日報》。《陳獨秀文章選編》下冊，北京：三聯書店，1984 年 6 月版，第 642 頁。

的文學革命論〉、〈文學進化觀念與戲劇改良〉、〈談新詩〉、〈論短篇小說〉等一系列理論文章，為新文學的發展鋪墊理論基礎。他身體力行從事新文學的創作嘗試，寫下了新詩的第一部拓荒之作——《嘗試集》。他最早推出用白話文翻譯的外國文學作品集——《短篇小說》第一集，這在當時也是頗具影響力的翻譯外國文學作品。一般論者認定，「五四」時期的新文學創作成績以短篇小說和新詩兩種體裁為最大，胡適的〈論短篇小說〉、〈談新詩〉在指導當時的文學創作中幾乎是短篇小說和新詩的金科玉律。他創作的《嘗試集》和翻譯的《短篇小說》第一集在「五四」時期的新文學運動中也有著示範性的意義。

胡適主張建設新道德。他宣傳易卜生主義，極力提倡健全的個人主義精神，主張給個人以充分的自由權，主張婦女解放，主張對舊的家庭制度進行改革，主張對陳舊的陋習進行革新，這些在當時都具有振聾發聵的作用，它是「五四」時期個性解放的思想動力。「五四」時期的一代新青年奉胡適為自己的導師，正是基於此。應當說明的是，胡適是個性解放的積極倡導者，但他的個人私生活又表現得相對嚴肅，以至成為各方面能夠接受和容納的新派人物。這也反映出胡適本人在新道德建設中較為成熟的一面。

在思想領域，胡適在《新青年》雜誌上發表了〈實驗主義〉長文，並借其老師杜威來華講演的聲勢，大力宣傳實驗主義的根本觀念，即「科學實驗室的態度」和「歷史的態度」，提倡「重新估定一切價值」的懷疑精神，為「五四」時期的思想解放運動提供哲學武器，這也是現代中美文化交流史的一段佳話。

胡適在新文化運動中的卓越表現與他的學術成就密不可分。胡適在學術研究中所創造的實績，最引人注目的是《中國哲學史大綱》（卷上），這部書從內容到形式為中國哲學史提供了新的範式，現代學者公認其為中國哲學史學科得以成立的標誌。此書的優長誠如蔡元培先生序中所言：「第一是證明的方法」，包括考訂作者時代，辨別著作真偽和揭示各家方法論；「第二是扼要的手段」，即「截斷眾流，從老子孔子講起」；「第三是平等的眼光」，對儒、墨、孟、荀各

家的長短「還他一個本來面目」;「第四是系統的研究」,顯示各家「遞次演進的脈絡」。[3]《中國哲學史大綱》的這些特點恰好反映了胡適治學的兩面,即繼承清代漢學考證方法的一面,現代學術理念的自由意識、歷史意識的一面。

胡適另一項引人注目的學術成就是中國古典小說考證。亞東圖書館的主人汪孟鄒先生與胡適關係密切,胡適督促其整理、出版新的中國古典小說本子,其內容包括:一是給原文加上標點符號,二是給原文分節分段,三是在正文前寫作一篇介紹該書歷史的導言。[4]這項工作胡適親自動手,從《儒林外史》開始,然後是《水滸傳》,影響最大的是《紅樓夢》。胡適為該書所作的前言——〈《紅樓夢》考證〉,以大量的新材料周密論證了「《紅樓夢》的著者是曹雪芹」,「《紅樓夢》一書是曹雪芹破產傾家之後,在貧困中做的」,「《紅樓夢》是一部隱去真事的自敘:裏面的甄、賈兩寶玉,即是曹雪芹自己的化身;甄、賈兩府即是當日曹家的影子」。[5]首次提出《紅樓夢》一書是曹雪芹的自敘傳體小說,一時激起巨響,此文的刊發標誌著新紅學的崛起。胡適的古典小說考證這一工作的意義「是給予這些小說名著現代學術榮譽的方式;認為它們也是一項學術研究的主題,與傳統的經學、史學平起平坐」。[6]將歷來為正統文人所不屑一顧的古典小說提升到現代學術殿堂來研究,胡適當有開創之功。

長期以來,一般論者均強調新文化運動之創新的一面,殊不知這一創新與中國人文傳統的演變有著密切的內在聯繫。胡適在這一運動中的創獲對後來中國文化學術的趨向有影響者,如他拓展的中國古典小說考證,實為將乾嘉漢學的考證方法運用到不登大雅之堂

---

[3] 蔡元培:《中國哲學史大綱·序》,收入《胡適文集》第 6 冊,北京大學出版社,1998 年 11 月版,第 155-156 頁。

[4] 《胡適口述自傳》第十一章〈從舊小說到新紅學〉,收入《胡適文集》第 1 冊,第 397 頁。

[5] 〈《紅樓夢》考證〉(改定稿),《胡適文存》卷三。《胡適文集》第 2 冊,第 457-458 頁。

[6] 《胡適口述自傳》第十一章〈從舊小說到新紅學〉,收入《胡適文集》第 1 冊,第 397 頁。

的小說；他提倡的白話文也不過是長期流行於民間的口頭話語；他的中國古代哲學史研究，亦大量採用清代漢學家的考證成果；他倡導的「整理國故」更是與乾嘉漢學──清末國粹派的活動一脈相承。因此對胡適和新文化運動的文化抉擇不僅應看到其與外來文化的聯繫，亦當重視它與中國人文傳統相聯繫和發展的一面。胡適將新文化運動的意義概括為四層：「研究問題，輸入學理，整理國故，再造文明」。[7]他本人也是在這四個層面展開自己的活動。

「五四」以後，胡適曾發起並身體力行「整理國故」。關於這場運動，我以為至少有三點值得肯定：一是主張用科學方法來研究歷史，強調歷史科學的實證性；二是拓展歷史研究的材料和範圍，將歷史研究延伸到廣闊的社會生活；三是大規模地對中國歷史文化進行系統地研究和清理，對前人所存在的一些誤判和疑誤重新予以研究。二十世紀二、三十年代，胡適先後撰寫並出版了《胡適文存》（二、三集）、《胡適論學近著》（後改為《胡適文存》四集）、《白話文學史》（上卷）、《中國中古思想史長編》、《中國中古思想小史》、《戴東原的哲學》、《章實齋先生年譜》等論學著作。其工作範圍大致可歸於「整理國故」。從知識增量的角度看，胡適這時期的學術工作進展主要表現在五個方面：

一是中國古典小說考證。胡適除先前對《儒林外史》、《水滸傳》和《紅樓夢》三書考證外，這時期還對《西遊記》、《鏡花緣》、《三俠五義》、《海上花列傳》、《兒女英雄傳》、《官場現形記》、《老殘遊記》、《醒世姻緣傳》等書予以考證和評介。在《紅樓夢》研究方面亦有一些新的研究材料發現。胡適的考證主要涉及這些作品的作者、版本源流等文本歷史的研究，可以說是小說史研究的基礎性工作，其小說考證頗受行家重視。1940 年 3 月，蔡元培先生逝世，中央研究院院長出缺，陳寅恪極力推薦胡適，他認為胡氏的中國古典小說考證和研究，在國外的學術界很有影響。[8]

7　〈新思潮的意義〉，《胡適文存》卷四。《胡適文集》第 2 冊，第 551 頁。

8　鄧廣銘：〈在紀念陳寅恪教授國際學術討論會閉幕式的發言〉，收入《鄧廣銘

　　二是文學史研究。胡適先是利用在國語講習所講課的機會，寫作了一部《國語文學史》書稿，後又以此為基礎進一步修改、擴充，寫作了一部《白話文學史》（上卷），其中提出了雙線文學的觀念，即由民間興起的生動的活文學和由御用文人寫作的僵化的死文學。這成為他研究中國文學史的一個中心觀念，亦是文學史研究中的一個革命性理論。

　　三是禪宗史研究。1924 年，胡適動手寫《中國禪學史》稿，寫到慧能、神會時有所懷疑，便決心搜求史料。1926 年在巴黎、倫敦他發現了神會的三種語錄和《顯宗記》，其後他層層挖掘、步步深入，發表一系列研究禪宗史的文章，如〈禪學古史考〉、〈從譯本裏研究佛教的禪法〉、〈菩提達摩考〉、〈論禪宗史的綱領〉、〈白居易時代的禪宗世系〉、〈論《牟子理惑論》〉、〈陶弘景的《真誥》考〉、〈《四十二章經》考〉、〈楞伽宗考〉、〈《楞伽師資記》序〉、〈中國禪學的發展〉（講演）、〈神會和尚遺集〉等。胡適可以說是利用敦煌史料研究禪宗史的第一人，他的有些論斷，如南宗「實自荷澤始盛」，充分肯定神會在禪宗史上的地位，亦為同行們所公認。他提出的一些看法雖引起爭議，並曾在禪學界引起廣泛討論，這一情形本身亦是對禪宗史研究的巨大推進。[9]

　　四是中國思想史研究。二、三十年代以後，胡適的哲學史（思想史）研究逐漸推向中古和清代。這方面他的著述主要有《中國中古思想史長編》、《中國中古思想小史》和有關宋代思想家李覯、清代思想家戴震、費氏父子等。其中他所寫的〈淮南王書〉（《中國中古思想史長編》的一章）和〈幾個反理學的思想家〉最能反映他本人的思想性格。胡適中年以後有意想重新寫一部中國思想史，以代替他原擬所寫的《中國哲學史》的打算，故特將《中國哲學史大綱》（卷上）改名為《中國古代哲學史》，以便讓其單獨流行，[10]然因種種原因，他的《中

學術文化隨筆》，北京：中國青年出版社，1998 年 4 月出版，第 214 頁。

[9]　參見高振農：〈胡適及其中國禪宗史研究〉，收入氏著《佛教文化與近代中國》，上海：上海社科院出版社，1992 年出版，第 207-219 頁。

[10]　參見胡適：〈《中國古代哲學史》臺北版自記〉，收入《胡適文集》第 6 冊，第

國思想史》直到晚年也未能如願完成。《中國哲學史大綱》只有卷上，此事常遭人譏議，梁漱溟先生甚至說：「他的缺陷是不能深入，他寫的《中國哲學史大綱》，只有卷上，卷下就寫不出來。因為他對佛教找不見門徑，對佛教的禪宗就更無法動筆。」[11]梁先生的這種說法值得商榷。胡適寫中國哲學史的困難實為其學風所限。胡氏重視史事辨析，他與湯用彤等北大系的哲學研究者以為中國的哲學研究當從弄清哲學史入手，不可貿然建立哲學體系，他們與清華大學的馮友蘭、金岳霖這一派人不同，其哲學研究均以哲學史見長。研究哲學史又強調哲學史料之辨析，故其所作哲學史往往又只能是斷代的，或個案的。以這種做法寫通論性的中國哲學史，自然是一件困難的事。

五是關於先秦諸子的歷史考證。胡適自 1917 年發表〈諸子不出於王官論〉，向漢學界的最高權威章太炎提出挑戰，[12]在這一領域嶄露頭角。其後寫作的博士論文《先秦名學史》和在北大的講義《中國哲學史大綱》主要是對先秦諸子的歷史與思想進行研究，其中一些看法（如關於老子的年代）在學術界引起爭議。二、三十年代他繼續花大力氣研究先秦諸子，曾就《墨經》問題與梁啟超、章太炎、章士釗等人討論，就老子年代問題與梁啟超、馮友蘭、錢穆、顧頡剛等人展開辯論，就儒的起源對章太炎的說法提出不同意見，是子學研究中引人注目的一家。他的一些觀點，如老子先於孔子，已被現今的考古新發現所驗證。

胡適的學術研究至三十年代中期，可謂步入了高峰。遺憾的是，此後隨著國內外形勢的變化，他的工作發生了異動，其學術發展勢頭也隨之受到了抑制。

1937 年抗戰開始以後，胡適受命赴歐美做外交工作，開始了其人生的後期階段。在這一階段，胡適擔負了一些重要公職，如國民政府駐美大使（1938－1942 年）、北京大學校長（1946 年 8 月－1948

---

158 頁。

[11] 參見梁漱溟：〈略談胡適之〉，收入顏振吾編：《胡適研究叢錄》，北京：三聯書店，1989 年 2 月版，第 3-4 頁。

[12] 參見〈諸子不出於王官論〉，《胡適文存》卷二。《胡適文集》第 2 冊，第 180-186 頁。

年 12 月）、中央研究院院長（1958 年－1962 年 2 月）等職。其中擔任駐美大使這一職務，明顯地消耗了他不少的精力，以至他積勞成疾。即使在他賦閒的兩段時期（1942 年－1946 年 7 月、1949 年 4 月－1957 年），胡適也是閒居在美，與國內的知識界關係不大，這亦使他失去了與國內學術界對話和相互切磋的語境。正是在這一時期，中國的人文學術經過多年的積累，由「五四」時期的初創向更為細密、更具獨創意義和更具民族特色的高一階段攀升，產生了一批經典意義的新成果。如馮友蘭之「貞元六書」，金岳霖之《知識論》，陳寅恪之《隋唐制度淵源略論稿》和《唐代政治史述論稿》。胡適工作異動的另一影響是使中國學術界失去了一個應有的重心。這一時期國內知識界發生的一個重大事件是蔡元培先生的逝世，蔡先生的去世使中研院院長一職空缺，這本是胡適回國的好時機，國內的許多人亦抱持這一希望。然蔣介石卻以朱家驊補缺，這一任命不啻使國內知識界失去一重心。朱氏與負責西南聯大校務的蔣夢麟雖具行政才幹，但因其與國民黨關係過密，很難起到聚合自由知識份子的作用。本來北大與中研院既是學術研究的重鎮，又是自由主義的堡壘，當局對其刮目相待。蔡先生去世後，以資望和學術地位衡量，胡適當是合適的替補人選，蔣氏無意安排胡適，意在將北大和中研院納入「囊中」。[13]故抗戰八年胡適旅居美國，於其個人學術研究是一大損失，於中國知識界亦未嘗不是一難以彌補的缺憾。

　　胡適卸任後旅居美國時的學術工作主要是從事歷史考證，其中最為人樂道者是他的《水經注》考證，胡適研究《水經注》，其意是為其鄉賢戴震翻案，即推翻近二百年來許多權威學者所認定的戴震抄襲趙一清、全祖望的校書疑案，這是一項幾無思想活力的研究工作。故其無論是成是敗，都不具學術前沿的性質。[14]四、五十年代，胡適傾其心力從事《水經注》研究，在大量的演講中以宣傳自己《水

---

[13] 參見耿雲志：〈胡適與補選中央研究院院長的風波〉，收入《胡適新論》，長沙：湖南出版社，1996 年 5 月版，第 230-232 頁。

[14] 有關胡適《水經注》研究正、反兩方面的評論，參見吳天任編：《水經注研究史料續編》，臺北：藝文印書館，1984 年版。

經注》考證為主題，然這一研究與他的中國哲學史研究、中國古典小說考證相比，影響力卻極為有限。此外，這一時期胡適在漢魏史事的歷史考證、禪宗史研究、治學方法等方面，也留下了不少文字。五十年代後期，胡適曾有意完成自己所未竟的「兩、三部大書」，[15]但因種種原因而未果。

以今日眼光平心論胡適之學，其學問範圍實為兩目：一是考證本國歷史史事，其小說考證、諸子考證、禪宗史研究等歷史考證，均屬此類。本來考證乃清代漢學家法，胡適吸取戴東原、章實齋、崔述諸人之史學思想精髓，傍依西方校勘學之法門，將實證與解釋融為一體，將史事考證科學化，其成果真正稱得上邃密。其能與章太炎、王國維等人比肩亦本於此。中國的歷史材料豐富，作為歷史研究一個必不可少的基礎工作即是對歷史材料的辨認、考證和梳理。這一工作在傳統學術範圍內實已展開，然將這一工作注入現代科學的理念，提升到方法論的高度加以總結，卻是胡適之功。他的〈清代學者的治學方法〉、〈治學的方法與材料〉、〈評論近人考據《老子》年代的方法〉、〈校勘學方法論〉、〈考據學的方法與責任〉、〈治學方法〉諸篇可謂論述考證方法的經典之作。胡適歷史考證的另一特色是其頗具人文色彩的敘述方式，胡適因受中國古典小說薰陶，採用說書的方法來寫作歷史考證，娓娓道來，引人入勝，故其考證文章讀來也使人感到興趣盎然，絕沒有傳統漢學的枯燥，這是同行學者頗不易做到的一點。二十世紀中國史學的演進當在歷史史事考證和歷史學的社會科學化方面均獲重大進展，前者因獲得傳統的底蘊在今日仍為人們不敢低估；後者因取自外域，尚屬初創和嘗試，難免不當。胡適成於考證，亦限於考證。

二是取外來觀念與本國固有之傳統相互映照，其思想史（哲學史）研究屬於此類。胡適的中國哲學史研究強調史料辨析，不具道統觀念（把孔儒與諸子平等看待），重視開拓傳統視野中被忽略的一

---

[15] 參見 1956 年 11 月 18 日胡適致趙元任信，收入《胡適書信集》下冊，北京：北京大學出版社，1996 年 9 月版，第 1291 頁。

些有思想個性的哲學學派或哲學家，這是其哲學史研究的特點。他治哲學史（思想史）的一個突出特點是他鮮明的現代意識。早在自己的博士論文中，胡適就提出：

> 新中國的責任是借鑒和借助於現代西方哲學去研究這些久已被忽略了的本國的學派。如果用現代哲學去重新解釋中國古代哲學，又用中國固有的哲學去解釋現代哲學，這樣，也只有這樣，才能使中國的哲學家和哲學研究在運用思考與研究的新方法與工具時感到心安理得。[16]

他的思想史（哲學史）研究即是貫穿了這一宗旨，其晚年所作的〈中國傳統與將來〉、〈中國哲學裏的科學精神與方法〉等講演，更是將這一取向表露無遺。

　　憑藉自己多方面的成就和巨大的社會影響，胡適在「五四」以後中國知識界逐漸取得「霸權」地位。但僅僅只有文化成就為依託，顯然還不足以襯托一個知識領袖的地位，胡適對知識界的影響是通過多種渠道輻射而成。他在北京大學工作長達十八年之久，擔任過文學院院長、校長等職。北大作為中國的最高學府，對中國教育文化乃至社會政治有著重要的導向作用，胡適對校內重大決策和人事安排都享有極大的發言權和特殊的影響力，許多教授都經他推介進入北大。他參與了一些具有重大影響、甚至轉移一時之風氣的重要報刊的創辦、編輯，如《新青年》、《每週評論》、《努力週報》、《國學季刊》、《現代評論》、《新月》、《獨立評論》、《大公報·星期評論》、《大公報·文史》等，是公共輿論中引人注目的重要發言人。他實際影響了一些重要出版機構的運作，推動了一批重要出版物的問世。如商務印書館作為國內規模最大的出版機構，胡適與之保持著特殊的聯繫，並影響其出版意向；亞東圖書館從一個名不見經傳的小出版社，成為「五四」時期最具影響力的出版機構，是與印發《新青年》、《新潮》、《胡適文存》和一批由胡適重新整理的中國古典小

---

[16] 胡適：《先秦名學史》導論〈邏輯與哲學〉，收入《胡適文集》第 5 冊，第 11 頁。

說聯繫在一起。他與最高學術機構中研院的關係極為密切。從 1928
年最初被聘為史語所特約研究員，到 1935 年擔任第一屆評議會成
員，到 1948 年被選為第一屆院士，再到 1958 年出任院長，胡適為
這一學術機構的建設發揮了重大作用。中研院的第一大所──史語
所，幾被外人視為胡適派的陣地。[17]他自 1927 年起長期擔任中華教
育文化基金董事會董事、秘書，編譯委員會委員長、北平圖書館委
員會委員長、駐美特設委員會主席、幹事長等職，中基會在資助中
國文化教育事業方面曾發揮了重要作用，胡適參與了該會大部分年
會、常會和工作會議，對其決策具有舉足輕重的作用。[18]所有這些都
顯示了胡適在文教界的突出地位，反映出他對現代文化傳播媒體的成
功利用。胡適出任北大校長、中研院院長的時間並不長，但他以自己
的實際工作，影響、領導了中國教育、科學。

　　胡適是現代中國自由主義的靈魂。他在這一思想流派中被奉為
宗師式的人物，有著好幾代追隨者和敬仰者。胡適一生雖未參加任
何黨派，對政治亦不過是「不感興趣的興趣」，但他卻有自己的政治
理想和政治思想。早在「五四」時期，他即極力宣傳西方的個人主
義思想，使新文化運動具有濃厚的自由主義色彩。二、三十年代，
他先後創辦或編輯《努力》、《新月》、《獨立評論》等刊，從主張「好
政府主義」，到發起人權運動，到關於民主與獨裁關係的討論，他恪
守自由主義的基本立場，批判中國的現實政治，希望通過日積月累
的進步，使現代性在中國獲得長足發展。第二次世界大戰以後，世
界格局發生了新的重大變化，形成了民主與極權的兩極對立，胡適
開始轉向對德、意、俄的極權政治的批判，為民主政治辯護，表達

---

[17] 有關胡適與中研院的關係，參見王志維：〈胡適先生與中央研究院〉，收入 1967
　　年《中央研究院成立五十周年紀念論文集》。歐陽哲生：〈胡適先生與中研院
　　史語所〉，收入《新學術之路──中央研究院歷史語言研究所七十周年紀念文
　　集》上冊，臺北：中研院史語所，1998 年 10 月版，第 217-232 頁。
[18] 有關胡適與中基會的關係，參見季維龍：〈胡適與中華教育文化基金董事會〉，
　　收入《胡適研究叢刊》第一輯，北京：北京大學出版社，1995 年 5 月版，第
　　186-209 頁。

了一種與時代潮流不同的強音。他提出自由主義所應包含的四重含義：一是自由，二是民主，三是容忍反對黨，四是和平漸進的改革。晚年他又特別強調容忍比自由還要重要。可以說，胡適一生篤守自由主義的基本原則，始終不渝地堅持維護人權、自由、民主，是現代中國最具詮釋力的自由主義發言人。他對中國與世界命運的深切關懷，對人類前途的深刻認識，對民主政治的堅定信念，表現了一個自由知識份子的睿智和良知。

這裏有必要談一下胡適與蔣介石的關係，過去人們論及胡、蔣之間的關係，一般習慣於從胡適這一方面來看待雙方的交往。的確，在實際的政治生活中，胡適表現了一種學者式的謹慎和溫和，這種態度使其與當局存在一種既抗諍、又合作，複雜而微妙的關係。但在整個政治生活中，蔣介石處於支配的地位，他上臺後面臨兩大敵人：一是武的，如割據一方的軍閥和共產黨紅色政權；一是文的，即獨立不羈的自由主義。對於這一文化上的敵人，蔣介石也施展了傳統政治術中硬軟兼施的兩手。殺害史量才、楊杏佛即是表現其冷酷、殘忍的一面，對於胡適，蔣介石從人權論戰時查封《新月》，組織黨部對胡適圍剿，逼迫胡適離開上海；到三十年代中期，利用民族矛盾，整合各種異己勢力，蔣氏對胡適本人的處理顯然達到了目的，其徵調胡適做外交工作，似乎是不可抗拒的理由，表面上看去是重視胡適，實則為調虎離山。中國與美國的外交聯繫實際上掌握在宋家兄妹（宋子文、宋美齡）手中，胡適實為蔣利用的一個花瓶而已。蔡元培先生去世，國內知識界矚意胡適出長中研院，將胡適調回國內，本是順理成章的一著，然蔣無意作此安排，閒置胡適，這不能不說是其控制知識界，隱含深意的一步棋。抗戰勝利，北大復員，蔣又有意讓傅斯年長北大，這進一步表明了他對胡適的防範之深，只是在傅斯年的一再推辭和推薦下，才出現了胡適出長北大的一幕。[19]五十年代胡適流寓美國紐約八年，由於大陸轟轟烈烈的「胡

---

[19] 傅斯年：〈致蔣介石〉1945 年 8 月 7 日，《傅斯年全集》第 7 冊，長沙：湖南

適大批判」運動「幫忙」，才使寂寞一時的胡適重新引起外界的注意，臺灣學術界呼喚胡適出山，胡適晚年得以回到臺北南港任中研院院長，此時的胡適，照他自己的話說已到了退休的年齡（六十七歲）。在台四年，胡適與蔣的關係極不愉快，在處理「雷震案」中達到了極點。胡適在中西文化論爭中所遭到的圍剿，表面上看去是與新儒家的衝突，實則是與傾向保守的台島內的主流意識形態的衝突，其中幕後真正的影子人物自然是蔣介石。[20]

通覽胡適的一生，我們可以看出：胡適無論論學議政，貫穿他一生的職志和精神主要為二：一是學術獨立。一是追求民主。如把五四精神概括為民主和科學的話，胡適一生的工作真正是圍繞這兩大主題而展開。

所謂學術獨立，可從兩個層面理解：一是個人的學術獨立，即個人為真理而真理的精神，不將世俗功利浸染於學術之中。1944 年沈從文致信胡適說：「二十年中死的死去，變的變質，能守住本來立場的，老將中竟只剩先生一人，還近於半放逐流落國外，真不免使人感慨！」[21]沈從文所言「本來立場」即是學術獨立。在近代社會激烈動盪、學術與政治難以分割的狀態下，學者能否堅持學術獨立，不僅是對其個人品質（人格）的考驗，且是影響其學術成果質量的重要因素。即一個學者的學術成果質量不僅受制於專業素質，而且與他對社會政治環境的觀察、把握密切相關。二是國家的學術獨立。晚清以降，中國傳統的文化價值體系解體，中國人不僅面臨著一個文化整合的問題，而且還提出了重建國家獨立的現代學術體系的問題。早在留美時期，胡適憂慮於中國留學政策之流弊，國內學術之不振，特作〈非留學篇〉。提出：「吾國今日處新舊過渡青黃不接之

教育出版社，2003 年 9 月版，第 285-286 頁。

[20] 有關胡適與蔣介石的關係，參見劉紹唐：〈胡適與蔣介石〉，牛大勇：〈不打不成交〉，兩文收入李又寧主編：《胡適與國民黨》，紐約：天外出版社，1998年 1 月版，第 1-90 頁。

[21] 〈沈從文致胡適〉，《胡適來往書信選》中冊，北京：中華書局，1979 年版，第 574-575 頁。

秋，第一急務，在於為中國造新文明，然徒恃留學，決不能達此目的也。必也一面亟興國內之高等教育，俾固有之文明，得有所積聚而保存，而輸入之文明，亦有所依歸而同化，一面慎選留學生，痛革其速成淺嘗之弊，期於造成高深之學者，致用之人才，與夫傳播文明之教師。以國內教育為主，而以國外留學為振興國內教育之預備，然後吾國文明乃可急起直追，有與世界各國並駕齊驅之一日，吾所謂『留學當以不留學為目的』者是也。」[22]一九四七年九月，他又撰成〈爭取學術獨立的十年計畫〉，提出中國學術獨立必須具備的四項條件：「（一）世界現代學術的基本訓練，中國自己應該有大學可以充分擔負，不必向國外去尋求。（二）受了基本訓練的人才，在國內應該有設備夠用與師資良好的地方，可以繼續做專門的科學研究。（三）本國需要解決的科學問題，工業問題，醫藥與公共衛生問題，國防工業問題等等，在國內都應該有適宜的專門人才與研究機構可以幫助社會國家尋求得解決。（四）對於現代世界的學術，本國的學人與研究機關應該和世界各國的學人與研究機關分工合作，共同擔負人類學術進展的責任。」他深信：「用國家的大力來造成五個十個第一流大學，一定可以在短期間內做到學術獨立的地位。」「只有這樣集中人才，集中設備，──只有這一個方法可以使我們這個國家走上學術獨立的路。」[23]胡適晚年最後的演講〈科學發展所需要的社會變革〉，其關心的中心問題還是現代科學如何在中國生根的問題。

胡適另一個喜與人道及的話題是民主，他對民主的思想包含著建設一種「無限制文明」的可能。他嘗與人說，「只有在自由獨立的原則下，才會有高價值的創造」。[24]發展科學離不開民主，樹人也離不開民主，「自由獨立的國家不是一般奴才建造起來的」。立國更離不開民主，「只有自由可以解放我們民族的精神，只有民主政治可以

22　胡適：〈非留學篇〉，原載 1914 年 1 月《留美學生年報》第三年本。收入《胡適文集》第 9 冊，第 684 頁。

23　胡適：〈爭取學術獨立的十年計畫〉，原載 1947 年 9 月 28 日《中央日報》。《胡適文集》第 11 冊，第 805、808 頁。

24　胡適：〈談談大學〉，收入《胡適文集》第 12 冊，第 541 頁。

團結全民族的力量來解決全民族的困難，只有自由民主可以給我們培養成一個有人味的文明社會」。[25]胡適一生對民主的信念基本不變，且愈老彌堅。至晚年雖已不合時宜，但誠如他給雷震祝壽時所引用的楊萬里詩：「萬山不許一溪奔，攔得溪聲日夜喧。到得前頭山腳盡，堂堂溪水出前村。」胡適曾為此詩作注「此詩可象徵權威與自由的鬥爭」。這其實是他的自況，他晚年題此詩贈給雷震，與之共勉，也表明了他對民主在中國前途的信心。[26]

中國是一個文明古國，本來它擁有悠久的歷史傳統和豐厚的人文資源。近代以來，伴隨國勢的衰落，在世界民族之林中她失去了其應有的地位，西方人以一種考古的心態，幾視中華文明為一「死文明」。中華民族步入近代以後所作的自我更新和艱難轉型，自然帶有強烈的民族自強色彩。胡適是較早踏上向西方學習路程的學人，他本人是中西文化交流的受益者，又是中西文化的傳播者。對中國人講西方文化，對西方人講中國文化，這是他扮演的雙重角色，他在歷次文化論爭中的表現正是其文化角色的反映。他與新文化運動的鉅子們不僅為中國文化的復興注入了新的血液，而且以其卓越的成就贏得世人的尊重和敬仰。他是最早贏得世界聲譽的中國人文學者。胡適的成功來自於他對中國傳統的深切理解和對人類文明前途的高瞻遠矚。

一個知識界的「卡里斯瑪」型（Charisma）人物，具有三個不可缺少的要素：一是超凡的學術工作能力和卓絕的工作成就（職業能力），二是感染群倫的道德情操和精神魅力（親和力），三是堅定的個人意志和不可移易的理想追求（人的意志）。在二十世紀中國，胡適是典型的文化學術界的「卡里斯瑪」人物。一個時代，一個民族產生這樣一個人物實為相當不易！二十世紀的中國潮來潮往，大浪

---

[25] 胡適：〈我們必須選擇我們的方向〉，收入《獨立時論一集》，北平：獨立出版社，1948 年 8 月版。

[26] 有關胡適與雷震的關係，參見萬麗鵑：《萬山不許一溪奔──胡適與雷震來往書信選集·導言》，臺北：中研院近代史研究所，2001 年 12 月版。

淘沙，經得起歷史考驗和時代沖刷的文人學者又有幾人？！這是一個革命性的世紀，其變化速度之快，令人目不暇接。另一方面，我們又深深感到，這是一個消耗巨大的世紀，犧牲了多少生命，耗費了多少資源，錯過了多少機遇，浪費了多少人的青春才華，……它給我們留下了多少值得反省的話題。胡適一生涉及的層面之廣，固然與其個人興趣有關，另一方面又何嘗不是時代留下的太多問題所致。胡適一生的工作彷彿只是在發現這些問題，然後鼓起勇氣以最適當的方式提出這些問題，最後盡其全力去嘗試解決這些問題。歷史的進步首先是不被假問題所蔽，而是將一些富有真實意義的具體問題挖掘出來，提到議事日程上來一個一個地逐步加以解決。

從「五四」時期起，胡適即呼喚「中國的文藝復興」，這不僅意味著要再現民族文化的歷史性的光榮，而且還包含著在新的歷史條件下，建設新的中國現代性文明的理想。這種新的文明就其本質的意義來說，是在促成中國進步的歷史過程中提供一種無止境的空間，亦即胡適所憧憬的「無限制文明」，它充分承認個人的價值，它為各種可能提供生存的空間，這是值得我們追求的一個偉大理想。只有順著這樣一條思路走下去，中國才可能從一個傳統的文明古國漸次轉變成為一個現代的世界性的文化強國。

載 1999 年 1 月《北京大學學報》（哲學社會科學版）第 1 期

胡適與北京大學

　　北京大學是中國的最高學府。以他的資格而論，他可以成為中國歷代「太學」的正式繼承者，然而北大從民國以來有一個堅定的遺規，將他的校齡只從 1898 年「戊戌」維新的那一年算起。胡適是 1910 年考取清華學校第二批「庚款」赴美官費留學生，二十年代，清華大學籌建國學研究院，「母校」有意請他去做導師，胡適婉言謝絕了，他自認是「北大人」了。「北大人」這是「五四」時期出現的一個新名詞，它的含義就像它的來源一樣，與新文化運動有著密切的內在關聯。最初大概是舊派從宗派的角度使用這個名詞來譏嘲以北大為依託的新派，後來新文化陣營的人物也援引為自我標榜。[1]胡適是「五四」時期新文化運動的領導人物，又是北大的知名教授，三、四十年代又先後出任北大的文學院院長、校長。無論從那一方面看，他都可以看作是民國時期北大的一個主要代表。有意思的是，胡適和北大還是同一天生日（12 月 17 日），這個神秘的巧合使他們兩者的關係更耐人尋味。

一、五四時期：北大的革新健將

　　1917 年 7 月，胡適學成歸國，他接受蔡元培先生的北大教授之聘，是陳獨秀曾從中極力促成。此前陳獨秀致信胡適：「蔡孑民先生已接北京總長之任，力約弟為文科學長，弟薦足下以代，此時無人，弟暫充乏。孑民先生盼足下早日回國，即不願任學長，校中哲學、

---

[1]　參見〈我觀北大〉，《魯迅全集》第 3 冊，北京：人民文學出版社，1981 年版，第 157 頁。

文學教授俱乏上選,足下來此亦可擔任」。[2]表達了虛位以待的誠意。不過,蔡先生早已讀過胡適〈諸子不出於王官論〉等考據文字,對胡的學術功力留下了深刻印象。[3]何況胡適此時已因倡導「文學革命」名震海內,成為文壇的一顆耀眼新星。

9月21日,北大舉行開學典禮。胡適以〈大學與中國高等學問之關係〉為題演講,重點闡述大學儲積國家高等知識、高等人才以及在科研、開拓新科學,發展國家文化中的重要地位,鼓勵要用西方現代的大學觀念和管理方式來改造和經營中國的大學,[4]為北大的整頓和改革提供了新的理論根據和學習模式。

蔡元培先生主長的北大可謂人才薈萃,尤其是在文科,舊學新派的陣營都很強壯。胡適的到來無疑是給新派增添了一員大將。其時「在北大教職員宿舍裏有個卯字號住的人,全肖兔」,胡適、劉半農、劉文典(1891年生,辛卯年)是三隻小兔子;陳獨秀、朱希祖(1879年生,己卯年)是兩隻大兔子;而蔡先生(1868年,丁卯年。按:如以陰曆計,蔡的出生時間是在丁卯年)是老兔子。[5]蔡、陳、胡三隻「三個年輪的兔子」可謂老、中、青的絕妙結合,他們共同推動北大的教育改革和新文化運動。

胡適進北大的第一年,在哲學門擔任中國哲學史大綱、西洋哲學史大綱兩門課;在英國文學門擔任英文學、英文修辭學、英詩、歐洲文學名著等課。此外,他還為哲學門研究所擔任「中國名學」、「最近歐美哲學」,為國文研究所擔任「小說」等講座。授課跨系,科目亦多,任務繁重。西洋哲學史、英文這類與歐美有關的課程,

---

2 〈陳獨秀致胡適〉,《胡適來往書信選》上冊,北京:中華書局,1979年5月版,第6頁。

3 參見余英時:〈中國近代思想史上的胡適〉,收入胡頌平:《胡適之先生年譜長編初稿》第1冊,臺北:聯經出版公司,1984年版,第31頁。

4 參見胡明:《胡適傳論》上冊,北京:人民文學出版社,1996年版,第348頁。

5 參見周作人:《知堂回想錄》,〈一二一、卯字號的名人(一)〉,香港:三育圖書文具公司,1974年版,第352頁。胡頌平:《胡適之先生年譜長編初稿》第7冊,第2775頁。

對胡適這位「鍍金」歸來的留學生來說並不難，憑藉他在美留學所獲得的學業基礎足以應付；唯獨中國哲學史這門課實屬不易。該課原由素以治國學見長的老先生陳漢章（1849-1938）擔任，他從三皇五帝講起，講了半年才講到周公。胡適接任後，發下他的講義《中國哲學史大綱》。照馮友蘭先生的說法：「那時候，對於教師的考驗，是看他能不能發講義，以及講義有什麼內容。」[6]曾有一位名不見經傳的先生接替馬敘倫先生的「宋學」一課，因講義有誤，被學生轟走。此次胡適發下的講義「丟開唐、虞、夏、商，逕從周宣王以後講起」。據當年聽課的學生顧頡剛回憶：「這一改把我們一班人充滿著三皇五帝的腦筋驟然作一個重大的打擊，駭得一堂中舌撟而不能下。」[7]北大學生對教師素來挑剔，此次有些學生也以為這是思想造反，不配登臺講課，他們找來在學生中頗有威望的傅斯年來聽課，結果傅聽課後的評價是：「這個人，書雖然讀得不多，但他走的這一條路是對的。你們不能鬧。」經他這麼一說，這場風波才平息下去。胡適的課漸漸吸引頗有國學修養的傅斯年、顧頡剛等人，他們認為胡適「有眼光，有膽量，有斷制，確是一個有能力的歷史家」。[8]

胡適在北大的月薪（兼研究所）是兩百八十元，屬於任聘教授中最高的一檔。[9]現能查到「五四」前後七、八年間，胡適在北大擔任的課程：1917 年 9 月至 1918 年 7 月在哲學門有「中國哲學史大綱」（哲學門第一學年必修課，週三時）、「論理學」（哲學門第一學年必修課，週二時）、「西洋哲學史大綱」（哲學門第二學年必修課，週三

---

[6] 馮友蘭：《三松堂自序》第八章〈北京大學〉，《馮友蘭全集》第 1 卷，鄭州：河南人民出版社，1985 年版，第 296 頁。

[7] 顧頡剛：《古史辨》第一冊〈自序〉，上海：上海古籍出版社，1982 年 3 月版，第 36 頁。

[8] 顧頡剛：《古史辨》第一冊〈自序〉，上海：上海古籍出版社，1982 年 3 月版，第 36 頁。

[9] 〈國立北京大學文科一覽〉（民國七年度）。1917 年 9 月胡適初到北大的薪俸為 260 元，10 月加至 280 元。參見〈致母親〉（1917 年 10 月 25 日），收入耿雲志、歐陽哲生編：《胡適書信集》上冊，北京大學出版社，1996 年 6 月版，第 111 頁。

時）、「中國哲學（四）」（哲學門第三學年必修課，週三時），在英國文學門有「英文學·戲曲（三）」（英國文學門第三學年必修課，週二時，與陶孟和合開）；另擔任研究科目「公孫龍子考訂學」和「近世小說」。[10]1918 年 9 月至 1919 年 7 月有「中國哲學史大綱」（哲學系和學校共同必修課，週二時）、「西洋哲學史大綱」（哲學系本科第二學年必修課，週三時）、「論理學」（哲學系必修課，週二時）、「英美近代詩選」（英文學系選修課，週一時）。[11]1919 年 9 月至 1920 年 7 月在哲學系有「中國哲學史大綱」（週二時）、「近年思潮」（與陶孟和等人[12]合開，週二時），在英文學系有「英文學（四）詩」（一、二、三年級皆可選讀，週三時）。[13]1924 年 9 月至 1925 年 7 月，在哲學系有「中國哲學史」（週二時）、「近世中國哲學」（週二時）、「清代思想史」（週一時），在英文學系有「詩（三）」（週二時）。[14]1925 年 9 月至 1926 年 7 月在哲學系有「中國中古思想史」（週四時），在英文學系有「英漢對譯（二）」（第四學年必修課，週二時）、「小說（三）」（第三、四學年選修課，週二時）。[15]

　　胡適在北大的名聲鵲起，是與「文學革命」的凱歌行進和他本人在新文化運動中的領導地位分不開的。正是在來北大的前幾年中，胡適創造了舉國矚目的文化成就。在文學領域，他推出了第一部新詩集——《嘗試集》，第一部白話戲劇——《終身大事》，第一

---

[10] 〈國立北京大學文科一覽〉（民國七年度）。另據 1917 年 11 月 29 日《北京大學日刊》的〈文科本科現行課程〉，在英國文學門，胡適還開有「英國文學」（英國文學門一年級必修課，與楊子餘、陶孟和合開，週六時）、「亞洲文學名著（英譯本）」（英國文學門一年級，週三時）。又據 1917 年 12 月 14 日《北大日刊》中的〈各科通告〉，胡適在哲學門研究所開有「中國名學鉤沉」，在英國文學門開有「歐洲文學史」（英國文學門三年級課）。

[11] 《國立北京大學文科課程一覽》（民國八年至九年度）。

[12] 同上。

[13] 《國立北京大學文科課程一覽》（民國八年至九年度）。

[14] 《國立北京大學哲學系課程指導書》（民國十三至十四年度），《國立北京大學英文學系課程指導書》（民國十三至十四年度）。

[15] 《國立北京大學哲學系課程指導書》（民國十四至十五年度），《國立北京大學英文學系課程指導書》（民國十四至十五年度）。

部白話翻譯外國文學作品集──《短篇小說》一集；刊發了〈建設的文學革命論〉、〈論短篇小說〉、〈文學進化觀念與戲劇改良〉等重要論文；從理論到創作為白話文運動提供了典範；他率先將考證運用於古典小說研究，其中以〈《紅樓夢》考證〉一文影響最大，朱自清曾說：「將嚴格的考證方法應用到小說上，胡先生是第一個人。他的收穫很大，而開闢了一條新路，功勞尤大，這擴大了也充實了我們的文學史。」[16]在哲學領域，他出版了《中國哲學史大綱》（卷上），該書一方面繼承傳統「漢學」的實證方法，一方面對傳統學術從內容到形式進行全面的變革，它所提供的系統性方法和整體性思維為中國哲學史這門新學科的創建提供了一個具有普遍意義的範式，故馮友蘭譽之為「一部具有劃時代意義的書」。[17]在《新青年》上，他先後開設「易卜生專號」、發表〈實驗主義〉長文，將當時在西方頗有影響的兩大思潮介紹給中國學界，為一代學人解放思想、走上個性解放之路提供了思想武器。所有這些，既為胡適贏得了巨大的聲譽，也為北大這座新文化運動的搖籃增添了光彩。

北大浸染於新文化運動的新鮮空氣，昔日沉悶的校園沸騰起來了。胡適與北大會計課職員鄭陽和發起成立「成美學會」，擘畫章程，帶頭捐款，效古君子成人之美之意，資助熱心向學而家境貧寒的子弟，得到蔡元培、章士釗、王景春等人的贊助。[18]蔡元培先生發起成立進德會，旨在提倡培養個人高尚道德。甲種會員以不嫖、不賭、不納妾為基本條件；乙種加上不做官員、不當議員；丙種會員再加不飲酒、不食肉、不吸煙。胡適自列為甲種會員。[19]1918 年夏，傅斯年、羅家倫等二十餘位學生自動組織校內第一個響應新文化運動的學生團體──新潮社，並創辦《新潮》雜誌，胡適應邀擔任他們的顧問。

16　朱自清：〈《胡適文選》指導大概〉，收入《朱自清全集》第 2 冊，南京：江蘇教育出版社，1988 年版，第 235 頁。

17　馮友蘭：《三松堂自序》第五章〈三十年代〉，收入《三松堂全集》第 1 卷，鄭州：河南人民出版社，1985 年 9 月版，第 199 頁。

18　《組織成美學會》，原載 1918 年 2 月 25 日《北京大學日刊》。

19　《進德會報告》，原載 1918 年 2 月 27 日《北京大學日刊》。

　　北大真正確立其現代意義的管理體制和教學體制是在蔡元培任職期間。蔡先生對於教員，雖新舊相容，只看其是否有一技之長；但在體制改革方面卻不得不倚傍陳獨秀、胡適這批新派教員。對胡適這位「舊學邃密、新知深沉」的學人，蔡先生不僅欣賞他的學識，為他的《中國哲學史大綱》作序；而且對他的改革建議言聽計從，並委以重任，施展他的才華。胡適來北大任教後不久，即被任命為英文部教授會主任。[20] 1917 年 12 月，北大成立哲學研究所，被任命為主任。[21] 1918 年 9 月，被任命為北大英文學研究所主任。[22] 9 月 30 日，學校議定編輯《北京大學月刊》，各科編輯由各所主任輪流擔任，每冊之總編由各研究所主任輪流擔任，四月份歸胡適總編。[23] 1919 年 10 月 27 日，經蔡元培先生批准即日起代理教務長（至 12 月 17 日）；[24] 12 月 2 日，出任北大組織委員會委員。[25] 1920 年 10 月 16 日，北大評議會決議：胡適為預算委員會和聘任委員會委員、出版委員會委員長。[26] 1922 年 4 月 19 日，當選為北大教務長（至 12 月 20 日辭職）及英文學系主任。[27] 1918 年 10 月下旬，胡適以最高票（二十票）當選為北大評議會評議員，以後連選連任，這是校內的最高立法機構和權力機構，[28] 為學校決策獻計獻策，參與學校管理。

　　胡適不負蔡先生期望，在參與學校的各種機構和事務中，或出謀劃策，或積極引導，或獨當一面。1917 年 11 月 16 日創辦《北京

---

[20] 據 1917 年 12 月 16 日《北京大學日刊》中的〈各科通告〉，胡適有一信：「英文部教授會公鑒：適此次請假南旋，須至一月中旬始可北回，所有英文部主任一事，已商請陶孟和先生暫為代理，倚裝奉聞，即祝教安。胡適敬白。」又據 1918 年 3 月 7 日《北京大學日刊》中的〈英文部教授會緊要啟事〉，胡適仍任英文部教授會主任一職。

[21] 參見耿雲志：《胡適年譜》第 61 頁，成都：四川人民出版社，1989 年版。

[22] 〈本校記事〉，載 1918 年 9 月 30 日《北京大學日刊》。

[23] 〈本校記事〉，載 1918 年 10 月 3 日《北京大學日刊》。

[24] 〈馬教務長致各主任函〉，載 1919 年 10 月 25 日《北京大學日刊》。

[25] 〈組織委員會報告校長書〉，載 1919 年 12 月 2 日《北京大學日刊》。

[26] 〈評議會通告〉，收入 1920 年 10 月 18 日《北京大學日刊》。

[27] 〈校長通告〉，收入 1922 年 4 月 25、27 日《北京大學日刊》。

[28] 〈本校通告〉，原載 1918 年 10 月 23 日《北京大學日刊》。

大學日刊》，是出自於胡適的建議。當年 10 月，教育部召集專門會議討論修改大學章程，胡適極力建議改分級制為選科制，此議獲通過，胡適便以創議人身份擬定具體章程細則。[29]北大於 1919 年正式改用選科制和分系法。胡適還創議仿效美國大學建制實行各科教授會制度；提議設立各科各門研究所，以使本科畢業生繼續從事較深的專門研究。這些創議均獲蔡元培的首肯和支持，從而有力地推動了北大的改革。創行選科制，有利於調動學生的學習積極性和主動性；成立研究所，給學生的進一步深造和教員的學術研究提供了新的空間；召開教授會，打破了受政府官僚體制制約和影響的舊有學校管理制度，確立了教授治校的民主管理新體制。

1919 年 10 月，胡適發表〈大學開女禁的問題〉，主張在北大收女生旁聽作為正式女生的過渡，並呼籲社會改革女子教育，使與大學教育銜接起來。[30]這個建議很快得到素來主張男女平等的蔡元培的贊同。1920 年春，北大就招收了女生九人入文科旁聽，暑假又正式招收女生，開中國大學男女同校之先河。

胡適剛到北大任教不久，就受聘為教育部主辦的「國語統一籌備會」會員，[31]從此他致力於在教育領域實行「語文合一」。1919 年 11 月，胡適首倡並聯名馬裕藻、朱希祖、錢玄同、周作人等北大教授向教育部提出〈請頒行新式標點符號議案〉，[32]這份議案由胡適擬稿，教育部於 1920 年 2 月批准頒發了這個議案，大學教材正式開始採用新式標點符號。1920 年秋，教育部又頒令小學教材使用白話文，白話文在教育領域開始獲得正統地位。

---

[29] 參見〈致母親〉（1917 年 10 月 25 日），《胡適書信集》上冊，北京：北京大學出版社，1996 年版，第 112 頁。

[30] 胡適：〈大學開女禁的問題〉，載 1919 年 10 月 22 日《北京大學日刊》。《胡適文集》第 11 冊，第 44-45 頁。

[31] 唐德剛譯注：《胡適口述自傳》第八章〈從文學革命到文藝復興〉，臺北：傳記文學出版社，1986 年 12 月版，第 166 頁。

[32] 〈請頒行新式標點符號議案〉（修正案），收入《胡適文存》卷一。《胡適文集》第 2 冊，第 89-93 頁。

胡適積極幫助學校延攬人才，以增強北大師資。蔡元培說他：「整理英文系，因得胡君之介紹而請到的好教員，頗不少。」[33]

1920 年夏，陳衡哲學成歸國，經胡適的推薦，聘任為北大第一位女教授。被稱為「隻手打孔家店」的吳虞，在四川因守舊勢力的攻擊，處境困難，胡適力邀他在北大當文科教員。最令人感動的是胡適幫助林語堂出國留學的故事，林語堂赴美留學，行前已與北大約定，回國後為北大服務。不料在美期間，林語堂生活遇到困難，打電報給胡適，請求北大預支一千美元以接濟生活，這筆款子由胡適擔保，居然匯來了。在哈佛大學拿到碩士後，林語堂又去德國萊比錫大學攻讀博士，他又向胡適寫信，向北大借一千美元，錢也如數匯來了。林語堂回國後，去北大向蔣夢麟先生道謝，蔣說：「什麼兩千塊錢呢？」原來解救了他在外國困苦的是胡適。那筆近乎天文數字的款子，是胡適從自己的腰包裏掏出來的。[34]胡適的用意就是希望林語堂能安心求學，日後好為北大服務。

在推動北大的國學研究朝著系統化、科學化方向發展方面，胡適發揮了示範作用。胡適的中國哲學史研究、中國古典小說考證和整理，在當時都頗具影響。1922 年 2 月 18 日，北大研究所國學門委員會召開第一次會議，公推胡適為《獎學金章程》起草者及國學門雜誌主任編輯。[35]在各方面協作和努力下，《國學季刊》於 1923 年 1月創刊，胡適任編輯委員會主任。該刊採橫排版，作英文提要，這在中國雜誌史上都是創舉。胡適發表的〈《國學季刊》發刊宣言〉，系統闡述了研究「國故學」的原則與方法，這對當時的國學研究，特別是對「古史辨」討論有很大的影響。

---

[33] 蔡元培：〈我在北京大學的經歷〉，收入《蔡元培全集》第 6 卷，北京：中華書局，1988 年 8 月版，第 351 頁。

[34] 參見林太乙：《林語堂傳》第四章〈結婚、出國留學〉，北京：中國戲劇出版社，1994 年 1 月版，第 41 頁。

[35] 〈研究所國學門委員會第一次會議紀事〉，收入 1922 年 2 月 27 日《北京大學日刊》。

　　在促進北大英語教學和對外學術交流方面，胡適也發揮了重要作用。1917 年 12 月，胡適當選為北大編譯會評議員。[36]此後，胡適又擔任英文教授會主任、英語系主任，除了自己承擔教學外，他為規劃本校本、預科的英文教學和課程安排，請外籍教師來任教，使教學與英美接軌，做了大量工作。1918 年冬他代表北大出席華北英文教員協會，第二年 2 月 20 日他在《北大日刊》上發表〈致本校各科英文教員公函〉，希望本校英文教員參加華北英文教員協會第一次會議，討論英文教授的各種問題。1919 年 5 月，經他建議，北大邀請美國著名學者杜威來華講學。杜威在北大和其他處的許多講演，均由胡適出面口譯。1921 年 10 月 27 日，他在校內開設「杜威著作選讀」課，原定三十人，沒想到上課時竟來了六十多人。[37]以後北大請外人來校講演或講學，如新聞學家韋廉士講「世界底新聞事業」（1921 年 12 月初）、教育學家孟祿的系列講演（1921 年 12 月下旬至 1922 年 1 月初），也由胡適親自擔任翻譯。胡適的口譯，語言流暢、準確，往往能收到好的效果。1924 年 5 月 8 日，印度著名文學家泰戈爾在華度過他的六十四歲生日，新月社為他祝壽，胡適被邀致詞；在此之前，他將自己的詩作〈回向〉寫成橫幅作為生日禮，送給了泰戈爾。[38]

　　「五四」運動爆發時，胡適在滬。他回北大後，蔡元培先生已辭職南下，北洋政府派胡仁源代理北大校長。校內圍繞挽蔡還是驅蔡，學生與政府展開了鬥爭。胡適站在學生一邊，支持由蔡元培委託的工科學長溫宗禹主持的校務委員會，並對個別被軍閥政府收買的學生製造「拒蔡迎胡」的言行予以揭露。[39]他還發表〈北京大學與青島〉一文，對誣衊學生運動是「為蔡元培爭位置」報以辛辣諷刺。蔡元培對胡適也完全信賴，他通過蔣夢麟表示對胡適「維持的苦衷

[36]　〈編譯會評議員選舉票數表〉，原載 1917 年 12 月 16 日《北京大學日刊》。
[37]　《胡適的日記》上冊，北京：中華書局，1985 年版，第 245 頁。
[38]　參見〈致胡適〉注，《魯迅全集》第 11 卷，第 482 頁。另見胡適：〈追憶太戈爾在中國〉，《胡適文集》第 7 冊，第 625-627 頁。
[39]　胡適：〈數目作怪〉，載 1919 年 6 月 29 日《每週評論》第 29 號。《胡適文集》第 11 冊，第 20 頁。

是十分感激的」，勉勵胡適「不要著急才好」，[40]聲明自己對胡適處理的一切問題「負完全責任」。[41]6月初，北大一批學生因在街頭演講被軍警拘捕，胡適不僅與馬敘倫、劉半農等二十餘位教員發起召開緊急大會以搶救學生，還親自前往北大法科的臨時監獄探視被捕學生。陳獨秀被捕後，胡適接辦《每週評論》，繼續以輿論支持、聲援轟轟烈烈的學生運動和群眾鬥爭，直到中國代表拒絕在巴黎和約上簽字。

1920 年代初，胡適一度對「談政治」表現了濃厚的興趣。1920年 8 月，他與蔣夢麟、陶孟和、李大釗等北大教授一起聯名發表〈爭自由的宣言〉，謀求言論自由和思想自由。1922 年 5 月 7 日，由他主編的《努力週報》創刊，這實際上是一份以北大具有自由主義傾向的教授為主體的政論刊物。發表在該刊第二期的〈我們的政治主張〉一文，即由胡適執筆，蔡元培、王寵惠、丁文江、李大釗、湯爾和等十六位北大教授簽名。「羅文幹案」的發生，王寵惠「好人內閣」的倒臺，蔡元培辭職離開北大，這一切使胡適的「談政治」到了「向壁」的地步，1923 年 10 月，《努力》出了七十五期就停刊了。

從 1922 年 12 月 17 日起，胡適因病向北大告假一年。返校以後，1924 年至 1925 年這兩年間雖仍在北大任教，但以養病和自己研究為主。1925 年 11 月，他寫信給北大代理校長蔣夢麟，要求辭職。略謂：「現患痔漏回南方調治，請假過久似非相宜。決定以後每日四點鐘，著書譯書各一千字，不再教書。」[42]蔣未允辭，但胡適第二年出訪歐美，與北大的關係事實上告一段落。

二、三十年代：北大「中興」期的主將

1930 年 5 月，胡適因在《新月》上藉人權問題批評國民黨當局，遭到官方組織的「圍剿」，被迫辭去中國公學校長一職。6 月他北上

---

[40] 〈蔣夢麟致胡適〉，《胡適來往書信選》上冊，第 59 頁。

[41] 〈蔡元培致胡適〉，《胡適來往書信選》上冊，第 63 頁。

[42] 原載 1925 年 11 月 25 日上海《時事新報·學燈》。

一遊，北大代理校長陳大齊及教授周作人等均表示歡迎他回北大歸隊，胡適遂覓屋預作安排，為回北大做準備。

11 月 28 日，胡適攜眷屬離滬赴京。到北大不久，恰逢胡適四十歲生日，北大師生和北平知識界的許多知名人士前來為胡適祝壽。在祝壽的文字中，有趙元任、李濟、陳寅恪、傅斯年、李方桂等十六人署名的〈胡適之先生四十正壽賀詩〉，這首詩出自趙元任手筆，登在《晨報》（1930 年 12 月 18 日）上，一時傳為笑談。有一篇魏建功撰寫，錢玄同手書的〈胡適之壽酒米糧庫〉「平話」，亦被人傳誦一時。外地一些朋友如徐志摩、張慰慈、梅蘭芳等也發來賀電。朋友們歡聚一堂為胡適祝壽，一方面暫時沖淡了因人權論戰籠罩在他頭上的陰雲，一方面也烘托著他在北平知識界的領袖地位。

胡適前腳到北大，蔣夢麟隨後被任命為北大校長。蔣談及上任的情況時說：「『九‧一八』事變後，北平正在多事之秋，我的參謀就是適之和孟真兩位。事無大小，都就商於兩位。他們兩位代北大請了好多位國內著名教授。北大在北伐成功以後之復興，他們兩位的功勞實在太大了。」[43]

胡適為北大所辦的第一件大事是籌措經費。北大辦學經費因國庫支絀，「雖有預算，不能照發。學校進展，遂多障礙」。[44]到 1931 年前，北大各項設備之價值遠遜於國內各大學，以當時對國立各大學設備價值的統計而言：武大 910,070 元，清華大學 511,096 元，中央大學 436,342 元，中山大學 186,084 元，北大 30,917 元。[45]面對如此窘局，蔣接命後不願上任，傅斯年遂約胡適到中基會爭取經費資助。1931 年 1 月，胡適到上海出席中基會第五次常委會。會議根據胡適擬定的計畫，決定：「每年雙方各出國幣二十萬元，為大學設立研究講座，及擴充圖書儀器，給發助學金與獎學金之用，以五年為期。」[46]胡

[43] 蔣夢麟：〈憶孟真〉，原載 1950 年 12 月 30 日臺北《中央日報》。
[44] 《國立北京大學一覽》（民國二十二年度），第 12 頁。
[45] 此統計轉引楊翠華：〈中基會對科學的贊助〉，臺北：中研院近史所專刊（65），1991 年版，第 143 頁。
[46] 《國立北京大學一覽》（民國二十二年度），第 3 頁。

適所提辦法先前曾交蔣夢麟看，他大為感動，答應前來北大主持重整工作。此計畫到後來有所調整，「民國二十三年（1934 年）改為本校二十萬元，中華教育文化基金董事會十萬元」。據統計，此項合作計畫從 1931 年開始執行，實際執行到 1937 年，較原議延長二年。在此期間，雙方共提出合作款項 195 萬元。北大憑藉中基會的這一資助，添置圖書儀器，聘請了一批知名教授，修築校舍，補助學生，學校的辦學條件大為改善。從北大當年的報告中可窺見這一合款對北大的發展意義不同尋常。

> 本校自民國二十年（1931 年）承貴會之協助設立合作研究特款，五年之中，不惟物質方面如圖書，儀器，校舍及其他設備得以擴充，即精神方面若學風之改變，研究之養成，課程之提高以及教員之專任，莫不賴之得有顯著之成績。[47]

胡適為學校辦的第二件大事是請人。蔣夢麟上任後，將原文、法、理三科改為三院，任命胡適為文學院院長。蔣對三院院長說：「辭退舊人，我去做；選聘新人，你們去做。」胡適利用自己的聲望和關係，寫信勸說朋友，四處網羅人才。經他手所請的知名學者即有孟森、錢穆、馬敍倫、湯用彤、魏建功、俞平伯、蔣廷黻、梁實秋、聞一多、溫源寧、葉公超等人。除了文學院之外，理學院的一些教授也由他引薦或力邀，如丁文江、饒毓泰、吳大猷等。有些學者或因個人困難，無法到校任教，胡適不得不多次去信說服；有些或因校內原因，暫無法聘請，他不得不尋機出面交涉。有些知名學人不宜教課，胡適又建議設「研究教授」。通過各方面的努力，北大很快羅致了一批學有專長、成績卓著的的名流學者。教師隊伍的充實，為重振北人提供了師資基礎。

不過，在當時的北大改革中，聘新人好辦，辭舊人卻是一件容易得罪人的事。1934 年 4 月鬧得沸沸揚揚的「林損辭職」事件即是其中最引人注目的一場風波。事因 1933 年 4 月胡適向蔣夢麟提出整頓

---

[47] 《國立北京大學合款報告書》（民國 26 年度 4 月），南京二檔，四八四（2）59。

北大國文系，主張「國文系的課程似宜盡力減少，教員亦宜減少」。[48]
胡適將此設想與時任國文系主任的馬裕藻先生商量時，馬「深感困難」。雙方的矛盾到 1934 年 4 月達到了高潮，馬以提出辭去國文系主任一職相脅，舊派教授林損則致信蔣夢麟，責其「以無恥之心，而行機巧之靈，損甚傷之」；而給胡適的信中則有「損與足下猶石勒之於李陽也，鐵馬金戈，尊拳毒乎」，「教授雞肋，棄之何惜」等語。[49]林亦提出辭去教職。此事在社會上引起反響，國文系學生前往林宅，要求其打消去意。後來北大雖保留了馬裕藻的教職，但以胡適代替國文系主任一職，林損遂從此離開了北大。對此，站在胡適一邊的傅斯年以「國文系事根本解決，至慰」來表示自己的高興心情。[50]章太炎派統治北大國文系的局面到此終告結束。

胡適這時在校內擔任了許多職務，除了文學院院長兼國文系主任、文科研究所主任之外，還任圖書、財務兩委員會委員長，[51]《北大學生月刊》編委會顧問，[52]一度還任教育系主任。[53]至於校內的一些臨時兼職和學術團體任職，更是難以勝數。幾乎校內的主要事宜，他都是主要決策人之一。不僅如此，在北平教育界，他也是一個主要發言人。鑒於胡適的聲望，1932 年 4 月，國民政府曾有意讓蔣夢麟出長教育部，而由胡適任北大校長，被胡適堅辭，他寫信希望蔣亦留在北大。[54]汪精衛 1933 年 3 月 3 日來信要求胡適出任教育部部長，亦被他回絕。[55]談及三十年代北大與北平教育界的工作情形時，陶希聖曾有一段回憶：「北京大學居北平國立八校之首。蔣夢麟校長

[48] 〈胡適致馬裕藻〉，1933 年 4 月 13 日，《胡適遺稿及秘藏書信》第 19 冊，合肥：黃山書社，1994 年版，第 245-247 頁。

[49] 〈北大教授糾紛：林損與胡適意見衝突而辭職〉，載 1934 年 4 月 19 日《申報》。

[50] 〈致蔣夢麟〉1934 年 5 月 8 日，《傅斯年全集》第 7 卷，長沙：湖南教育出版社，2003 年 9 月版，第 130 頁。

[51] 〈本校佈告〉，原載 1932 年 12 月 2 日《北京大學週刊》第 14 號。

[52] 《北大學生月刊委員會通告》第六號，原載 1930 年 12 月 11 日《北京大學日刊》。

[53] 〈本校佈告〉，原載 1932 年 11 月 5 日《北京大學週刊》第 10 號。

[54] 〈致蔣夢麟〉（1932 年 4 月 4 日），收入《胡適書信集》上冊，第 567 頁。

[55] 參見〈汪精衛致胡適〉、〈胡適致汪精衛〉，收入《胡適來往書信選》中冊，第 204、208 頁。

之鎮定與胡適院長之智慧，二者相並，使北大發揮其領導作用。「遇有重大難題時，都是蔣、胡兩人商量決定」，「校務會議不過是討論一般校務」。「國立各大學之間，另有聚餐，在騎河樓清華同學會會所內隨時舉行，有夢麟北大校長，梅月涵（貽琦）清華校長、適之及枚蓀兩院長，我也參加，交換意見。月涵先生是遲緩不決的，甚至沒有意見的。夢麟先生總是聽了適之的意見而後發言。……清華會餐席上，適之先生是其間的中心。夢麟是決定一切之人。北大六年的安定，乃至國立八校六年的延續，沒有夢麟與適之的存在與活動，是想像不到的」。[56]

在繁忙的校務工作之中，胡適還擔任教學工作。1931 年 2 月 10 日他講「中古思想史」課，這是他 1925 年 9 月離開北大以後第一次重返北大講臺。他在日記中云：「在二院大禮堂，聽講者約三百人，有許多人站了約兩點鐘。」[57]根據現有的材料，1931-1937 年胡適開設的課程有：1931 年 9 月-1932 年 6 月有「中國哲學史」（週二學時，哲學系一年級課），「這一科的目的要使學者知道二千五百年中國思想演變的大勢。為便利講授計，擬分五大段：第一期：中國思想的成立時期（約從西曆紀元前 600 年到前 200 年）。第二期：中國古代思想混合成儒道兩大派的時期（前 200 年到紀元 300 年）。第三期：印度思想的侵入與同化時期（紀元 300 年到 1000 年）。第四期：理學時期（1000-1600 年）。第五期：反理學時期（1600-1900 年）」。[58]1932 年 9 月-1933 年 6 月在哲學系有「中國哲學史」。[59]1934 年 9 月-1935 年 6 月，在哲學系有「中國近世思想史問題研究」（為哲學系三、四年級和研究生所開課），此課所擬講題有：「（1）宗杲和尚的思想研究。（2）南宋以後的禪宗。（3）朱熹的思想演變的研究。（4）宋明

---

[56] 轉引自吳相湘：《民國百人傳》第 1 冊，臺北：傳記文學出版社，1982 年 11 月再版，第 87-88 頁。

[57] 《胡適的日記》（手稿本）第 10 冊，1931 年 2 月 10 日，臺北：遠流出版公司，1990 年版。

[58] 《國立北京大學哲學系課程指導書》（民國二十年至二十一年度）。

[59] 《國立北京大學文學院課程一覽》（民國二十一年至二十二年度）。

後的道教史。（5）明朝的朱學。（6）李贄的研究」。在國文系有「中國文學史概要」（週三時，一年級課），該課「簡括的敘述中國文學在三千年中的演變；注意在各時代的各種新的潮流與傾向；看每一種新趨勢怎樣產生，從何處產生，如何影響到傳統的文學，如何逐漸變成一個時代的風尚，又如何逐漸僵化，終於被新興的趨勢替代了。此課的目的是要人明白中國文學史是一部繼續不斷的演變的歷史」。[60]1935 年 9 月-1936 年 6 月在國文系有「中國文學史概要」（週三時，一年級課）、「中國文學史」（四）（週二時，此課前部分由傅斯年、羅庸開，二、三、四年級課），「這是最近七百年的文學史，從宋元之間敘到現在。這是古文學最後掙扎的時期，也是活文學最活躍的時期。所以這一期文學可以分作兩部分。一部分是古文學的末日史，……另一部分是活文學在各方面作長足的進展的歷史，……到七百年的末期，社會驟變了，僵死的古文學不能應付一個新時代的要求，而那七百年中的活文學早已準備了一套新工具，無數新範本，等候我們用作革命的武器了」。[61]「中國文學史專題研究」（週二時，二、三、四年級課，由胡適、傅斯年、羅庸合開），該課由教師擬若干專題，學生圍繞這些專題討論，搜集材料「期於一年內寫出幾篇較充實之論文」，胡適所擬專題有「（1）詩三百篇的文法。（2）駢文的起源與形成。（3）唐宋的白話文學。（4）楊萬里的詩。（5）桐城古文學派小史」。[62]「傳記專題實習」（週二時，國文系二、三、四年級課），該課「擬用下列各專題，試作傳記：I 文學家 1.白居易 2.蘇軾 3.袁枚。II 思想家 4.陳亮 5.李贄 6.顏元。III 政治家 7.范仲淹 8.王安石 9.張居正。選習此科者，應於學年開始時各選定一個題目，期於一學年內寫成傳記」。[63]1936 年 9 月-1937 年 6 月在哲學系有「中國哲學史」（週三時，本年停）、「漢代思想史」（週二時）、「唐宋思想史」（週二時），另有研究課程「中國近世思想史」（本年停）；

---

[60]　《國立北京大學一覽》（民國二十三年度），第 172、173、200 頁。
[61]　《國立北京大學一覽》（民國二十四年度），第 170 頁。
[62]　《國立北京大學一覽》（民國二十四年度），第 177 頁。
[63]　《國立北京大學一覽》（民國二十四年度），第 177、178 頁。

在教育系有「中國教育問題」（與蔣夢麟合開，本年停）；在國文系有「中國文學史專題研究」（週二時，與馬裕藻、羅庸、鄭奠合開）、「傳記專題實習」（週二時）、「中國文學史概要」（週三時）、「中國文學史（四）」（週二時，本年停）。[64]此外，胡適還舉辦了一些講座，影響較大的有在國文系所講「中國文學過去與來路」（1931 年 12 月 30 日），[65]「陳獨秀與文學革命」（1932 年 10 月 30 日）[66]等。這時期，他還將自己的講稿《中國文學史選例》卷一[67]和《中國中古思想史綱要》（十二講）加以整理，交北大出版社出版。

「九·一八」事變發生後，北方的局勢日益緊張，北大的處境也日益艱難。為了應付難局，胡適邀集在北大、清華的一些朋友辦了一個時評政論刊物——《獨立評論》。該刊於 1932 年 5 月 22 日創刊，討論的問題主要是在日寇入侵面前，在政治、經濟、教育、外交等方面應採取何種政策對付強敵。圍繞這些問題，胡適和他的朋友展開討論，充分發表了各自的意見。《獨立評論》在當時的歷史條件下，實際上起了整合北方知識界以為禦敵做準備的作用。怪不得 1936 年 7 月胡適去美國訪問時，路過日本，日方對他甚為冷淡，認為他是「排日的煽動家！學生抗日運動的指導者！」[68]

「七·七」事變發生後的第二天，胡適南下參加廬山會議，隨後負使命赴歐美做外交工作。這並非胡適的本意，實為當時的國難所迫。1938 年 1 月，西南聯大雖曾發佈聘任他為文學院院長兼文科研究所所長，[69]胡適實際上並未到任。

---

[64] 《國立北京大學文學院課程一覽》（民國二十五年至二十六年度），第 12、13、14、41、75、77 頁。

[65] 胡適講、瞿永坤筆記：〈中國文學過去與來路〉，原載 1932 年 1 月 5 日《大公報》第三版。收入《胡適文集》第 12 冊，第 28-32 頁。

[66] 胡適：〈陳獨秀與文學革命〉，收入陳東曉：《陳獨秀評論》，北平：東亞書局，1933 年版。又收入《胡適文集》第 12 冊，第 33-37 頁。

[67] 《中國文學史選例》卷一，北京：北京大學出版部，1931 年版。另有卷六、卷九後收入耿雲志主編：《胡適遺稿及秘藏書信》第 10 冊，合肥：黃山書社，1994 年 12 月版。

[68] 參見耿雲志：《胡適年譜》，第 250 頁。

[69] 參見《國立西南聯合大學校史資料》，北京：北京大學出版社，1986 年版，第

三、內戰時期：不合時宜的北大校長

抗戰勝利後，百廢待興。經過傅斯年、朱家驊的力薦，國民政府決定任命胡適為北大校長。胡適暫不能回國，故又請傅斯年代理。此消息於 9 月 6 日正式公佈，各方面反應熱烈，胡適的一些故舊和北大的師生紛紛致函致電，希望他早日歸國，重振北大這座自由主義的堡壘和新文化新思想的基地。[70]

1946 年 7 月，胡適回國，月底抵達北平。8 月 4 日，北大校友由馮友蘭領銜在蔡元培先生紀念堂聚集歡迎他。[71]8 月 16 日，胡適主持召開了北大行政第一次會議，討論和研究北大院系新建制以及教師聘請等問題，決定在機構方面，在文學院設東方語言文學系，理學院的生物系改為動物系與植物系，新設農、工、醫學院。9 月胡適正式接任後，這樣的校務會議又開了十幾次，同時正式聘任了教務、訓導、總務三處處長和文、理、法、醫、農、工六院院長，各系主任。中文系主任一職，原由羅常培擔任，由於傅斯年的反對，胡適只好自己兼任。北大經過一年的復員和準備工作，到此開始轉入正軌。

10 月 10 日，北大舉行開學典禮，胡適向全校學生演講，表示：「我只作一點小小的夢想，作一個像樣的學校，作一個全國最高學術的研究機關，使她能在學術上、研究上、思想上有貢獻。」其方向有二：「一，提倡獨立的，創造的學術研究；二，對於學生要培養利用工具的本領，作一個獨立研究，獨立思想的人。」他還說：

我是一個沒有黨派的人，我希望學校裏沒有黨派，即使有，也如同有各種不同的宗教思想一樣。大家有信仰自由，但切不可毀了

90、128 頁。

[70] 參見〈羅敦偉致胡適〉、〈周鯁生致胡適〉、〈全漢昇致胡適〉，收入《胡適來往書信選》下冊，第 27、24、81 頁。另在北大檔案舘「胡適專卷」中有王力等人致胡適信件，均表達了對胡適任北大校長的期望。

[71] 參見耿雲志：《胡適年譜》，第 331 頁。北大檔案館保存有此次歡迎會的簽名簿，案卷號 532。

學校，不要毀了這個再過多少年不容易重建的學術機關。[72]最後他還引用南宋思想家呂祖謙「善未易明，理未易察」一語要大家深省。胡適的這一席話，既反映了他一貫的教育理想，也可以說是他當時的辦學方針。

胡適此時的一個重要設想就是在北大建立一個原子能研究中心，以為國家的科學發展多預備人才，多積貯力量。1947 年夏，他寫信給白崇禧、陳誠：「我今天要向你們兩位談一件關係國家大計的事，還要請你們兩位把這個意思轉給主席，請他考慮這件事，我要提議在北大集中全國研究原子能的第一流物理學者，專心研究最新的物理學理論與實驗，並訓練青年學者，以為國家將來國防工業之用。」接著他開列一份擬從國外聘請回國學者的名單，闡述其實施計畫。並稱已聯繫錢三強、何澤慧、胡寧、吳健雄、張文裕、張宗燧、吳大猷、馬仕俊、袁家騮等九人，他們「皆已允來北大」，建議把北大作為原子物理的研究中心。至於此項研究與實驗，所須有之最新式設備，請從國防科學研究經費項下撥五十萬美元作為研究經費。[73]這是一個頗有雄心的計畫。但忙於內戰的「國民政府」已全然顧不上這些了。8 月 26 日，胡適在南京出席中研院會議時面見蔣介石，又提出他的「十年高等教育發展計畫」。[74]一個月後，他又以此為藍本，撰成專文〈爭取學術獨立的十年計畫〉公諸於世，以謀求各方面的理解和更為廣泛的支持。不用說，這也是一紙空文。

從政府那裏籌不到款，胡適又轉向「中華教育文化基金會」求助。通過幾番活動，1948 年，該會終於決定給北大十萬美元的「復興經費」。[75]胡適決定不分散此款，把它全給物理系，作為建立現代物理學之用。他請在美的吳大猷、吳健雄用這筆款子購買所需設備。由於形勢的急轉直下，這一計畫也付諸流水。胡適後來傷感地談及事

---

[72] 參見〈胡校長勖勉學生〉，原載 1946 年 10 月 11 日《大公報》第三版。
[73] 〈胡適致白崇禧、陳誠〉，《胡適來往書信選》下冊，第 296 頁。
[74] 〈胡適致蔣主席建議十年教育計畫〉，載 1947 年 9 月 6 日《申報》。
[75] 參見楊翠華：《中基會對科學的贊助》，第 145-147 頁。

情的結局：「不幸這個好夢絲毫沒有實現，我就離開北大了。1949 年
2 月我打電話問大猷此款已花多少，買了多少東西。回電說，因為計
畫很周到，十萬元尚未動用。我就把這十萬元還給中基會了。」[76]

蔡元培主長北大時，蓋了紅樓。蔣夢麟任職時，建了圖書館。
胡適上任後，也計畫建一座大禮堂。他派人勘測地形，請梁思成設
計方案，惟獨經費一籌莫展。為此，1947 年 12 月 11 日他在南京向
北大各校友呼籲「捐款建築北京大學禮堂及博物館」；[77]1948 年 3 月
24 日他再次發起北大校友募捐一千億，建築蔡子民紀念大禮堂，作
為北大五十周年祝壽禮物。[78]這一計畫也因無經費而落空。

學校經費無著落，現有在職教師生活清苦，該聘請的教員無法
落實。新建的工學院情況似乎更為嚴重，不僅實驗儀器設備匱乏，[79]
而且教員也缺編，從化工系學生給胡適的一封信所反映的情況，可
見一斑：

> 胡校長：
>
> 　　我們的「北京大學」，這個在您的「十年教育計畫」中名列
> 前茅的「學府」，是不是已可高踞「第一流」寶座而當之無愧呢？
>
> 　　上課一個多月了，我們的「化工系」還沒有主任，您知道嗎？
>
> 　　上課一個多月了，我們的「化工系」還沒有一位學過化學
> 工程的專任教授，您知道嗎？
>
> 　　幾個月前，我們到處奔走呼號，希望能得到一個安定的讀
> 書環境，終於「北大」成為我們一個追求的目標。如今，北大
> 已把我們收容了。環境真是安定了，我們「讀書」的願望卻沒
> 有達到！

---

[76] 《胡適的日記》（手稿本）第 18 冊，1962 年 2 月 5 日日記。

[77] 〈胡適昨抵北平〉，載 1947 年 12 月 29 日《申報》。

[78] 〈北大五十周年紀念，發起募款建造蔡子民大禮堂〉，載1948 年3 月26 日《申報》。

[79] 參見蕭超然等著：《北京大學校史》，北京：北京大學出版社，1988 年 4 月版，
第 464、472 頁。

化工系四年級的幾門必修課程，直到現在還沒有人教，五個星期的光陰，就在這樣的情況下輕輕地過去了。問到院當局，他說請不到教授，可是我們親眼看到有許多機會都被輕易放過。事實告訴我們，院當局所表現的，只是「敷衍」「搪塞」，而沒有絲毫請教授的誠意！

現在我們向您請求，為化工系前途著想，應該從速請到系主任和教授，我們不忍見化工系的半停頓狀態長此繼續，而給北大光輝的歷史，留下一個洗刷不掉的污點。

化工系四年級全體學生敬上

一九四七年十月廿四日[80]

加上通貨膨脹，其情形可謂雪上加霜。胡適剛上任時的薪水為二十八萬元，折合美金一百多元；到 1947 年由於通貨膨脹，名義上他的薪水調到近一百萬元，但變成美金卻只有三十五元。在一封信中，胡適第一次出現了「我是貧士」的字眼。[81]遠在美國的好友趙元任夫婦大概聽到了胡適的一些情況，託人帶來兩百美元。胡適似乎覺得有點不好意思，說明自己除了生活費外，還有點「外快」可以補貼。[82]校長尚且如此，其他教員可想而知。無奈胡適在記者招待會上也抱怨：「教授們吃不飽，生活不安定，一切空談都是白費。」1947 年 9 月 21 日，他致電教育部，說平津物價高昂，教員生活清苦，「請求發給實物；如不能配給實物，請按實際物價，提高實物差額金標準」。[83]9 月 23 日他在日記中歎息道：「北大開教授會，到了教授約百人。我作了二個半鐘頭的主席。回家來心裏頗悲觀，這樣的校長真不值得做！大家談的想的都是吃飯！向達先生說的更使我生氣。他說：『我今天愁的是明天的生活，那有工夫去想十年二十年的計畫？十年二十年

---

[80] 此件存於北大檔案館「胡適專卷」，案卷號 1137。

[81] 〈胡適致徐公肅、曾世英〉，《胡適來往書信選》下冊，第 254 頁。

[82] 〈胡適致趙元任〉1948 年 5 月 24 日，收入《胡適給趙元任的信》，臺北：萌芽出版社，1970 年版。

[83] 〈北大校長胡適電部：請提高實物差額金〉，載 1947 年 9 月 22 日《申報》。

後，我們這些人都死完了』。」[84]胡適想得高遠，但北大師生面對的現實難題卻是基本的生存都不能維持。

1940 年代後期，國內局勢十分動盪，北大處在風雨飄搖之中。1946 年 12 月 24 日，北大女生沈崇被兩名美國士兵強姦，事情在報上披露後，群情激憤，北平各校師生舉行罷課、示威、遊行，要求懲辦罪犯。時在南京參加「制憲國大」會議的胡適也無法保持平靜了。據一位與他見面的記者回憶：

> 當我們提到沈崇事件時，老先生這次也被激怒了，「這還得了！真豈有此理！」說著說著，還敲著桌子。他這個態度使我頗感意外。我看到這個深受儒教熏陶，一向主張「怨而不怒」，又受資產階級教育，提倡「自由」，「容忍」的大師，竟然也正氣凜然，金剛怒目起來，不免增加了一些敬重。他甚至說：「抗議、遊行，又何不可！眾怒難犯，伸張民意嘛！」[85]

胡適抵達北平後，對記者發表公開談話：「此次美軍強姦女生事，學生，教授及我自己，都非常憤慨。同學們開會遊行都無不可，但罷課要耽誤求學的光陰，卻不妥當。」認為「此次不幸事件為一法律問題，而美軍退出中國則為一政治問題，不可並為一談」。[86]胡適的這一表態，既有其個人同情群眾的一面，又有秉承官方意志的一面。當時教育部馳電胡適、梅貽琦等北平諸大學頭面人物，要他們設法平息眾怒，以防事態發展。[87]

1947 年 1 月 17 日美軍軍法庭開庭審判此案，胡適不顧官方的勸阻，毅然出庭作證。經過一星期的辯論，在中國人民的強大壓力和胡適的有力證詞面前，美方理屈詞窮，不得不宣佈美兵皮爾遜「強姦已遂罪」。事後沈崇家人對胡適的出面表示了深切感謝。[88]後來此

---

[84]　《胡適的日記》（手稿本）第 15 冊，1947 年 9 月 23 日日記。

[85]　葉由：〈我對胡適的印象〉，《胡適研究論叢》，北京：三聯書店，1989 年 2 月版，第 24、25 頁。

[86]　〈胡適返抵北平〉，載 1946 年 12 月 31 日《申報》。

[87]　〈國民黨教育部致胡適、梅貽琦〉，《胡適來往書信選》下冊，第 158 頁。

[88]　北京大學檔案館卷號 1140 存有一封署名「燕」1947 年 1 月 9 日給胡適的信，

案移到美國處理，報載美方取消皮爾遜之強姦罪，胡適對英文版《時事新報》記者說：「余對此新進展，表示失望。」「我希望美國海軍部長不會批准檢察官長取消皮爾遜罪狀。」[89]

　　一波未平，一浪又起。1947 年國統區的人民掀起了聲勢浩大的「反飢餓反內戰」運動。北大學生在中共地下黨的影響和領導下，亦投身其中。[90]對於此起彼伏的學生運動，胡適可謂左右為難，他作為一校之主，一方面不能不考慮維持學校的正常教學秩序，不能不考慮他與國民黨政府的合作關係，這構成他與官方意志的某種吻合，使他為政府「撐門面」；一方面又自知學生起事有其深刻的社會政治根源，對學生運動不能簡單處置，這使他對參與運動的北大學生採取一種溫和、保護的態度。[91]5 月 19 日，胡適向記者發表談話，不同意蔣介石的〈對學生文告〉，說「學生是青年人，在這種困難環境下，確是感到了苦悶，……我對青年要求改進現狀有同情，但希望勿犧牲學業。」[92]5 月 24 日，他召見學生代表說：「學生運動乃青年對現實不滿的自然反應，而不能直接為共黨之指撥，惟政治，經濟問題，皆非罷課所能解決，更勿以罷課應付迭發之校內校外事件，如此，將永無平靜之日。愈是動盪時候，愈需鎮靜，勿輕信謠言。」[93]5 月 30 日，他向外國記者談話時說：「最近學生運動，如謂其係共黨指使，此言似非公允。任何國家內，如對政府機構有所不滿，而無民主方法可以發表其不滿之情緒，輒由青年學生擔任政治運動，此普遍公式殆可適用於一切國家。」[94]這一連串談話，都清楚地表明了他的矛盾態度。

內中說：「沈崇是我同曾祖的堂妹，她這次能入北大，自己覺得十分高興；誰知會遇到這種從來沒聽見過的怪事。前幾天她的姑母從南京叫我寫封信向您道謝。她的父親本因血壓高，在南京養病，現在想來北平，飛機又停飛。如果交通情形許可他北來的話，他一定親自登門向您道謝。」

89　〈沈崇案主犯開釋，胡適發表意見〉，載 1947 年 6 月 22 日《申報》。

90　參見蕭超然等著：《北京大學校史》第 280-302 頁。

91　參見白吉庵：《胡適傳》第 428-440 頁，北京：人民出版社，1993 年版。

92　〈胡適對學潮談話〉，載 1947 年 5 月 20 日《申報》。

93　〈胡適召見學生代表談話〉，載 1947 年 5 月 26 日《申報》。

94　〈胡適之在平談學生運動〉，載 1947 年 5 月 31 日《申報》。

與外界這種動盪不安的局勢形成強烈反差，胡適這幾年的學術興趣是在《水經注》的考證。1946 年 7 月 5 日他剛抵滬，向記者透露他這幾年正在重勘《水經注》的案子，[95]此事傳開，他在很短的時間裏就收到來自各方送來的各種版本的《水經注》。他在一封致顧廷龍信中說：「我近年到處宣傳我正治《水經注》，其用意正欲使各地的《水經注》都出現耳。」還說自己「在天翻地覆中作此種故紙堆生活，可笑之至。」[96]

我們從這一段《胡適的日記》可以看到他有關這方面的研究情況的許多紀錄。《胡適手稿》和近期出版的《胡適遺稿及秘藏書信》也保留了他這時期有關《水經注》考證的許多文字。這時期胡適未專門開課，偶爾作一些講座。北大歷史系「歷史研究法」一課原擬由胡適擔任，1947 年 4 月 24 日，他上第一講，題目是「歷史與證據」，其所講內容實際上是他的《水經注》研究。胡適當時設想領導文學院的人做一些大的問題研究，故想在方法上做一示範。但他的課只講了一次，就沒有下文了。[97]1948 年 12 月北大五十周年校慶前夕，文科研究所舉辦的展覽會中有「《水經注》版本展覽」一項，所展出版本都為胡適提供。

這時期胡適的社會活動和各種應酬幾乎成了他無法擺脫的差役。從北大檔案館現藏的「胡適專卷」中，我們可以看到他經常收到各種來信，除了公函以外，還有許多求學信、求職信、求開介紹信、推薦信，以及討論時事或傾吐不滿的信。胡適當時的校務工作主要是維持學校的運轉，包括籌措經費，應付學潮，調理新建院系的教學。此外，他還兼有中研院的評議員和中基會的董事等職。南京政府在其政局不穩、社會動盪的狀態下，為了籠絡人心，也不惜一次又一次請胡適出面為其支撐門面。1946 年 11 月，胡適出席「國大」。1947 年 2 月，蔣介石託傅斯年請他出任國府委員兼考試院院長，

---

[95] 〈胡適抵滬〉，載 1946 年 7 月 6 日《大公報》。
[96] 〈致顧起潛〉1948 年 11 月 28 日，《胡適手稿》第三集中冊，臺北：胡適紀念館，1968 年 8 月版。
[97] 此段據時任胡適秘書的鄧廣銘先生回憶。

被胡適回絕；[98]年底，王世杰轉達蔣介石之意，希望胡適「改行」從政，或參加總統候選或出任行政院院長，被胡適「堅辭」。[99]1948 年3 月在「國大」開會期間，蔣再提請胡適做總統候選人之意，後因國民黨中常會未通過遂作罷；11 月 24 日，翁文灝辭行政院院長職，蔣又派陶希聖北上邀胡適南下就任行政院院長，胡以心臟病辭。其實胡適不僅對政治沒有興趣，而且對北大校長一職也感力不從心，遂生辭意；教育部長朱家驊立作電覆：「年來承兄偏勞，公私感激，……乃北大不可無兄，北方尤賴兄坐鎮，……倘兄有言辭消息，則華北教育界必將動搖不可收拾。」[100]朱的電文道出了事情的全部真相。

胡適對政治權力並沒有真正的興趣，但權力卻需要他來支撐，以致他本人身不由己地被捲入其中，這使他在當時的特殊情境裏，扮演了一個帶有悲劇色彩的角色。據時任東語系主任的季羨林先生回憶，胡適任職期間，常常不在校內，他經常去南京開會。[101]這從胡適本人的活動日程中也可得到佐證。實際上，胡適這個「非常時期」的校長，其所承擔的使命，已不為文化教育所限了。

1948 年 11 月，人民解放軍已包圍北平。南京政府有意將北大南遷，22 日，胡適在蔡子民紀念堂主持校務會議，討論是否「遷校」一事。經過激烈爭辯，最後作出不遷校的決定；24 日，教授會正式通過校務會議不遷校的決議。[102]胡適當時也是反對遷校的，他認為：「北大在北平才叫北京大學，離開了北平還能叫北京大學嗎？」[103]12

[98] 參見〈傅斯年致胡適〉（1947 年 2 月 4 日），〈胡適致傅斯年〉（1947 年 2 月 6 日），《胡適來往書信選》下冊，香港：中華書局，1983 年 11 月版，第 170-172、175 頁。

[99] 參見〈王世杰致胡適〉（1947 年 12 月 17 日，12 月 25 日）《胡適來往書信選》下冊，香港：中華書局，1983 年 11 月版，第 287、289 頁。

[100] 〈朱家驊致胡適〉（電），收入《胡適來往書信選》下冊，第 409 頁。

[101] 參見季羨林：〈為胡適說幾句話〉，收入歐陽哲生編：《追憶胡適》，北京：社科文獻出版社，2000 年 9 月版，第 6 頁。

[102] 參見蕭超然等著：《北京大學校史》，第 301 頁。

[103] 鄧廣銘：〈我與胡適〉，收入《胡適研究叢刊》第一輯，北京：北大出版社，1995 年版，第 27 頁。

月，北大張羅五十周年校慶，擬定 17 日為校慶日，同時為胡適的生日祝壽。13 日胡適寫成〈北京大學五十周年〉一文，敘述北大自戊戌誕生以來的歷史，結語曰：「現在我們又在很危險、很艱難的環境裏給北大做五十歲生日，我用很沉重的心情敘述他多災多難的歷史，祝福他長壽康強，祝他能安全的渡過眼前的危難正如同他渡過五十年中許多次危難一樣！」[104]14 日南京方面派飛機將胡適、陳寅恪運走。臨行前他留下便箋給湯用彤、鄭天挺，說：「今早及今午連接政府幾個電報要我即南去。我就毫無準備地走了。一切的事，只好拜你們幾位同事維持。我雖在遠，決不忘掉北大。」[105]這實際上成了他的訣別之言。

四、胡適：北大的一份精神遺產

胡適從 1917 年 9 月登上北大講臺，到他 1948 年 12 月 14 日離去，在北大實際時間是十八年（1917 年 9 月-1925 年 11 月、1930 年 12 月-1937 年 7 月、1946 年 8 月-1948 年 12 月）。以他與北大的歷史關係而言，可以說是既長且深了。「五四」以後北大在中國教育界、學術界自成一體，獨領風騷，胡適自然是其中擔當重任的主要人物之一。就他個人對北大的感情來說，也可以說是情有獨鍾。一般人認為，民國時期的北大學統具有濃厚的自由主義色彩。顯然，這個傳統的形成是與蔡元培、陳獨秀、胡適、傅斯年這幾個響亮的名字聯繫在一起。

胡適在北大工作期間，對北大的發展方向和學術傳統多次提出過意見。1922 年 12 月 17 日，北大二十五周年之際，他發表〈回顧與反省〉一文，指出北大近五年來的兩大成績，即：第一「是組織上的變化，從校長學長獨裁制變為教授治校制，第二「是注重學術

---

[104] 胡適：〈北京大學五十周年〉，收入《北京大學五十周年紀念特刊》。又收入《胡適文集》第 11 冊，第 813 頁。

[105] 耿雲志：《胡適年譜》，第 374 頁。

思想的自由，容納個性的發展」。同時也認為北大存在兩大不足：一，「學術上很少成績」；二，「自治的能力還是很薄弱的」。他「祝北大早早脫離裨販學術的時代而早早進入創造學術的時代。祝北大的自由空氣與自治能力攜手同程並進。」[106]1935 年 5 月，他為紀念「五四」運動十六周年，特別強調「民國六、七年北京大學所提倡的新運動，無論形式上如何五花八門，意義上只是思想的解放與個人的解放」。[107]他主長北大期間，規定每年「五四」為北大校友返校節。1947 年 5 月 4 日，他在北大校友的聚會中高度評價蔡元培把北大由一個舊式大學改造成為一個新式大學，並認為北大的精神是「自由與容忍」。[108]

胡適離開大陸後，雖身在海外，仍心繫北大。每逢「五四」或北大校慶日時，他都要發表談話，或與北大校友聚會，以示對「五四」的紀念，對北大的懷念。1958 年 12 月 17 日，他在與校友的聚會中無限深情地談及蔡元培先生和北大精神。略謂：

> 民國五年蔡孑民先生出任北大校長，為北大開了新風氣，把北大變成一個新的大學，北大的精神和校風都是民五以後建立起來的，蔡先生值得人紀念之處甚多，最重要的是他樹立了六項北大精神（1）高尚純潔的精神，（2）兼容並包的精神，（3）合作互助的精神，（4）發揚蹈厲的精神，（5）獨立自由的精神，（6）實事求是的精神。[109]

他的這一席話不啻是對北大精神的本真闡釋。

1962 年 2 月 24 日，胡適在臺北逝世。生前他立下的英文遺囑交代：將他在 1948 年 12 月不得已離開北平時所留下請北大圖書館保

---

[106] 胡適：〈回顧與反省〉，1922 年 12 月 17 日《北京大學日刊》「北大二十五周年紀念號」。

[107] 胡適：〈個人自由與社會進步——再談五四運動〉，1935 年 5 月 12 日《獨立評論》第 150 號。《胡適文集》第 11 冊，第 585 頁。

[108] 耿雲志：《胡適年譜》，第 349 頁。

[109] 胡頌平：《胡適之先生年譜長編初稿》第 7 冊，第 2774-2775 頁。

管的一百零二箱內全部他的書籍和文件交付並遺贈給北京大學。[110]
他的遺體覆蓋著一面北大校旗。在臺北的「北京大學同學會」送的
輓聯是「生為學術，死為學術，自古大儒能有幾？樂以天下，憂以
天下，至今國士已無雙」。他的墓碑上留下了一位飄泊在台島的「北
大人」──原北大圖書館館長毛子水留下的手筆：

> 這是胡先生的墓。這個為學術和文化的進步，為思想和
> 言論的自由，為民族的尊榮，為人類的幸福而苦心焦慮，敝
> 精勞神以致身死的人，現在在這裏安息了！

載 1997 年 5 月《北京大學學報》（哲學社會科學版）第 3 期
又載 1997 年 5 月臺北《傳記文學》第 70 卷第 5 期
英譯文載 *Chinese Studies in History,*
WINTER 2008-2009/ VOL.42,NO.2.

---

[110] 胡頌平：《胡適之先生年譜長編初稿》第 10 冊，第 3907 頁。

胡適與哥倫比亞大學

　　當一個歷史人物的地位被確立以後，他作為一個研究素材不僅具有顯現歷史存在的意義，而且具有被人們欣賞的性質。正是在第二重意義上，一個重要歷史人物所顯現的經典性才真正得以彰顯，也只有被人們不斷地嚼味和玩賞，歷史人物才會真正呈現其鮮活的個性。

　　胡適作為近現代中國的一個歷史文化名人，正在從塵世的喧囂聲中隱退，逐漸成為一個被人們玩味的「古董」。他生活中的許多瑣碎細節，包括衣食住行、人際關係、情戀隱私等各種經歷，之所以在今天仍然引起大家的興趣，被人們去細緻地考證，不是為了對他進行「褒」與「貶」的定性，僅僅是滿足人們的一種歷史好奇心，以延續一種歷史的記憶，證明一個歷史人物的精神魅力。

　　我這裏所討論的「胡適與哥倫比亞大學」這一題目，就是講述一個中國學人與一所美國大學關係的歷史故事。這是「胡適學」中鮮被人觸及的一個問題，也是一個材料豐富而又耐人尋味的歷史問題，它不只是胡適個人經歷中的一個問題，事關中美文化交流這樣一個大問題。唐德剛先生曾說：「胡先生是安徽人，哥大出身，北大成名，因而他對這三重背景都存有極深厚的溫情主義，而且老而彌篤。」[1]胡適與安徽、北大的歷史關係的討論已有專文論及，唯獨「胡適與哥大」這一題目，缺乏專文深入的討論，其實這一問題內含的豐富性構成中美學術文化交流最精彩動人的一個篇章。

---

[1]　唐德剛：《胡適雜憶》（增訂本），第 3 頁，上海：華東師範大學出版社，1999 年 1 月版。

一、「博」而「精」的學術準備

留美七年是胡適早期成長過程中最重要的一段經歷，可以說沒有留美就沒有「胡適」。關於這一段經歷，胡適本人當時留下了一部《藏暉室札記》（後改名《胡適留學日記》，以下簡稱《留學日記》），晚年又在與唐德剛合作的口述自傳中用了其中第三、四、五、六章四章的篇幅回顧他的留學經驗，內容佔其口述自傳的三分之一強，胡適晚年如此重視自己這段留學經歷，自與當時他是在哥大進行口述自傳這項工作的因素影響有關，故對他成長中的「美國因素」給予相當大的比重。但我們如縱覽胡適成名前的早年生活經歷，可以說留美七年是胡適學業積累最快、思想進步最大的七年。

胡適的《留學日記》，對其在美留學的生活經驗、思想變遷和社會活動，留有大量的紀錄，而對其在課業方面的情況則語焉不詳；他的《口述自傳》雖有許多對其受業教師和與同學交往的介紹，也有對其留美時期思想演變的交代，但對他的學業成績亦沒有任何交代。故從《留學日記》和《口述自傳》中所看到的是一個社會活動頻繁的胡適、一個思想活躍的胡適、一個好與人交際（甚至是好與女人交際）的胡適。[2]根據這部《留學日記》，唐德剛先生甚至得出這樣的結論：

---

[2] 關於胡適在哥大讀書期間的來往通信，有兩處統計，一處是胡適 1916 年 9 月 22 日日記，從 1915 年 9 月 22 日至 1916 年 9 月 22 日通信，「收入九百九十九封，寄出八百七十四封」，《胡適留學日記》卷十四〈四一、到紐約後一年中來往信札總計〉，《胡適全集》第 28 冊，合肥：安徽教育出版社，2003 年 9 月版，第 466 頁。一處是《胡適留學日記》卷十五〈一九一六年來往信札總計〉，「自一九一六年正月一日到十二月卅一日，一年之間，凡收到一千二百十封信，凡寫出一千零四十封信」，《胡適全集》第 28 冊，合肥：安徽教育出版社，2003 年 9 月版，第 510 頁。從收信和覆信的數目可見，胡適可謂熱衷通信來往，幾乎是有信必回。

　　胡適之這位風流少年，他在哥大一共只讀了二十一個月的書（自 1915 年 9 月至 1917 年 5 月），就談了兩整年的戀愛！他向韋蓮司女士寫了一百多封情書（1917 年 5 月 4 日，《札記》）同時又與另一位洋婆子「瘦琴女士」（Nellie B. Sergent）通信，其數目僅次於韋女士（一九一五年八月廿五日。同上）。在博士論文最後口試（一九一七年五月廿七日（廿二）日）前五個月，又與莎菲（陳衡哲）通信達四十餘件！在哥大考過博士口試的「過來人」都知道，這樣一個精神恍惚的情場中人，如何能「口試」啊？！這樣一位花叢少年，「文章不發」，把博士學位耽誤了十年，豈不活該！[3]

唐先生的這段話曾經引起夏志清先生的反駁，以為「胡適絕頂聰明，精力過人，對他來說，多寫幾封信，多投幾篇稿，根本不會影響到他的論文寫作。」[4]

　　周質平先生前幾年發現了胡適在康乃爾大學的成績單（1910-1914 年），這份成績單迄今既未見人引用，也未見人分析，其實它為我們瞭解胡適大學四年的學業情況提供了直接、可靠的證據。現在我將這份成績單譯成中文：

　　入學第二外語基礎德語：OK，高級德語：OK。

　　第一學年（1910-1911 年）：英語（English）第一學期（週四時）80 分，第二學期（週四時）88 分。植物學（Botany）第一學期（週三時）80 分，第二學期（週一時）80 分。生物學（Biology）第一學期（週三時）75 分，第二學期（週三時）82 分。德語（German）第一學期（週六時）90 分，第二學期（週五時）80 分。植物學（Botany）

---

[3]　參見唐德剛：《胡適雜憶》（增訂本），上海：華東師大出版社，1999 年 1 月版，第 196-197 頁。在哥大時，胡適除了與上述兩位女性有過交往外，還曾與《華盛頓郵報》的發行人尤金·梅耶（Eugene Meyer）的夫人阿葛勒絲·梅耶（Agnes Meyer）有過來往。參見《胡適口述自傳》第五章〈哥倫比亞大學和杜威〉，收入《胡適文集》第 1 冊，北京：北京大學出版社，1998 年 11 月版，第 261 頁。

[4]　夏志清：〈胡適博士學位考證〉，載 1978 年 11 月臺北《傳記文學》第 33 卷第 5 期，第 30 頁。

第二學期（週二時）64 分。氣象學（Meteorology）第二學期（週三時）70 分。1911 年夏季：化學（Chemistry，週六時）73 分。

　　第二學年（1911-1912 年）：地質學（Geology）第二學期（週二時）75 分。化學（Chemistry）第一學期（週五時）85 分。植物生理學（Plant Physiology）第一學期（週四時）77 分。果樹學（Pomology）第一學期（週二時）76 分。英語（English）第二學期（週三時）86 分。英語（週三時）83 分。政治學（Political Science）第二學期（週五時）75 分。哲學（Philosophy）第二學期（週三時）88 分。哲學（Philosophy）第二學期（週三時）78 分。1912 年夏季（五週）：公共演講（Public Speak，週二時）87 分。體育（Drill and Gym）70 分。體育（Drill and Gym）80 分。體育（Drill and Gym）77 分。

　　第三學年（1912-1913 年）：心理學（Psychology）第一學期（週三時）92 分。哲學（Philosophy）第一學期（週三時）76 分。哲學（Philosophy）第一學期（週三時）90 分，第二學期（週三時）85 分。哲學（Philosophy）第一學期（週三時）76 分。政治學（Political Science）第一學期（週二時）88 分。政治學（Political Science）第一學期（週三時）72 分。建築學（Architecture）第一學期（週一時）65 分。法語（French）第二學期（週六時）80 分。英語（English）第二學期（週三時）96 分。英語（English，週三時）88 分。政治學（Political Science，週三時）85 分。體育（Gym）第二學期 90 分、90 分、80 分。1913 年夏季（5 週）：教育學（Education，週二時）85 分。講演與閱讀（Speaking and Reading，週一時）74 分。英語（English，週二時）94 分。

　　第四學年（1913-1914 年）：哲學（Philosophy）第一學期（週二時）90 分。哲學（Philosophy）第一學期（週二時）90 分。哲學（Philosophy）第一學期（週二時）一分。政治學（Political Science）第一學期（週三時）85 分，第二學期（週三時）OK。英語（English）第一學期（週三時）OK。哲學（Philosophy）第一學期（週二時）

一分。哲學（Philosophy）第二學期（週一時）78 分。哲學（Philosophy）第二學期（週二時）OK。歷史（History）第二學期（週一時）OK。[5]

從這份成績單可看出，胡適初選農科，他所選農科方面課程（如植物學、生物學、氣象學、化學等）的成績的確一般，用胡適自己的話來說就是「還算不壞」，[6]這大概與他的興趣不濃有關，這也是導致他轉學文科的重要原因，他在《口述自傳》中提到的那門直接促使他做出轉學抉擇的課程「果樹學」（Pomology）正是在第二學年的第一學期。[7]他轉學前的語言學科的成績（如英語、德語、講演等）明顯較好，反映了他有很強的語言能力，轉學到文學院後（1912 年春），也就是第二學年第二學期以後的專業成績，得了不少高分。按照康大文學院的規定，每個學生必須完成至少一個「學科程式」才能畢業，而胡適畢業時，已完成了三個「程式」：哲學和心理學、英國文學、政治和經濟學。[8]這三個「程式」分屬三個不同的領域，如此眾多的課程，有些胡適是利用夏季學期修完的。[9]如從這份成績單來看，胡適的課業成績並沒有因他大量的社會活動而受到影響，這反映了他有很強的學習能力和天賦，並兼有很強的活動能力。周質平以為，胡適與韋蓮司等幾位女性的密切交往和書信往來，「知識上的討論遠多於個人的私情」，她們可謂胡適「知識上的伴侶」，[10]此

---

[5] 此成績單的英文原件影印本據周質平：《胡適與韋蓮司：深情五十年》，北京：北京大學出版社，1998 年 11 月版，第 12-13 頁。

[6] 參見《胡適口述自傳》第三章〈初到美國：康乃爾大學的學生生活〉，《胡適文集》第 1 冊，北京：北京大學出版社，1998 年 11 月版，第 212 頁。

[7] 有關胡適轉學文科的原因，胡適自述有三：一是對農科沒有興趣，二是為宣傳辛亥革命所做的演說產生的對政治史的興趣，三是對文學的興趣。參見《胡適口述自傳》第三章〈初到美國：康乃爾大學的學生生活〉，《胡適文集》第 1 冊，第 210-214 頁。

[8] 參見《胡適口述自傳》第三章〈初到美國：康乃爾大學的學生生活〉，《胡適文集》第 1 冊，第 213 頁。

[9] 參見 1913 年 8 月 3 日胡適〈致母親〉，胡適提到「兒以年來多習夏課，故能於三年內習完四年之課也。」《胡適全集》第 23 冊，第 48 頁。

[10] 周質平：《胡適與韋蓮司：深情五十年》，第 6 頁。不過，現在經周質平先生整理出來的胡適致韋蓮司信至 1917 年 5 月 4 日止，僅 68 封，參見周質平編

為至當之論。以胡適與女性的交往，想像為影響他學業的因素似難成立。

　　胡適1914年5月在康大畢業，獲學士學位。接著他在康大又續修了一年碩士課程，1915年9月轉入哥倫比亞大學文學院。胡適選擇進哥大的打算，早在他在康大轉學文科時即萌發此念頭，1912年2月6日他致章希呂的信中提到了這一想法：

> 　　適已棄農改習哲學文學，旁及政治，今所學都是普通學識，畢業之後，再當習專門工夫，大約畢業之後，不即歸來，且擬再留三年始歸。然當改入他校，或 Harvard 或 Columbia 或入 Wisconsin（在中美為省費計）尚未能定，因 Cornell 不長於政治文學也。[11]

當時還是在哈佛、哥大、威斯康星三個大學中選擇一個。不過，1915年胡適轉學的一個直接因素是他申請延長康大哲學系獎學金被拒，理由是他「在講演上荒時廢業太多」。[12]故這年7月5日，他已有離開康乃爾大學去其他大學的想法：「費日力不少，頗思捨此他適，擇一大城市如紐約，如芝加哥，居民數百萬，可以藏吾身矣。」[13]7月11日，他向母親報告了改入哥大的七大理由。其中第一條「兒居此已五年，此地乃是小城，居民僅萬六千人，所見聞皆村市小景。今兒尚有一年之留，宜改適大城，以觀是邦大城市之生活狀態，蓋亦覘國采風者，所當有事也。」第三條「紐約為世界大城，書籍便利無比，

譯：《不思量自難忘——胡適給韋蓮司的信》，臺北：聯經出版事業公司，1999年12月版，第1-116頁。據胡適1917年5月4日檢閱他從韋蓮司處讀到他自己的信後自稱：「吾此兩年中思想感情之變遷多具於此百餘書中，他處決不能得此真我之真相也。」可見，仍有二點之疑：一是胡適給韋蓮司的信應有「百餘書」，二是這些信中應有個人思想感情的「真我之真相也」。參見《胡適留學日記》卷十六〈一八、讀致韋女士舊函〉，收入《胡適全集》第28冊，第557頁。

[11]　〈致章希呂〉1912年2月6日，《胡適全集》第23冊，第37頁。

[12]　參見唐德剛譯注：《胡適口述自傳》第四章〈青年期的政治訓練〉，收入《胡適文集》第1冊，第226頁。

[13]　《胡適留學日記》卷十〈八、思遷居〉，《胡適全集》第28冊，第176頁。

此實一大原因也」。第七條「哥倫比亞大學哲學教師杜威先生，乃此邦哲學泰斗，故兒欲往遊其門下也」。[14]與哥大和紐約直接相關。[15]顯然，在紐約和芝加哥之間，他已決定選擇紐約的哥倫比亞大學。胡適晚年在口述自傳中還提到他轉學哥大的另一重要原因是他不喜歡在康大哲學系佔據統治地位的「新唯心主義」（New Idealism），這一派對杜威的攻擊反而引發了胡適對杜派哲學的興趣，在1915年暑假「對實驗主義作了一番有系統的閱讀和研究之後」，他「決定轉學哥大去向杜威學習哲學」。[16]

在轉學哥大之前，胡適有過三次紐約之行，其中1915年1月22日至24日的紐約之行，胡適曾前往哥大訪問，在哥大會見了嚴敬齋、王君復、鄧孟碩等，並在哥大夜宿（23日），「與三君夜話」。[17]2月13、14日的紐約之行，是為參加在紐約大學俱樂部主辦的抵制增兵會議，在這次紐約之行中，胡適前往哥倫比亞大學訪問了在此校就讀的張亦農（即張奚若）、嚴敬齋、王君復、酈煦堃、楊錫仁、張仲述諸君，拜訪了喀司登（Karsten）、韋蓮司兄嫂（Mr and Mrs Roger Williams）、黃興等人，已有「大學賢豪」、「哈佛與哥倫比亞似較勝」的印象。[18]3月8日又有「紐約公共藏書樓」之記載，並受其啟發，欲歸國後「必提供一公共藏書樓」，在鄉里、安徽，乃至中國建立各

---

[14] 〈致母親〉1915年7月11日，《胡適全集》第23冊，第85頁。

[15] 胡適選擇哥大的這三條理由，實為當時許多中國留美學生選擇哥大的主要理由，故哥大在當時成為中國留美學生人數最多的美國大學。蔣夢麟提到在哥大留學給他印象最深的是紐約的都市之景觀和哥大的名教授陣營。參見蔣夢麟：《西潮　新潮》，長沙：岳麓書社，2000年9月版，第91-96頁。蔣廷黻也提到：「留學生往往是羨慕有關大學中著名學者的名氣才進那所大學的。中國學生進哥大更是如此。」參見蔣廷黻：《蔣廷黻回憶錄》，臺北：傳記文學出版社，1984年2月1日再版，第74頁。

[16] 《胡適口述自傳》第五章〈哥倫比亞大學和杜威〉，收入《胡適文集》第1冊，第263頁。

[17] 《胡適留學日記》卷八〈一一、再遊波士頓記〉，《胡適全集》第28冊，第16-17頁。

[18] 《胡適留學日記》卷八〈三一、紐約旅行記〉，《胡適全集》第28冊，第53-54頁。

級「藏書樓」,「亦報國之一端也」。[19]可見,胡適之選擇哥大,是經過了一番醞釀和調查,並非一時心血來潮。

　　與強調自己在康大的學生生活這一面不同,胡適在《口述自傳》中對哥大「文科各系的教授陣營」做了詳細介紹,顯然這是當時走進哥大的中國留學生引為驕傲之處。除了上述所提到的杜威以外,胡適特別指出:「這幾年正是哥大在學術界,尤其是哲學方面,聲望最高的時候。」[20]胡適提到的哥大文科知名教授的名字,哲學系有以希臘哲學見長的研究院院長烏德瑞(Frederick J. E. Woodridge),西方「現實主義」的代表之一芒達斯(W. P. Montague),美國「倫理文化學會」發起人厄德諾(Felix Adler);歷史系有政治理論史的開山宗師頓寧(William A. Dunning),倡導「新史學」的羅賓遜(James Harvey Robinson),美國憲法史專家畢爾(Charles A. Beard),社會學系有吉丁斯(Franklin Giddings),另外還有專治「漢學」的夏德(Frederich Hirth)。在康大,胡適的主修是哲學,副修是英國文學和經濟,第二副修實為經濟理論。[21]1915 年 2 月 3 日他曾反省自己的治學傾向時說:「學問之道兩面(面者,算學之 dimension)而已:一曰廣大(博),一曰高深(精),兩者相輔而行。務精者每失之隘,務博者每失之淺,其失一也。余失之淺,其失一也。余失之淺者也,不可不以高深矯正之。」[22]他的選課反映了這樣一種傾向。來哥大前,他為糾正這一偏向,表示:「自今以往,當摒絕萬事,專治哲學,中西兼治,此吾所擇業也。」[23]他在哥大主修仍為哲學,副修則改為政治理論和「漢

---

[19] 《胡適留學日記》卷九〈十九、理想中之藏書樓〉,《胡適全集》第 28 冊,第 76 頁。

[20] 唐德剛譯注:《胡適口述自傳》第五章〈哥倫比亞大學和杜威〉,收入《胡適文集》第 1 冊,第 257 頁。

[21] 唐德剛譯注:《胡適口述自傳》第五章〈哥倫比亞大學和杜威〉,收入《胡適文集》第 1 冊,第 260 頁。

[22] 《胡適留學日記》卷八〈一五、為學要能廣大又能高深〉,《胡適全集》第 28 冊,第 31 頁。類似的反省,還出現在 1915 年 5 月 28 日日記中,參見《胡適留學日記》卷九〈六五、吾之擇業〉,《胡適全集》第 28 冊,第 148 頁。

[23] 《胡適留學日記》卷九〈六五、吾之擇業〉,《胡適全集》第 28 冊,第 148 頁。

學」。[24]選課雖有所調整，廣泛的治學興趣和對社會政治的熱衷可以說是一如既往，並未因轉學而發生重大改變。在康大時，他曾得「卜朗吟徵文獎金」，獲獎金五十美金。[25]到哥大後，他又得「國際睦誼會徵文獎金」，獲獎金百元。[26]加上這時他內心世界已在急劇醞釀的「文學革命」，胡適的學業進步正在面臨一場革命性的突破。

胡適在哥大的學業成績因事涉私人隱秘，至今尚未公佈。胡適本人在《口述自傳》中提到所選修過的課程有：杜威的「論理學之宗派」和「社會政治哲學」，烏德瑞的「歷史哲學」，頓寧的「政治理論史」，厄德諾的倫理學，夏德的「漢學」講座（丁龍講座）。[27]這幾位教授的課程都對他影響至深，其中杜威的「論理學之宗派」一課啟發胡適決定做他的博士論文——《中國古代哲學方法之進化史》。[28]

胡適在哥大的主要學業之一是寫作博士論文，胡適首次提及博士論文的寫作是在 1916 年 5 月 10 日給他母親的信中：

> 兒之博士論文，略有端緒。今年暑假中，當不他去，擬以全夏之力做完論文草稿，徐圖修改之、潤色之。今秋開學後，即以全力預備考試，倘能如上學期（九月底至正月底為上學期）之中完事，則春間歸國亦未可知。然事難預料，不能確定何時歸也。[29]

---

[24] 唐德剛譯注：《胡適口述自傳》第五章〈哥倫比亞大學和杜威〉，收入《胡適文集》第 1 冊，第 260 頁。

[25] 參見胡適 1913 年 5 月 9 日日記，《胡適全集》第 27 冊，第 307-308 頁。

[26] 參見《胡適留學日記》卷十三〈二五、得國際睦誼會徵文獎金〉，《胡適全集》第 28 冊，第 399 頁。

[27] 參見唐德剛譯注：《胡適口述自傳》第五章〈哥倫比亞大學和杜威〉，收入《胡適文集》第 1 冊，第 257-263 頁。

[28] 《胡適口述自傳》第五章〈哥倫比亞大學和杜威〉，收入《胡適文集》第 1 冊，第 263 頁。

[29] 〈致母親〉，收入《胡適全集》第 23 冊，第 99 頁。

9月27日胡適再次致信母親:「兒所作博士論文,夏間約成四分之一。今當竭力趕完,以圖早歸。今年歸期至多不過九、十月耳。當此九、十月時間,有許多事均須早日籌備。」[30]當博士論文完成後,胡適在1917年5月4日日記中以〈我之博士論文〉為題,寫道:「吾之博士論文於四月廿七日寫完。五月三日將打好之本校讀一過,今日交去。此文計二百四十三頁,約九萬字。原稿始於去年八月之初,約九個月而成。」並附有博士論文的目錄。[31]博士學位口試完後,5月27日他追記了五天前(22日)的博士考試:「五月二十二日,吾考過博士學位最後考試。主試者六人:Professor John Dewey、Professor D. S. Miller、Professor W. P. Montague、Professor W. T. Bush、Professor Frederich Hirth、Dr. W. F. Cooley。此次為口試,計時二時半。吾之『初試』在前年十一月,凡筆試六時(二日),口試三時。七年留學生活,於此作一結束,故記之。」[32]寥寥幾語,作一總結,用「考過」而未用「通過」,其中差異給人們留下了猜想、存疑的空間。

胡適的博士論文《中國古代哲學方法之進化史》(*A Study of The Development of Logical Method in Ancient China*)。金岳霖回憶說:「在國外留學,寫中國題目論文的始作俑者很可能是胡適。」[33]話中似帶有貶意。所謂「始作俑者」,這並非事實,1911年初畢業於哥大且獲博士學位的陳煥章,其博士論文《孔門理財學》(*The Economic Principles of Confucius and His School*),即以中國為題材;[34]1917年與胡適同時畢業的蔣夢麟的博士論文《中國教育原理研究》(*A Study in Chinese*

30 〈致母親〉,收入《胡適全集》第23冊,第119頁。
31 《胡適留學日記》卷十六,〈一六、我之博士論文〉,《胡適全集》第28冊,第554-555頁。
32 《胡適留學日記》卷十六,〈二六、博士考試〉,《胡適全集》第28冊,第561-562頁。
33 金岳霖:〈胡適,我不大懂他〉,收入《金岳霖的回憶與回憶金岳霖》,成都:四川教育出版社,1995年7月版,第30頁。
34 Chen Huan-Chang(陳煥章):*The Economic Principles of Confucius and His School*,New York: Columbia Univerity,1911.此書在美國哥大出版後,獲得美國學術界的好評,陳的博士論文應為在哥大攻讀博士學位的中國留學生胡適、蔣夢麟等所知曉,因陳作為提倡孔教的代表,其知名度頗高。

Principles of Education），亦是如此。不過，胡適的博士論文就其選題來看，以西方科學方法研治中國哲學，處理中國哲學材料，這是當時中國留學生比較普遍採納的一種方式。但胡適論文選題的特殊之處在於它中西結合，而又頗具現代意義。中國哲學與西方哲學相比，最薄弱一環為知識論和邏輯學，這是中國近代以來許多學者逐漸形成的一個通識，也是金岳霖先生多次強調的一點。[35]為彌補這一缺陷，中國學者一方面大力介紹西方邏輯學和哲學，一方面挖掘和顯現中國自身的邏輯學和知識論。嚴復首先將西方《穆勒名學》、《名學淺說》譯成中文，介紹給國人，可以說是傳播西方邏輯學第一人。而胡適率先將西方哲學（包括邏輯學）方法運用於中國先秦哲學史研究領域，構築中國先秦名學（邏輯學）史，並自覺地意識到中西哲學互釋的重要性，無論從西方的中國哲學史研究來說，還是對中國哲學界來說，都是極具開創意義和學術價值。[36]胡適選擇這麼一個課題作為自己的博士論文選題，表現了他敏銳的學術見識和眼光。以胡適當時所具有的學養，寫作一篇類似金岳霖《T.H.格林的政治學說》題目的政治哲學論文，應不是一件難事。

二、博士學位之謎

　　胡適的博士學位之成為一個「問題」，最早引起人們注意是在二十世紀五十年代，據唐德剛先生回憶，1952 年哥大東亞圖書館館長

---

[35] 參見金岳霖：《中國哲學》，收入《中國現代學術經典叢書・金岳霖卷》下冊，第 1224 頁，石家莊：河北教育出版社，1996 年 8 月版。另見張岱年：《中國哲學大綱》，載〈序論〉，北京：中國社會科學出版社，1985 年 3 月版，第 3 頁。

[36] 有關對胡適《先秦名學史》的國際評論，有羅素的書評，參見 1923 年 11 月 4 日胡適日記，《胡適全集》第 30 冊，第 87-96 頁。余英時先生在使用羅素這篇書評時，誤將胡適晚年所寫〈《中國古代哲學史》臺北版自記〉一文對〈莊子時代的生物進化論〉一節的自我檢討，說成是接受了羅素這一書評的意見。參見余英時：〈從《日記》看胡適的一生〉，第 15 頁。其實不然，胡適是接受了章太炎的《與胡適論莊子書》一信的意見。參見傅杰編校：《章太炎學術史論集》，北京：中國社科出版社，1997 年 6 月版，第 255 頁。

林頓（Howard P. Linton）為紀念哥大二百周年校慶，著手編撰一本《哥倫比亞大學有關亞洲研究的博士碩士論文目錄》，該書 1957 年出版。[37]「這本目錄包羅萬有，獨獨把『胡適』的論文『編漏』了，校園內一時傳為笑談。林氏也自認為一件不可恕的大『烏龍』而搔首不得其解。他是根據校方正式紀錄編纂的，為什麼校方的正式紀錄裏沒有胡適論文的紀錄呢？」[38]1961 年袁同禮發表了一份《中國留美同學博士論文目錄》，在書中袁將 1917 年和 1927 年並列為胡適獲博士學位的時間。[39]實際上，在袁編撰此書時，曾責成唐德剛去尋查有關胡適獲得博士學位的紀錄，而唐已在哥大的檔案中發現胡適獲得博士學位的註冊時間是在 1927 年，並將這一結果告訴了袁同禮。考慮到當時兩岸「都以『打胡適』為時髦」，袁不希望這一發現為外界的政治所利用，故煞費苦心地作了這樣一種變通處理。[40]

　　胡適博士學位問題的風波再起是在二十世紀七十年代，1977 年10 月臺北《傳記文學》第 31 卷第 4 期發表了唐德剛的〈七分傳統、三分洋貨——回憶胡適之先生與口述歷史之三〉，這是連載的唐著《胡適雜憶》的第三章，披露了其當年為袁同禮查找胡適獲取博士學位材料的上述內情。接著，北美《星島日報》1978 年 4、5 月份刊登了三篇討論胡適博士學位的文章，即 4 月 17 日潘維疆的〈胡適博士頭銜索隱〉、5 月 13 日胡祖強的〈從胡適博士頭銜被考據說起〉、5月 29 日潘維疆的〈胡適博士頭銜索隱補述〉。三文均否定胡適獲得博士學位。根據潘文的意思，《星島日報》的編輯在 5 月 29 日以〈胡適博士非真博士〉為題用特號大字做頭條新聞刊出。由於該報被視為左派中文報紙，在「衛胡」派看來此乃「小題大做」，可能別有其

[37] Howard P.Linton,comp, *Columbia University Masters' and Doctoral Dissertations on Asia, 1875-1956*，New York:Columbia University Libraries,1957.

[38] 唐德剛：《胡適雜憶》（增訂本），上海：華東師範大學出版社，1999 年 1 月版，第 40 頁。

[39] Tung-Li Yuan,comp, *A Guide to Doctoral Dissertations by Chinese Students in America, 1905-1960*，Published under the Auspices of the Sino-American Cultural Society, Inc Washington D.C.1961.

[40] 唐德剛：《胡適雜憶》（增訂本），第 40 頁。

特殊的政治背景或政治用意。故唐德剛於 5 月 30 日特投書該報，該報 6 月 7 日以〈胡適乃真博士〉為題將唐信刊出。接著，1978 年 11 月臺北《傳記文學》第 33 卷第 5 期刊登了湯晏的〈胡適博士學位的風波〉和夏志清的〈胡適博士學位考證〉兩文。其中夏文提供了 1978 年 8 月 15 日富路德教授（Luther Currington Goodrich）給夏的一封信，信中除了說明胡適之所以遲至 1927 年才拿到博士學位，只是因為當年要求呈繳博士論文副本一百本，而胡適「當時認為，對他來說，在中國同儕中展露才華，遠比集中精力去出版他的論文更為重要。」富聲稱，1927 年畢業典禮時他陪同胡適參加了博士學位授予儀式。[41] 富氏的這封信有關出席畢業典禮的一段回憶已被確證有誤，因胡適 1927 年 4 月中旬已啟程返國，他不可能參加當年的畢業典禮。[42]

　　1978 年 12 月第 33 卷第 6 期《傳記文學》又刊登了唐德剛先生的《胡適口述自傳》譯稿〈哥倫比亞大學和杜威〉，該文的第一條長篇注釋即是討論「胡適的學位問題」，明確說明「所謂『胡適的學位問題』不是什麼『真假』的問題。問題在：他拿學位為什麼遲了十年？這問題因此牽涉到，他 1917 年 5 月 22 日參加口試，所謂『通過』的是『哪一柱』（Which column）的問題了。」[43] 據唐先生解釋，博士論文答辯分三種情形，通稱「三欄」或「三柱」（three columns），第一柱「小修通過」（pass with minor revision），第二柱「大修通過」（pass with major revision），第三柱「不通過」（failure）。在唐先生看來，胡適 1917 年大概只是「大修通過」（pass with major revision）。其原因可能有四：一是參評六位教授除了夏德教授（Prof Frederich Hirth）「略通漢文」，其他教授不懂中文，故他們根本無法欣賞胡適

---

[41] 夏志清：〈胡適博士學位考證〉，載 1978 年 11 月臺北《傳記文學》第 33 卷第 5 期，第 33 頁。

[42] 余英時認為，富氏把胡適在 1939 年 6 月 6 日哥大獲榮譽博士學位情形誤記在 1927 年了，此說成立。參見余英時：《重尋胡適歷程：胡適生平與思想再認識》，第 12 頁。又見胡適 1939 年 6 月 6 日日記，《胡適全集》第 33 冊，第 227 頁。沈有乾回憶，胡適的博士學位證書，係他所代領。參見沈有乾：〈我為胡適博士領博士文憑〉，載 1988 年 12 月臺北《傳記文學》第 53 卷第 6 期。

[43] 《胡適口述自傳》第五章注一，收入《胡適文集》第 1 冊，第 271 頁。

這篇以「中國古代哲學方法之進化史」為題目的論文。二是胡適的博士論文「在這些洋人看來，簡直像一本不知所云的中國哲學教科書（poorlywritten textbook），根本不同於一般博士論文鑽牛角的『體例』。」[44]三是胡適的博士論文指導教師是「大牌教授」杜威，他「聲望高，治學忙，名氣大，一切都不在乎。」「胡適得博士不得博士，關他的事！」[45]四是胡適在哥大研究院只讀了兩年（1915-1917年），住校時間太短，連博士學位研究過程中的「規定住校年限」（Required residence）都嫌不足。[46]而 1927 年哥大給胡適補發學位證書，顯然沒有讓胡適按通常的手續「補考」，只是補繳了一百本博士論文副本，故當年的「大修通過」也就無從說起了。

胡適博士學位的討論可以說到此告一段落。以後耿雲志先生發表了一篇〈博士學位問題及其它〉，[47]耿文主要提供並梳理了胡適回國以後與這一問題相關的一些材料，其基本傾向也是站在唐德剛一邊。我之所以要再討論這一問題，是因為最近余英時先生所做〈從《日記》看胡適的一生〉又重提這一問題，余先生基本上不同意唐德剛先生的看法，以為胡適 1927 年補繳博士論文副本一百本，只是履行手續而已，並不是如唐先生所說有 1917 年「大修通過」這回事。[48]余文抓住唐文對富路德教授（Prof Luther C. Goodrich）給夏志清一信的解釋疑點，即富氏將胡適 1939 年 6 月在哥大得榮譽法學博士的情景搬到了 1927 年，唐先生對此採信不疑；而對富氏提供的另一依據——即補繳一百冊《先秦名學史》副本，則作為「硬證」予以採信。我以為，唐先生雖對富氏的誤記和補繳一百冊《先秦名學史》副本是否哥大定規「於疑處不疑」，但他的解釋仍有相當的可靠性，只是缺乏「硬證」證明。

---

[44] 唐德剛譯注：《胡適口述自傳》，收入《胡適文集》第 1 冊，第 272 頁。

[45] 唐德剛譯注：《胡適口述自傳》，收入《胡適文集》第 1 冊，第 273 頁。

[46] 唐德剛：《胡適雜憶》（增訂本），第 41-42 頁。

[47] 收入耿雲志：《胡適研究論稿》，成都：四川人民出版社，1985 年 10 月版，第 292-312 頁。

[48] 參見余英時：《重尋胡適歷程：胡適生平與思想再認識》，臺北：聯經出版公司，2004 年 5 月初版，第 3-13 頁。

　　關於胡適博士學位的考證，原來論者所用胡適本人提供的「硬證」材料主要只有一項，即胡適 1917 年 5 月 27 日日記。夏志清先生在文中引用富路德教授的書信，雖富氏以當事人身份作證，但顯然記憶有誤。不過，與胡適博士學位有關，現存的材料至少還有兩件：一件是已出版的《先秦名學史》，幾乎所有學者都把它當作胡適的博士論文本身，而沒有注意到它與當年胡適提供答辯的博士論文之間的細微差別。二是在哥大檔案館現還保留著胡適 1927 年 3 月 21 日獲得博士學位的註冊說明，此份材料為筆者所發現（見附件一），該件說明胡適留學哥大時所用的英文名字為 Suh Hu，而不是後來所用的 Hu Shih。[49]我想借助這兩份材料對胡適的博士學位問題再做一點考證，只能說是對唐先生觀點的進一步補證。

　　胡適童年時期，即有「糜先生」之稱。在美留學時，雖尚未得博士學位，甚至連博士候選人都不是，但周圍的同學和朋友亦以「博士」稱之。[50]胡適歸國後，人們亦習慣以「博士」稱之，這在當時學界可以說是司空見慣的事，即未得「博士」學位而先用「博士」頭銜。[51]但不料這中間卻有差別，在美時，同學稱胡適為「博士」，是以對其學問的尊重或認定胡適適宜做學問而呼之。歸國後，人們稱胡適為「博士」，則是以為其擁有這一學銜而稱之。因此，那些瞭解胡適未獲博士學位內幕的人，不免對此大做文章，或借此予以嘲諷，以對胡適個人的「誠信」提出懷疑。

　　1919 年 9 月 7 日朱經農致信胡適：

---

[49] 胡適留學期間發表英文作品，他的英文作品署名亦為 Suh Hu，參見 SUH HU, *Analysis of The Monarchical Restoration in China*, Columbia Spectator, January 14,1916。直到胡適回國以後，才開始使用 SHIH HU（HU SHIH），二十年代這兩個英文名字一度混用。1926 年以後才固定使用 HU SHIH，故在博士學位註冊表上有一行說明：「Name on commence program Hu Shih」。

[50] 參見《胡適留學日記》卷十一，〈一一、將往哥倫比亞大學，叔永以詩贈別〉，內附任鴻雋：〈送胡適之往哥倫比亞大學〉，詩中即有「出辭見詩書，『博士』名久宣」。並注「『博士』非學位，乃適之『渾名』也」。

[51] 唐德剛先生亦注意到這一點。參見唐德剛譯注：《胡適口述自傳》，收入《胡適文集》第 1 冊，第 271 頁。

> 今有一件無味的事不得不告訴你，近來一班與足下素不相識的留美學生聽了一位與足下「昔為好友，今為讐仇」的先生的胡說，大有「一犬吠形，百犬吠聲」的神氣，說「老胡冒充博士」，說「老胡口試沒有 pass」，說「老胡這樣那樣」。我想「博士」不「博士」本沒有關係，只是「冒充」兩字決不能承受的。我本不應該把這無聊的話傳給你聽，使你心中不快。但因「明槍易躲，暗箭難防」，這種謠言甚為可惡，所以以直言奉告，我兄也應設法「自衛」才是。凡是足下的朋友，自然無人相信這種說法。但是足下的朋友不多，現在「口眾我寡」，辯不勝辯。只有請你把論文趕緊印出，謠言就沒有傳佈的方法了。[52]

對於朱經農的要求，胡適沒有正面回應，但他覆信把攻擊他的留美朋友分為三種：

> 第一種是因為期望太切，所以轉生許多不滿意的地方來。第二種是因為生性褊窄，好作不合時宜的言論，以自標高異，他們對新事業都下極嚴酷的批評，自己卻沒有貢獻，這種空論家也只好由他去罷！第三種是頑固成性，除他的幾句「敝帚自珍」的舊式文字以外，天下事物都是看不上眼的。此外還有許多「一犬吠形，百犬吠聲」的，更不用說了。這個中間，只有第一種的批評應當靜心聽聽。[53]

朱經農似乎看出問題的癥結所在，故他在 1920 年 8 月 9 日給胡適的信末再次向胡適要求：

---

[52] 〈朱經農致胡適〉（1919 年 9 月 7 日），《胡適來往書信選》上冊，香港：中華書局，1983 年 11 月版，第 66 頁。類似朱經農所說的這種「閒言碎語」，在當時留美學生中可能流傳甚廣，金岳霖的回憶中也提到胡適博士論文口試的情節，參見金岳霖：〈胡適，我不大懂他〉，收入《金岳霖的回憶與回憶金岳霖》，成都：四川教育出版社，1995 年 7 月版，第 30 頁。

[53] 胡適的這些話轉引自〈朱經農致胡適〉（1920 年 8 月 9 日），《胡適來往書信選》上冊，第 109-110 頁。

又，你的博士論文應當設法刊佈，此間對於這件事，鬧的謠言不少，我真聽厭了，請你早早刊佈罷。[54]

顯然，朱經農並不瞭解胡適的苦衷，因對方的攻擊確有其實。只是在當時的環境下，胡適的地位並不與他的博士學銜掛鈎，胡適在中國知識界的名譽也不與他的學位問題密不可分。故胡適給朱經農的信中明白說明這一點，實際上是大有「讓別人去說吧！走我自己的路」的氣概。在當時未拿博士學位而在北大被聘任為教授者大有人在，何況胡適的中、西學問和已發表的成果，足以讓其在中國學術界佔住一席之地。

但對朋友朱經農的建議和要求，胡適不得不有所考慮，也不得不有所滿足，胡適畢竟是愛惜羽毛，講究誠信的君子。正是出於這一點，1922 年他將自己修改過的博士論文交由亞東圖書館出版。新出版的這本英文論文題為《先秦名學史》(*The Development of the Logical Method in Ancient China*)。這不同於他在哥大撰寫的博士論文所使用的題目《中國古代哲學方法之進化史》(*A Study of The Development of Method in Ancient China*)。[55]題目有所調整，應該說後者比前者更具問題意識；內容至少也小有修改，如《胡適留學日記》所保留的中文擬目，第三篇第三書第五卷「惠施」、第六卷「公孫龍」。而後來出版的英文版則為第五章「惠施與公孫龍」(Chapter V：Hui Sze and Kung-Sun Lung)，第六章「惠施與公孫龍」(Chapter VI：The Same (Concluded))。因我們沒有胡適原所交博士論文的稿本，故無從對這兩個版本的出入進行比較，但可以肯定，這兩個版本的文字確小有差異，而後一個版本在前一個版本的基礎上應有改進。關於這一點，在這本英文著作的前面，胡適加了一個 1917 年 6 月所寫的〈前言〉和 1922 年 1 月所寫的〈附注〉。其中，在〈附注〉中，胡適特別說道：「最近四年，我很想有機會對這篇論文作徹底的修訂，但由於工

---

[54] 〈朱經農致胡適〉（1920 年 8 月 9 日），《胡適來往書信選》上冊，第 111 頁。
[55] 《胡適留學日記》（四），卷十六〈十六、我之博士論文〉。《胡適全集》第 28 冊，第 555-556 頁。

作的繁忙而擱置下來，這就是它長期未能出版的原因。在國內的英、美友人曾讀到我這本書的手稿，屢次勸說我把這本四年前寫的書出版，我現在勉強地把它發表了。可以高興的是這篇學位論文的主要論點、資料的校勘，都曾得到國內學者的熱情贊許。這表現在他們對於這本書的中文修訂版《中國哲學史大綱》第一卷的真誠接受，特別是關於我所認定的每一部哲學史的最主要部分——邏輯方法的發展。」[56]這段話至少表明了三點意思：一是他本欲對這篇論文「作徹底的修訂」，也就是「大修」，但因工作繁忙而擱置，這實際暗含了他雖欲「大修」，實際只是進行了「小修」；二是他現在出版這篇論文，是應英、美友人的要求，胡適沒有具體點名，但其中應可能包括羅素，甚至杜威這樣一些國際著名哲學大師；三是他的這篇論文的主要成果已得到「國內學者的贊許」。這樣一段字斟句酌的文字，其實是一種模糊處理，很容易給人一種他的論文只需「小修通過」的印象，以說明其博士學位並不是一個什麼人們所想像的「問題」。

1927 年 1 月 11 日胡適第二次來到美國，此次係他由歐洲轉道來美國訪問。早在英國時，1926 年 12 月 26 日胡適特致電亞東圖書館，要求其寄《先秦名學史》一百冊給哥大 Dena 處。顯然，胡適此舉係與哥大方面有所約定。現在哥大保留的檔案證明，胡適博士學位註冊的時間是 1927 年 3 月 21 日。[57]上面除了說明胡適向哥大提供了一百冊英文博士論文《先秦名學史》(*The Development of the Logical Method in Ancient China*)（這是亞東圖書館在 1922 年出版的版本），沒有任何其他說明。但申請博士學位，博士論文是否要出版，且須交一百冊副本，這是否是哥大的一項成文定規，我以為仍是一件令人懷疑的事。[58]

---

[56] 《胡適文集》第 6 冊，第 5 頁。

[57] 胡頌平將胡適「完成博士學位手續」的時間定在 1927 年 3 月初，顯然有誤。參見胡頌平：《胡適之先生年譜長篇初稿》第 2 冊，臺北：聯經出版事業公司，1990 年三版，第 674 頁。此說後常為人們所沿用，如曹伯言：《胡適年譜》，合肥：安徽教育出版社，1990 年版，第 329 頁。耿雲志則將胡適補辦博士學位手續的時間放在 1927 年 2 月，參見耿雲志：《胡適年譜》，成都：四川人民出版社，1989 年 12 月版，第 156 頁。

[58] 例如，與胡適同年（1917 年）博士畢業，卻獲得博士學位的蔣夢麟，其英文

作為一種相互的諒解，胡適向哥大方面贈送一百冊《先秦名學史》（*The Development of the Logical Method in Ancient China*），並在哥大先做講座，而哥大方面免除胡適的「補考」，我猜測這是完全可能的事，且對雙方也是比較體面的事。但對內中的細節，我們目前無法取得其他的硬證，筆者曾向哥大教務部門索取胡適的學習成績檔案，但因事涉個人隱私，哥大方面不願提供而作罷。胡適日記沒有留下有關這方面的任何記載，1927 年 2 至 3 月份的日記完全空缺。胡適與其他人的書信往來中也未見任何有關這方面蛛絲馬跡的痕記。即使查到胡適在哥大的學業成績檔案，其中是否有口試紀錄，也很難確定；如無紀錄，自然仍是一個懸案。胡適與哥大方面是如何交涉？一種可能是在杜威訪華期間，杜威對胡適已有承諾，雙方達成「諒解」，故胡適將其博士論文刊佈於世。一種可能是胡適來美以後，在哥大的交流活動，加上杜威等人促成所產生的結果。究竟屬於那一種情形，仍有待材料進一步證明。

當然，我們也不能排除 1917 年杜威等人在口試中將胡適的博士論文通過有意「擱置」，以便壓一壓這位風頭正健的青年學子。以在哥大研讀僅兩年時間，即使算上康大一年研修時間，也不過三年，這樣短的時間就獲得哲學博士學位（PH. D），不要說對美國本國學生都嫌太短，何況是外國學生呢？！杜威這些大牌教授能否接受這樣一位「天才」學生？在當時也是一個值得推敲的疑問。如果是出於這樣一種考慮，後來補繳一百本博士論文副本，自然只是補辦手續而已。這樣一種猜測，應該說是一個「大膽的假設」，但也絕不能排除。胡適未得康大獎學金而離開該校，其中的原因不正是因為他演講名聲太盛這樣一個不是理由的理由嗎？

胡適歸國後，一般人都把胡適錯當成「博士」，並以此相稱，這是當時人所皆知的一件事；[59]胡適的「博士」頭銜甚至對沒有博士學

博士論文《中國教育原理之研究》（*A Study In Chinese Principles Of Education*），遲至 1924 年由上海商務印書館出版。

[59] 胡適歸國後常被人稱為「博士」，「五四」時期胡適譽滿天下，以至身在深宮

位而與胡適同歲的劉半農造成極大壓力，以至於劉被迫出國留學，以補拿博士學位。[60]須加說明的是，胡適提前十年被人戴上「博士」帽，它並不能說明胡適在所謂「博士學位」問題上存在「誠信」一類的問題。稱他為「胡博士」本身就是他人的事，並不是胡適自賣自誇。而在當時中國著名大學，如北京大學、清華大學，沒有博士學位而被聘任為教授者（如王國維、陳寅恪等）大有人在。1917 年哥大未授予胡適博士學位，不管是出於什麼原因，應當說都是一個「尷尬的錯誤」，之所以這樣說，是從兩方面來說，胡適對這次「挫折」當時只能無可奈何地接受；杜威這些當年參加口試的導師和評委，他們因處理不當而在胡適享受大名之後，也只好以向胡適「示好」來彌補當初的「不當」。這樣一個「尷尬的錯誤」對愛惜羽毛的胡適來說，若如一塊難去的「心病」。1946 年 7 月底他回到北大任校長時，在其填寫的個人履歷中，關於獲取學士學位（B. A）他注明為 1914 年，而於博士學位（PH. D）一項，則未填年份（見附件二）。類似的情形出現在他 1948 年填寫中央研究院院士表格時，在學歷一欄填獲康奈爾大學文學學士一項，亦注明為「1914」年，而填寫的哥倫比亞大學哲學博士一項，也沒有填年份。[61]1950 年代，唐德剛先

的廢帝溥儀亦仰慕其大名，主動打電話邀請他入宮會談，電話中直呼胡適「胡博士」，關於此事經過參見溥儀：《我的前半生》，北京：群眾出版社，1980 年 12 月版，第 140 頁。而胡適在隨後報導他與溥儀的會談經過時，則以「先生」為溥儀對自己的稱呼，參見胡適：《宣統與胡適》，載 1922 年 7 月 23 日《努力週報》第 12 期，《胡適文集》第 11 冊，第 79-80 頁。另一個有趣的例子是 1918 年安福國會選舉，一位名叫韓安的人曾向胡適借博士文憑參加投票，胡適明確告訴他沒有拿到。參見白吉庵：《胡適傳》，北京：人民出版社，1994 年 5 月版，第 254-255 頁。不僅中國人稱胡適為「博士」，外國人（包括美國人）也稱胡適為博士，如胡適的《終身大事》被譯成英文，1919 年在美國出版時即署名「Doctor Hu Shih」，此顯係譯者所加，參見周質平編：《胡適英文文存》第 1 冊，臺北：遠流出版公司，1995 年 5 月 1 日版，第 119 頁。類似的情況在 1919 年至 1927 年有關胡適的英文報導中亦較為常見。

60 參見周作人：《知堂回想錄》，香港：三育圖書有限公司，1980 年 11 月版，第 502-503 頁。

61 此表原件收存在北京大學檔案館。不過，1950 年 10 月 11 日胡適在普林斯頓大學葛斯德東方圖書館所填的個人資料（Faculty Biographical Records）則填寫其學士是 1914 年在康奈爾大學所獲，博士是 1917 年在哥倫比亞大學所獲。

生「委婉」地就此事詢問胡適時，胡適也是以「苦笑的表情」向唐解釋，但胡適在這樣一個事關個人名譽問題上的誠實表現，亦如唐先生所感受到的，益發覺得其為人可愛與可敬的一面。[62]

三、與杜威亦師亦友的關係

胡適留美近七年，在哥大實際不足兩年，比在康乃爾大學的時間要短一半，但哥大在他心中的地位及其對他後來的影響實在康乃爾之上。這裏除了與哥大本身的地位有關外，應還有其他因素，其中杜威在美國哲學界的領袖地位，以及胡適與杜威的師生情誼應是其中最重要的一個因素。因此，我們有必要討論胡適與杜威的關係，這段師生交往的歷史關係既是「胡適學」的一個重要話題，[63]也是中美學術文化交流的一段佳話。

胡適在《留學日記》的自序中曾提及他的留學時代與杜威的關係。

> 在這裏我要指出，札記裏從不提到我受杜威先生的實驗主義的哲學的絕大影響。這個大遺漏是有理由的。我在 1915 年的暑假中，發憤盡讀杜威先生的著作，做有詳細的英文提要，都不曾收在札記裏。從此以後，實驗主義成了我的生活和思想的一個嚮導，成了我自己的哲學基礎。但 1915 年夏季以後，文學革命的討論成了我們幾個朋友之間一個最熱鬧的題目，札記都被這個具體問題佔去了，所以就沒有餘力記載我自己受用而不發生爭論的實驗主義了。其實我寫《先秦名學史》，《中國哲學史》都是受那一派思想的指導。我的文學

參見周質平：《胡適與韋蓮司：深情五十年》，北京：北京大學出版社，1998 年 11 月版，第 209 頁。這可能是胡適唯一一份將博士學位的時間置於 1917 年的表格。

[62] 唐德剛：《胡適雜憶》（增訂本），第 41 頁。

[63] 有關胡適與杜威的關係，過去多從雙方的思想影響這方面解讀，這方面的研究文獻有顧紅亮：《實用主義的誤讀──杜威哲學對中國現代哲學的影響》，上海：華東師大出版社，2000 年 10 月版。

> 革命主張也是實驗主義的一種表現;《嘗試集》的題名就是一
> 個證據。札記的體例最適宜於記載具體事件,但不是記載整
> 個哲學體系的地方,所以札記裏不記載我那時用全力做的《先
> 秦名學史》論文,也不記載杜威先生的思想。[64]

胡適這裏談到了他早年接受杜威思想的影響。驗之於他的《留學日記》,的確,他在 1916 年 6 月 16 日追記的「杜威先生」中,載有陶知行所攝的杜威與胡天濬合影,記道:「杜威(John Dewey)為今日美洲第一哲學家,其學說之影響及於全國教育心理美術諸方面者甚大,今為哥倫比亞大學哲學部長,胡、陶二君及余皆受學焉。」[65]1917年 4 月的日記中收有 3 月 26 日《獨立》週報刊登的 Edwin E. Slosson的〈杜威先生小傳〉,[66]1917 年 5 月 27 日追記的「博士考試」中記有5 月 22 日參加的博士考試主試教授六人中有杜威,[67]5 月 30 日記有「昨往見杜威先生辭行。先生言其關心於國際政員之問題乃過於他事。囑適有關於遠東時局之言論,若寄彼處,當代為覓善地發表之。此言至可感念,故記之。」[68]除了這幾處記載外,其他則沒有有關杜威的文字記錄。事實上,杜威作為胡適的博士論文指導教師,應有更多的接觸機會。1936 年 7 月 20 日胡適在《藏暉室札記》出版時補記上語,明顯是為日記的這一遺漏作說明。

　　杜威的家座落在紐約河邊大道(Riverside Drive)和西一一六街的南角。據胡適在《口述自傳》中回憶,那時候,「每個月杜威夫人照例都要約集一批朋友以及他的學生們舉行一個家庭茶會」,這個聚會裏邀請各種各樣的人參加,「杜氏的學生們被邀請參加這個『星期三下午家庭招待會』,都認為是最難得的機會。」[69]杜威對胡適之所

[64] 胡適:《胡適留學日記》自序,收入《胡適全集》第 27 冊,合肥:安徽教育出版社,2003 年 9 月版,第 104 頁。
[65] 胡適:《胡適留學日記》卷十三,收入《胡適全集》第 28 冊,第 385 頁。
[66] 胡適:《胡適留學日記》卷十六,收入《胡適全集》第 28 冊,第 542-545 頁。
[67] 胡適:《胡適留學日記》卷十六,收入《胡適全集》第 28 冊,第 561-562 頁。
[68] 胡適:《胡適留學日記》卷十六,收入《胡適全集》第 28 冊,第 562 頁。
[69] 《胡適文集》第 1 冊,第 264 頁。

以具有吸引力，與杜氏對宗教的態度有關，胡適本是一個無神論者，杜威「對宗教的提法是比較最理性化的了」，所以胡適「對杜威的多談科學少談宗教的更接近『機具主義』（Instrumentalism）的思想方式比較有興趣。」[70]胡適選修了杜威的「論理學之宗派」一課，在進哥大以前，胡適已讀過杜威的《思維術》（*How We Think*），正是在這本書中，杜威提出了思維的五階段說，胡適深受其影響，並在留學歸國後一再介紹它。[71]胡適提出的「有證據的探討」說（evidential investigation），即是將杜威的「思維術」與中國古典學術和史學家治學的方法如「考據學」、「考證學」相結合的產物，胡適自稱：「在那個時候，很少人（甚至根本沒有人）曾想到現代的科學法則和我國古代的考據學、考證學，在方法上有其相通之處。我是第一個說這句話的人；我之所以能說出這話來，實得之於杜威有關思想的理論。」[72]在選修杜威的課前，胡適還讀了他的〈邏輯思考的諸階段〉一文，這篇論文有關中古教會借重亞里斯多德的形式邏輯的論述，使胡適想到了古代印度「因明學」中的「五支」，並構成他「對人類思想作歷史性瞭解的諸種關鍵性觀念之一環」。[73]

杜威不僅是胡適思想方法的「嚮導」，且對胡適的政治思想亦有潛移默化的影響，胡適提到了 1916 年 1 月杜威在《新共和》（*The New Republic*）雜誌發表的〈力量、暴力與法律〉和在《國際倫理學報》（*International Journal of Ethics*）上發表的〈力量與強迫〉兩文，這兩文的中心意思是「說明兩個力量如何因衝突而抵消的原委」，而以法律作為解決衝突的手段。在杜威和安吉爾的《大幻覺》（*The Great Illusion*）影響下，胡適在 1915 到 1916 年逐漸形成了一種新思想：「我

---

[70] 《胡適文集》第 1 冊，第 264 頁。

[71] 參見〈實驗主義〉，《胡適文存》卷二，《胡適文集》第 2 冊，第 232-238 頁。〈思想方法〉原載 1926 年 1 月 5 日《學生雜誌》第 13 卷第 1 期，收入《胡適文集》第 12 冊，第 289-293 頁。〈杜威哲學〉收入《胡適文集》第 12 冊，第 375-379 頁。

[72] 《胡適口述自傳》第五章〈哥倫比亞大學和杜威〉，《胡適文集》第 1 冊，第 268 頁。

[73] 《胡適口述自傳》第五章〈哥倫比亞大學和杜威〉，《胡適文集》第 1 冊，第 266-267 頁。

也開始捨棄我原有的不抵抗哲學而接受一種有建設性的，有關力量和法律的新觀念，認為法律是一種能使力量更經濟有效利用的說明書。」[74]1916 年初，胡適參加「國際睦誼會」主辦的以「在國際關係中，還有什麼東西可以代替力量嗎？」為主題的論文競賽，其所撰論文的主旨即深深留下了這種思想影響的痕跡。

胡適與杜威的大量直接接觸，應在杜威來華講學的兩年期間（1919 年 4 月 30 日-1921 年 7 月 11 日）。杜威來華講學，係胡適促成。本來杜威的遠東之行只有日本一站，在日訪問期間，杜威收到胡適的來信，邀請他來中國訪問。正在日本訪問的蔣夢麟、郭秉文也是哥大的留學生，他們登門拜訪杜威。杜威隨即回覆胡適，愉快地表示接受邀請：

> 你問我能否在中國講演，這是很榮譽的事，又可借此遇著一些有趣的人物，我想我可以講演幾次，也許不至於我的遊歷行程有大妨礙。我想由上海到漢口再到北京，一路有可以耽擱的地方就下來看看。[75]

北京大學、江蘇教育會、南京高師作為杜威來華訪問的接待機關，胡適是北大推定的代表。[76]4 月 30 日杜威抵達上海時，胡適與陶行知、蔣夢麟三位受業弟子親往碼頭迎接他。5 月 2 日胡適在江蘇教育會「講演實驗主義大旨」，以為杜威講演的「導言」。[77]杜威在華的巡迴講演，其中在北京、天津、濟南、太原等地的講演都由胡適負責翻譯，[78]現能查到胡適做翻譯的場次有：1919 年 5 月 3 日在上海的演講，[79]6 月 8、10、12 日杜威在北京西城手帕胡同教育部會場講演

---

[74] 《胡適口述自傳》第四章〈青年期的政治訓練〉，《胡適文集》第 1 冊，第 268 頁。
[75] 〈杜威博士致胡適教授函〉，載 1919 年 3 月 28 日《北京大學日刊》。
[76] 〈陶行知致胡適〉，《胡適來往書信選》上冊，香港：中華書局，1983 年 11 月版，第 34 頁。
[77] 參見〈胡適教授致校長函〉，載 1919 年 5 月 8 日《北京大學日刊》。
[78] 參見胡適：〈杜威在中國〉，收入《胡適文集》第 12 冊，第 425 頁。
[79] 參見〈胡適教授致校長函〉，載 1919 年 5 月 8 日《北京大學日刊》。

〈美國之民治的發展〉，[80]6 月 17、19、21 日杜威應京師學務局邀請到北京美術學校對中小學教職員講演的〈現代教育的趨勢〉，[81]8 月 10日在北京化石橋尚志學校講演〈學問的新問題〉，[82]9 月 20 日開始在北大法科大禮堂講演〈社會哲學與政治哲學〉（共 16 次，至次年 3 月6 日結束），9 月 21 日開始在西城手帕胡同教育部會場講演〈教育哲學〉（共 16 次，至次年 2 月 20 日結束），10 月 6 日至 14 日在太原講演〈世界大戰與教育〉、〈品格之養成為教育之無上目的〉、〈教育上的自動〉、〈教育上試驗的精神〉、〈高等教育的職務〉，[83]在北京講演〈倫理講演〉（共 12 次，具體演講日期、地點不明），[84]11 月 14 日開始在北大講演〈思想的派別〉（共 8 次，至次年 1 月 30 日結束），[85]11月在北京發表的〈自治演講〉（具體日期不明），[86]12 月 17 日在北大演講〈大學與民治國輿論的重要〉，[87]12 月 29 日在山東濟南所作演講〈新人生觀〉，[88]1920 年 1 月 2 日在天津所作演講〈真的與假的個人

---

[80] 載 1919 年 6 月 9 日、11 日、13 日《晨報》。

[81] 載 1919 年 6 月 27 日、28 日、30 日、7 月 5 日《北京大學日刊》。

[82] 載 1919 年 8 月 10、11、12 日《晨報》。

[83] 參見 1919 年月 10 月 16 日《北大日刊》。另載 1919 年 10 月 15 日《新中國》第 1 卷第 7 號。

[84] 演講紀錄載 1919 年 10 月 15 日、21 日、28-29 日、11 月 3 日、22 日、30 日、12 月 5 日、18 日、25 日、27-28 日、30 日，1920 年 1 月 20 日、3 月 10 日、20 日《晨報》。這一系列演講一說為胡適口譯，參見黎潔華：〈杜威在華活動年表〉，收入沈益華：《杜威談中國》，杭州：浙江文藝出版社，2001 年 1 月版，第 375 頁。另有一說，此演講口譯者不詳，參見《杜威五大講演》，合肥：安徽教育出版社，1999 年 9 月版，第 276 頁。安徽教育版《胡適全集·譯文》（第 42 卷）收入《杜威五大演講》時未收此講，改名為《杜威四大演講》。但從演講地點在北京這一點來看，口譯者應為胡適。胡適本人在〈杜威在中國〉一文中也確認在北京的翻譯都由他承擔，參見《胡適文集》第 12 冊，第 425頁。另外，蔡元培 1923 年也提到杜威「在北京有五大演講，都是胡適口譯的」，參見〈五十年來中國之哲學〉，收入《中國現代學術經典叢書·蔡元培卷》，石家莊：河北教育出版社，1996 年 8 月出版，第 341 頁。

[85] 載 1919 年 11 月 16 日至 1920 年 2 月 4 日《晨報》，又載 1919 年 3 月、5 月《新中國》第 2 卷第 3、5 號。

[86] 載 1919 年 11 月 22 日《平民教育》第 7 號。

[87] 載 1919 年 12 月 20 日《晨報》。

[88] 參見顏之：〈濟南兩周見聞記〉，載 1920 年 1 月 23 日、24 日《晨報》。

主義〉，[89]1 月 20 日在北京中國大學所做演講〈西方思想中之權利觀念〉，[90]1 月在北京高等師範學校演講〈思維術〉，[91]3 月 5 日至 3 月底在北大法科禮堂演講〈現代的三個哲學家〉（共六講）。[92]從胡適日記來看，杜威演講有時事先提供講稿給胡適看，以為準備；而在演講結束後，準備發稿時，胡適又為之校稿。[93]在杜威訪華的行程中，曾先後陪伴他，或為他的演講做翻譯者還有蔣夢麟、郭秉文、陶行知、劉伯明、楊賢江、王徵、鄭曉滄、鄭宗海、曾約農諸人，這些人大都是哥大畢業的中國留學生，另出版過《杜威三大演講》、《杜威在華演講集》等書，但翻譯場次之多，影響之大，則無出於胡適之右。

　　胡適為杜威演講作翻譯，對杜威的演講效果頗有助益。據楊步偉女士回憶，她第一次見到胡適即是去北平師大聽杜威演講。她本是一醫生，不懂哲學，又不懂英文，故對杜威的演講沒有興趣，但一位朋友告訴她：「你不用愁不懂這個那個的，有一位北大教授胡適之先生做翻譯，不但說的有精有神，而（且）說到一般人都可以懂哲學，並且他人非常漂亮，有丰采，你非去聽一次不可。」果然，在演講中，「從杜威先生龍鍾老態，更顯出胡適之的精神煥發了」，這是楊步偉第一次見到胡適留下的印象。[94]證之於當時的報導也是如此，1919 年 5 月 2 日《民國日報》有這樣一段報導：

---

[89] 參見胡適：〈非個人主義的新生活〉，收入《胡適文存》卷四。《胡適文集》第 2 冊，第 564 頁。

[90] 載 1920 年 1 月 24 日《晨報》。

[91] 載 1919 年 11 月 26 日《晨報》。

[92] 載 1920 年 3 月 8 日至 27 日《晨報》，又載 1920 年 3 月 11 日至 4 月 30 日《北京大學日刊》。

[93] 如 1920 年 2 月 28 日、3 月 5 日日記中有「看杜威講稿」記載，《胡適全集》第 29 冊，第 99、105 頁。又如 1920 年 2 月 19、20、21、26 日日記中有「校杜威講演錄」、「校講演錄」記載，《胡適全集》第 29 冊，第 90、91、92、97 頁。另在胡適〈杜威在中國〉一文中，也提到類似處理翻譯的情形，參見《胡適文集》第 12 冊，第 426 頁。

[94] 楊步偉：〈我記憶中的胡適之〉，原載 1962 年 3 月 4 日臺北《徵信新聞報》。收入歐陽哲生編：《追憶胡適》，北京：社科文獻出版社，2000 年 9 月版，第 327 頁。

> 昨晚八時，江蘇教育會請胡適之博士演講。胡君演題為
> 實驗主義之教育，蓋因美國杜威博士今明兩日在省教育會講
> 演，即係此題。杜威博士為實驗主義教育家，所講自必精切。
> 惟此項主義，其派別源流亦極複雜，胡博士特先為演述梗概，
> 以資導引，俾聆聽杜威博士演說者，益饒興趣。而胡君議論
> 風生，莊諧雜出（譚叫天、梅蘭芳、三綱五常等均徵引及之），
> 故聽者感極歡迎云。

1920 年 8 月晨報社將杜威在北京的五個系列演講輯成《杜威五大演
講》出版，這些演講全為胡適擔當口譯，在正式彙輯出版時，譯文
又經胡適審訂。該書出版後，到杜威離華時已印行十一版，[95]每版都
在一萬冊以上。五四時期，與杜威同時在華巡迴演講的世界級大思
想家還有羅素。如從個人風度及演講才能來說，羅素遠在杜威之上，
比較而言，羅素演講的社會影響和思想影響則不如杜威，[96]其中一個
主要原因，杜威演講頗得他在華一批弟子的造勢、助陣，胡適自是
其中最主要的人物。[97]

除了陪伴杜威講演、遊歷，胡適與杜威私下的交往亦很頻繁，
胡適 1919 年至 1920 年的《日程與日記》中保留了大量有關這方面
的記載。[98]杜威來華訪問前，胡適曾有長文〈實驗主義〉刊登於 1919
年 4 月 15 日《新青年》第 6 卷第 4 號，杜威離華的那一天（1921 年
7 月 11 日），胡適又寫下了〈杜威先生與中國〉一文，稱：「在最近
的將來幾十年中，也未必有別個西洋學者在中國的影響可以比杜威

---

[95] 關於《杜威五大講演》在杜威離華前的版次有二說：一說 11 版，參見《杜威
五大講演》出版說明，合肥：安徽教育出版社，1999 年 9 月版；張寶貴：《杜
威與中國》，第 38 頁，石家莊：河北人民出版社，2001 年 1 月版。一說 13 版，
參見元青：《杜威與中國》，北京：人民出版社，2001 年 9 月版，第 122 頁。

[96] 有關杜威與羅素在華的影響比較，參見張寶貴編著：《杜威與中國》，石家莊：
河北人民出版社，2001 年 1 月出版，第 52-57 頁。

[97] 有關胡適與杜威在華期間的關係，參見元青：《杜威與中國》第五章〈胡適與
杜威實用主義〉，北京：人民出版社，2001 年 9 月版，第 216-253 頁。

[98] 參見《胡適全集》第 29 冊，合肥：安徽教育出版社，2003 年 9 月版。

先生還大的。」其理由有二：一是「杜威先生最注重的是教育的革新」，二是杜威先生「給了我們一個哲學方法，使我們用這個方法去解決我們自己的特別問題」。[99]為了表示對恩師杜威的思念之情，胡適將這年 12 月 17 日出生的小兒子命名為「思杜」。

杜威離開中國後，胡適一度在北大開設了「杜威著作選讀」課。1921 年 10 月 27 日他在日記中記道：「英文作文，新設一科為『杜威著作選讀』。我初限此班不得過三十人，乃今日第一次上課竟有六十餘人之多。可惜去年杜威先生在此時我因病不能設此一科。」[100]1925年胡適翻譯的杜威《哲學的改造》第一章，以「正統哲學的起源」為題刊登於《晨報副鐫》，後收入 1934 年商務印書館出版的由他與唐鉞合譯的《哲學的改造》一書。[101]從「五四」前後胡適與杜威的個人關係可以看出，胡適不僅個人沉緬於杜威的實驗主義思想，以之為自己治學和思想的嚮導；而且不遺餘力地向國人介紹，成為實驗主義在中國的最有代表性的傳人。1920 年代以後，隨著實驗主義的影響迅速擴大，它與其他在中國的西方思想流派也展開了爭鳴，許多批評者把胡適所宣傳的實驗主義思想解讀為「實用主義」，這實際上既違背了胡適的本意，也不太切合杜威思想的本旨。在〈實驗主義〉一文中，胡適明確地說明杜威的「Instrumentalism」哲學可譯為「工具主義」（或「器具主義」和「應用主義」），而用「實驗主義」作為一個類名來概括包括皮耳士的「Pragmaticism」、詹姆士的「Pragmatism」、失勒的「Humanism」和杜威的「Instrumentalism」，以為這個名詞「更能點出這種哲學所最注意的是實驗的方法」。[102]

以後，胡適訪問美國，每次旅經紐約，都要造訪杜威。如 1927 年 2 月 2 日他去拜訪杜威，日記中記道：「我前回把講演第二篇的草稿請

[99] 胡適：〈杜威先生與中國〉，《胡適文存》卷二。《胡適文集》第 2 冊，第 279 頁。

[100] 《胡適全集》第 29 冊，第 490 頁。

[101] 杜威著、胡適譯：〈正統哲學的起源〉，載 1925 年 2 月 22、23 日，3 月 4、7、8、9 日《晨報副鐫》，後又收入 1934 年 2 月商務印書館出版的《哲學的改造》（杜威著）第一章。

[102] 胡適：〈實驗主義〉，收入《胡適文集》第 2 冊，第 208-209 頁。

他一讀。他今天還我，很稱讚此篇。他贊成我把此書寫成付印。」[103]
其態度與十年前相比，自然是大相逕庭。抗戰期間，胡適在美駐留
時間達八年零七個月，與杜威的接觸亦頗密切，並與當時擔任杜威
秘書（或助手）的 Robby 發生了情戀的關係，[104]杜威 87 歲時（1946
年 12 月）續絃，其新婦即為四十二歲的 Robby。[105]抗戰期間，胡適
身為駐美大使，重任在肩，政務倥傯，仍未忘情於他的哲學專業，
寫作了兩篇研討實驗主義政治哲學的論文《工具主義的政治哲學》
（*The Political Philosophy of Instrumentalism*）、《作為一種工具主義的
政治概念》（*Instrumentalism as a Political Concept*），將實驗主義的觸
角伸向了政治哲學領域。

　　1949 年 4 月胡適再次來到美國，在紐約落住後，他在拜訪新老
朋友、參加各種活動中，亦安排了拜訪杜威的活動（6 月 7 日、10
月 13 日、10 月 20 日），[106]這一段胡適的日記所記甚簡，可見他的心
態頗為不好，連自己的日課——日記也無心多記了。1952 年 6 月 1
日晚七點，杜威去世，享年九十二歲。晚八時半杜威夫人將這一消
息通知了胡適，由此可見杜威太太對胡適的重視。當天胡適的日記
寫道：「杜威先生的思想，影響了我的一生。」[107]胡適與杜威的實際
交往到此劃上了句號。

　　1952 年冬天，胡適訪問臺灣，為紀念自己剛過世的老師，12 月
28 日胡適在臺灣省立師範學院發表了題為「杜威哲學」的演講，在
演講開始，他回憶了自己與杜威的關係：

---

[103] 《胡適全集》第 30 冊，第 482 頁。

[104] 此段戀情考證，參見余英時：《重尋胡適歷程：胡適生平與思想再認識》，臺
北：聯經出版事業股份有限公司，2004 年 5 月版，第 76-92 頁。周質平、陳
毓賢：《多少貞江舊事 ——胡適與羅維茲關係索隱》，載 2005 年 7-9 月《萬象》
第 7 卷第 7-9 期。

[105] 此說據唐德剛譯注：《胡適口述自傳》第五章〈哥倫比亞大學和杜威〉注 18，
收入《胡適文集》第 1 冊，第 279 頁。

[106] 參見當日胡適日記，《胡適全集》第 33 冊，第 744、772、775 頁。

[107] 《胡適全集》第 34 冊，第 225 頁。

　　杜威先生是我的老師。我們三十九年來，不但是師生的關係，而且還是很好的朋友。他在六十歲的時候在北平講學；那時候我在北京大學，我替他做翻譯。以後他到太原、天津、濟南各地去講學，我也替他做翻譯。我們又繼續幾十年的朋友關係。他在北京過六十歲生日的時候，我參加了；他過七十歲生日的時候，我沒有參加，因為他在國外，我在國內。到了 1939 年，他八十歲的時候，我在美國做外交官，參加了他的生日慶祝；1949 年，他九十歲的時候，我在紐約也參加了他的生日慶祝。他今年夏天剛過去，算起來活了九十二歲多。[108]

他的演講分二講，第一講介紹杜威先生的哲學思想，第二講討論杜威哲學思想在技術方面的運用。與三十三年前發表的那篇〈實驗主義〉長文的觀點對比，這篇演講並沒有提供什麼新鮮的東西。1959 年 7 月 16 日胡適在夏威夷大學發表了題為「杜威在中國」的英文演講，作為杜威百年誕辰的紀念。這篇演講回顧杜威在中國的經歷時使用了《杜威夫婦信札集》（*Letters from China and Japan*）的材料，並結合五十年代中國大陸的「胡適大批判」談了自己的感受，顯然這與 1921 年 7 月發表的那篇幾乎同題的文章──〈杜威先生與中國〉，調子大不相同，政治的色彩明顯加強，正如冷戰時代許多話題都被政治化一樣，杜威與中國（包括與胡適本人）的關係也被蒙上了冷戰的陰影。

四、與母校哥大的來往

　　「五四」時期是中外文化交流比較熱烈的一個階段。除了上面我們所提杜威來華訪問外，哥大師範學院還有一位著名教授孟祿亦來華訪問。1921 年 9 月 5 日孟祿來華訪問，為時四個月。12 月 17 日到第二年 1 月初在北京訪問，他的學生陶行知隨行，胡適為孟祿

---

[108] 《胡適文集》第 12 冊，第 362 頁。

在京的講座擔當口譯，計有：「教育在政治上社會上的重要」（1921年 12 月 23 日在美術學校講）[109]、「大學之職務」（1921 年 12 月 24 日在北京大學講）[110]、「教育之社會的和政治的涵義」（1921 年 12 月下旬）[111]、「大學之職務」（1922 年 1 月初在北大講）。[112]孟祿在華講學及其教育調查對中國教育影響至大，陶行知當時即有如是評價：「此次博士來華，以科學的目光調查教育實況，以謀教育之改進，實為我國教育開一新紀元。」[113]

也許是杜威的中國之行對胡適在新文化運動中的個人聲譽留下了深刻印象，哥大方面對胡適開始刮目相看。1920 年 9 月 4 日，胡適在日記中寫道：

> Greene 來信，託我為 Columbia 大學覓一個中國文教授，我實在想不出人來，遂決計薦舉我自己。我實在想休息兩年了。
>
> 今天去吃飯，我把此意告他，他原函本問我能去否，故極贊成我的去意。我去有幾件益處：（1）可以整頓一番，（2）可以自己著書，（3）可以作英譯哲學史，（4）可以替我的文學史打一個稿子，（5）可以替中國及北大做點鼓吹。[114]

1922 年 2 月 23 日哥大的聘書果然寄來了，但胡適又改變了主意。日記中這樣寫道：

> 哥倫比亞大學校長 Nicholas Murray Butler 正式寫信來聘我去大學教授兩科，一為中國哲學，一為中國文學。年俸美金四千元。此事頗費躊躇。我已決計明年不教書，以全年著

---

[109] 〈教育在政治上社會上的重要〉，載 1922 年 2 月《新教育》第 4 卷第 4 期。

[110] 〈大學之職務〉，載 1922 年 2 月《新教育》第 4 卷第 4 期。

[111] 〈教育之社會的和政治的涵義〉，載 1921 年 12 月 30 日上海《民國日報‧覺悟》。

[112] 〈大學之職務〉，載 1922 年 1 月 3 日上海《民國日報‧覺悟》。

[113] 轉引自朱澤甫：《陶行知年譜》，合肥：安徽教育出版社，1985 年 2 月版，第 29 頁。

[114] 《胡適全集》第 29 冊，合肥：安徽教育出版社，2003 年 9 月版，第 203 頁。

書。若去美國,《哲學史》中下卷必不能成,至多能作一部英文的《古代哲學史》罷了。擬辭不去。[115]

哥大方面給胡適的待遇不薄,這也為胡適獲取博士學位埋下了伏筆。

1927 年胡適第二次赴美,在美停留三個月時間。這次哥大特意邀請胡適在該校作了九次講演,其中六次對中文系,三次對一般聽眾。[116]1927 年 1 月 11 日胡適到紐約後的第三天（14 日）在給韋蓮司的信中對這次哥大安排的演講活動有詳細說明:

> 我切盼望能儘早到綺色佳去,但頭十天我必須待在哥倫比亞大學的圖書館裏。哈佛和哥倫比亞都請我去演講,在我離開英國以前,我已經回絕了哈佛的邀請;但我無法很妥善的回絕哥倫比亞,因為我曾被迫取消一系列已經公佈了的演講,我覺得應藉這次來此地的機會補過。所以我答應在文學院給三個適合一般聽眾的演講,在中文系講六次。這些演講安排在 2 月 4 日至 17 日。〔中文系〕的六次演講是講「中國哲學中的六個時期」。因為身邊沒書,我將在哥倫比亞中文圖書館寫講稿。現在我接受了哥倫比亞的邀請,我也許就得到哈佛重複這些演講。[117]

在紐約,胡適的日程排得很緊,以至他無法立即分身去綺色佳見他的情人和師友,他給韋蓮司的隨後兩封信不得不解釋這一點:

> O. G. Guerlac 教授請我去康奈爾給個演講,我請他盡可能的安排在 3 月第一個星期二星期三。

---

[115] 《胡適全集》第 29 冊,第 523 頁。

[116] 參見富路德教授（Luther Currington Goodrich）致夏志清信（1978 年 8 月 15 日）,收入夏志清:《胡適博士學位考證》,載 1978 年 11 月臺北《傳記文學》第 33 卷第 5 期。

[117] 周質平編譯:《不思量自難忘——胡適給韋蓮司的信》,第 158 頁。

　　從目前情形看來，我幾乎可以確定，我無法在週末離開紐約。所以我的結論是要哥倫比亞和哈佛講座結束以前再去綺色佳就好得多。2 月份的週末已經全安排了去訪問紐約和劍橋附近的大學。

　　我實在很想儘快去綺色佳。恐怕行期的一再延後讓你們很失望。但是要想擺脫工作真不容易；光是回信就用掉我一天許多時間，而我總得工作到深夜。[118]

胡適在哥大的演講內容和效果如何？其詳細情形，我們沒有直接材料。但從他演講完後給韋蓮司的信可見一斑：

　　過去幾天，我忙得竟然連寫一封短信，回覆你 10 日來信〔的時間〕都沒有。……

　　我在此寫完講稿以後，會把講稿寄給你。目前我只有關於哲學的講稿。那些為一般聽眾所做演講的講稿，還沒寫好。……

　　多謝你寄剪報來。Guerlac 教授和 Sampson 也寄了同樣的剪報來。對那些高度的稱讚我真不敢當。

　　昨晚，我在大風雪中離開紐約，暴風雪還在加強。往後十二天，我有十六次演講，其中有兩次是星期六、星期天（2 月 26 日、27 日）在紐約！

看得出來，對胡適演講的反應是很熱烈的。否則，不會有三位美國朋友同時將他們看到的有關報導迅速反饋給胡適。唯一遺憾的是，胡適為準備這些演講所寫的講稿，不知今天存在何處。迄今出版的《胡適英文文存》和《胡適全集》都未見收入這些講稿。胡適本來欲利用這些講稿，「預備將來修正作一本英文書」，並稱「我的《哲學史》上冊，先作英文的《名學史》。今又先作英文的全部《哲學小

---

[118] 周質平編譯：《不思量自難忘——胡適給韋蓮司的信》，第 158 頁。

史》，作我的《新哲學史》的稿子，也是有趣的偶合。」[119]這個想法一直延續到胡適的晚年，1944 年 11 月至 1945 年 5 月胡適在哈佛大學講授「中國思想史」，課程完備時，胡適亦曾打算將講稿整理成書，1945 年 5 月 21 日他致信王重民說：「此間教課，每講都有草稿，用『拍紙』寫。夏間想整理成一部英文《中國思想史》。」[120]五十年代初，胡適讀到 1948 年由美國麥克米蘭公司出版的馮友蘭著英文本《中國哲學簡史》(*A Short History of Chinese Philosophy*)，頗感不快。胡、馮兩人先後在哥大留學，同學一個專業，又同治中國哲學史，故人們喜歡將他倆進行比較，胡、馮兩人從此成為一對學術「冤家」，在行家的眼裏，馮大有後來居上的勢頭。當胡適收到普林斯頓大學「Special Program in the Humanities」主席 Prof Whitney J. Oates 的來信，提名他為 Alfred Hodder Fellowship 之候選人，他即打算「把《中國思想史》的英文簡本寫定付印」。[121]究竟是這一計畫未付諸實現，還是因胡適本人另有其他工作，我們最終還是沒有看到他的英文本《中國思想史》付梓，這大概是胡適晚年所抱憾的未能完成的兩、三部書之一吧！

　　1927 年胡適的美國之行，不僅加強了胡適與哥大等美國大學之間的關係，且大大增加了他在美國的知名度。胡適回國後，美國方面及在華的英文報刊明顯加強了對胡適動態的追蹤和報導。1928 年 10 月 2 日芝加哥大學邀請胡適第二年春赴該校「哈斯克講座」演講，主題是「儒家思想的現代趨勢」，另開設一門「中國哲學史」課程，報酬是兩千美金。[122]胡適似乎沒有多想，很快就回覆謝絕了這一邀請。[123]1930 年 1 月 28 日胡適又收到芝加哥大學的再次邀請和耶魯大學的訪學邀請，芝加哥大學的聘金提高到三千五百美金。[124]由於這

---

[119] 《胡適全集》第 30 冊，第 481 頁。

[120] 〈致王重民〉，《胡適全集》第 25 冊，第 135 頁。

[121] 《胡適全集》第 34 冊，第 5 頁。

[122] 英文邀請信參見《胡適全集》第 31 冊，第 268-269 頁。

[123] 胡適回復芝加哥大學方面的英文信，參見其 1928 年 11 月 4 日日記，收入《胡適全集》第 31 冊，第 271-272 頁。

[124] 參見《胡適的日記》(手稿本)第九冊，1930 年 1 月 28 日日記及所附英文信。

時胡適與國民黨當局關係頗為緊張，胡適有意離開中國公學和上海，故對這一邀請有所心動，並在 1930 年 2 月 5 日發電報給芝加哥大學，表示願意接受哈斯克講座。[125]外界報紙甚至公佈了胡適即將辭去中國公學校長一職，「出洋」去美國芝加哥大學、耶魯大學講學的消息。[126]但這項計畫事實上推遲到 1933 年 6 月才成行（後取消了去耶魯大學的行程），其中原因可能是胡適又一次改變了主意——先北上赴北京大學任教。

1928 年至 1929 年間，胡適與《新月》同人就人權問題，與國民黨當局發生了論戰。對這場論戰，外界輿論亦頗為關注。1929 年 6 月 21 日《華北日報》（*The North China Daily*）以「中國需要法」（*The Need of Law in China*）專文介紹了胡適的〈人權與約法〉一文。[127]8 月 31 日《紐約時報》刊載了〈鉗制中國說真話的人〉（*Muzzling China's Truthteller*）的報導，明確表達了支持胡適的聲音：「作為中國新文學運動的領導者，作為中國最傑出的思想家，當他冒險向老百姓講真話時，他的言論不應被鉗制，應該讓老百姓聽到他的聲音。」[128]9 月 9 日《時代》週刊（*Time*）第 XIV 卷第 11 期以〈叛國者胡適〉（*Traitor Hu*）為題報導國民黨當局對胡適的「圍剿」和封殺，9 月 12 日（星期四）《中國每日新聞》（*China Daily News*）則刊載了〈我們什麼時候才可有憲法〉的英譯文。[129]因人權論戰的問題，胡適與國民黨關係非常緊張，身處險境，哥大方面注意到這一事態的發展，中文系代理行政官（Acting Executive Officer）富路德（L. C. Goodrich）1929 年 11 月 4 日致信 Lovejoy 先生，特別提到胡適與國民黨當局展開的人權論戰，因此國民黨中央訓練部命令教育部警告胡適，他要求《哥大校友通訊》（*Columbia Alumni News*）報導這一事件（見附件三）：

---

[125] 參見《胡適全集》第 31 冊，第 606、607 頁。

[126] 參見 1930 年 2 月 8 日胡適日記所附剪報，收入《胡適全集》第 31 冊，第 608 頁。

[127] 參見《胡適的日記》（手稿本）第八冊，1929 年 6 月 23 日英文剪報。

[128] 參見胡適 1929 年 10 月 10 日日記所附英文剪報，收入《胡適全集》第 31 冊，第 515 頁。

[129] 參見《胡適的日記》（手稿本）第八冊，1929 年 10 月 13 日英文剪報。

親愛的萊佛傑爾：

在 1929 年 9 月 28 日出版於北京的《中國週刊》，有一個標題大意是國民黨中央訓練部門命令教育部警告胡適博士，其因是他涉嫌反政府的文章。

正如你毫不懷疑的知道，胡適博士 1917 年在這完成他的博士論文，但他直到 1927 年遞交了 100 份他的博士論文印本才獲得博士學位。他是今天中國二、三分之一中最傑出的學者。我有一篇他批評政府的文章，也許你有興趣，如果你想在《哥大校友通訊》提到它的的話。

他是最近獲得哥大獎章的人之一（**以上為鉛印，此句為書寫體，——引者注**）。

也就是在這一年，哥大給予胡適一枚獎章（Medal），這是對畢業校友的一個榮譽獎勵。

1933 年 7 月，胡適應芝加哥大學哈斯克講座（Haskell Lecture）之邀第三次赴美訪問。講座結束後，胡適曾在紐約做短暫停留。9 月 14 日他會見了杜威，稱「他看起來極健康，極有精神。又極慈祥，極快樂！」[130]並在當天由國際教育研究所舉辦的有關教育的討論中，坐在哥倫比亞教育學院院長羅斯爾（Russell）的旁邊，與他討論了 Becker 的新書，後者「認為這本書的風格代表最佳的英語寫作。」[131]1936 年胡適第四次去美訪問。此行未見他提及去哥大的紀錄，但他 9、10 月份經過紐約，並在紐約發表過演講。[132]

1938 年 10 月，胡適上任駐美大使，當時美國各大報刊對這一消息都及時做了報導，並在介紹胡適時，無不提到他在哥大留學和取得博士學位的經歷。12 月 5 日，胡適因演講過累，患上了心臟病，隨即

---

[130] 周質平編譯：《不思量自難忘——胡適給韋蓮司的信》，第 183 頁。

[131] 周質平編譯：《不思量自難忘——胡適給韋蓮司的信》，第 184 頁。

[132] 參見胡不歸：《胡適之先生傳》，收入《胡適傳記三種》，合肥：安徽教育出版社，2002 年 3 月版，第 103 頁。

住院達七十七天之久（1938 年 12 月 5 日-1939 年 2 月 20 日），在此
期間，哥大校友總會（Alumni House, Columbia University）Clarence E.
Lovejoy 先生的私人秘書 E.W.Phillip 女士於 1939 年 1 月 3 日、6 日
曾給中國駐美大使館兩度去信，並附去了一份他們所寫的胡適小
傳，要大使館方面給予確認，（見附件四）這份材料也許是為給胡適
頒發榮譽博士學位而準備的。1939 年 1 月 27 日出版的《哥大校友通
訊》（*Columbia Alumni News*）第 30 卷第 6 期封面刊登了胡適的標準
照。在關於這張封面照的說明中如是寫道：

> 哥倫比亞有一位中國外交界的顯赫人物，他就是去年 9
> 月新近被任命為中國駐美大使的胡適。他 1927 年獲得哲學博
> 士學位，1929 年獲得大學獎章。他開始在美國的科學訓練是
> 在農學，但很快意識到中國需要文學和哲學，就像中國特別
> 需要科學農業。所以改換了他的專業，成為了中國文學革命
> 的領袖，他稱哲學是他的職業、文學是他的愛好。他是一名
> 編輯、演講家，他在戰爭期間結婚，有兩個兒子。（見附件五）

1939 年 5 月胡適的《藏暉室札記》出版，胡適將此書分贈給美
國一些相關的朋友和機構，其中包括哥倫比亞大學，胡適在 1939 年
5 月 17 日給韋蓮司的信提到了此事，並告哥大和芝加哥大學將給他
授予法學博士（榮譽學位）。哥大校長 Day 先生為了照顧胡適，還特
意邀請胡適去他家休息。[133]1939 年 6 月 6 日哥大畢業典禮給胡適授
予榮譽法學博士學位（L. L. D），富路德教授（Prof Goodrich）是胡
適的「儐相」（Escort），這是胡適任駐美大使後所得的第一個榮譽博
士學位。[134]

胡適卸任大使後，閒居在紐約。1943 年 10 月 3 日胡適曾到哈佛
大學為美國陸軍訓練班（The School of Overseas Administration at Harvard）
作了六次關於中國歷史文化（The Historical Culture of China）的講

[133] 周質平編譯：《不思量自難忘——胡適給韋蓮司的信》，第 239-240 頁。
[134] 《胡適全集》第 33 冊，第 227 頁。

演。[135]一年後胡適又應邀在哈佛作為期一年的講學（1944 年 11 月至 1945 年 6 月），講授課程是「中國思想史」。[136]隨後又應邀在哥倫比亞大學講授了一個學期的「中國思想史」課，1945 年 9 月 22 日《紐約時報》發表了一則「中國教育課程」的簡短新聞：

> 哥倫比亞大學校長巴特萊博士（Dr. Nicholas Murray Batler）昨天宣佈：曾於 1938-1942 年任中國駐美大使的胡適博士，將在哥倫比亞大學來臨的冬季學期（Winter session）講授中國思想史課程。（見附件六）

1946 年 1 月 25 日胡適在日記中寫道：「今天在 Columbia University 作最後一次講演。全班學生送我一冊 *The Columbia Encyclopedia* 作紀念。」[137]胡適結束在康乃爾大學的「先驅講座」（Messenger Lectures，1946 年 2 月 4 日至 15 日，共六講）後，遂決定不再接受美國大學的講學邀請，由哥倫比亞大學國際委員會安排，1946 年 2 月 20 日（星期三）晚上八點，胡適在哈克利斯學術劇院向哥倫比亞大學觀眾做了一場題為「中國的明天」的講演。為搞好這次活動，校方做了一個介紹胡適的大廣告，在廣告中特別提到，這是胡適即將回國就任北大校長前最後安排的活動之一。（見附件七）動身返國前夕，哥大中國委員會（The Chinese Committee of Columbia University）特送一支票給胡適，由他「支配使用，供北京大學教職員工或學生急需之資金。」[138]

1949 年 4 月胡適再次來到美國，與上次在美到處活動的情形形成反差，這次胡適與外部的接觸明顯減少。1953 年美國著名畫家 Grace Annette Du Pre 為胡適畫了一幅肖像，該畫家有一工作室在國家藝術俱樂部，它座落在紐約第十五多謝公園（15 Gramercy Park）。

---

[135] 1943 年 10 月 3 日胡適日記，收入《胡適全集》第 33 卷，第 522 頁。
[136] 胡適在哈佛大學講學始迄日期，參見 1944 年 11 月 6 日胡適日記，《胡適全集》第 33 卷，第 545 頁。〈致王重民〉1945 年 5 月 21 日，《胡適全集》第 25 卷，第 135 頁。
[137] 《胡適全集》第 33 冊，第 559 頁。
[138] 《胡適全集》第 33 冊，第 583 頁。

為此，羅貝卡（Gustave J. Noback）於 1953 年 5 月 14 日還特意給哥大校長柯克（Grayson Kirk）寫了一封信（附件八）。關於這幅畫的命運，唐德剛先生在他的《胡適雜憶》中有一小小的故事：

> 另一次，有人替胡先生畫了一張油畫像。胡氏亦以父兄家長的身份送給了哥大中文圖書館。按理這幅畫像是應該掛起來的。孰知它一入哥大，便進了地下室爛書堆，無人理睬。1962 年東亞館遷入了一座 8 樓大廈，地方十分寬敞，大樓四壁空空。我要把這幅像掛於閱覽室，當時有人反對說：「哥大向不掛生人照片的！」我說：「胡適也活不了多久了！」這樣這幅油畫才有禮無讓地掛了出去，這可能是今日海外唯一的一張掛出來的胡適油畫像了。[139]

1954 年 4 月 13、14 日出席哥大二百周年紀念會，發表題為「古代亞洲的權威與自由的衝突」的英文演講，該演講稿收入《慶祝哥倫比亞大學二百周年國際會議論文集》第一集。[140]作為該校的名校友，胡適亦常常出現於校內的各種校慶活動和集會活動，或坐在會議的嘉賓席上，[141]當時哥大對胡適仍是相敬如賓，以禮相待。

五十年代，胡適與哥大最重要的合作是他在哥大東亞研究所中國口述歷史部做口述自傳。當時，移居美國的中國國民黨要人及其他名人頗多，在紐約一帶做「難民」或「寓公」的中國「名人」更是「車載斗量」。1957 年初哥大東亞研究所中國口述歷史部「試辦成立」，主持這項工作的是治中國近代史的韋慕廷教授，他負責向福特

---

[139] 唐德剛：《胡適雜憶》（增訂本），上海：華東師範大學出版社，1999 年 1 月版，第 8 頁。

[140] Hu Shih, Authority and Freedom in the Ancient Asian World, In Man's Right to Knowledge: An International Symposium Presented in Honor of the Two Hundredth Anniversary of Columbia University.First Series:Tradition and Change.New York:H.Muschel,1954.pp. 40-45.收入周質平主編：《胡適英文文存》第 3 冊，第 1377-1381 頁。此文的意旨在胡適 1954 年的一篇題為〈中國古代政治思想史的一個看法〉的中文演講中有所發揮。

[141] 唐德剛：《胡適雜憶》（增訂本），第 5 頁。

基金會、美國聯邦政府以及其他方面籌集資金，具體工作人員為夏連蔭和唐德剛。夏女士最早的訪問對象是孔祥熙、陳立夫，唐德剛的訪問對象則是胡適和李宗仁。[142]胡適本是「傳記文學」的提倡者，1956 年冬唐德剛與他見面提起這一計畫時，胡適大為興奮，「談了一整晚他自己的『傳記』或『自傳』寫作應當採取的方式」。[143]與唐德剛先生後來整理的《李宗仁回憶錄》、《顧維鈞回憶錄》的風格明顯不同，《胡適口述自傳》的篇幅較短，除了對胡適的早期生活和學術思想有較詳細的述說外，對其生平事蹟的交代著墨並不多，故篇幅相對也較小。由於胡適本人精於「自傳」這樣一種傳記文學體裁，並有過自身的實踐，顯然這樣一種寫法是他自己有意設計的結果。而李宗仁、顧維鈞的回憶錄則有唐德剛先生「導演」的成分在內。也就是說，李、顧二人是被唐先生「牽著鼻子走」，而《胡適口述自傳》則是胡說唐記，並經胡適「查閱認可」，[144]性質可謂大不相同。作為這項工作的成果——英文稿的《胡適口述自傳》，此傳後經唐德剛先生譯注，曾於 1977 年 8 月至 1978 年 7 月連載臺北《傳記文學》，並於 1981 年 2 月由傳記文學出版社結集出版。

　　胡適在紐約做「寓公」時，有時也往哥大中文圖書館閱覽，發現這裏中文圖書因經費拮据，收藏十分有限。為此，他與在圖書館工作的唐德剛商量了半天，以求解決之途。當唐告知他，哥大中文圖書館每年經費只有兩百美元時，胡適立即表示要找幾個有錢的校友（如顧維鈞之類）捐兩千塊錢給哥大購買中文圖書，以解決這一問題。後來果然有一位「無名氏」捐了兩千元。[145]1960 年 5 月 8 日《紐約時報》

---

[142] 有關哥大東亞研究所中國口述歷史部的初期情形，參見李宗仁口述、唐德剛撰寫：《李宗仁回憶錄》下冊，上海：華東師範大學出版社，1996 年版，第 786-787 頁。

[143] 有關《胡適口述自傳》的工作情形，參見唐德剛：《胡適雜憶》（增訂本），第 203-223 頁。

[144] 唐德剛譯注：〈胡適口述自傳・寫在書前的譯後感〉，《胡適文集》第 1 冊，第 171 頁。另見《胡適口述自傳》第三章〈初到美國：康乃爾大學的學生生活〉，《胡適文集》第 1 冊，第 220 頁。

[145] 唐德剛：《胡適雜憶》（增訂本），第 8 頁。

發表了一則題為「胡敬贈哥倫比亞」（HU HONORS COLUMBIA）的消息。內稱胡適贈給哥大東亞圖書館二十五卷他的中文著作，另附一冊羅爾綱的《師門五年記》。為了胡適這樣一份贈禮，哥大新聞辦公室還特別準備了一份供各大媒體報導的詳細新聞稿。（見附件九）

　　從胡適與母校哥大的上述密切來往可以看出，胡適這樣一位曾在該校留學的中國學生對哥大始終抱有深厚的感情，而哥大也對胡適給予了相應的禮遇，雙方的關係可以說是融洽的，它構成哥大與中國學術文化交流的精彩一章。有的論者以哥大推遲十年授予胡適博士學位來說明二者之間的恩怨難解，其實是一種誤會。正如胡適在中國的地位在新文化運動以後如日中天一般，他在美國（當然包括母校哥大）的份量可以說也是與日俱增，從 1922 年哥大邀請他任教，到 1929 年授予他榮譽獎章，再到 1939 年給他頒發榮譽法學博士學位，我們可以見證這一點。哥大這樣做，顯然也是符合美國大學對待一個傑出校友的通常慣例。

五、胡適：哥大的一位傑出校友

　　哥倫比亞大學是美國長春藤大學，胡適是中國著名學者。據袁同禮統計，截至 1960 年止，哥大授予華人博士學位人數位居全美各校之冠，但是據哥大所提供的正式名單，則退居第二，共二〇三名（伊利諾大學第一名，共二〇四名）。[146]在哥大獲取博士學位的名單中，除了本文主人公胡適以外，其他著名人士還有陳煥章（1911 年）、嚴鶴齡（1911 年）、顧維鈞（1912 年）、郭秉文（1914 年）、馬寅初（1914 年）、蔣夢麟（1917 年）、金岳霖（1920 年）、侯德榜（1921年）、蔣廷黻（1923 年）、馮友蘭（1924 年）、潘序倫（1924 年）、吳文藻（1928 年）、唐敖慶（1949 年）等。在此有過就讀或研修經歷的中國留學生，則可列出一份更長的名單，如唐紹儀、鍾榮光、陶行知、張奚若、張伯苓、任鴻雋、孫科、宋子文、俞慶棠、徐志摩、

---

[146] 參見德剛：《胡適雜憶》（增補本），第 40 頁。

許地山等，據蔣廷黻回憶，1919 年在哥大的中國留學生約有一百五十名，[147]另一位於 1915-1919 年曾在哥大留過學的陳鶴琴則將此數字提高到三百人之多，[148]唐德剛亦說二戰後哥大的中國留學生有三百餘人，1949 年以後才驟減，[149]足見中國留學生在此校之盛。如以留美學生對中國影響最大的大學排列，在胡適生活的年代，哥大的中國留學生無疑可位居首位。

哥大留學生對現代中國的影響，主要是在教育和思想這兩方面。在教育方面，據統計，1991 年上海教育出版社出版的《教育大辭典》第十卷介紹中國近現代教育家，計有二百六十五人，其中有留學經歷的一百四十二人，留美學生七十八人，而哥大就有三十四人。[150]1922 年中國實行學制改革，採取的即是美國模式（小學六年，初中三年，高中三年，大學四年），杜威與他的哥大中國留學生胡適等對此可以說起了關鍵作用。[151]在思想方面，美國哲學在西方近現代哲學史的地位很難與德國、英國，甚至法國比肩，但哥大出身的胡適、馮友蘭、金岳霖三人，他們為中國現代哲學的構建卻發揮了任何其他國別的中國留學生所無法比擬的特殊作用，其成就已為學界所公認，在此不必贅述。

評估中國留美學生（包括哥大的中國留學生）對現代中國的影響，有形跡可循。而捕捉中國留學生群體在美國的影響力則不易，如以個人影響而論，胡適當是第一人，這不僅從他在美所獲得的三十一個榮譽博士學位可以證明，而且從美國方面的報刊對他逝世的反應也可看出這一點。1962 年 2 月 24 日胡適逝世時，美國許多報刊

---

[147] 《蔣廷黻回憶錄》，長沙：岳麓書社，2003 年 9 月版，第 76 頁。

[148] 陳鶴琴：〈我中了杜威實用主義反動教育思想的三槍〉，原載 1955 年 2 月 28 日《文匯報》。收入《資產階級教育思想批判》第 1 集，北京：文化教育出版社，1955 年 10 月版，第 179 頁。

[149] 參見唐德剛：《胡適雜憶》（增訂本），第 5 頁。

[150] 參見陳平原：《老北大的故事》，南京：江蘇文藝出版社，1998 年 3 月版，第 182 頁。

[151] 參見張寶貴編著：《杜威與中國》，石家莊：河北人民出版社，2001 年 1 月版，第 45-52 頁。元青：《杜威與中國》，第 250-253 頁。

迅即刊登消息、發表文章介紹胡適生平，深切悼念這位為中國新文化的發展，為中美關係的發展，為中美文化交流做出巨大貢獻的傑出學人。這些報刊文章值得一提的有：1962 年 2 月 24 日巴爾迪摩（*Baltimore,MD*）的《太陽報》（*Sun*）發表的〈一度出任駐華盛頓大使的胡適博士逝世〉（*Dr. Hu Shih , Once Envoy to D.C , Dies*），2 月 25 日紐約的《先驅論壇》（*Herald Tribune*）發表的〈胡適博士去世：二戰時任駐美大使〉（*Dr Hu Shih Is Dead;War II Envoy to U.S*），2 月 25 日紐約《美國雜誌》（*Journal American*）發表的〈中國前任駐美大使胡適終年 71〉（*Hu Shih, China Ex-Envoy, 71*），2 月 25 日的紐約《紐約時報》（*New York Times*）發表的〈哲學家胡適去世，終年 70〉（*Dr. Hu Shih Dead; Philosopher, 70*），2 月 25 日紐約的《鏡子》（*Mirror*）刊登的〈前任駐美大使、文學領袖胡適博士在臺北去世〉（*Dr. Hu Shih Dies in Taipei; Ex-Envoy, Literary Leader*），2 月 27 日《時代》週刊（*Time*）發表的〈中國學者〉（*Chinese Scholar*）等。

哥大方面為表達對這位傑出校友的深切懷念，則專門設立了「胡適獎學金」。1963 年 10 月 6 日《紐約時報》刊登了這一消息，宣佈這年九月在哥大設立了胡適研究生獎學金，它由胡適紀念基金設立，以獎勵那些在哲學、歷史、文學領域的學者。（見附件十）在此之前，在康乃爾大學和哥大已設立了胡適大學生獎學金。擔任基金會會長的是羅格爾曼先生（Harold Riegelman），他是胡適 1914 年在康乃爾大學的同班同學。哥大「胡適獎學金」的設立，可以說是該校對胡適去世的最高紀念。

本文為 2004 年 9 月應邀赴美國紐約參加哥倫比亞大學主辦的「哥大與中國」學術研討會提交的論文，載臺北《傳記文學》2004 年 12 月、2005 年 1 月號。

NON-PROFESSIONAL
GRADUATE
FACULTIES

Name on Commencement Program Hu Shih
                                First   Last

Name Suh Hu

In residence 1915-16
              1916-17

Ph. D. Degree conferred Mar. 21, 1927

Title of essay

Title of dissertation The development of the logical
method in ancient China

(could not locate Ph.D.
Application Blank in June 1931
group - 4/19/44)

(notice of 100 copies of Dissertation by Library
filed with old group in vault - 4/19/44)

REMARKS

Form 114-Nov. 1915 10000

附件一 1927 年 3 月 21 日，胡適博士學位註冊表

88

國 立 北 京 大 學
NATIONAL PEKING UNIVERSITY
PEIPING CHINA

胡適字適之，安徽績溪縣人，*1891*年十二月生。
上海　梅溪學堂肄業，澄衷學堂肄業，中國公學肄業，
　　　中國新公學肄業。
1910（宣統二年）考取第二屆留學美國官費。
1910—15，在 Cornell 大學，得 B.A. 學位（*1913*？）
1915—17，在 Columbia 大學，得 Ph. D. 學位。
*1917—*歸國，任北京大學哲學教授，後英文系主任。
1926—27，遊歷歐美。
1928—1930，吳淞中國公學校長。兼任東吳大學法科
　　　及光華大學中國哲學史講席。
*1930—*回北平，任中基會幹事委員會。兼任北大教授。
1932—1937，北大文學院院長兼中國文學系主任。
*1933—*遊美國，在 Chicago 大學擔任 Haskell 講義。
*1936—*遊美國，參加 Harvard 大學三百年紀念盛典。
1937—1938，與錢端升葉恭綽周先生同去英國，考察歐
　　　美各國對我國抗戰的態度。
1938 夏間在歐洲，受任美大使的任命。
*1938*十月至 *1942*九月，任駐美大使。
1944—45，在 Harvard 大學教授中國思想史。
*1945—1945*在 Columbia 大學教授中國思想史（一學期）。
1946，二月在 Cornell 大學擔任 Messenger 講演。
1945 九月，政府發表為北京大學校長。
1946 七月回國。七月底到北大。
名譽學位：
　　Litt.D.
　　　　　（Harvard　等大學）
　　LL.D.
　　　　　（Columbia, Yale, Chicago　等大學）
　　D.C.L.
　　　　　（ Oxford　等大學）

附件二　1946 年 7 月，胡適任北京大學校長所填履歷表

LOCAL

Columbia University
in the City of New York

DEPARTMENT OF CHINESE

November 4, 1929

RECEIVED
NOV 5 1929

REFERRED TO
FOR DATA AND RETURN TO
FOR REPLY

Mr. C.E. Lovejoy,
110 Library.

Dear Mr. Lovejoy:-

In the September 28, 1929 number of the *DIGEST IN CHINA*, published in Peking, there is an item to the effect that the Central Training Department of the Kuomintang has ordered the Ministry of Education to award Dr. Hu Shih a medal as a result of his allegedly anti-governmental articles.

As you doubtless know, Dr. Hu completed his work for the doctorate here in 1917, but did not receive the degree until 1927 (on the submission of printed copies of his dissertation). He is one of the two or three most prominent scholars in China today. I have one of his articles, criticizing the Government, which may be of interest to you if you want to make mention of it in the Columbia Alumni News.

He is one of those recently awarded a medal by

Sincerely yours,

Acting Executive Officer

CH.

附件三 1929 年 11 月 4 日，富路德給 Lovejoy 的信

90

CHINESE EMBASSY
WASHINGTON, D. C.

RECEIVED

January 6, 1939

Mr. Clarence E. Lovejoy
Alumni Federation of Columbia University
Alumni House, Columbia University
New York, N.Y.

Dear Sir:

   In the absence of the Ambassador who
is still in the hospital, we are sending you,
herewith, his biographical sketch, as requested
in your letter of January 3rd and which we
trust will prove satisfactory for the purpose
mentioned in your letter under acknowledgment.

     Yours very truly,

     (Mrs.) E. W. Phillips

     Private Secretary.

Enclosure.

附件四　1939 年 1 月 6 日，E. W. Phillip
給中國駐美大使館的信

COLUMBIA ALUMNI NEWS

Hu Shih
'27PhD, '29Univ. Medal

JAN. 27, 1939
VOL. 30, NO. 8

THE FRONT COVER

Columbia has a lion's share of China's foreign dignitaries. Newest of these is Hu Shih, '27PhD, '29Univ. Medal, appointed Chinese ambassador to the United States last September. He started his American academic training in agriculture but quickly decided that China needed literature and philosophy just as much as scientific farming, so changed his courses and became a leader in the nation's literary revolution. He calls philosophy his life work and literature his hobby. An editor and lecturer, he was married during the war and has two sons.

附件五　1939 年 1 月 27 日，《哥大校友通訊》
第 30 卷第 8 期封面刊登的胡適標準照及其說明文字

N. Y. Times
Sept 22, 1945

Course in Chinese Taught

Dr. Hu Shih, who was Chinese Ambassador to the United States from 1938 to 1942, will give a course on the history of Chinese thought during the coming winter session at Columbia University, Dr. Nicholas Murray Butler, president of the university, announced yesterday.

附件六　1945年9月22日，《紐約時報》發表的
一則關於胡適在哥大講授「中國思想史」課程的新聞

Columbia University
New York 27, N.Y.
University 4-3200, Ext. 398
Robert Harron, Director

FOR PAPERS OF WEDNESDAY,
FEBRUARY 20 1946

Dr. Hu Shih, distinguished Chinese scholar and former ambassador to the United States from China, will speak to a Columbia University audience on "China Tomorrow" in the Harkness Academic Theater tonight (Wednesday) at 8 o'clock.

The talk, which was arranged by the International Committee of Columbia University, will be one of the last made by Dr. Hu in this country before returning to China in April to assume the presidency of the University of Peking.

Dr. Hu, who has played a leading role in the renaissance of Chinese literature, holds several honorary degrees from ranking universities in this country and is a leading member of the American Philosophical Society and the Institute of Pacific Relations. He is author of "The Development of Logical Method in Ancient China" and "The Chinese Renaissance."

Nathaniel Peffer, professor of international relations, will act as clarifier of the panel discussion which will follow Dr. Hu's talk.

* * *

附件七　1946 年 2 月 20 日，哥大為胡適所作
「中國的明天」的演講發布的廣告

Noback

3 Copies to Miss Brown
5/28/53

† FORM NO. SM 2

University of Puerto Rico
School of Medicine
School of Tropical Medicine
SAN JUAN 22, PUERTO RICO

DEPARTMENT OF ANATOMY

May 14, 1953

Portrait rec'd in
East Asiatic from President
Office 6/5/53

Dr. Grayson Kirk
Columbia University
116th. St. and Broadway
New York City

Dear President Kirk:

The portrait of Hu Shih by Grace Annette Du Pré is ready
to be delivered to Columbia University.

It is in Grace Du Pré's Studio at The National Arts
Club, 15 Gramercy Park, New York City.

If you will kindly drop her a line as to where it should
be delivered she will see that it is taken there.

I am happy that the portrait will be in such good hands
and in so appropriate a setting.

With warm regards

Sincerely,

Gustave J. Noback
Gustave J. Noback

附件八　1953 年 5 月 14 日，Gustave J. Noback
給哥大校長柯克（Kirk）的信

News Office
Columbia University
New York 27, New York
UNiversity 5-4000, Ext. 886　　FOR USE ON SUNDAY, MAY 8

John Hastings, Director

Dr. Hu Shih, Chinese philosopher, historian, and writer and currently director of Academia Sinica of the Republic of China, has given the East Asiatic Library at Columbia University a set of twenty-five volumes of his own Chinese writings in a new edition recently published in Taiwan.

Dr. Hu received the degree of Doctor of Philosophy from Columbia University in 1917. In the same year he began his long association with National Peking University, of which he was chancellor from 1945-1949. The association was interrupted while he served as Ambassador to the United States from 1942-1945 and terminated when he left mainland China upon the establishment of the People's Republic of China by Mao Tse-tung.

Dr. Hu's writings have always been sought after by readers, Chinese and Western alike, especially because of his leadership in the literary revolution of China and the publication in 1919 of his history of Chinese philosophy.

Many of the works in his gift contain new prefaces written especially for this edition. To the volume on ancient Chinese philosophy he has added eight pages acknowledging errors he made in the earlier version and commenting on the disagreement between him and Feng Yu-lan, another eminent Chinese philosopher who received his doctorate from Columbia University in 1924 and who elected to continue his residence in Communist China.

-more-

附件九　1960 年 5 月 8 日，哥大為新聞媒體
提供的報導胡適贈書的新聞稿

96

Fellowship at Columbia
Set Up to Honor Hu Shih

TIMES 6-10-63

A graduate fellowship has been established at Columbia University by the Hu Shih Memorial Fund beginning in September.

The fund's aim is to memorialize Dr. Hu, a Chinese philosopher and diplomat, through scholarships and fellowships in philosophy, history and literature. The fund has set up scholarships at Cornell University and Columbia. Harold Riegelman is president of the fund. He and Dr. Hu were classmates in 1914 at Cornell. Dr. Hu received his doctorate from Columbia in 1917.

Dr. Hu was chairman of the Academia Sinica, Nationalist China's top research institute, when he died at the age of 70 in 1962. He was credited with modernizing Chinese writing. He had represented the Chinese Nationalist Government in Washington and was a member of the Chinese delegation to the San Francisco conference that established the United Nations.

附件十　1963 年 10 月 6 日，《紐約時報》刊登的一則「哥大為紀念胡適設立獎學金」的新聞

胡適與中研院史語所

一、胡適與史語所的歷史關係

　　胡適先生在中央研究院的實際任職不過四年（1958－1962），但兩者之間的關係，從胡先生最初被聘任中央研究院史語所的特約研究員，到 1935 年擔任第一屆評議會評議員，到 1948 年選為中研院首屆院士（人文組），最後到 1958 年出任中研院院長，胡先生與中研院的關係可謂既長且深。

　　史語所是中研院最早成立的所，也是規模最大，研究實力最為雄厚，對院內「政治」最具影響力的一個所。第一任所長傅斯年是胡先生的學生，也是他的密友。傅斯年在創建史語所的過程中，頗倚重胡先生之力。史語所在廣州籌備時，傅斯年就去信胡先生：「中央研究院之歷史語言研究所，業已籌備，決非先生戲謂狡兔二窟，實斯年等實現理想之奮鬥，為中國而豪外國，必黽勉匍匐而赴之。現在不吹，我等自信兩年之後，必有可觀。然若干事件非先生不能舉，領導工作非先生不能為，必有以來以成此事。」[1]此中「若干事件」和領導工作，當是指辦所旨趣、人員聘任和爭取經費等項。其中經費一項，一般人均認為傅斯年要錢的本事大，內中應有胡先生的出力和襄助。因史語所經費除來自於政府撥款外，力爭中基會的資助是其籌款的重要來源。胡先生是中基會的中方董事，與美方關係特殊，能起很大作用。如 1930 年 6 月，史語所面臨「下一年度中，經費的來源必斷，得想一切方法維持下」的困難，傅斯年向胡先生訴苦，胡先生建議傅向蔡元培先生報告。傅認為蔡「此時實不太了

---

[1] 　《胡適來往書信選》上冊，香港：中華書局，1983 年 11 月初版，第 478 頁。

然我們這個研究所所處的地位」，因而求胡幫忙。結果胡在中基會爭取，據《國立中央研究院十九年度總報告》載，1931 年 1 月撥給史語所第三期補助費六千五百二十元。史語所翻譯瑞典學者高本漢的《漢語語音學》一書，也是傅斯年與胡先生商定，向中基會申請經費以資助翻譯。[2]1929 年春至 1933 年 4 月，史語所在北平辦公。時胡先生在北大任文學院院長，傅兼任北大教授，他從北大選拔了一批年輕大學畢業生去史語所做助研，為史語所吸收新鮮血液。由於胡與傅的特殊關係，北大與史語所的關係也變得異乎尋常的密切。傅斯年去世後，胡先生對之評價甚高：「孟真是人間一個最稀有的天才。他的記憶力最強，理解力也最強。他能做最細密的繡花針工夫，他又有最大膽的大刀闊斧本領。他是最能做學問的學人，同時他又是最能辦事、最有組織才幹的天生領袖人物。」[3]在他最稱許傅所辦的四件大事中，其中之二就是創辦史語所。

史語所成立之初分語言、史學、考古三組，負責人分別為趙元任、陳寅恪和李濟，這三人實為三個學科的學術帶頭人，可謂史語所的三架馬車。胡先生與三人的私人關係都非常密切。

趙元任與胡先生是一同赴美留學的同學，從此他們開始建立友誼，終身不斷。1930 年 12 月胡先生四十歲大壽時，趙元任欣然代表中研院史語所同仁作白話詩祝壽：「適之說不要過生日，生日偏又到了。我們一般愛起哄的，又來跟你鬧了。……」[4]此詩在《晨報》上登出後流傳甚廣。1938 年趙元任赴美訪問，從此居住在美。五十年代以後，胡與趙一起為爭取中基會對史語所的資助，或對史語所的人事安排，常相互交換意見。如 1957 年中基會第一次給史語所一個訪問學者資助（Fellowship），史語所先推薦芮逸夫，此名額待遇較低。另有加州大學（U.C）的 Fellowship，待遇較好。胡先生之意芮

---

[2]　〈傅斯年致胡適〉1931 年 12 月 31 日，收入《胡適遺稿及秘藏書信》第 37 冊，合肥：黃山書社，1994 年 12 月出版。

[3]　胡適：《傅孟真先生遺著》序，收入《傅孟真先生集》第 1 冊，臺北：臺灣大學，1952 年出版。

[4]　〈胡適之先生四十正壽賀詩〉，原載 1930 年 12 月 18 日《晨報》。

君可先選中基會的 Fellowship，第二年再尋補 U.C 的名額。而 U.C 的名額可先由高去尋去，第二年高可再去中基會的 Fellowship。這樣兩人都可爭取在美留上兩年。[5]胡先生當時有一看法：出外訪學，時間不宜過短。[6]

陳寅恪的學問淵博，胡先生很敬重他。1937 年 2 月，他在日記中寫道：「讀陳寅恪先生的論文若干篇。寅恪治史學，當然是今日最淵博，最有識見，最能用材料的人。但他的文章實在寫的不高明，標點尤嫩（懶），不足為法。」[7]抗戰爆發後，陳先生申請牛津中文講席，胡先生隨伯希和（Paul Peliot）之後，大力推薦，後因太平洋戰爭爆發而未果行。蔡先生去世時，陳力主胡適繼任。評議會投票結果，胡適得二十票，贊成者中自然應包含史語所的評議員。[8]1946 年 4 月陳寅恪去英國治眼病後，回國途經紐約，陳將其診單寄給胡適，意在求助，胡先生曾就陳疾訪求美國醫生的意見，當得知無能為力時，他「很覺悲哀」，百忙中只好託全漢昇帶了一千美金給陳，以示關照。胡先生在日記中寫道：「寅恪遺傳甚厚，讀書甚細心，工力甚精，為我國史學界一大重鎮。今兩目都廢，真是學術界一大損失。」[9]胡、陳之間雖學術觀點不盡一致，但交誼不淺，由此可見一斑。[10]

李濟與胡先生相識稍晚，但此前他們兩人都與丁文江關係不錯。李濟回憶：他們初識時，胡先生只是對他「所研究的這一行感到有興趣……常常直接或間接地給予不少的鼓勵」，而李對於胡則「只是單純的佩服而已」。[11]據王志維後來回憶，三十年代，胡先生

---

[5] 參見 1957 年 2 月 14 日胡適致趙元任，收入《胡適書信集》下冊，北京：北京大學出版社，1996 年 9 月版，第 1295 頁。

[6] 參見胡適：《文化交流的感想》，原載 1959 年 12 月 1 日臺灣《新生報》。

[7] 《胡適的日記》（手稿本）第 13 冊，1937 年 2 月 22 日，臺北：遠流出版公司，1990 年出版。

[8] 關於此次中研院長的選舉情況，參見耿雲志：〈胡適與補選中央研究院院長的風波〉，收入《胡適新論》，長沙：湖南出版社，1996 年出版，第 230-232 頁。

[9] 《胡適的日記》（手稿本）第 15 冊，1946 年 4 月 15、16 日。

[10] 有關胡適與陳寅恪的關係，參見汪榮祖：《胡適與陳寅恪》，收入氏著：《陳寅恪評傳》，南昌：百花洲文藝出版社，1993 年 8 月版，第 253-277 頁。

[11] 〈見微知著話胡適——李濟教授談胡適行誼〉，收入《紀念胡適之先生專集》，

特別關切史語所的河南安陽田野工作及圖書收藏工作，曾經向中基會熱心推動，補助安陽田野工作及考古報告出版的經費。[12]除對安陽考古發掘的經費進行補助外，在胡先生擔任中基會董事時，還曾把當時基金會在全國唯一的文科講座教授評給李濟。[13]1955 年董作賓被香港大學高薪聘去，史語所所長一職空缺，朱家驊囑意李濟，來信探詢胡適的意見。胡在給趙元任的信中明確表態說：「我當然盼望濟之肯任此事」。[14]胡先生擔任中研院院長以後，李濟時任史語所所長，兩人因為工作上的關係，來往自然相當密切。李濟書呆子氣十足，處理人事關係態度生硬，故頗易得罪人；胡先生為人處事比較圓熟，善於駕馭人。但總的來說，兩人還是彼此信任，互相配合。[15]1962 年 2 月 24 日，李濟在胡先生生前最後一次酒會上發表的關於科學在中國不能生根問題的言論，其基調是支持胡先生的。[16]這也表示出他們共同對發展中國科學的強烈願望。

接替傅斯年所長一職的董作賓則為北大的旁聽生（1921－1923年）和研究所國學門的研究生（1923－1924 年），他在任上時，胡先生曾為爭取中基會、羅氏基金會和李國欽兄弟基金會等處的資助，出力甚大。[17]1959 年底，董氏又有馬來西亞大學之邀請，但因中風而住進台大醫院達三個月，為慰留董氏，打消其去南洋之念頭，胡先生特每月送上支票一千元。[18]

臺北：豐稔出版社，1962 年版。

[12] 王志維：〈胡適先生與「中央」研究院〉，收入《中央研究院成立五十周年紀念論文集》臺北：中研院，1978 年版，第 41 頁。

[13] 李光謨：〈李濟與胡適〉，收入李又寧主編：《胡適與他的朋友》第二冊，紐約天外出版社，1991 年 12 月印行，第 342 頁。

[14] 1955 年 8 月 3 日胡適致趙元任信，《胡適書信集》下冊，第 1251 頁。

[15] 李光謨：〈李濟與胡適〉，收入李又寧主編：《胡適與他的朋友》第二冊，紐約天外出版社，1991 年 12 月印行，第 351-352 頁。

[16] 參見胡頌平編撰：《胡適之先生年譜長編初稿》第 10 冊，第 3899-3901 頁。

[17] 參見〈致朱家驊、董作賓〉（1952 年 7 月 21 日），收入《胡適書信集》下冊，第 1217 頁。

[18] 〈致董作賓〉（1959 年 12 月 5 日），收入《胡適書信集》下冊，第 1461 頁。

　　史語所的其他一些研究人員，與胡適關係亦不錯。如語言組的李方桂 1932 年 8 月 21 日與徐櫻結婚時，所請證婚人即為胡先生。[19] 這是胡先生樂為朋友所做的事。

　　1949 年以後，史語所遷台。人員結構稍有變化，傅斯年不久去世，趙元任留在美國，陳寅恪滯留廣州，第一代學者剩下李濟、董作賓、李方桂、董同龢等少數幾位。第二代學者中尚有勞幹、嚴耕望、陳槃、黃彰健、周法高、全漢昇等。他們與胡適仍保持著密切的學術聯繫。胡先生常與他們有書信往來，每次去台訪問，少不了與史語所同仁聚餐。1956 年後，胡先生在給李濟等人的信中透露了他想在臺北南港建房居住的想法，其中述其一原因是「我覺得史語所的藏書最適於我的工作（1948 年我曾長期用過）；又有許多朋友可以幫助我（近來與嚴耕望先生通信，我很得益處。舉此一例，可見朋友襄助之大益）。」[20]胡先生上任院長後，史語所幾視為「嫡系」，所選總幹事全漢昇即出自史語所。這與他後來不同意成立文哲所的態度恰然形成鮮明對比。胡適當時的學術興趣之一是在禪宗史方面，他在《中研院史語所集刊》上發表了三篇這方面的論文（詳見下列目錄），寫作過程中，曾與黃彰健、嚴耕望、周法高等人有過來往書信，探討有關問題。胡先生逝世後，李濟先生沉痛的說：「史語所同仁有幸，在胡先生最後的幾年生活中，得與他朝夕相處，所獲到的益處，方面是很多的；但他留在南港最深的印象，仍是他那做學問的方法。」[21]寥寥數語，卻道出了胡先生晚年與史語所同人的親密關係。

　　胡先生常在《中研院史語所集刊》上發表學術論文，其目為：〈建文遜國傳說的演變〉（民國 17 年 10 月第 1 本第 1 分），〈說儒〉（民國 23 年第 4 本第 3 分），〈楞伽宗考〉（民國 24 年 12 月第 5 本第 3

---

[19]　徐櫻：《方桂與我五十五年》，北京：商務印書館，1994 年出版，第 44 頁。

[20]　李濟：《故院長胡適先生紀念論文集》序，收入《中研院史語所集刊》第卅本，1962 年 12 月版。

[21]　李濟：《故院長胡適先生紀念論文集》序，收入《中研院史語所集刊》第卅本，1962 年 12 月版。

分），〈易林斷歸崔篆的判決書〉（民國 37 年第 20 本上冊），〈新校定的敦煌寫本神會和尚遺著兩種〉（1957 年 11 月第 29 本下冊），〈跋裴休的唐故圭峰定慧師傳法碑〉（1962 年 12 月第 34 本上冊），〈中國人思想中的不朽觀念〉（胡先生英文講稿，楊君實譯。1962 年 12 月第34 本下冊）。另在《慶祝蔡元培先生六十五歲論文集》中有〈陶弘景的真誥考〉（民國 22 年 1 月《集刊》外編第 1 種上冊），在《慶祝董作賓先生六十五歲論文集》中有〈神會和尚語錄的第三個敦煌寫本——「南陽和尚問答雜徵義：劉澄集」〉（1950 年 7 月《集刊》外編第 4 種上冊）。

　　胡先生對史語所的圖書資料建設亦頗為關注。1930 年所發掘的「居延漢簡」，原藏於北平圖書館，由馬衡等人整理。1933 年經胡適、傅斯年協調，移到北大文科研究所。抗戰以後，又經沈仲章、徐鴻寶秘密運到香港。後由傅斯年與時任駐美大使的胡適聯繫，於 1940年 8 月運往美國，暫存於國會圖書館，保險箱鑰匙則由胡適保管。五十年代再運回臺灣，交史語所保管。[22]1945 年胡先生受傅斯年之託，在北平說服傅沅叔將珍藏的北宋《史記》及宋版《莊子》讓售給史語所。這兩部珍貴的善本書，在 4 月 25 日由北大農學院院長俞大紱先生專程攜送到南京，交給史語所圖書室收藏。[23]胡先生在美國普林斯頓大學葛斯德東方圖書館工作時，曾發現此處有一套《明實錄》殘本一千四百九十二卷。胡先生到中研院後，史語所正校印《明實錄》一書，他一面代借中央圖書館藏本，一面與童世綱聯繫，把普大所存的《明實錄》製成縮微膠捲，贈給史語所。[24]

　　胡先生最後幾年因發表中西文化的見解而遭到「圍剿」，加上雷震案的牽涉，心情頗為抑鬱，臨別前的最後一段講話，還表示他對史語所的殷切希望。他說：

---

[22] 參見王汎森、杜正勝：《傅斯年文物資料選輯》，臺北：中研院史語所，1995年版，第 78 頁。

[23] 參見 1947 年 4 月 22 日胡適致傅斯年信，《胡適書信集》中冊，第 1097、1098 頁。

[24] 參見胡頌平編撰：《胡適之先生年譜長編初稿》第 7 冊，第 2429-2430 頁。

中央研究院的院士及評議員都分為數理、生物、人文三組，目的是在建立三個大中心，就是數理研究中心、生物科學研究中心、人文研究中心。不幸的是幾十年的政治變動——八年抗戰，十年勘亂，使我們的好多夢想未能實現。中央研究院幸運的把歷史語言研究所全部搬來。初來時同仁沒有房子住，吃的是稀飯，苦了一些時候，好不容易在國外捐到錢，又得到政府的資助，始有今日的規模。[25]

言談中流露出壯志未酬的遺憾。真是人之將死，其言也善。

由於胡先生與史語所特殊歷史關係，史語所幾代同仁對他都非常尊敬，1956 年 12 月《集刊》第 28 本特出《慶祝胡適先生六十五歲論文集》，這是繼蔡元培先生之後，史語所出版的又一祝壽論文集。卷首刊載了由毛子水執筆的〈本論文集撰文人士上胡適先生書〉，稱：「四十年來，先生非特自己不斷的努力尋求真理，並且竭力誘掖或幫助別人尋求真理；四十年來，先生以中和正大的態度，致力於民族文化的改造，為國家增加極大的光榮，而指示後進以一種最正當的愛國途徑；先生對朋友，對同事，對後輩的誠摯樂易，使一切接近先生的人都有在春風中的感覺。」Eugene L. Delafield 和袁同禮編了一份《胡適先生著作目錄》（中文、英文），另還破例刊登了一篇殷海光的〈胡適思想與中國前途〉。文章借胡適思想這一話題，揭櫫起自由主義這一面旗幟，它實際上是台島新一代自由主義崛起的一篇宣言書。文後稱：「現在的問題，並非『胡適思想』將來在中國是否普及的問題，而是：必須『胡適思想』在中國普及，中國人才有辦法，中國人才能坦坦易易地活下去，中國才有起死回生底可能。」

時值大陸轟轟烈烈的「胡適大批判」運動風暴剛剛過去，臺灣主流意識形態也傾向保守，發表此文的意義是不言而喻的。這一期紀念集發出了一個重要信號，即臺灣學術界對胡先生的感念之情，

---

[25] 參見胡頌平編撰：《胡適之先生年譜長編初稿》第 10 冊，第 3900-3901 頁。

這實際上為一年後胡先生全票當選中研院院長鋪墊了一個輿論基礎。胡適去世後，1963 年 12 月《集刊》第 34 本特出《故院長胡適先生紀念論文集》，以表達史語所同仁對胡先生逝世的哀悼。《集刊》前有李濟的序，後收徐高阮編的〈胡適先生中文著作目錄〉和〈胡適先生中文遺稿目錄〉，袁同禮和 Eugene L. Delafield 合編的〈胡適西文著作目錄〉，胡頌平編的〈胡適先生詩歌目錄〉。這是繼傅先生之後，《集刊》為逝者所出的第二本紀念論文集。1993 年 3 月，《集刊》第 62 本再次以「胡適之先生百歲誕辰紀念論文集」命名。由此也不難看出，胡先生在史語所同仁心目中所佔的地位和分量。

二、胡適與史語所學風

胡先生與史語所不僅在人事上有著密切的聯繫，在資金、對外交流和圖書資料等方面給予其力所能及的關照；更重要的是，他與史語所同仁在學術研究上相互影響。有人認為，史語所是胡適派的陣地。此說並不無道理。在學風上，胡先生與史語所的確是相互認同，如出一轍。

人所皆知，1928 年 10 月《中研院史語所集刊》創刊號上發表了傅斯年〈歷史語言研究所工作之旨趣〉一文，此文既是傅氏辦所的綱領性工作文獻，也是中國現代歷史學的一篇重要宣言。此文之前，胡先生曾有〈清代學者的治學方法〉（1921 年 10 月）、〈《國學季刊》發刊宣言〉（1923 年 1 月）等文，與此同時有〈治學的方法與材料〉（1928 年 8 月），在此之後，有〈評論近人考據《老子》年代的方法〉（1933 年 1 月）、〈考據學的方法與責任〉（1946 年 10 月）、〈治學方法〉（1952 年 10 月）等文，傅先生的文章在強調歷史研究與材料的關係，強調歷史學的實證性質，要發揚顧亭林、閻百詩的遺訓，「不做或者反對所謂普及那一行中的工作」，顯然受到胡先生的影響。但傅提出「擴充新工具」，反對「國故」的觀念，「要科學的東方學之正統在中國」等觀點，又表現出其對胡先生的超越之處。而他「反

對疏通」;「反對傳統的或自造的『仁義禮智』和其他主觀,同歷史學和語言學混在一氣」;「把歷史學語言學建設得和生物學地質學等同樣」;又以一種更鮮明的形式,表達了胡先生想要說明,而又未發出的聲音。胡先生在此後所發論治史文章,其基調與傅可謂異曲同工,只是在其技術性的方法(如校勘學、考據學)上更為細密和具體。本來傅斯年籌備史語所時,曾聘請顧頡剛、馮友蘭等人為特約研究員,但他們的治學風格與傅先生所指示的這一路徑顯然大相徑庭,故檢索一遍《中研院史語所集刊》目錄,卻找不到這些人的一篇論文。同時期在史壇享有盛名的錢穆、柳詒徵、蒙文通等也是如此。

胡與傅的史學思想深深影響著史語所的學風,使其在中國學術界獨樹一幟,自成一格,其特點表現為:一,強調歷史學即史料學,故重視對新史料的開掘和利用,重視對各種史料的校勘和比較;二,強調歷史學的實證性質,「一分材料出一分貨,十分材料出十分貨,沒有材料便不出貨」,處置材料存而不補,證而不疏;三,強調歷史研究宜從個案、具體的問題入手,以小見大,發現一個問題立案一個問題,史料證據充足時解決一個問題,如此積累,不搞那種大而不當、內容空泛的宏觀研究;四,重視語言在歷史研究中的作用,語言即思想,語言是歷史研究的工具,借助不同的語言作為工具可以比勘相關課題的不同材料。這一學派已跳出了時人所喜道的「信古」、「疑古」和「釋古」的框框,在學術路向及觀念上既與保留著較強傳統史學色彩的顧頡剛、錢穆、柳詒徵等人不同,也與新興的馬克思主義史學有別。它有其承繼中國傳統史學(清代樸學)的一面,又有弘揚現代的實證觀念和科學理念的一面。它反對用傳統的道學、道統觀念來指導歷史研究,又有建立本民族現代歷史學的理想。凡此種種,既是他的特點,又是他的優長。

從中國學術向現代轉型的角度來說,中國的傳統歷史學頗為發達,古代留下了數量巨大的歷史典籍,這裏既包含著歷史的真實材料,也有受正統觀念影響和各種忌諱限制而對歷史的曲筆;有數代流傳的書本典籍,也有長眠地下的待發掘的文物。建立現代歷史學,

其首先面臨的一個問題是對現有歷史材料和文獻的利用、整理和鑒別，對新材料（特別是地下文物材料和長期密封的檔案材料）的發掘和整理。傅先生及其史語所同仁自覺於這一點，他們為此做出了巨大努力，並結出了豐碩成果。二十世紀中國歷史學最具影響力的四大發現，即殷墟的發掘、居延漢簡的整理、敦煌石窟的發現和明清大內檔案的整理，都與史語所同仁的工作密切聯繫在一起，傅先生在其中所發揮的領導作用和進行的組織工作尤功不可沒。

但任何學派當它形成了自己的風格和特點，也會將其內在的限制顯露出來。傅先生當年提出史學研究進步的三要求，從史語所前期的研究實績看，其成就主要是在史料的新擴充或直接材料的利用這一層面；新工具的擴充則表現於技術的，而非思辨的。二十世紀中國歷史學在這一層面似乎面臨著極大的困惑。與此相聯的另一個問題是，歷史研究中的科學性與人文性之矛盾，史語所建立之時，由於新文化運動的沖洗，科學觀念已在高級知識份子中據有主流地位。從西方留學歸國的新一代學者在國內的重要學術機構和高等學校取得了領導地位，他們力圖用自己的領導權推行科學方法、科學規則、科學體制、科學思想，科學的價值至高無上。科學的觀念具體表現在史學領域，當時則是對實證的極力提倡。但人文學科畢竟不同於自然科學，將人文學科與自然科學視為類同，必然以傷害人文性為代價。人文性與科學性的內在緊張一直影響並制約著中國現代人文學科的發展，使其常常顯得無所適從。

胡適一生的學術研究從廣義來說都是歷史研究，他自稱有「考據癖」。他的《中國哲學史大綱》，是中國哲學史學科得以成立的標誌。他對中國古典小說的整理與精湛考證，對於中國古典小說的普及與走上科學化的研究軌道，具有開山的作用。他的諸子研究，雖曾引起極大的爭議，但在現代的諸子研究中自成一家則無可置疑。他的禪宗史研究，在日本有很大的影響，被視為以非信仰者的立場研究禪宗史的第一人。胡先生一生的學術成就主要是在前期（1937年以前）完成。如果沒有戰時徵調，他的學術研究也許能獲得新的

發展或更為成熟。從中國現代學術研究的進程看，三十年代以後中國環境雖十分惡劣，然人文學術研究卻逐漸走向成熟，一個後「五四」時代似開始來臨，陳寅恪、馮友蘭、金岳霖、湯用彤、錢穆等一代學者崛起。胡先生對政治本有「不感興趣的興趣」，然從創辦《獨立評論》以後，每週一篇的時評政論自然消耗了他許多精力，做駐美大使幾乎使胡先生的學術工作陷於停頓。四十年代後胡先生花大力氣所做的《水經注》考證，不論是成是敗，已不具學術前沿的性質。[26] 胡適晚年回南港，雖有心完成自己的「兩三部大書」，但終因事務繁雜，天不假人願而未果。

胡先生一生喜言治學方法，最早在〈清代學者的治學方法〉中總結清代樸學的精髓，提出「大膽的假設，小心的求證」。「假設不大膽，不能有新發明。證據不充足，不能使人信仰」。[27] 在〈國故研究的方法〉中倡導「寧可疑而錯，不可信而錯」，[28] 直接啟迪了顧頡剛為代表的「疑古」史學。在〈治學的方法與材料〉中對清代學者所運用的材料提出反省，認為「單學得一個方法是不夠的，最要緊的關頭是你用什麼材料」。[29] 在〈評論近人考據《老子》年代的方法〉中，他又反省「疑古」，提出「懷疑的態度是值得提倡的，但在證據不充分時肯展緩判斷（Suspension of judgement）的氣度是更值得提倡的」。[30] 在〈考據學的責任與方法〉中，他以研究《水經注》的經驗，討論了考證學與刑名訟獄的歷史關係，提出：「做考證的人，至少要明白他的任務有法官斷獄同樣的嚴重，他的方法也必須有法官斷獄同樣的謹嚴，同樣的審慎」。為此，胡適特別提出：「凡做考證的人，必須建立兩個駁問自己的標準：第一要問，我提出的證人證

26 關於胡適研究《水經注》的正、反面意見，參見吳天任編：《水經注研究史料續編》，臺北：藝文印書館，1984 年版。
27 胡適：〈清代學者的治學方法〉，《胡適文存》卷二。《胡適文集》第 2 冊，第 302 頁。
28 胡適：〈研究國故的方法〉，收入《胡適文集》第 12 冊，第 92 頁。
29 胡適：〈治學的方法與材料〉，《胡適文存》三集卷二。《胡適文集》第 4 冊，第 114 頁。
30 胡適：〈評論近人考據《老子》年代的方法〉，《胡適文存》四集卷一。《胡適文集》第 5 冊，第 102 頁。

物本身可靠嗎？這個證人有作證的資格嗎？這件證物本身沒有問題嗎？第二要問，我提出這個證據的目的是要證明本題的那一點？這個證據足夠證明那一點嗎？」[31]在他晚年致陳之藩的信中，他總結自己一生的治學經驗，提出「方法是可以訓練的」：

> 科學方法不是科學家獨得或獨佔的治學方法，只是人類的常識加上良好的訓練，養成的良好工作習慣，養成了勤、謹、和、緩等等良好的習慣，治學自然有好成績。[32]

胡適所說的治學方法，主要是指治史方法，其治學方法實亦其治史經驗之提煉。他治史重證據，有一分證據說一分話，有七分證據不說八分話；證據不足者應展緩判斷；提倡實證，反對疏證。這與傅斯年的「史學即史料學」並無二致。由於他具有深厚的古典文學修養，故其考證文章也能寫得如述說故事一般，層層剝脫，娓娓道來，讀來一點也不使人感到枯燥。作為一個通才型的大家，他貫通中西，馳騁在文、史、哲諸領域而瀟灑自如，因而克服了許多在專才那裏所存在的限制。

三、史語所與現代中國的學術獨立

　　傅斯年先生創辦史語所，其所致力的一個目標是「要科學的東方學之正統在中國」，從而重新確立中國學人在世界中國學研究中的領先地位。胡適先生一生所追求的目標亦是學術獨立，他所謂學術獨立，從個體而言，是指學者應有獨立人格，能擺脫世俗與政治的束縛，以求學術之自由。從國家而言，意指本國應建立獨立的現代學術體系，本國學術機關和高等學校能獨立地承擔起培養現代學術人才，從事現代學術研究的重任。1947 年他曾專門撰寫〈爭取學術

---

[31] 胡適：〈考據學的責任與方法〉，收入《胡適文集》第 10 冊，第 196 頁。

[32] 陳之藩：《在春風裏》十三，〈第三信——紀念胡適之先生〉，臺北：遠東圖書公司，1995 年 8 月版，第 85 頁。

獨立的十年計畫〉，提出中國學術獨立的四個條件。[33]以這樣一個要求來評估史語所七十年所走過的路程，今日之中國歷史語言研究自非中國所獨有，中國學已國際化，但陳寅恪先生當年所悲歎的「群趨東鄰受國史，神州士夫羞欲死」[34]的那種局面，經中國幾代學人的努力，已成為過去。史語所已是當今國際學術界公認的研究中國歷史、語言的重鎮之一，其在過去七十年所創造的累累碩果，也為舉世矚目。胡適、傅斯年等前輩學者在前期所做的一切工作當為此鋪墊了最重要的基礎。

> 收入《新學術之路》上冊，臺北：中研院史語所，
> 1998 年 10 月出版，第 217-232 頁。

---

[33] 胡適：〈爭取學術獨立的十年計畫〉，原載 1947 年 9 月 28 日《中央日報》。《胡適文集》第 11 冊，第 805-808 頁。

[34] 陳寅恪：〈北大（文）學院己巳級史學系畢業生贈言〉，《陳寅恪詩集》，第 18 頁，北京：清華大學出版社，1993 年 4 月初版。

中國近代學人對哲學的理解
——以胡適為中心

　　「哲學」一詞對中國學人來說，是舶來之語。哲學這一學科也是在近代中、西學術的衝突與交融中逐漸構建並發展起來的。中國學人對哲學的理解與認識經歷了一個從引進外來術語，到理解詮釋，再到確立自身的哲學體系的過程。追溯中國學人對哲學的認識過程，可以幫助我們把握中國近代哲學學科的建設思路及其某些特點，對新世紀中國哲學的學科建設不無裨益。

一、從王國維到蔡元培：西方「哲學」觀念的輸入

　　哲學（Philosophy）一詞非中國所本有，而是一外來名詞，它源自古代希臘，原意為「愛智」。近代中國在引進、傳輸「西學」的過程中，譯介 Philosophy 時先後出現過兩個中文譯名：「智學」和「哲學」。「智學」譯名大約出現於十九世紀七、八十年代，西方傳教士花之安、李提摩太等在介紹西方學校的分科制度時，都提到了「智學」一詞。[1]中國士人接受了傳教士的影響，彭玉麟在 1883 年所寫〈廣學校〉一文亦提到仿效歐洲學校設「大學院」，分經學、法學、智學、醫學四科。「智學者，講求格物性理，各國言語語文系統之事。」[2]1896年嚴復翻譯的《天演論》，將 Philosophy 直譯「斐洛蘇非（譯言愛智）」，[3]提到希臘哲學家時，或曰「智學家」、或稱「理家」、或略「諸

---

[1]　參見花之安：〈德國學校論略〉，同治十二年（1873 年）刻本，羊城小書會真實堂藏本。李提摩太：〈論不廣新學之害〉，收入陳忠倚編：《皇朝經世文三編》卷四十一，實文書局 1898 年刊印本。

[2]　彭玉麟：〈廣學校〉，收入陳忠倚編：《皇朝經世文三編》卷四十一。

[3]　〔英〕赫胥黎著、嚴復譯：〈天演論〉，北京：商務印書館，1981 年 10 月版，

智」。可見，中國學人最初對 Philosophy 的理解與西方的本意並無區別，其所取譯名也明顯是直譯。

　　「哲學」譯名最早出現於 1887 年（光緒十三年）黃遵憲撰就的《日本國志》一書，黃氏在述及日本東京大學校的分科時，提到該校分「法學、理學和文學三學部」。「文學分為兩科：一、哲學（謂講明道義）、政治學及理財學科，二、和漢文學科」。[4]但此書稿本僅抄寫四部，分別呈送總理各國事務衙門、李鴻章、張之洞和自存一部，當時並未引起當局的重視，被束之高閣，故此書內容幾無外人所知，「哲學」的譯名也未見他人採用。「哲學」譯名的流行是在甲午戰爭以後，由於中國敗於日本的慘痛現實，中國士人自然高度注意吸收日本經驗。康有為在 1898 年 6 月所上〈請廣譯日本書派遊學折〉，已明確提到「哲學」諸科「皆我所無，亟宜分學」。[5]他同時所上的〈請開學校折〉，也提到歐美大學「其教凡經學、哲學、律學、醫學四科」。[6]此說與早先彭玉麟對西方大學分科制度的提法雷同，只是將「智學」換成了「哲學」。康有為的這一處理明顯是受到日本的影響，同年刊行的康氏著作《日本書目志》，將日本書目分為生理、理學、宗教、圖史、政治、法律、農業、工業、商業、教育、文學、文字語言、美術、小說、兵書十五大門類，其中在「理學門」中即列有「哲學」一科，[7]將哲學與物理、化學、天文學、氣象學、地質學、動物學、植物學、人類學、論理學、心理學、倫理學等並列。這種歸類與先前黃遵憲將「哲學」放在「文學」學科的做法頗有出入，反映了康有為對日本學術界的某種隔膜。日本學術界由於將自然科學歸於「理學」一類，故其放棄了將 Philosophy 可能譯為「理

　　第 65 頁。

4　黃遵憲：《日本國志》卷三十二〈學術志一・西學〉，收入陳錚編：《黃遵憲全集》下冊，北京：中華書局，2005 年 3 月版，第 1412 頁。

5　康有為：〈請廣譯日本書派遊學折〉，收入湯志鈞編：《康有為政論集》上冊，北京：中華書局，1998 年 6 月版，第 303 頁。

6　康有為：〈請開學校折〉，收入湯志鈞編：《康有為政論集》上冊，第 306 頁。

7　康有為：〈日本書目志〉，收入《康有為全集》第 3 冊，上海：上海古籍出版社，1992 年 12 月版，第 652-653 頁。

學」的做法，以免重名。不過，採用 Philosophy 為「哲學」這一譯名反映了日本人對 Philosophy 所含哲理、玄想、形而上這一特性的深刻理解，可以說它更準確地把握了 Philosophy 與 Science（科學）、Religion（宗教）之間的區別。

近代中國介紹西方哲學，首推嚴復，他主要譯介英國哲學，如赫胥黎、穆勒、斯賓塞等人的著作，偏重於邏輯學、政治哲學、倫理學方面，對「哲學」本身不求甚解。真正對「哲學」概念最先做出科學解釋的中國學者是王國維，王氏主要介紹德國哲學，尤重康德、叔本華、尼采的哲學。蔡元培先生曾謂：「王氏介紹叔本華與尼采的學說，固然很能扼要；他對於哲學的觀察，也不是同時人所能及的。」[8]可謂一語中的。王國維在〈哲學解惑〉一文中首次對 Philosophy 譯為「哲學」一說做了明確解釋：「夫哲學者，猶中國所謂理學云爾。艾儒略《西學（發）凡》有『費祿瑣非亞』之語，而未譯其義。『哲學』之語實自日本始。日本稱自然科學曰『理學』，故不譯『費祿瑣非亞』曰理學，而譯曰『哲學』。我國人士駭於其名，而不察其實，遂以哲學為詬病，則名之不正之過也。」[9]接著，他詳解「哲學非有害之學」、「哲學非無益之學」、「中國現時研究哲學之必要」、「哲學為中國固有之學」、「研究西洋哲學之必要」等問題。這不啻是一篇「哲學」發凡。針對時人對哲學的「詬病」，王國維建議將「哲學」或可易名為「理學」，「吾國人士所以詬病哲學者，實坐不知哲學之性質故，苟易其名曰 『理學』，則庶幾可以息此爭論哉！」[10]此說雖不曾通用，但後來的哲學家如馮友蘭、張岱年諸人，亦曾持此見解，以為哲學與中國「義理之學」可對應。馮氏認為：「西洋所謂哲學，與中國魏晉人所謂玄學，宋明人所謂道學，及清人所謂義理之學，其所研究之對象，頗可謂約略相當。」[11]張岱年也有類

---

[8] 蔡元培：〈五十年來中國之哲學〉，收入中國現代學術經典叢書《蔡元培卷》，石家莊：河北教育出版社，1996 年 8 月版，第 336 頁。

[9] 王國維著、佛雛校釋：《王國維哲學美學論文輯佚》，上海：華東師大出版社，1993 年 12 月版，第 1 頁。

[10] 王國維著、佛雛校釋：《王國維哲學美學論文輯佚》，第 6 頁。

[11] 參見馮友蘭：《中國哲學史》第一章〈緒論〉，收入《三松堂全集》第 1 卷，

似馮氏的看法。[12]在〈論哲學家與美術家之天職〉一文中，王國維強調哲學研究的獨立性，批評「披我中國之哲學史，凡哲學家，無不欲兼為政治家者，斯可異已！」「故我國無純粹之哲學，其最完備者，唯道德哲學與政治哲學耳。」「願今後之哲學、美術家，毋忘其天職，而失其獨立之位置，則幸矣。」[13]首次表達了追求哲學獨立的理念。在〈教育偶感‧大學及優級師範學校之削除哲學科〉一文中，王國維一方面認同叔本華的觀點：「大學之哲學，真理之敵也。真正之哲學，不存於大學，哲學惟恃獨立之研究始得發達耳。」對經院哲學提出了嚴苛批評。一方面又認為教育與哲學關係至為密切，「師範學校之哲學科僅為教育學之預備，若補助之用，而其不可廢亦即存乎此。」[14]要求在師範學校保留哲學課程。王國維以其深厚的中西哲學素養，對「哲學」的理解和中西哲學對應關係的理解，的確表現了許多個人的卓識。

在清末民初介紹西洋哲學（特別是德國哲學）方面，蔡元培發揮了重要作用，他以自己所掌握的日語、德語的優勢[15]和在日本、德國多次遊學的經歷，持續地跟蹤日本、德國兩國的哲學動態，並迅速地將其成果介紹給中國學術界。蔡元培曾經三次譯介、撰寫「哲學概論」一類的教科書，成為二十世紀初至 1930 年代傳輸西方哲學觀念的主要代表。1903 年 9 月商務印書館出版的蔡元培翻譯的《哲學要領》，此書係德國教授科培爾在日本文科大學授課的講稿，先由

鄭州：河南人民出版社，1988 年 5 月版，第 9 頁。

[12] 參見張岱年：《中國哲學大綱》，北京：中國社科出版社，1985 年 3 月版，第 1-3 頁。

[13] 王國維：〈論哲學家與美術家之天職〉，收入《靜庵文集》，瀋陽：遼寧教育出版社，1997 年 3 月版，第 120-121 頁。

[14] 王國維：〈教育偶感〉，收入《靜庵文集》，第 124 頁。

[15] 蔡元培在翻譯《哲學要領》一書時，特別強調「通德語」對「專攻哲學者」的重要性，「其理有三：一、哲學之書，莫富於德文者；二、前世紀智度最高學派最久諸大家之思想，強半以德文記之；三、各國哲學家中，不束縛於宗教及政治之偏見，而一以純粹之真理為的者，莫如德國之哲學。觀此三者，德語與哲學有至要之關係，亦已明矣。」這大概是蔡元培個人經驗的總結。參見〈哲學要領〉，收入高平叔編：《蔡元培全集》，第 1 卷，北京：中華書局，1984 年 9 月版，第 177 頁。

日本下田次朗筆述，蔡元培再從日文轉譯，這可能是中國最早譯介的「哲學概論」一類的教科書，該書內容包括四部分：「哲學之總念第一」主要討論哲學的含義，哲學與真理、科學、宗教之間的關係；「哲學之類別第二」則將哲學分物界、心界兩類，心界又分知識、感情、意志；「哲學之方法第三」則介紹了歸納法、演繹法、類推法和辨證法；「哲學之系統第四」則討論了哲學的形式（獨斷、懷疑、批評、折衷）、人間知識之機關（合理說、經驗說、感覺說）、世界之價值（厭世教、樂天教、厭世教之進化說）。[16]在該書「緒言」中，論及「專攻哲學」與「深諳德語」的關係，提示國人進入哲學的門徑應從學習德語、學習德國哲學家的著作開始。該書雖題名「哲學要領」，實則對西方哲學各家各派做了系統評介，可謂第一次以德國人的著作對國人所作的學術意義上的「哲學啟蒙」。

　　1915 年 1 月商務印書館出版蔡元培編譯的《哲學大綱》，據該書〈凡例〉稱：「本書以德意志哲學家屬希脫爾氏之〈哲學導言〉Richter：Einfuhrung in die Philosophie 為本，而兼採包爾生 Paulsen、馮德 Wunde 兩氏之《哲學入門》（Einleitung in die Philosophie）以補之。亦有取之他書及參以己意者，互相錯綜，不復一一識別。」「本書可供師範教科及研究哲學之用。」[17]此書雖仍是蔡元培編譯的一本教科書，但它並非直譯，而是蔡先生以自己的語言將上述三書及其它書的內容的串述。該書至 1931 年 8 月已印行十一版，可謂「五四」前後十餘年間最為流行的「哲學概論」一類的教科書。在首編「通論」中，對哲學的定義、哲學與科學、哲學與宗教、哲學的部類等問題做了系統的探討，「哲學者，希臘語『斐羅索斐』之譯名。斐羅者，好也；索斐者，知也。合而言之，是為好知。」[18]在回顧西方哲學家從古希臘的柏拉圖、雅里士多德到近代英國的洛克、謙謨（今譯休謨）對哲學的看法後，蔡先生以為「哲學為學問中最高之一境，於物理及心

---

[16] 〈哲學要領〉，收入高平叔編：《蔡元培全集》，第 1 卷，第 176-228 頁。

[17] 〈哲學大綱〉，收入高平叔編：《蔡元培全集》，第 2 卷，北京：中華書局，1984 年 9 月版，第 345 頁。

[18] 〈哲學大綱〉，收入高平叔編：《蔡元培全集》，第 2 卷，第 346 頁。

理界之知識，必不容有所偏廢，而既有條貫萬有之理論，則必演繹而為按切實際之世界觀及人生觀，亦吾人意識中必然之趨勢也。」[19]強調哲學為實際的世界觀、人生觀，這是蔡元培哲學觀的一個特點，這對當時中國學人的哲學觀念的形成有著重要影響。而該書對哲學的認識論、本體論、價值論所作的系統介紹，相對前書也更為成熟。據蔡氏後來交代：「其時編《哲學大綱》一冊，多採取德國哲學家之言，惟於宗教思想一節，謂『真正之宗教，不過信仰心。所信仰之對象，隨哲學之進化而改變，亦即因各人哲學觀念之程度而不同。是謂思想自由。凡現在有儀式有信條之宗教，將來必然淘汰』。是子民自創之說也。」[20]

　　1924 年 8 月商務印書館出版的蔡元培編譯《簡易哲學綱要》一書，是蔡氏貢獻給學界的又一部譯著。是書在〈凡例〉中交代：「是書除緒論及結論外，多取材於德國文得而班的《哲學入門》（W.Windelband：Einleitung in die Philosophie）。文氏之書，出版於 1914 年及 1920 年。再版時稍有改訂。日本宮本和吉氏所編的《哲學概論》，於大正五年出版的，就是文氏書的節譯本。這兩本都可作為本書的參考品。」[21]可以說，這是最新德文哲學教材的引進。在〈緒論〉中蔡先生探討了「哲學的定義」，其定義雖仍取自西義：「哲學是希臘文 philosophia 的譯語。這個字是合 philos 和 sophia 而成的，philos 是愛，sophia 是智，合起來是愛智的意思。所以哲學家並不自以為智者。而僅僅自居於求智者。他們所求的智，又不是限於一物一事的知識，而是普遍的。」但他對於中文的對應詞提出了新見，「若要尋一個我用過的名詞，以『道學』為最合。」他以韓非子〈解老〉篇解釋了古代的「理」與「道」之間的區別：「他所說的理，是有長廣厚可以度，有輕重可以權，有堅度感到膚覺，有光與色感到視覺，而且有存亡死生盛衰的變遷可能記述。這不但是屬於數學、物理學、化學、天文學、地質學等的無機物，而且屬於生物學的有機物，也在其內；並

---

[19] 〈哲學大綱〉，收入高平叔編：《蔡元培全集》，第 2 卷，第 347 頁。
[20] 〈哲學大綱〉，收入高平叔編：《蔡元培全集》，第 2 卷，第 345 頁。
[21] 〈簡易哲學綱要〉，收入高平叔編：《蔡元培全集》，第 4 卷，第 390 頁。

且有事實可求，有統計可考的社會科學，或名作文化科學的，也在其內，所以理學可以包括一切科學的內容。至於他所說的道，是『盡稽萬理』，『所以成萬物』的，就是把各種科學所求出來的公例，重新考核一番，去掉他們互相衝突的缺點，串成統一的原理。這正是哲學的任務。」「但是宋以後，道學、理學，名異實同，還不如用哲學的譯名，容易瞭解。」[22]以下接著論述「哲學的沿革」、「哲學的部類」和「哲學綱要的範圍」，其內容與前此兩書雖有雷同之處，但在思考中西哲學關係這一方面，蔡先生亦有其自覺意識，他對哲學譯名的取捨即是一例。

另外，蔡元培與北大學生傅斯年就「哲學門隸屬文科之流弊」的討論，[23]就「大戰與哲學」關係在北大「國際研究」演講會上所發表的演說詞，[24]就「哲學與科學」的區別與聯繫所展開的探討，[25]在「五四」時期的哲學界都有一定影響。1923 年 12 月《申報》出版《最近之五十年》一書，其中〈五十年來中國之哲學〉一文請蔡元培撰寫，可見蔡先生在中國哲學界之地位，已為學界承認。蔡先生在文中自認為：「最近五十年，雖能漸漸輸入歐洲的哲學，但是還沒有獨創的哲學。所以嚴格的講起來，『五十年來中國之哲學』一語，實在不能成立。現在只能講講這五十年中，中國人與哲學的關係，可分為西洋哲學的介紹與古代哲學的整理兩方面」。[26]蔡先生對 1923 年前五十年中國人與哲學的關係所作的這一評價，可謂恰如其分，也可以說是自我定位。實際上，中國學人（包括蔡元培先生本人在內）對哲學的理解，在當時基本上處在接受西方哲學的層次。

22 〈簡易哲學綱要〉，收入高平叔編：《蔡元培全集》第 4 卷，北京：中華書局，1984 年 9 月版，第 391-392 頁。

23 參見〈傅斯年致蔡元培函──論哲學門隸屬文科之流弊〉及蔡元培案語，原載 1918 年 10 月 8 日《北大日刊》第 222 號。收入高平叔編：《蔡元培全集》第 3 卷，第 194-197 頁。

24 〈大戰與哲學〉，收入高平叔編：《蔡元培全集》第 3 卷，第 200-205 頁。

25 參見〈哲學與科學〉，收入高平叔編：《蔡元培全集》第 3 卷，第 249-254 頁。

26 蔡元培：〈五十年來中國之哲學〉，收入高平叔編：《蔡元培全集》，第 4 卷，第 351 頁。

　　「哲學」被納入新教育體制的時間稍晚。京師大學堂開辦後，初擬設政治、文學、格致、農業、工藝、商務、醫術七科，其中在文學科下設經學、理學、諸子學等，其所分門類和內容與傳統學術無別；後增設經科，由原七科擴為八科，並在經科之下分周易、尚書、毛詩等十一門，[27]實際是更為突顯經學的地位，反映了清朝欲延續經學正統地位的意圖。在這樣一種情形下，自然不可能將西方意義上的「哲學」納入教學體制。民國元年，蔡元培制定新的教育方針，頒佈新的〈大學令〉，明令取消經科。1914年北大進行學科調整，在文科新增設中國哲學門，是為中國大學將哲學科目納入體制內之始，由此也開啟了傳統的經學教育向近代哲學教育的轉型。值得一提的是，在北大增設哲學一科時，曾就哲學的分科問題展開了一場討論。問題是因北大學生傅斯年投書蔡元培「論哲學門隸屬文科之流弊」而起，傅君以為「哲學與科學之關係長，而與文學之關係薄也」，「為使大眾對於哲學有一正確之觀念，不得不入之理科；為謀與理科諸門教授上之聯絡，不得不入之理科；為預科課程計，不得不入之理科。」[28]顯然，這是一種將哲學科學化的觀點。蔡先生不同意傅斯年的看法，他以為「治哲學者不能不根據科學，即文學、史學，亦何莫不然。」「如以理科之名，僅足為自然科學之代表，不足以包文學，則哲學之玄學，亦決非理科所能包也。」[29]應該說，蔡元培對哲學的玄思性質有比較恰當的理解，對哲學與自然的關係及其分際有較為準確地把握。「五四」以後就科學與人生觀展開過一場激烈的論戰，科學派強調人生觀與科學的密切關係，玄學派則主張人生觀與科學區別開來，雖然論戰並未直接涉及哲學的學科屬性，但因人生觀屬於哲學的重要內容，在中國哲學中，人生哲學所佔比重

---

[27] 有關京師大學堂分科的情況，參見蕭超然等著：《北京大學校史》（增訂本），北京：北京大學出版社，1988年4月版，第18-26頁。

[28] 傅斯年：〈致蔡元培：論哲學門隸屬文科之流弊〉，原載1918年10月8日《北京大學日刊》。

[29] 蔡元培案語見傅斯年：〈致蔡元培：論哲學門隸屬文科之流弊〉，原載1918年10月8日《北京大學日刊》。

較大，故它實際上也關涉到對哲學的理解，特別是對中國哲學的理解。玄學派表達了對純粹哲學的追求，因而他們更偏向於哲學的人文、玄思和感悟的一面，而科學派（以丁文江、胡適為代表）把人生觀科學化，斷然否定哲學玄思的一面，對哲學的理解則傾向於實證、實驗、懷疑的一面，由此他們與哲學的關係也日漸疏離。因此，在科學與人生觀的論戰中，科學派雖然大獲全勝，但他們以後在哲學界的地位和影響則呈現出日漸下降的趨勢，這與他們對哲學理解的歧異應有一定關係。

二、胡適：西方化的中國哲學

胡適是中國哲學創建過程中的關鍵一環。他的這一地位很大程度上得自於他最早系統地接受了西方哲學的教育和訓練，並成功地將之與中國哲學研究結合起來，從而真正在近代的意義上開創了中國哲學史這一學科。

胡適晚年自述，「中國古代哲學的基本著作，及比較近代的宋明諸儒的論述，我在幼年時，差不多都已讀過。」[30]證之於他此前寫作的《四十自述》，胡適早年閱讀的哲學典籍主要是朱熹注釋的儒家經典和《十三經注疏》，[31]這構成他留學前的「文化背景」。他進入哲學專業是在留美時期，1910 年 9 月他初入康乃爾大學農學院學習農科，1912 年 2 月他轉入文理學院學習文科，主修哲學，副修是英國文學和經濟等課程。不過在他未轉學前，胡適自稱曾選修了克雷敦教授（J. E. Creighton）所開設的「哲學史」，並因此萌發了「研究哲學——尤其是中國哲學」的興趣。[32]康乃爾大學哲學系主要由「新唯心

---

[30] 參見唐德剛譯注：〈胡適口述自傳〉，收入《胡適文集》第 1 冊，北京：北京大學出版社，1998 年 11 月版，第 211 頁。

[31] 參見《四十自述》，收入《胡適文集》第 1 冊，第 47、101 頁。

[32] 參見唐德剛譯注：《胡適口述自傳》，收入《胡適文集》第 1 冊，第 212 頁。但查證胡適在康乃爾大學的成績表，胡適是轉入文理學院後，才修了「哲學」課程，選修課程未登入成績表則不得而知。

主義」（New Idealism）統治，它是十九世紀末期英國思想家葛里茵（Thomas Hill Green）等由黑格爾派哲學衍變而來，與當時在美國頗有影響的「實驗主義」哲學尖銳對立。胡適「在聆聽這些批杜的討論和為著參加康大批杜的討論而潛心閱讀些杜派之書以後」，「對杜威和杜派哲學漸漸的發生了興趣」。[33]1915 年暑假，他「發憤盡讀杜威先生的著作」，[34]轉向信仰實驗主義。在康大時，胡適已表現出他在哲學方面的才賦，大多數哲學科目的成績為優秀，[35]並被委任為該校學生會「哲學教育群學部委員長」。[36]1915 年 9 月他進入哥倫比亞大學文學院哲學系，當時的哥大哲學系「實是美國各大學裏最好哲學系之一」，這裏有著全美最強的教授陣營，胡適的學術天地大為擴展，在此他接受了終身受用的哲學訓練和實驗主義理論，形成了自己的哲學理念。[37]與近代中國的許多思想家、哲學家思想多變的歷史表現不同，胡適終身持守實驗主義的理念，表現了驚人的堅強思想個性。

1917 年 9 月胡適登上北大講壇，此前北大的中國哲學門教授陣營主要是由傳統學者（如陳黻宸、陳漢章等）和留日學生（如陳大齊、馬敘倫等）這兩類人組成，故哲學一門的教學具有濃厚的傳統色彩或日本影響的痕跡。陳黻宸、陳漢章講授的中國哲學史一課分不清神話與哲學的區別，其大部分內容為敘述周代以前的神話傳說，[38]中國哲學史亟待按照「哲學」的要求重新構建。胡適的到來無疑是北大哲學門的一個異數，以他所受系統的西方哲學教育和訓練，加上

---

[33] 參見唐德剛譯注：《胡適口述自傳》，收入《胡適文集》第 1 冊，第 263 頁。

[34] 《胡適留學日記》自序，收入《胡適全集》第 27 冊，第 104 頁。

[35] 參見拙作《胡適與哥倫比亞大學》（上），載 2004 年 12 月臺北《傳記文學》第 85 卷第 6 期，第 72-73 頁。

[36] 《胡適全集》第 27 冊，第 306 頁。

[37] 參見唐德剛譯注：《胡適口述自傳》第五章〈哥倫比亞大學和杜威〉，收入《胡適文集》第 1 冊，第 257-269 頁。

[38] 參見陳黻宸：《中國哲學史》，收入《陳黻宸集》，北京：中華書局，1995 年 6 月版，第 413-503 頁。關於陳漢章的授課，參見馮友蘭：〈三松堂自序〉，收入《三松堂全集》第 1 卷，鄭州：河南人民出版社，1985 年 9 月版，第 186-187 頁。

自學苦修的「漢學」，在知識結構上明顯表現出他人無可替代的優勢，時任北大校長的蔡元培正是看中的這一點。[39]

在傳統經學向近代哲學轉型時，中國學者主要面臨兩大問題：一是需要正確理解西方的「哲學」理念，它是中國學者建構自己的哲學體系可能憑藉和依傍的範式；一是必須處理西方的「哲學」與「中學」的對應問題，即「中學」哪些部分可以作為「哲學」素材來處理。前者需要西方哲學的訓練，後者需要傳統「中學」（特別是經學）的修養。「五四」前後，近代中國學術界幾乎不可能就西方意義上的「哲學」問題與西方學者展開平等的高層次的對話，學者們限於自己的學力和興趣主要是傳輸西方哲學理念和致力於建立「中國哲學」，更為確切地說是依傍西方哲學理論構建一套「中國哲學」，這是傳統經學意識形態被解構後的基本趨向。胡適是這一背景下應運而生的領軍人物，他對「哲學」的理解緊緊伴隨在其「中國哲學（史）」的研究過程中，既反映了西方「哲學」理念進入中國的歷史進程，也表現了中國哲學自我探索的獨立意識。故追溯胡適對「哲學」（包括「中國哲學」）的理解，實有助於我們從一個側面把握中國近代哲學產生、發展的歷史過程。

胡適對「哲學」理解的最初層面是關注哲學與邏輯的關係。他認識到，「哲學是受它的方法制約的，哲學的發展是決定於邏輯方法的發展的。」[40]這實際上是西方學術界對哲學與邏輯關係普遍持有的一種觀點。胡適從不諱言自己與「實驗主義」的密切關係，他強調哲學與邏輯的相互依存也是這方面的一個例證。胡適晚年曾明白交代：「我治中國思想與中國歷史的各種著作，都是圍繞著『方法』這一觀念打轉的。『方法』實在主宰了我四十多年來所有的著述。從基本上說，我這一點得益於杜威的影響。」[41]胡適特別提到杜威的《實驗邏輯論集》（*Essays in Experimental Logic*）中的〈邏輯思維的諸階

---

[39] 參見蔡元培：《中國哲學史大綱》序，收入《胡適文集》第 6 冊，第 155 頁。
[40] 胡適：《先秦名學史》導論〈邏輯與哲學〉，收入《胡適文集》第 6 冊，第 6 頁。
[41] 唐德剛譯注：《胡適口述自傳》，收入《胡適文集》第 1 冊，第 265 頁。

段〉（*Some stages of Logical thought*）一文，這篇論文著重談到了「亞里斯多德的形式邏輯之所以能在中古歐洲更完滿地複振的道理，就是因為教會正需要形式邏輯來支持一種信仰體系。這一思想體系如無形式邏輯的支持，便要支離破粹，根基動搖。」[42]胡適因此聯想到了古代印度的「因明學」和中國先秦的墨子名學。在他看來，「近代中國哲學與科學的發展曾極大地受害於沒有適當的邏輯方法」。[43]

胡適對「哲學」的這一理解直接制導著他對中國哲學史的研究。胡適寫作博士論文《先秦名學史》（*The Development of Logical Method in Ancient China*）在理論上的一個重要緣由就是挖掘中國先秦的「名學」，藉以向西方世界展現中國的古典哲學。一般人認為，「中國哲學的特點之一，是那種可以稱為邏輯和認識論的意識不發達。」[44]西方哲學界甚至有一種權威觀點，東方（主要包括中國和印度）缺乏實體、普遍和客觀的知識，「所以這種東方的思想必須排除在哲學史以外」，「真正的哲學是自西方開始」。[45]基於邏輯（Logic）在哲學中的特殊地位，要研究中國哲學，首要的問題是證明中國古代哲學有其自身的「邏輯」（名學）。胡適寫作《先秦名學史》即是為了重現「中國古代邏輯理論與方法」。他說：「我渴望我國人民能看到西方的方法對於中國的心靈並不完全是陌生的。相反，利用和借助於中國哲學中許多已經失去的財富就能重新獲得。更重要的還是我希望因這種比較的研究可以使中國的哲學研究者能夠按照更現代的和更完全的發展成果批判那些前導的理論和方法，並瞭解古代中國的自然的和社會的進化理論沒有獲致革命的效果，而達爾文的理論卻產生了現代的思想。」[46]

---

[42] 唐德剛譯注：《胡適口述自傳》，收入《胡適文集》第 1 冊，第 266 頁。

[43] 胡適：《先秦名學史》導論〈邏輯與哲學〉，收入《胡適文集》第 6 冊，第 9 頁。

[44] 金岳霖：《中國哲學》，收入胡軍編：《金岳霖選集》，長春：吉林人民出版社，2005 年 5 月版，第 67 頁。

[45] 參見〔德〕黑格爾著、賀麟、王太慶譯：《哲學史講演錄》第一卷，北京：商務印書館，1983 年版，第 98 頁。

[46] 胡適：《先秦名學史》導論〈邏輯與哲學〉，收入《胡適文集》第 6 冊，第 12 頁。

　　西方的「邏輯」概念最早經嚴復譯介傳入中國，嚴氏將英文的「Logic」譯為「名學」，而後來的章士釗則逕直音譯為「邏輯」。胡適當時採用了嚴氏譯名，其中隱含的深意，則在理順中西哲學之間的關係，證明邏輯在中國古代並非無，先秦所謂「名學」，其意可與西方「邏輯」同。從這個意義上說，胡適的英文本《先秦名學史》實際上表現了他個人的民族主義情結。而他重視對非儒學派（特別是一度與儒家並行的墨家）思想的闡釋，明顯表現了他自覺與當時的孔教運動的領導者及其信徒區隔的態度。

　　胡適對「哲學」理解的第二個層面是哲學與人生的關係。新文化運動是一場個性解放運動，它關注的焦點問題是人的問題、倫理的問題。胡適歸國時，正值新文化運動轟轟烈烈地開展之時，他在北大教授「中國哲學史大綱」一課，由於語境的變化（受眾從美國人轉到中國人，寫作語言從英語轉到中文），問題的視點也不同了，胡適對「哲學」理解有了新的調整，強調哲學與人生的關係。他給哲學所下的定義是：「凡研究人生切要的問題，從根本上著想，要尋一個根本的解決，這種學問叫做哲學。」[47]後來他在一次〈哲學與人生〉為題的演講中進一步展開了這一看法，即「哲學是研究人生切要的問題，從意義上著想，去找一個比較可普遍適用的意義」。哲學的起點是由於人生切要的問題，哲學的結果，是對於解決人生問題的適用。「人生離了哲學，是無意義的人生，哲學離了人生，是想入非非的哲學。」[48]胡適對哲學的理解建立在「人」的基礎上，他給哲學提出的六大問題，表現出對人生現實的、終極的關懷，這些問題包括：（一）「天地萬物怎樣來的（宇宙論）」；（二）「知識思想的範圍、作用及方法（名學及知識論）」；（三）「人生在世應該如何行為（人生哲學，舊稱『倫理學』）」；（四）「怎樣才可使人有知識，能思想，行善去惡呢（教育哲學）」；（五）「社會國家應該如何組織、如

---

[47]　《中國古代哲學史》第一篇〈導言〉，《胡適文集》第 6 冊，頁 163。

[48]　《哲學與人生》，原載 1923 年 12 月 10 日《東方雜誌》第 20 卷第 23 期。收入《胡適文集》第 12 冊，第 282 頁。

何管理（政治哲學）」；（六）「人生究竟有何歸宿（宗教哲學）」。[49]這裏的後四個問題都是與「人」直接相關的問題。一部哲學的歷史也就是哲學家們關於種種人生切要問題思考、探討和解決的歷史。

胡適對哲學的這種理解既是繼承了中國哲學重視人倫哲學的傳統，也是為中國哲學本身的主體內容所決定。在「五四」時期它深刻地影響著當時中國哲學界，對人生問題的探究幾成為哲學界關注的焦點，梁啟超的《歐遊心影錄》、梁漱溟的《東西文化及其哲學》、馮友蘭的英文博士論文《人生理想之比較研究》和後來出版的《人生哲學》、《一種人生觀》，以及一度熱烈展開的科學與人生觀論戰，都是以討論人生觀為主題，儘管梁啟超、梁漱溟、馮友蘭、張君勱這些人在文化立場上與胡適截然相反，因而彼此在哲學上的「競技」是不言而喻的，科學與人生觀的論戰實際上是這種「競技」的爆發，但大家對人生觀和人生問題的關注卻是驚人的一致，胡適對「五四」時期人生觀的討論可以說具有先導的作用。

胡適對「哲學」理解的第三個層面是哲學與新舊思想衝突的關係。1925 年 5 月 17 日胡適在北大哲學研究會演講「從歷史上看哲學是什麼」這一題目時，表示「一方面要修正我在《中國哲學史》上卷裏所下哲學的定義」，「一方面要指示給學哲學的人一條大的方向，引起大家研究的興味」。胡適新看法是以為「無論以中國歷史或西洋歷史上看，哲學是新舊思想衝突的結果。而我們研究哲學，是要哲學當成應付衝突的機關。現在梁漱溟、梁任公、張君勱諸人所提倡的哲學，完全遷就歷史的事實，是中古時代八百年所遺留的傳統思想，宗教態度，以為這便是東方文明。」[50]顯然，經過「五四」時期新舊思想的激烈衝突，特別是科學與玄學論戰，胡適對哲學又有了一番新的體認，這就是哲學與新舊思想的衝突密不可分。

胡適對哲學的這一理解同樣與實驗主義的影響亦密不可分。胡適曾翻譯了杜威在《哲學的改造》一書中的第一章〈正統哲學的起

---

[49] 《中國古代哲學史》第一篇〈導言〉，收入《胡適文集》第 6 冊，第 163 頁。
[50] 胡適：〈從歷史上看哲學是什麼〉，收入《胡適文集》第 12 冊，第 285、288 頁。

源〉，杜氏明確表示：「哲學的目的是要盡力做成一個應付這些衝突的機關。凡是化成了形上學的區別，便覺得很不真實的東西，現在聯上了社會上種種信仰和理想的競爭大武劇，便覺有很深的意義了。哲學若能拋下它那沒出息的『絕對的，最後的本質的專賣』，他是不會吃虧的；因為以後的哲學能教導那些變動社會的精神動力，若能對於人類想做到一種更有意義的快樂之希望上有所貢獻，那就是很大的酬報了。」[51]近代哲學自笛卡爾以來，把自然科學引為自己的思維範型，以思維與存在、主觀與客觀作為自己研究的主題，這種情形發展到黑格爾那裏達到極致，變成了建立一套追求「絕對真理」的龐大哲學體系。後黑格爾時代的種種哲學潮流都以突破黑格爾的哲學體系為目標，實驗主義哲學亦表達了一種追求新哲學的聲音，杜威把「經驗」、「生活」、「應付衝突」作為新哲學的目標，撇開「本體的爭執」，撇開「那些關於絕對本體的性質的種種無謂的玄談」，「只看見一班深思遠慮的人在那兒討論人生應該是怎樣的，在那兒研究人類的有意識的活動應該朝著什麼目標去著力。」[52]這就使「哲學的性質、範圍、方法，都要改變過了」，[53]胡適專取《哲學的改造》第一章翻譯的目的，即在於向人們展示實驗主義重視人生經驗的這一特性。

胡適曾有一篇未刊的〈杜威的「正統哲學」觀念與中國哲學史〉文稿，試圖將杜威的上述觀點直接應用於中國哲學史研究，這篇文章開首介紹杜威「正統哲學」的觀念，其實不過是《哲學的改造》第一章的摘要介紹，「正統哲學」的三種性質為：（1）哲學的使命是要從那些已經動搖的舊信仰裏提出精華來；所以哲學總不免給傳統的信仰禮俗作辯護。（2）哲學因為要替傳統的東西作辯護，因為要替那向來全靠感情契合和社會尊崇的東西作合理的辯護，所以不能不充分運用辯證的工具。（3）那些傳統的信仰，起於人類的欲望與

---

[51] 杜威著、胡適、唐擘黃譯：《哲學的改造》，合肥：安徽教育出版社，1999 年 10 月版，第 17 頁。

[52] 杜威著、胡適、唐擘黃譯：《哲學的改造》，第 16 頁。

[53] 〈實驗主義〉，《胡適文存》卷二。《胡適文集》第 2 冊，第 229 頁。

幻想，靠群居生活的影響而成為一種有權威的共同信仰，他的性質是無所不包的；在民族生活的各方面，他是無往而不在的。[54]胡適運用杜威「正統哲學」理論分析中國哲學，以為「杜威的正統哲學起源論竟可以完全適用於中國哲學史」，「中國的正統哲學也是有使命的：他的使命是要給傳統的舊信仰作辯護，要從那些已經動搖了的舊信仰之中，提出一些精華來，加上理性化的作用，組成哲學系統。他的來源也是那些已經整統了的古代經典；他的動機也是舊信仰與新知識的衝突與調和。」[55]胡適以這一理論具體討論了儒家哲學，遺憾的是，他只討論了第一期的「顯學」（儒與墨）就截稿了，第二期的「儒教」和第三期的「宋明理學」只能憑藉他的其他著作，如〈從歷史上看哲學是什麼〉、〈中國中古思想史長編〉和〈中國傳統與將來〉等文來想像了。

胡適理解哲學的第四個層面是未來哲學的趨向。在〈哲學的將來〉這篇演講提要中，胡適表達了對哲學新的理解，他以為「過去的哲學只是幼稚的，錯誤的或失敗了的科學」，「過去的哲學學派只可在人類知識史與思想史上佔一個位置，如此而已。」哲學的將來或面臨更換問題，或面臨根本取消。「將來只有一種知識，科學知識。將來只有一種知識思想的方法：科學證實方法。將來只有思想家，而無哲學家；他們的思想，已證實的便成為科學的一部分，未證實的叫做待證的假設（Hypothesis）。」[56]按照這一理解，胡適的治學傾向明顯表現了三個特點：一是越來越重視證實的事實，這一取向導致他「歷史癖」和考據癖的發作；二是強調「科學證實方法」，將之視為哲學、歷史學唯一的方法到處宣傳；三是越來越輕蔑哲學，疏離哲學，他中斷了中國哲學史的寫作計畫，轉而開始寫作《中國中古思想史長編》，1930 年代擔任北京大學文學院院長時，甚至公開「主

---

[54] 胡適：〈杜威的「正統哲學」與中國哲學史〉，收入《胡適全集》第 8 冊，第 366-368 頁。

[55] 胡適：〈杜威的「正統哲學」與中國哲學史〉，收入《胡適全集》第 8 冊，第 370 頁。

[56] 胡適：〈哲學的將來〉，收入《胡適文集》第 12 冊，第 294-295 頁。

張哲學關門」。[57]胡適這種「取消哲學」的傾向，究竟是個人對哲學自信心不足的表現，還是內心深處「歷史癖」使然，這是一個值得探究的問題。現在保存的〈哲學的將來〉這篇演講提要是一份未公開發表的文稿，它雖然反映了胡適內心的思想和「取消哲學」的傾向，胡適後來日漸疏離哲學的表現由此也有跡可循，但它畢竟是一個「孤本」，故對此文本的解讀，我們不能隨意地誇大和發揮。

　　儘管哲學對近代中國人來說是一門外來學問，胡適確實是實驗主義的門徒，胡適哲學理念的形成也受到西方哲學（特別是實驗主義）的塑造。但從胡適對哲學的理解過程來看，他更多地是表現在他研究中國哲學史的著述中。事實上，胡適本人既沒有留下一本哲學概論之類的著作，甚至也沒有寫作一篇純粹哲學理論的論文，胡適對「哲學」的理解是與他的中國哲學史研究密不可分，他對「哲學」的理解與「中學」（國學）有著直接的關係。如使用「名學」而不用「邏輯」，實際表達了胡適對中國哲學獨立性的認同；強調哲學是「研究人生切要的問題」，這與中國古代哲學偏重人生哲學（倫理學）的這一特性有關；以為只有實證的知識才是科學的知識、實證的方法才是科學的方法，這與清代漢學家的「實事求是」的理念一脈相承；預測未來要取消哲學，這與「中學」本身缺乏「哲學」的傳統和胡適反「玄學」的立場有關。有的論者以為，胡適的這種研究傾向，至多只能將他定位為哲學史家，而不能看作是哲學家。胡適本人似乎也並不反感這樣一種評斷。

　　胡適對哲學的理解帶有他個人的「偏見」或成見，這裏所謂成見是指胡適拘泥於實驗主義而言。金岳霖曾批評說：「哲學中本來是有世界觀和人生觀的。我回想起來胡適是有人生觀，可是，沒有什麼世界觀的。看來對於宇宙、時空、無極、太極……這樣　些問題，他根本不去想；看來他頭腦裏也沒有本體論和認識論或知識論方面的問題。他的哲學僅僅是人生哲學。」[58]這種說法略帶偏見，胡適的

---

[57] 參見錢穆：《八十憶雙親、師友雜憶》，長沙：岳麓書社，1986 年 7 月版，第 144 頁。

[58] 劉培育主編：《金岳霖的回憶與回憶金岳霖》，成都：四川教育出版社，1995

確重視人生哲學在哲學體系中的地位，但他對於方法論（尤其是他認為具有科學性質的實驗方法或實證方法）也是頗為重視的。他一再公開地宣稱自己是實驗主義的信徒，實驗主義「本來是一種方法，一種評判觀念與信仰的方法」。[59]「只是一個方法，只是一個研究問題的方法」。[60]除了個別哲學家追求建立完整的哲學體系外，大多數哲學家往往只能就其所長，在某一方面加以發揮。在中國構建自己的哲學學科的初始階段，胡適對中國哲學學科的建立可以說具有奠基的作用。他是第一個在北大哲學門開設「西方哲學史」課程的教授，也是最早以現代意義的哲學觀念寫作「中國哲學史」講稿的學者。他在吸收、介紹、運用西方哲學理論的同時，注意到中國哲學的特殊性，並試圖摸索描述中國哲學（中國思想）特殊性的敘事方式，儘管在這一點上他還未成熟到運用自如的地步，但在一個依傍西方哲學方法建構中國哲學的時代，這幾乎是任何一位中國哲學家都難以避免的局限。

三、現代新儒家：中國哲學的現代化與民族化

對中國哲學的現代化和民族化的自覺認識，要推現代新儒家的兩位主要代表梁漱溟和馮友蘭，他們分別是「中國哲學現代化時代中的」理學和心學的主要代表。[61]

在新文化運動初期，許多學人喜以東（中）西文化對比的方式表達自己的文化見解，如陳獨秀的〈東西民族根本思想之差異〉、李大釗的〈東西文明根本之異點〉，他們的總體傾向是抑中揚西，這是新文化運動的主流選擇。在這樣一種主流選擇的支配下，衍生出一股強大的「西化」潮流。第一個對此潮流提出挑戰的是梁漱溟的《東

年 7 月版，第 29 頁。

[59] 〈五十年來之世界哲學〉，《胡適文存》二集卷三。《胡適文集》第 3 冊，第 286 頁。

[60] 〈我的歧路〉，《胡適文存》二集卷三。《胡適文集》第 3 冊，第 365 頁。

[61] 有關這方面的論述，參見馮友蘭：《中國現代哲學史》，廣州：廣東人民出版社，1999 年 8 月版，第 84、174、218 頁。

西文化及其哲學》一書。本來在梁氏以前，胡適在《中國哲學史大綱》的導言中，曾將世界哲學分成東西兩支。東支分為中國、印度兩系，西支分為希臘、猶太兩系。漢代以後，「猶太系加入希臘系成了歐洲的中古哲學。印度系加入中國系成了中國的中古哲學」，「到了近代印度系的勢力漸衰，儒家復起，遂產生了中國近世的哲學」。「歐洲思想漸漸脫離猶太系的勢力，遂產生了歐洲的近世哲學」。胡適預言「到了今日這兩大支的哲學互相接觸互相影響，五十年後一百年後或竟能發生一種世界的哲學也未可知。」[62]梁漱溟沿用了以往學者（包括胡適在內）將世界文化（哲學）分成東、西兩大支的做法，但他強調西洋、印度、中國三大系統的各自特點，並對它們在宗教、哲學（形而上之部、知識之部、人生之部）的各自特點及主張列表做了區隔。[63]梁氏表明了自己對哲學的看法，「所謂哲學就是有系統的思想，首尾銜貫成一家言的」；哲學包括形而上學之部、知識之部和人生之部。中國哲學在形而上之部「自成一種，與西洋、印度者全非一物，勢力甚普，且一成不變。」知識之部「絕少注意，幾可以說沒有。」人生之部「最盛且微妙，與其形而上學相連，佔中國哲學之全部。」[64]梁漱溟預言「世界未來文化就是中國文化的復興，有似希臘文化在近世的復興那樣。」[65]他明確批評新文化運動中胡適這一派的主張，「有人以清代學術比作中國的文藝復興，其實文藝復興的真意義在其人生態度的復興，清學有什麼中國人生態度復興的可說？有人以五四而來的新文化運動為中國的文藝復興；其實這新運動只是西洋化在中國的興起，怎能算得中國的文藝復興？若真中國的文化復興，應當是中國自己人生態度的復興；那只有如我現在

---

[62] 胡適：《中國古代哲學史》第一篇〈導言〉，收入《胡適文集》第 6 冊，第 165-166 頁。

[63] 梁漱溟：《東西文化及其哲學》第四章〈西洋中國印度三方哲學之比較〉，收入《梁漱溟全集》第 1 卷，濟南：山東人民出版社，1989 年 5 月版，第 396 頁。

[64] 梁漱溟：《東西文化及其哲學》第四章〈西洋中國印度三方哲學之比較〉，收入《梁漱溟全集》第 1 卷，第 396 頁。

[65] 梁漱溟：《東西文化及其哲學》第五章〈世界未來之文化與我們今日應持的態度〉，收入《梁漱溟全集》，第 1 卷，第 525 頁。

所說可以當得起。」[66]梁氏贊成新文化運動向西方學習科學、民主的態度，但不同意新文化運動對孔子和儒家所作的負面評價，他對於孔子和儒家的「仁」做了新的解釋，以為孔子和儒家的「仁」才是其思想的中心。馮友蘭認為「梁漱溟的哲學思想是陸王派所本有的，但梁漱溟是『接著』陸王講的，不是『照著』陸王講的。」「梁漱溟比以前的陸王派進了一步」。所以馮友蘭認定梁氏是「中國哲學現代化時代中的心學」的代表性人物。[67]梁漱溟對中國文化及其哲學特性的認識並不新鮮，他的創新之處在於他自覺追求對這種特性的肯定，以及對中國文化及其哲學在未來世界的地位的充分自信，這是此前的新文化運動所未有的新見。梁氏的觀點在新文化運動進入高潮之時若如投石擊水，引起了巨大反響，但他對於中西文化相互關係的重新思考，對中國哲學的特殊性的重視和認可，對後來的中國哲學界的確有著先導的作用。現代新儒家從此開始崛起，義無反顧地朝著建立中國化的哲學體系這一方向邁進。梁漱溟對中國人生哲學的價值體認，也成為他一生持續不斷地研究中國人生哲學的內在動力，晚年以一部《人心與人生》殿後，可謂他一生探索人生問題的結晶。

現代新儒家中的另一支——「新理學」的代表馮友蘭，對「哲學」有著更為自覺的認識，因而他對「哲學」的理解較前此諸家，都向前推進了一大步，這種進步不僅表現在對「哲學」概念本身的理解上，而且表現在對中西哲學對應關係的把握上，馮友蘭都有了更為到位的詮釋。

首先，馮友蘭更為準確地確定了哲學的範圍。在《人生哲學》一書中，馮氏明確「哲學」包含三大部：「宇宙論，目的在求一對於世界之道理（a theory of the world）。人生論，目的在求一對於人生之道理（a theory of life）。知識論，目的在求一對於知識之道理（a theory of knowledge）。」這種三分法「自柏拉圖以後，至中世紀之末，普遍

---

[66] 梁漱溟：《東西文化及其哲學》，第五章〈世界未來之文化與我們今日應持的態度〉，收入《梁漱溟全集》，第 1 卷，第 539 頁。

[67] 馮友蘭：《中國現代哲學史》，第 84 頁。

流行；即到近世，亦多用之」。[68]宇宙論分兩部：「一研究『存在』之本體，及『真實』之要素者；此是所謂本體論（ontology）；一研究世界之發生及其歷史，其歸宿者；此是所謂宇宙論（cosmology 狹義的）。」人生論有兩部：「一研究人究竟是什麼者；此即人類學，心理學等；一研究人究竟應該怎麼者；此即倫理學（狹義的），政治哲學等。」知識論亦有兩部：「一研究知識之性質者；此即所謂知識論（epistemology 狹義的）；一研究知識之規劃者；此即所謂論理學（狹義的）。」馮友蘭對哲學系統的這種看法，比起此前胡適在《中國哲學史大綱》一書不分一般哲學（宇宙論、人生論、知識論）和哲學分支（政治哲學、教育哲學、宗教哲學）的做法，明顯進了一步。

其次，馮友蘭明確了哲學與科學的分際。關於科學與人生觀的關係，在 1920 年代初，思想界曾有一場討論。以丁文江、胡適為代表，主張科學可以運用於人生觀領域，人生觀受科學的支配；以張君勱為代表則強調科學與人生觀的分隔，雙方的分歧構成所謂科學與玄學之爭。馮友蘭在雙方論戰正酣之時，也曾發表過一篇演講——「對於人生問題的一個討論——在中州大學講演會講演稿」，但他並沒有就雙方爭執的焦點表明自己的態度。[69]隨後發表的〈對於哲學及哲學史之一見〉一文對此問題有了明確的立場。「哲學與科學，即在科學之目的在求真；而哲學之目的在求好」。不過，馮友蘭並不同意張君勱、梁漱溟將「直覺」納入哲學方法的做法。他表示：「我個人以為凡所謂直覺，領悟，神秘經驗等，雖有甚高的價值，但不必以之混入求知識之方法之內。無論科學、哲學，皆係寫出或說出之道理，皆必以『嚴刻的理智態度』表出之。」「故謂以直覺為方法，吾人可得到一種神秘的經驗（此經驗果與『實在』（reality）符合否，是另一問題）則可；謂以直覺為方法，吾人可得到一種哲學則不可。換言之，

[68] 馮友蘭：〈人生哲學〉，收入《三松堂全集》第 1 卷，鄭州：河南人民出版社，1985 年 9 月版，第 353-354 頁。

[69] 馮友蘭：〈對於人生問題的一個討論——在中州大學講演會講演稿〉，收入《三松堂全集》第 11 卷，鄭州：河南人民出版社，2000 年 12 月版，第 58-63 頁。

直覺能使吾人得到經驗，而不能使吾人成立一個道理。」[70]馮友蘭以為「哲學方法，即是科學方法，即是吾人普通思想之方法。」[71]對哲學與科學的聯繫與區別，馮友蘭的認識既與將人生觀與科學疊合的科學派有別、也與將人生觀與科學分割處理的玄學派明顯區隔。

值得一提的是，馮友蘭在美留學時，曾有〈為什麼中國沒有科學──對中國哲學的歷史及其後果的一種解釋〉一文，其探討的問題是「中國產生她的哲學，約與雅典文化的高峰同時，或稍早一些。為什麼她沒有在現代歐洲開端的同時產生科學，甚或更早一些？」馮友蘭根據自己的中國哲學史研究，所得結論是：「中國沒有科學，是因為按照她自己的價值標準，她毫不需要。」[72]「中國哲學家不需要科學的確實性，因為他們希望知道的只是他們自己；同樣地，他們不需要科學的力量，因為他們希望征服的只是他們自己。在他們看來，智慧的內容不是理智的知識，智慧的功能不是增加物質財富。在道家看來，物質財富只能帶來人心的混亂。在儒家看來，它雖然不像道家說的那麼壞，可是也絕不是人類幸福中最本質的東西。那麼，科學還有什麼用呢？」[73]這樣一種將近代科學未能首先在中國產生歸究於哲學家所樹立的「價值標準」的觀點，似乎簡化了近代中國科學落後的原因，但它對中國傳統哲學的反省，卻至少表明馮友蘭在「五四」時期，並不像梁啟超、梁漱溟那樣，對中國古典哲學（包括儒家、道家）表現出強烈的依戀感、認同感，馮友蘭有其自身的批評態度。

再次，馮友蘭對如何把握西方哲學與中國哲學的關係，有了更為深入的認識。關於中西哲學的對應問題，馮友蘭明確指出：「西洋所謂哲學，與中國魏晉人所謂玄學，宋明人所謂道學，及清人所謂義理之學，其所研究之對象，頗可謂約略相當。」[74]故處理中國哲學

---

[70] 馮友蘭〈對於哲學及哲學史之一見〉，收入《三松堂全集》第 11 卷，第 66-67 頁。
[71] 馮友蘭〈對於哲學及哲學史之一見〉，收入《三松堂全集》第 11 卷，第 67 頁。
[72] 馮友蘭：〈為什麼中國沒有科學〉，收入《三松堂全集》第 11 卷，第 32 頁。
[73] 馮友蘭：〈為什麼中國沒有科學〉，收入《三松堂全集》第 11 卷，第 52 頁。
[74] 馮友蘭：《中國哲學史》第一章〈緒論〉，《三松堂全集》第 2 卷，鄭州：河南

有兩種辦法：一是按照西洋所謂哲學之標準，取中國義理學中可與之相對應者，寫作中國哲學史。二是以中國義理之學本身的體系為主體，作中國義理學史；甚至可就西洋歷史上各種學問中，將其可以義理之學名之者，選出而敘述之，以成西洋義理學史。在這兩種選擇中，馮友蘭以為後者不可行。因為「就原則上言，此本無不可之處。不過就事實言，則近代學問，起於西洋，科學其尤著者。若指中國或西洋歷史上種種學問之某部分，而謂為義理之學，則其在近代學問中之地位，與其與各種近代學問之關係，未易知也。若指而謂為哲學，則無此困難。此所以近來只有中國哲學史之作，而無西洋義理之學史之作也。以此之故，吾人以下即竟用中國哲學及中國哲學家之名詞。所謂中國哲學者，即中國之某種學問或某種學問之某部分之可以西洋所謂哲學名之者也。所謂中國哲學家者，即中國某學者，可以西洋所謂哲學家名之者也。」[75]馮友蘭以為「無論科學哲學，皆係寫出或說出之道理，皆必以嚴刻的理智態度表之。」[76]哲學有形式上的系統和實質上的系統區別，「中國哲學家之哲學之形式上的系統，雖不如西洋哲學家，但實質上的系統，則同有也。講哲學史之一要義，即是要在形式上無系統之哲學，找出其實質的系統。」[77]從內容與形式的關係把握上，馮友蘭儘管與胡適並無本質的區別，兩者都是依傍西方哲學的形式來寫作中國哲學史，但是因為馮友蘭有了尋求中國哲學「實質的系統」的自覺，他的《中國哲學史》則有了明顯不同的效果，這可從金岳霖對該書的《審查報告》中看得出來。

　　金岳霖先生在《審查報告》中指出：「哲學是說出一個道理來的成見。」「哲學中的見，其論理上最根本的部分，或者是假設，或者是信仰，嚴格的說起來，大都是永遠或暫時不能證明與反證的思想。」

　　人民出版社，1988 年 5 月版，第 9 頁。
[75] 馮友蘭：《中國哲學史》第一章〈緒論〉，收入《三松堂全集》第 2 卷，鄭州：河南人民出版社，1988 年 5 月版，第 9-10 頁。
[76] 馮友蘭：《中國哲學史》上冊，收入《三松堂全集》第 2 卷，第 7 頁。
[77] 馮友蘭：《中國哲學史》上冊，收入《三松堂全集》第 2 卷，第 13-14 頁。

寫作中國哲學史的態度:「一個態度是把中國哲學當作中國國學中之一種特別的學問,與普遍哲學不必發生異同的程度問題;另一態度是把中國哲學當作發現於中國的哲學。」金先生以為第一種態度在現代中國已不可能,而如取第二種態度,「我們可以根據一種哲學的主張來寫中國哲學史,我們也可以不根據任何一種主張而僅僅以普通哲學形式來寫中國哲學史。胡適之先生的《中國哲學史大綱》就是根據於一種哲學的主張而寫出來的。我們看那本書的時候,難免一種奇怪的印象,有的時候簡直覺得那本書的作者是一個研究中國思想的美國人;胡先生於不知不覺間流露出來的成見,是多數美國人的成見。」「馮先生的態度也是以中國哲學史為在中國的哲學史;但他沒有以一種哲學的成見來寫中國哲學史。」「他說哲學是說出一個道理來的道理,這也可以說是他主見之一;但這種意見是一種普遍哲學的形式問題而不是一種哲學主張的問題。馮先生既以哲學為說出一個道理來的道理,則他所注重的不僅是道而且是理,不僅是實質而且是形式,不僅是問題而且是方法。」[78]金先生區別了在中國的哲學史和中國的哲學史兩個概念,以為「中國哲學史就是在中國的哲學史」。[79]金岳霖這段話語中所提以一種普遍哲學的形式研究中國哲學,實際上提出了中國哲學研究的一個方向。但在當時的歷史條件下,這種普遍哲學的形式顯然非取法西方哲學不可,這一點馮友蘭與胡適並無本質的區別。1930 年代,馮友蘭發表了類似蔡元培的觀點:「中國哲學,沒有形式上的系統,若不研究西洋哲學,則我們整理中國哲學,便無所取法;中國過去沒有成文的哲學史,若不研究西洋哲學史(寫的西洋哲學史),則我們著述中國哲學史,便無所矜式。據此,可見西洋哲學之形式上的系統,實是整理中國哲學之模範。」[80]馮先生認定現在只有「西洋哲學之形式上的系統」可供人們效法。在這一點上,馮友蘭與強調中國哲學(中國文化)的未來典

---

[78] 金岳霖:〈審查報告二〉,收入《三松堂全集》第 2 卷,第 379-380 頁。

[79] 金岳霖:〈審查報告二〉,收入《三松堂全集》第 2 卷,第 379 頁。

[80] 馮友蘭:〈怎樣研究中國哲學史?〉,《三松堂全集》第 11 卷,鄭州:河南人民出版社,2000 年 12 月二版,第 403 頁。

範作用的梁漱溟有很大不同，梁氏因沒有受過西方哲學的教育和訓練，顯然很難真正欣賞西方哲學的光彩，吸收她的優長，馮友蘭則與之不同，他對西方哲學的優長及其強勢地位有著清醒的認識。至於金岳霖所提到的馮著「沒有以一種哲學的成見來寫中國哲學史」這一點，自然很難成立。事實上，馮友蘭受美國新實在論的影響甚深，但在尋求中國哲學「實質的系統」上他確比胡適有了新的自覺。

金岳霖在評價馮著所表現的這種揚馮抑胡的做法，多少表現出他的宗派之見，這就是他與馮友蘭一樣，對中國傳統的宋學、理學、道學有偏愛的一面，而與喜好清學、漢學、樸學的胡適異趣；但他們對哲學的形式與內容之間的關係的把握，多少有助於對中國哲學的特殊性（民族性）的「同情的理解」，而這也應是中國學人對待本國哲學的基本立場（態度）。

馮友蘭、金岳霖力求表現中國哲學民族性的傾向在後來馮友蘭的《貞元六書》和金岳霖的《論道》中淋漓盡致地表現出來。關於《論道》一書，馮友蘭如是評價：「《論道》這個體系，不僅是現代化的，而且是民族化的。關於這一點，金岳霖是自覺的。」「現代化與民族化融合為一，《論道》的體系確切是『中國哲學』。」[81]馮友蘭的《貞元六書》構造了一個「新理學」體系，他宣稱自己的「新理學」「是『接著』宋明以來底理學講底，而不是『照著』宋明以來底理學講底」。「中國需要現代化，哲學也需要現代化。現代化的中國哲學，並不是憑空創造一個新的中國哲學，那是不可能的。新的現代化的中國哲學，只能用近代邏輯學的成就，分析中國傳統哲學中的概念，使那些似乎是含混不清的概念明確起來，這就是『接著講』與『照著講』的區別。」[82]也就是說，馮友蘭的「新理學」，其歷史的出發點雖是宋明理學，但他邏輯的起點卻是近代邏輯學，這是他區別於舊理學的所在。

---

[81] 馮友蘭：《中國現代哲學史》，廣州：廣東人民出版社，1999 年 8 月版，第 195、198 頁。

[82] 馮友蘭：《中國現代哲學史》，第 200 頁。

　　綜上所述，以馮友蘭為代表的新理學和以梁漱溟為代表的新心學在「五四」以後對胡適的哲學觀有了新的反動和超越。這種反動和超越主要是以強調中國哲學的特殊性（指中國哲學「實質的系統」）和追求建立現代性與民族性相統一的中國哲學體系為指向。在西方文化處於強勢文化的時代，這樣一種趨向並沒有因全球化的浪潮而稍減其發展的勢頭，這說明中國哲學自身具有強大的生命力。經過一個多世紀的交流和學習，中國學者已經將西方哲學引進中國，並以之解析中國的傳統哲學。與此同時，中國學者（尤其是梁漱溟、馮友蘭為代表的現代新儒家）也強烈地意識到中國哲學內容的特殊價值及其表現樣式的差異性，他們希望擺脫那種附會西方哲學的被動狀態，表現中國哲學應有的精彩，使之在現代世界重放光芒，這樣一種使命感在民族文化瀕臨危亡時愈加顯現，1930 年代以後逐漸成為中國哲學界的一種主流選擇。

本文為 2005 年 12 月 3-4 日參加由南開大學與日本愛知大學合辦的「現代中國學的方法論研究」中日學者學術研討會提交的論文，載《中國哲學史》2006 年第 4 期。

中國現代哲學史上的胡適

　　北京大學哲學系在建系九十周年（1914-2004 年）之際，為總結該系學術研究成就，陳來先生主編一套「北大哲學門經典文萃」，選收在該系任教的十位名家的代表作，以彰顯北大哲學系的歷史傳統。主編設計每位名家一卷，其中有「胡適卷」。承蒙陳來先生的「欽點」，邀約我編輯此卷，共襄盛舉。

　　編輯《北大哲學門・胡適卷》，我以為這等於發問：胡適對中國現代哲學做出了什麼貢獻？胡適的哲學成就對北大的哲學學科建設具有什麼樣的意義？嘗試回答這兩個問題，是撰寫《北大哲學門・胡適卷》前言的要旨所在。

　　1923 年 12 月蔡元培先生應《申報》社之約撰文發表〈五十年來中國之哲學〉，內中提到：中國人與哲學的關係，「可分為西洋哲學的介紹與古代哲學的整理兩方面」。[1]其中特別提及胡適的即為：一是從介紹西洋哲學這方面看，「胡氏可算是介紹杜威學說上最有力的人」；二是從整理古代哲學而言，「績溪胡適把他在北京大學所講的《中國哲學史大綱》上卷，刊佈出來，算是第一部新的哲學史。」[2]蔡先生發表這段話時，胡適不過三十二歲，儘管他的生命後來還延續了三十九年，他的哲學研究工作仍在繼續，但他與中國哲學的關係，他對北大哲學學科建設所發揮的作用，並未脫離蔡先生所提示的軌跡。因此，我們今天來總結胡適的哲學成就時，大體也只能從介紹西洋哲學和研究中國哲學（或中國思想）這兩方面來討論。

---

[1]　蔡元培：〈五十年來中國之哲學〉，收入《中國現代學術經典叢書・蔡元培卷》，石家莊：河北教育出版社，1996 年 8 月版，第 329 頁。

[2]　蔡元培：〈五十年來中國之哲學〉，收入《中國現代學術經典叢書・蔡元培卷》，第 359 頁。

一、介紹西方哲學

在胡適之前，中國學人介紹西洋哲學有嚴復、李石岑、王國維諸人，但他們主要介紹的是歐洲哲學。具體的說，嚴復迻譯英國哲學家赫胥黎、斯賓塞、約翰‧穆勒等人的作品；李石岑介紹法國哲學家盧梭、伏爾泰、拉馬爾克等人的學說，王國維評述德國哲學家叔本華、尼采的思想。介紹美國這塊「新大陸」的哲學則自胡適始，他對美國本土哲學的系統介紹始於 1919 年 4 月 15 日在《新青年》上發表的〈實驗主義〉一文，這篇論文從辨析「實驗主義」名稱的「引論」開始，到逐一介紹皮耳士、詹姆士、杜威的學說，尤其是對杜威哲學的推介給予了較大的篇幅，反映了胡適對杜威的「應用主義」（或「工具主義」，Instrumentalism）的偏愛。胡適之所以將這派哲學的中文譯名定為「實驗主義」，是因為他認為：「『實際主義』（Pragmatism）注重實際的效果；『實驗主義』（Experimentalism）雖然也注重實際的效果，但他更能點出這種哲學所最注意的是實驗的方法。實驗的方法就是科學家在試驗室裏用的方法。這一派哲學的始祖皮耳士常說他的新哲學不是別的，就是『科學試驗室的態度』（The Laboratory attitude of mind）。這種態度是這種哲學的各派所公認的，所以我們可用來做一個『類名』。」[3]對自己的這篇文章，胡適頗為自信，1921 年 7 月 4 日他在日記中寫道：「我當初本想不把《實驗主義》全部鈔入，現在仔細看來，這幾篇確有存在的價值。恐怕現在英文的論『實驗主義』的書，如 Murray 的 *Pragmatism* 之類──沒有一部能比我這一本小冊子的簡要而精彩。」[4]遺憾的是，後來許多國人囿於偏見，有意無意地扭曲胡適的本意，常常使用「實用主義」這一在中文中明顯帶有貶意的名稱。《實驗主義》發表於杜威來

---

[3] 〈實驗主義〉，《胡適文存》卷二，收入《胡適文集》第 2 冊，北京：北京大學出版社，1998 年 11 月版，第 208-209 頁。

[4] 《胡適的日記》，香港：中華書局，1985 年 9 月初版，第 125 頁。

華講學前夕，它對實驗主義的系統評介等於是為杜威來華講學做了一個巨大的廣告。

杜威在華講學長達兩年（1919 年 4 月 30 日－1921 年 7 月），為「實驗主義」在華夏大地佈道，同時也將近代以來的中美文化交流推向了一個新的高潮。在杜威的巡迴講學中，胡適與杜威的其他嫡傳弟子蔣夢麟、陶行知、劉伯明等隨侍左右，為其講演擔任翻譯。胡適出力尤大，杜威在北京、天津、山西、山東等處的講演幾乎全為胡適擔任口譯，經胡適翻譯而整理出來的《杜威五大講演》（1920 年 8 月《晨報》出版）影響極大，短短一年間，即已印行十一版，每版都在一萬冊以上，實驗主義蔚然成為「五四」時期最有影響力的西方哲學理論，對推動當時的思想解放運動起了積極的作用。以後，胡適又在北大開設「杜威著作選讀」（1921 年 10 月），與唐鉞合譯杜威的哲學著作《哲學的改造》（1934 年商務印書館出版），毫不掩飾地多次公開宣佈自己是「實驗主義的信徒」，他的政治主張和學術方法都是為了踐行實驗主義。抗戰期間胡適撰寫了討論杜威政治哲學的兩篇英文論文：〈工具主義的政治哲學〉（The Political Philosophy of Instrumentalism）和〈作為一種工具主義的政治概念〉（Instrumentalism as a Political Concept）。胡適晚年以「杜威哲學」（1952 年 12 月）、「杜威在中國」（1959 年 7 月）為題發表演講。可以說，胡適終其一生從理論傳播到學術研究，都身體力行地推行實驗主義，成為實驗主義哲學在中國的第一傳人。

胡適介紹西方哲學的另一項工作就是在北大首先開設西方哲學史課程。1917 年 9 月胡適來北大任教之初，即在哲學系開設「西洋哲學史大綱」一課，另在哲學門研究所承擔「歐美最近哲學之趨勢」一課，指導學生馮友蘭、張崧年、唐偉。[5] 據馮友蘭先生回憶：1915 年 9 月他進入北大，「但是並沒有達到我原來要學習西方哲學的目的。當時的北京大學，照章程上說，有三個哲學門：中國哲學門、西洋哲學門和印度哲學門。實際上是印度哲學門壓根就沒人提。西

---

[5]　〈哲學門研究所〉，載 1917 年 11 月 29 日《北京大學日刊》第 12 號。

洋哲學門，本來說是要在 1915 年開的，可是只找到了一位教授，名叫周慕西，不久他就去世，所以也開不成了。已經開的只有中國哲學門，這個學門已經有了比我高的一班，我們這班算是這個學門的第二班。」[6]由此不難看出當時北大哲學門西洋哲學史這一科目教學狀況的窘境。胡適登上北大講臺，實為填補這一空白。可惜這方面他留下的材料只有一部《西洋哲學史大綱》講義殘稿，內容僅有「導言」和「希臘哲學」部分。[7]

胡適還寫過一篇〈五十年來之世界哲學〉。1922 年《申報》為紀念該報五十周年，編輯、出版一冊《最近五十年》，邀約各領域最有代表性的學者撰稿。其中涉及哲學部分的〈五十年來之中國哲學〉由蔡元培先生承擔，而胡適被分配撰寫〈五十年來之世界哲學〉，可見胡適當時被人們看成是這方面的最佳人選。胡適之前，雖有不少學者介紹西洋哲學，但他們卻大多沒有在歐美系統接受西方哲學教育和訓練的經歷，更說不上像胡適這樣經歷了從學士到博士一個完整的學術訓練過程，因此他們對西方哲學的介紹只可能是個別的、或隨感性的，而「五十年來之世界哲學」這樣一個題目對當時的中國學術界來說，顯然是一個前沿課題，它需要在歐美國家有過系統哲學訓練背景，且對歐美哲學的最新發展動態有詳盡瞭解的學者才可能承擔。在〈五十年來之世界哲學〉一文中，胡適著重介紹了新意象主義、尼采的哲學、演化論的哲學、實驗主義、柏格森的哲學、新唯實主義、政治哲學（此節由高一涵代作）。這幾方面的內容大都雖已有學者在某一方面做過專題介紹，但胡適獨立承擔，並在一篇只有三萬三千多字的文章裏，對如此紛繁的哲學流派做一有力的介紹，決非一般行家能夠做到。窺察這兩件事例，在五四時期中國的西方哲學史教學和研究中，不難看出胡適發揮了篳路藍縷的作用。

---

[6]　馮友蘭：〈三松堂自序〉，收入《三松堂全集》第 1 冊，鄭州：河南人民出版社，1985 年 9 月版，第 186 頁。

[7]　手稿影印本收入《胡適遺稿及秘藏書信》第 9 冊，合肥：黃山書社，1994 年12 月版，第 219-281 頁。整理本收入《胡適全集》第 7 冊，合肥：安徽教育出版社，2003 年 9 月版，第 272-323 頁，

二、中國哲學史（思想史）研究

胡適將「新思潮的意義」概括為：「研究問題，輸入學理，整理國故，再造文明。」[8]對他個人來說，「整理國故」則為中國文學史和中國哲學史「兩大目標」，後來他又「喜歡把『中國哲學史』改稱為『中國思想史』」。胡適晚年自認：「這兩方面也是我留學歸國以後，整個四十年成熟的生命裏『學術研究』的主要興趣之所在。」[9]

胡適一生研究中國哲學史（思想史），大致可分三個階段：第一階段是在 1919 年以前，主要研治中國古代哲學史，其代表作為其英文博士論文《先秦名學史》和在北大的講義《中國哲學史大綱》（卷上）。

胡適萌發研究中國哲學史（思想史）的念頭是 1905-1906 年在上海澄衷學堂讀書時期，當時他閱讀了梁啟超的《中國學術思想變遷之大勢》這部著作，梁啟超在書中「分中國學術思想史為七個時代」，即：一、胚胎時代（春秋以前），二、全盛時代（春秋末及戰國），三、儒學統一時代（兩漢），四、老學時代（魏晉），五、佛學時代（南北朝、唐），六、儒佛混合時代（宋元明），七、衰落時代（近二百五十年）。但梁氏未寫完此書，胡適「眼巴巴的望了幾年」，在失望之餘，他忽發野心：「我將來若能替梁任公先生補作這幾章缺了的中國學術思想史，豈不是很光榮的事業？」這一點野心就是他「後來做《中國哲學史》的種子」。[10]

1912 年春，胡適在美國康乃爾大學由農學院轉入文學院，其主修即為哲學和心理學。1915 年秋，胡適進入哥倫比亞大學文學院，主修仍為哲學，受導師杜威先生「論理學之宗派」一課的影響，胡適決定將他的博士論文選題定為「中國古代哲學方法之進化史」（*A*

---

[8] 〈新思潮的意義〉，《胡適文存》卷四。收入《胡適文集》第 2 冊，北京：北京大學出版社，1998 年 11 月版，第 551 頁。

[9] 《胡適口述自傳》第十二章〈現代學術與個人收穫〉，收入《胡適文集》第 1 冊，第 415 頁。

[10] 胡適：《四十自述·在上海（一）》，《胡適文集》第 1 冊，第 73 頁。

Study of the Development of the Logical Method in Ancient China，1922
年亞東圖書館出版時中文名改為《先秦名學史》），此論文的撰稿大
約 1916 年 5 月即已啟動，至 1917 年 4 月 27 日完稿。[11]1922 年在國
內由亞東圖書館正式出版時改名為《先秦名學史》（*The Development
of Logical Method in Ancient China*，出版時胡適可能小有修改）。寫
作這篇論文，胡適抱有一個雄心：「但願它成為用中文以外的任何語
言向西方介紹古代中國各偉大學派的第一本書！」這一點似與此前
在哥大留學的陳煥章寫作的博士論文《孔門理財學》（*The Economic
Principles of Confucius and His School*）有異曲同工之處。陳書是中國
留美學生第一本以西方經濟理論分析孔儒經濟思想的博士論文，而
胡書則是第一本以西方哲學方法研討中國古代哲學的博士論文，在
這一點上胡適可能是受到陳書的影響，至少可能受到間接的影響，
因為曾為陳書作序的夏德教授（Friedrich Hirth）亦為胡適的「漢學」
一課的教師，胡適與他也有著密切的聯繫。[12]事實上，胡書在論證主
題上與陳書也有著密不可分的關係，胡書寫作的一個重要動機是與
陳煥章所推動的孔教運動進行論辯，這一點胡適在導論中毫不掩飾
地承認。[13]陳氏是抱著闡述孔教學理的目的來寫作他的博士論文，而
胡適則是抱著參與反對孔教運動的動機來寫作自己的博士論文，他
把闡述非儒學派的思想學說和恢復儒家學派的原初地位作為自己寫
作的兩大目標。但胡適與陳煥章兩人的博士論文在哥大的命運卻大
相徑庭。陳書受到哥大兩位權威學者：夏德（Friedrich Hirth，漢學
教授）、西格（Henny R. Seager，經濟學教授）的大力推薦，榮幸地
擠身於由哥大政治學教師編輯的「歷史、經濟與公共法叢書」；而胡

---

[11] 關於胡適寫作博士論文的時間，他本人提供了兩個開始寫作的時間，一是 1916
年 5 月 10 日〈致母親〉一信提到「兒之博士論文，略有端緒」。《胡適全集》
第 23 冊，合肥：安徽教育出版社，2003 年 9 月版，第 99 頁。二是他在 1917
年 5 月 4 日日記中記道：「原稿始於去年八月之初」。《胡適全集》第 28 冊，
第 555 頁。此兩說，筆者從前一說。

[12] 《胡適口述自傳》第五章〈哥倫比亞大學和杜威〉，收入《胡適文集》第 1 冊，
第 260-261 頁。

[13] 胡適：《先秦名學史‧導論 邏輯與哲學》，收入《胡適文集》第 6 冊，第 11 頁。

適的博士論文卻在博士論文答辯中未能順利通過，當年他沒能順利拿到博士學位。其中的原因至今仍是一個讓人們迷惑的懸案。但夏德教授給陳書作序表現出的好感所產生的先入為主的偏見，很可能是阻礙胡適論文通過的重要原因。胡適博士答辯的受挫，反映了歐美知識界對中國文化的主流看法很大程度上仍受傳教士（他們往往在西方被視為中國通）觀點的支配，正是這些傳教士對清末民初的孔教運動抱以熱烈的支持，[14]而對方興未艾的新文化運動，他們卻視而不見。

　　《中國哲學史大綱》（卷上）是胡適在北大的講義，此課先前由頗具舊學根柢的老先生陳漢章講授，胡適接任此課，對他無疑是一個強烈的挑戰。但與在哥大的命運不同，胡適獲得了巨大的成功。他的講義 1919 年 2 月在商務印書館出版後，不到兩個月就重印再版，在知識界產生了轟動性的效應，眾多名家對之評點。這部書的成功得益於胡適具有系統的西方哲學訓練和中國漢學訓練的學術背景，這一點為蔡元培先生在序中所點明。而胡適此書成功背後還有一個常被人忽略的政治背景，即北大作為新文化運動的大本營，當時正在尋找各種攻擊康有為、陳煥章領導孔教運動的有力武器，胡適此書無論在學術方法上，還是在學術觀點上，都與康、陳相對立，而與當時北大的主流派章太炎派（即漢學派）相一致。正如胡適的「文學革命」主張在保守的留美學生中應者寥寥，而在國內因得到陳獨秀的鼎力推薦，在國內激起巨大反響一樣；胡適的《中國哲學史大綱》因有蔡元培先生這位新文化運動「保護神」作序予以大力推薦，亦迅速成為新學術的典範。[15]

　　第二階段從 1919 年至 1937 年，主要代表作為《戴東原的哲學》（1925 年）、《中國中古思想史長編》（1930 年）、《中國中古思想小史》（1931 年）等。

---

[14] 參見陳煥章：〈孔教論〉，香港：孔教學院，1990 年 12 月九版。此書前有美國李佳白、英國梅殿華、英國李提摩太、德國費希禮的序，這些人顯然代表西方傳教士和所謂「中國通」的主流觀點。

[15] 關於對胡適《中國哲學史大綱》（卷上）一書各家觀點的述評，參見拙作《自由主義之累——胡適思想之現代闡釋》，南昌：江西教育出版社，2003 年 7月版，第 126-143 頁。

出版《中國哲學史大綱》（卷上）後，胡適有意續寫下去，他在北大開設了「中國中古思想史」、「近世中國哲學」、「清代思想史」等課，留有手稿：《中國哲學小史》、《中國哲學史大綱》（卷中）、《近世哲學》、《清代思想史》。[16]發表了《記李覯的學說》（1922 年）、《費經虞與費密》（1924 年），出版專著《戴東原的哲學》（1925 年）。1922年 2 月 23 日哥倫比亞大學方面聘請胡適赴該校任教的邀請函到達胡適的手裏，胡適「頗費躊躇」，最後考慮到要續寫完《哲學史》中下卷，還是「擬辭不去」。[17]

1927 年 5 月胡適從歐美訪問歸來，落居上海。在上海的三年半，是胡適「一生最閒暇的時期」，他寫作了「約莫有一百萬字的稿子」，其中有《中國中古思想史長編》，「有十幾萬字的中國佛教史研究」（包括《神會和尚遺集》和《荷澤大師神會傳》）。1930 年 11 月胡適回到北平，繼續做中國思想史的專題研究，又發表了〈說儒〉（1934 年）、〈楞伽宗考〉（1935 年）、〈顏李學派的程廷祚〉（1936 年）等專題論文。與此同時，他還在北大哲學系開設「中國哲學史」（1931 年 9 月－1932 年 6 月、1932 年 9 月－1933 年 6 月、1936 年 9 月－1937 年 6月）、「中古思想史」（1932 年 2 月－6 月）、「中國近世思想史問題研究」（1934 年 9 月－1935 年 6 月、1936 年 9 月－1937 年 6 月）、「漢代思想史」、「唐宋思想史」（1936 年 9 月－1937 年 6 月）等課。看得出來，胡適有意寫作一部新的《中國思想史》。

胡適在上海動手寫《中國中古思想史長編》時，就「決定不用《中國哲學史大綱卷中》的名稱了」，他把《中國哲學史大綱》改名為《中國古代哲學史》收入商務印書館的「萬有文庫」版，以便讓其單獨流行，而打算用自己「中年以後的見解來重寫一部《中國古代思想史》」。[18]為什麼不續寫「中國古代哲學史」，而要重寫一部「中國古代思想史」？對於這個問題，胡適本人並沒有細加說明。從他

16　《中國哲學史大綱》卷中收入《胡適遺稿及秘藏書信》第 6 冊。〈中國哲學小史〉、〈近世哲學〉、〈清代思想史〉收入《胡適遺稿及秘藏書信》第 7 冊。

17　《胡適全集》第 29 冊，第 523 頁。

18　胡適：《中國古代哲學史‧臺北版自記》，收入《胡適文集》第 6 冊，第 158 頁。

後來成稿的《中國中古思想史長編》、《中國中古思想小史》可以看出，他很難再採取《中國古代哲學史》的寫法來處理中古時期（西元前 200 年至西元 1000 年）的哲學史，這是因為這一段「宗教化的普遍」影響到「思想的宗教化」，[19]故要寫一部純粹的「哲學史」著作已不可能，他研治中古思想史時有一個看法，「講思想史必不離開宗教史，因為古來的哲學思想大都是和各時代的宗教信仰有密切關係的。」[20]故胡適的中古思想史研究，宗教史所佔比重很大，這是他治中古思想史的一個特點，[21]這一特點甚至反映在 1934 年他發表的〈說儒〉一文中，他以西方人解釋基督教的方式來說明中國原始儒家的興起更是表明了類似的傾向；另外一個原因可能是與胡適對中西哲學的關係的看法有關，在寫作《先秦名學史》時，胡適已表示：「如果用現代哲學去重新解釋中國古代哲學，又用中國固有的哲學去解釋現代哲學，這樣，也只有這樣，才能使中國的哲學家和哲學研究在運用思考與研究的新方法與工具時感到心安理得。」[22]這樣一種「中西互釋」的設想只能說是一種理想。在實際處理中，往往是把西方哲學作為一種普遍範式運用於中國哲學領域，[23]這樣中國哲學就不可避免地「西化」、「洋化」、「歐化」、「美（國）化」、「漢（學）化」。金岳霖批評胡適的《中國哲學史大綱》「有的時候簡直覺得那本書的作者是一個研究中國思想的美國人；胡先生於不知不覺間流露出來的成見，是多數美國人的成見」。[24]就是這樣一個道理。梁漱溟的《東西文化及其哲學》將世界文化區分為三：西方、中國、印

---

[19] 參見胡適：《中國中古思想小史》第一講〈中古時代〉，收入《胡適文集》第 6 冊，第 629 頁。

[20] 胡適：〈中國中古思想小史〉，收入《胡適文集》第 6 冊，第 632 頁。

[21] 有關胡適中古思想史的評述，參見樓宇烈：〈胡適的中古思想史研究述評〉，收入耿雲志、聞黎明編：《現代學術史上的胡適》，北京：三聯書店，1993 年 5 月版，第 45-59 頁。

[22] 胡適：《先秦名學史》導論〈邏輯與哲學〉，《胡適文集》第 6 冊，第 11 頁。

[23] 有關這方面的意見，參見蔡元培：《中國哲學史大綱·序》，收入《胡適文集》第 6 冊，第 155 頁。馮友蘭：〈怎樣研究中國哲學史？〉，收入《三松堂全集》第 11 卷，第 403 頁。

[24] 金岳霖：〈審查報告二〉，馮友蘭：《三松堂全集》第 2 卷，第 379-380 頁。

度，並對這三大系統的文化作了區隔。他的觀點引起了極大的爭議，胡適對之持激烈的反對態度。[25]但梁氏的觀點喚起了人們對中國文化及其哲學的特殊性的重視，也引發了中國學術界對於中西哲學相互關係的重新思考，此後出現的馮友蘭的《中國哲學史》在某種程度上反映了這一新的趨勢。[26]1926 年 8 月傅斯年得知胡適在撰寫中古哲學史時，曾給胡適一信，率直地批評胡適的《中國哲學史大綱》：「這本書的長久價值論，反而要讓你的小說評居先。何以呢？在中國古代哲學上，已經有不少漢學家的工作者在先，不為空前；先生所用的方法，不少可以損益之處，難得絕後。」這可能是胡適周圍的朋友中對《中國哲學史大綱》最為低調的評價。類似傅斯年這種貶胡適的《中國哲學史大綱》，而抬其中國古典小說考證的傾向，陳寅恪亦有之。[27]在傅斯年看來，「因為中國嚴格說起，沒有哲學，（多謝上帝，使得我們大漢的民族走這麼健康的一路！）至多不過有從蘇格拉底以前的，連柏拉圖的都不盡有。……故如把後一時期，或別個民族的名詞及方式去解決它，不是割離，便是添加。故不用任何後一時期印度的、西洋的名詞和方式。」[28]說中國沒有哲學（實際上是沒有西方意義上的哲學），這並不是傅斯年的發明，西方學者早有此類觀點，迄今這種觀點仍持續不斷。但強調依照中國「方術」的原

---

[25] 〈讀梁漱溟先生的《東西文化及其哲學》〉，《胡適文存二集》卷二。收入《胡適文集》，第 182-199 頁。

[26] 有關馮友蘭對梁漱溟的《東西文化及其哲學》一書的評論，參見其英文論文 Liang Shu-ming: Eastern and Western Cultures and their Philosophies，此文刊於哥倫比亞大學《哲學雜誌》第 19 卷第 22 期。馮氏對梁書的反應與胡適有很大不同。參見蔡仲德：《馮友蘭先生年譜初稿》，收有此文的中譯文，鄭州：河南人民出版社，2000 年 12 月版，第 58 頁。

[27] 參見陳寅恪：《馮友蘭〈中國哲學史〉上冊審查報告》，收入《陳寅恪集·金明館叢稿二編》，北京：三聯書店，2001 年 7 月版，第 279-281 頁。此文雖明評（揚）馮友蘭的《中國哲學史》，卻暗寓有貶胡適的《中國哲學史大綱》之意。陳寅恪對胡適的中國古典小說考證評價很高，參見鄧廣銘：〈在紀念陳寅恪教授國際學術討論會閉幕式上的發言〉，收入《鄧廣銘學術文化隨筆》，北京：中國青年出版社，1998 年 4 月版，第 214 頁。

[28] 〈致胡適〉，收入《傅斯年全集》第 7 卷，長沙：湖南教育出版社，2003 年 9 月版，第 38 頁。

形研治中國哲學史或中國思想史這樣的論調，從傅斯年這樣比較歐化的留學生口中發出，對胡適不能不產生震撼性的作用。當胡適的研究工作由上古移至中古，他所面對的是一個更為龐雜的思想系統，他顯然感到以一種比較固定的西方哲學形式來處理這樣一個龐雜的中國思想系統已不可能，故不如採取一種比較靈活、寬泛的辦法來處理，這樣給自己的寫作以更大的空間，以便能反映豐富的中國思想史內容，這也許是他改寫一部《中國思想史》的動機。實際上，二十世紀三十年代以後，隨著中國哲學史研究的深入，中國哲學史研究的「思想史」色彩越來越濃厚，出現這樣一種情形，一方面與中國哲學史自身的內容相關，即中國哲學本身相對於西方哲學來說，更注重對人生哲學和政治哲學的思考，在寫作方式上也表現出更為隨意、靈活的樣式；一方面是近代中國的歷史環境使然，近代中國的大思想家的思想和著述活動，往往構成時代思潮的中心，「要想在他們的思想和活動之外另找一個純哲學的中心問題，那是不現實的，也是不可能的。」[29]胡適的特殊地位多少也受到這一限制。由於當時中國瀕臨深重的民族危機和政治危機，胡適的「中古思想史」寫作也加大了政治思想史的篇幅，他特意將其中的第五章——〈淮南王書〉出版單行本，且在面見蔣介石時，將此書贈給蔣氏，以委婉地表達自己對現實政治的關切和不滿，即是一例。

　　第三階段從 1937 年到 1962 年去世，這時期胡適除了 1946 年 7 月至 1949 年 4 月在大陸，1958 年至 1962 年 2 月在臺北外，其他時間幾乎全在歐美（主要是在美國）。由於工作、生活環境的變更，受眾對象的改變，胡適的學術研究工作也受到了極大的影響，他這一階段很少用中文撰寫有關中國哲學史（思想史）方面的論著，留下的主要是一些英文論文或講演稿，如〈中國思想史綱要〉（Chinese Thought，1942、1946 年）、〈中國人思想中的不朽觀念〉（The Concept of Immortality in Chinese Thought，1945 年）、〈中國傳統中的自然法則〉

---

[29] 馮友蘭：《中國哲學史新編》第 6 冊，北京：人民出版社，1989 年 1 月版，第 2 頁。

（The Natural Law in the Chinese Tradition，1951 年）、〈佛教禪宗在中國：它的歷史與方法〉(Ch'an（Zen） Buddhism in China： Its History and Method，1952 年)、〈古代亞洲世界的權威與自由〉（Authority and Freedom in the Ancient Asian World，1954 年）、〈古代中國思想中懷疑的權力〉（The Right to Doubt in Ancient Chinese Thought，1954)、〈杜威在中國〉（John Dewey in China，1959 年）、〈中國哲學裏的科學精神與方法〉（The Scientific Spirit and Method in Chinese Philosophy，1959 年)、〈呼籲系統地調查多年散失在日本的唐代早期禪宗資料〉（An Appeal for a Systematic in Japan for Long-Hidden T'ang Dynasty Source-Materials of the Early History of Zen Buddhism，1960 年）、〈中國傳統與將來〉（The Chinese Tradition and the Future，1960 年）、〈科學發展所需要的社會改革〉（Social Changes and Science，1961 年）等。這些英文文章或向美國民眾介紹中國哲學思想，或與美國學術界展開對話、辯論。在當時中國哲學界，像胡適這樣在美國大量發表自己的英文作品，並產生了廣泛影響者，可以說極其罕見。

與他在國內發表的中文作品不同，胡適的英文作品較多地是向外國人正面介紹中國哲學（中國思想），或者反駁西方學者對中國文化的偏見，這表現了胡適的中國情懷的另一面，他在〈中國哲學裏的科學精神與方法〉一文中根據中國哲學史，反駁了西方學者諾斯洛浦（Filmer S. C. Northorp）所謂「東方人用的學說是根據由直覺得來的概念造成的，西方人用的學說是根據由假設得來的概念造成的」這種「東西二分的理論」，認為其「是沒有歷史根據的，是不真實的」，[30]即是一個實例。有趣的是，馮友蘭在他的英文版《中國哲學簡史》一書中，卻接受了諾斯洛浦以直接和假設的概念類型來區分中西哲學史的觀點，以為他「抓住了中國哲學和西方哲學之間的根本區別」。[31]在英文世界，馮、胡對諾斯洛浦的依違之差，與他們

---

[30] 胡適：〈中國哲學裏的科學精神與方法〉，收入《胡適文集》第 12 冊，第 396-421 頁。

[31] 馮友蘭：《中國哲學簡史》，收入《三松堂全集》第 8 冊，鄭州：河南人民出

在中文世界處理中西文化的態度似乎交換了位置，產生這一情形的原因頗耐人尋味。

胡適一生只留下《先秦名學史》(*The Development of Logical Method in Ancient China*)、《中國的文藝復興》(*The Chinese Renaissance*)兩部英文著作，他原還有寫作英文本的《中國哲學史》的打算。胡適最早設想寫作英文本《中國哲學史》的想法是在 1920 年 9 月，當時他考慮接受哥倫比亞大學邀請去該校任教，以便「作英譯哲學史」，[32]後來哥大聘書果然來了，但胡適又改變這一主意。[33]1927 年 1 月胡適來到美國，應邀在哥大中文系作過六次以「中國哲學中的六個時期」為題的英文演講，獲得了哥大師生的熱烈反響，胡適遂計畫利用這些講稿，「預備將來修正作一本英文書」，並稱「我的《哲學史》上冊，先作英文的《名學史》。今又先作英文的全部《哲學小史》，作我的《新哲學史》的稿子，也是有趣的偶合。」[34]遺憾的是，胡適為準備這些演講所寫的講稿，今天仍不知存在何處。迄今出版的《胡適英文文存》和《胡適全集》都未見收入這些講稿。這個想法一直延續到胡適的晚年，1944 年 11 月至 1945 年 5 月胡適在哈佛大學講授「中國思想史」，課程結束時，胡適亦曾打算將講稿整理成書，他在 1945 年 5 月 21 日給王重民的信中說：「此間教課，每講都有草稿，用『拍紙』寫。夏間想整理成一部英文《中國思想史》。」[35]1950 年代初，胡適讀到 1948 年由美國麥克米蘭公司出版的馮友蘭著英文本《中國哲學簡史》(*A Short History of Chinese Philosophy*)，頗感不快。[36]胡、馮兩人先後在哥大留學，同學一個專業，又同治中國哲學史，故人們喜歡將他倆進

版社，1989 年 11 月版，第 22 頁。

[32] 參見胡適 1920 年 9 月 4 日日記，《胡適全集》第 29 冊，合肥：安徽教育出版社，2003 年 9 月版，第 203 頁。

[33] 《胡適全集》第 29 冊，第 523 頁。

[34] 《胡適全集》第 30 冊，第 481 頁。

[35] 〈致王重民〉，《胡適全集》第 25 冊，第 135 頁。

[36] 參見 1950 年 1 月 5 日胡適日記：「前些時曾見馮友蘭的 *A Short History of Chinese Philosophy*，實在太糟了。我應該趕快把《中國思想史》寫完。」《胡適全集》第 34 冊，第 5 頁。

行比較，兩人又曾就老子的年代問題等學術問題展開過激辯，胡、馮兩人似乎成為一對學術「冤家」，在行家的眼裏，馮友蘭大有後來居上的勢頭。當胡適收到普林斯頓大學「Special Program in the Humanities」主席 Prof Whitney J. Oates 的來信，提名他為 Alfred Hodder Fellowship 之候選人時，他即打算「把《中國思想史》的英文簡本寫定付印」。[37] 究竟是這一計畫未付諸實現，還是因胡適本人另有其他工作，我們最終還是沒有看到他的英文本《中國思想史》付梓，這大概是胡適晚年所抱憾的未能完成的兩、三部書之一吧！在英文世界裏，我們今天看到的流行的介紹中國哲學的著作，仍然是馮友蘭的《中國哲學簡史》和《中國哲學史》德克‧包德（Derk Bodde）的英譯本。

胡適治中國哲學史（思想史），重視依據歷史材料呈現歷史原形，力求挖掘被壓抑的異端思想和非正統學說，這是他的優長，這樣一種講究實證、崇尚自由的學風與著意表現道統和注重闡釋義理的現代新儒家迥然不同。作為近現代中國思想文化史上的一代大師，胡適的中國哲學史研究在該學科亦佔有十分重要的歷史地位。他的《先秦名學史》是五四時期反對孔教運動的經典學術文獻，他的《中國哲學史大綱》已被公認為中國哲學史研究範式的一次革命，他的中古思想史有關道家、佛教和儒家宗教化的精湛研究，他對以神會和尚為中心的禪宗史新材料的挖掘和考證，他在北大哲學系長期任教（1917 年 9 月－1926 年 7 月、1931 年 2 月－1937 年 6 月）所培養的一批又一批學生，這些工作都足以奠定他在中國哲學史學科的一代宗師地位。

三、胡適哲學成就的檢討

胡適的哲學成就無論是在輸入歐美哲學方面，還是在中國哲學史研究方面，他的代表作都是在四十歲以前就已完成。可以說，他的哲學著述相對早熟，像《先秦名學史》、《中國哲學史大綱》（卷上）、

---

[37] 《胡適全集》第 34 冊，第 5 頁。

《實驗主義》這幾部代表作則更早，都是在三十歲以前就已出版，胡適算得上是近代中國成名最早的哲學家了。

以胡適所受到的哲學訓練和他具有的學養來說，他的一生應該留下一部更為完整、更為成熟的《中國哲學史》或《中國思想史》，甚或如他自己所計畫的再寫一部英文《中國哲學史》，可惜這些他都未能如願完成，這多少成為我們總結他一生哲學研究工作所深感遺憾之處。

限制胡適哲學研究的內在原因是他以漢學家的方法研治中國哲學史。梁啟超綜論清代學術，以胡適為殿軍，稱其「亦用清儒方法治學，有正統派遺風」；[38]蔡元培為胡適《中國哲學史大綱》作序時稱讚胡適「稟有『漢學』的遺傳性」；[39]馮友蘭比較自己與胡適治中國哲學史的各自特點時，亦點明其中一點就是「漢學與宋學的不同」，他批評胡適道：「他的書既有漢學的長處又有漢學的短處。長處是，對於文字的考證、訓詁比較仔細；短處是，對於文字所表示的義理的瞭解、體會比較膚淺。宋學正是相反。它不注重文字的考證、訓詁，而注重於文字所表示的義理的瞭解、體會。」[40]話中寓含貶意，以為胡適的中國哲學史沒有闡釋，此說並不完全客觀，但點明胡適的中國哲學史注重材料的考證，這一點並不為過。

胡適治中國哲學史的確首先看重史料的採用，他以為治中國哲學史「第一步須搜集史料，第二步須審定史料的真偽，第三步須把一切不可信的史料全行除去不用，第四步須把可靠的史料仔細整理一番：先把本子校勘完好，次把字句解釋明白，最後又把各家的書貫串領會，使一家一家的學說，都成有條理有系統的哲學。做到這個地步，方才做到『述學』兩個字。」[41]他反對甚或不採用未經考證

---

[38] 《梁啟超論清學史二種・清代學術概論》，上海：復旦大學出版社，1985 年 9 月版，第 6 頁。

[39] 蔡元培：《中國古代哲學史・序》，收入《胡適文集》第 6 冊，第 155 頁。

[40] 馮友蘭：《三松堂全集》第 1 冊，鄭州：河南人民出版社，1985 年 9 月版，第 208 頁。

[41] 胡適：《中國古代哲學史》第一篇〈導言〉，收入《胡適文集》第 6 冊，第 183 頁。

的「存疑」的材料，以這樣一種方法治中國哲學史，對學者所提出的要求自然很高，它需學者從一個一個具體的問題研究入手，才可能構築通論性的中國哲學史。胡適給自己規定的工作程序也是如此，先做「整理原料」性的「長編」和專題性的研究，在此基礎上再寫通史。[42]正是這一要求的限制，胡適治中國哲學史（思想史），需要從一個一個具體的專題研究著手，這自然是頗費時日，以至他終身未能完成一部通論性的中國哲學史。有些學者（如梁漱溟）或以為胡適不懂佛學，故沒能寫完中國哲學史，此說實不能成立。馮友蘭曾明白承認自己的《中國哲學史》有兩個弱點：「第一點是，講佛學失於膚淺。」「第二點是，講明清時代，失於簡略。」[43]如以這兩點來比較胡、馮，胡適可能還要佔上風，尤其是對於中國的禪宗史研究，胡適本人還有不少發明。[44]有些學者（包括馮友蘭）則以為胡適治中國哲學史，過於強調考證，而忽略理解，勞思光甚至說：「胡先生寫這部書有一個極大的缺點，就是，這部書中幾乎完全沒有『哲學』的成分。」「我們如果著眼在中國哲學史的研究風氣中，則我們固可以推重胡先生作品，承認它有開風氣的功用，但若以哲學史著作應具的條件來衡度胡先生這部書本身的價值，則我們只能說，這部書不是『哲學史』，只是一部『諸子雜考』一類考證之作。」[45]話中極盡譏諷之能事，它一方面表明哲學界的學風沿承「宋學」一路的學脈達到了巔峰，因而對胡適的開創之作表現出不屑的態度；一方面說明胡適的「漢學」特點和因這一特點所表現的拘謹，多少束縛了他對「義理」一面的極度挖掘。無論如何，由於胡適在學風上

---

[42] 參見《臺北商務印書館影印本淮南王書·序》，收入《胡適文集》第 6 冊，第 617 頁。

[43] 馮友蘭：《三松堂自序》第五章〈三十年代〉，收入《三松堂全集》第 1 冊，鄭州：河南人民出版社，1985 年 9 月版，第 210 頁。

[44] 有關胡適禪宗史研究的學術價值的評述，參見樓宇烈：〈胡適禪宗史研究評議〉，收入耿雲志編：《胡適評傳》，上海：上海古籍出版社，1999 年 7 月版，第 501-508 頁。

[45] 勞思光：〈論中國哲學史之方法〉，收入韋政通編：《中國思想史方法論文選集》，臺北：大林出版社，1981 年版，第 176-177 頁。

過於拘泥「漢學」的嚴謹，加上背負盛名的包袱，不敢隨意鋪陳通論性的中國哲學史，致使他一生未能如願完成一部完整的《中國哲學史》或《中國思想史》，以致屢遭人詬病。

從學術環境來看，中國哲學界在二十世紀二十年代以後發生了極大的變化，1925 年 4 月中國哲學會成立，中國哲學工作者開始有了自己相互探討、相互切磋的學術組織；1926 年清華大學創設哲學系，先後聘請金岳霖、馮友蘭為系主任，他們以成為「一個東方的劍橋派」相標榜，這無異是在北大派之外別樹一幟；1927 年瞿菊通、黃子通諸人創刊《哲學評論》，這是第一家專門性質的哲學刊物，它實際由馮友蘭負責主編；1941 年中國哲學會西方哲學名著編譯委員會成立，對西方哲學的譯介被納入科學化、組織化的管理；這些機構和組織的成立，對促進中國哲學的專業化建設有著極為重要的作用。但這些哲學界的新資源，由於胡適抗戰時期長期出國在外而漸漸疏遠，與馮友蘭的關係則越來越密切，並逐漸成為後者為代表的現代新儒家的主要陣地。這對胡適來說，顯然失去了其應有的與哲學專業人士對話的渠道。二十世紀三十年代以後的中國哲學界，或借助革命的風潮向左朝著馬克思主義方向發展，或利用文化民族主義的傳統資源向右向現代新儒家這一方向演變。胡適夾在二者中間，沒有能夠建構起自己的哲學理論體系，一味地繼續念「實驗主義」這本經，與他在政治上構築的自由主義群體和在史學上形成的北大——史語所派相比，在哲學領域，他可以說是勢不成軍，相對孤立，故在他之後，實驗主義幾無傳人。

本文為陳來主編「北大哲學門經典文粹」叢書所編《胡適選集》一書所寫的〈前言〉，收入中國文庫第三輯《胡適選集·前言》（長春：吉林人民出版社，2008 年 1 月版）。

胡適與道家

　　道家作為中國傳統重要學派之一，吸引了近代眾多學者的研究興趣。他們或承繼清季樸學傳統，對道家代表及其經典著作進行考證和注釋；或固守道家立場，弘揚原道精神，以與新儒家抗衡；或將西方近代思想觀念、方法與道家思想交融互釋，尋求道家思想的現代意義，這些不同視角的研究從不同方面促進道家研究和道家精神的新發展。

　　胡適對道家的研究屬於他的中國思想史（哲學史）的一部分。他有關道家的研究在學術界產生一定影響或引起爭議的主要有三個問題：（一）關於老子的年代考證和確認。（二）關於道家源流的梳理。（三）關於道家思想的現代意義。應當說明的是，胡適雖然說不上是「新道家」這一類人，但道家思想的確對胡適的人生態度和政治思想有不小的影響，構成他思想的重要來源。因此，這一課題研究實際上具有雙重的意義，一方面我們可以透視現代學人（以胡適為中心）在道家歷史與思想研究中的新問題、新思路；一方面我們可以從中窺探胡適治中國思想史的特點和他本人思想的傳統來源。前者屬於道家學術史的範疇，後者則進入了「胡適學」的研究範圍。

一、老子的年代問題及其考證方法

　　關於胡適與老子（《老子》）的年代問題，趙潤海先生曾發表一篇〈胡適與《老子》的時代問題———一段學術史的考察〉，趙文對胡適與梁啟超、顧頡剛等人的論爭，作了平實而有條理的敘述。其結語中特別提到：胡適在整個《老子》時代問題的討論中逐漸由一個被動的示範者，被迫反省、修正，然後率先從盲目的疑古潮流中跳

脫出來,走向一條更圓融的治學道路。表面上看來,是走回到乾嘉考據之學的老路,事實上,他所走的只是清末今文家的學風走到盡頭之後,必然要走的道路。[1]趙文的這一觀點大體與近年學術界對「古史辨」運動的檢討有其契合之處,[2]而他所作的分析和得出的結論,對我們進一步分析這一學案提供了一條新的思路。這裏我想以此為基礎,就這一論爭所涉及的治史方法的問題,提出自己的一管之見。

胡適在歷史(包括哲學史)研究中與一般學者有一不同的地方:即他重視治史方法,這大概與他對自己在學術界擔當的角色的認同有關。他作為學術界一個富有影響力的人物,他的學術研究不單是解決具體的個案問題,而且應具有普遍的示範意義。他對治史方法的探討不僅表現在他談治學方法的文章中,如前期的〈清代學者的治學方法〉和後期的〈治學方法〉;而且體現在他的具體個案研究中,如前期《紅樓夢》考證和後期的《水經注》考證。胡適對老子(《老子》)的年代問題的考察,實際上也是他對治史方法探索的一個成果。

胡適最早是從思想線索的角度論述他的「老先孔後」的看法。1917 年 9 月,他發表於《留美學生季報》雜誌中的〈先秦諸子進化論〉(改定稿)一文的「結論」中說:「先秦諸子的進化論如今說完了,仔細看來,這幾家的學說雖然不同,然而其間卻有一線淵源不斷的痕跡。先有老子的自然進化論,打破了『天地好生』,上帝『作之君作之師』種種迷信。從此以後,神話的時代去,而哲學的時代來。孔子的『易』便從這個自然進化上著想。不過老子以為若要太平至治之世,須毀壞一切文明制度。『損之又損,以至於無為,無為而無不為』。孔子卻不然。孔子以為變易的痕跡,乃從極簡單的漸漸變成極繁賾的,只可溫故而知新,卻不可由今而反古,這個就比老子進一層了。後來列子、莊子都承認這個『由簡而繁』的進化公式……

---

[1] 趙潤海:〈胡適《老子》的時代問題〉,收入《胡適與現代中國文化轉型》,香港:中文大學出版社,1994 年版。

[2] 有關「古史辨」的討論,八十年代以後的重要研究文獻有:王汎森:《古史辨運動的興起——一個思想史的分析》,臺北:允晨文化實業股份有限公司,1993 年 8 月版。李學勤:〈走出「疑古時代」〉,載《中國文化》第七期,北京:1992 年 11 月。

所以列子、莊子的進化論，較之孔子更近科學的性質。」[3]後來胡適論及「思想線索論證法」的危險性時，說這種方法自己是「始作俑者」，[4]大概說的就是這篇文章使用的方法。

1917 年胡適在提交的博士論文《先秦名學史》中，第一次設定老子的生年約為西元前 590 年。孔子的生年是西元前 551 年，「據傳他曾於西元前 518 年拜訪過老子，並在其門下學習過一段時間」。[5]胡適這裏立論的根據顯然是依據《史記》中的〈老莊申韓列傳〉和〈孔子世家〉。根據這一時序，他將老子放在孔子之前進行討論。

胡適來北大任教後，在哲學門擔任「中國哲學史大綱」一課。課後他將自己的講稿整理成書，1919 年商務印書館正式出版他的《中國哲學史大綱》（卷上）。該書專闢〈第三篇　老子〉，內中〈一，老子略傳〉和〈二，《老子》考〉兩節，詳細討論了老子的生平和《老子》一書。關於老子的生平，胡適除了列舉《史記》中的〈孔子世家〉和〈老莊申韓列傳〉外，又據《左傳》「孟僖子將死，命孟懿子與南宮敬叔從孔子學禮（昭七年）」的記載，[6]和清代學者閻若璩〈四書釋地續〉一文的考證，再次確認「孔子適周，終在他三十四歲以後，當西曆紀元前 518 年以後。大概孔子見老子在三十四歲（西曆前 518 年，日食）與四十一歲（定五年，西曆前 511 年，日食）之間。老子比孔子至多不過大二十歲，老子當生於周靈王初年，當西曆前 570 年左右」。[7]關於《老子》一書，胡適認為，「今所傳老子的書，分上下兩篇，共八十一章。這書原來是一種雜記體的書，沒有

---

[3]　胡適：〈先秦諸子進化論〉，原載 1917 年 1 月《科學》第三卷第一期。1917 年 9 月《留美學生季報》秋季第三號發表該文的改定稿。收入歐陽哲生編：《胡適文集》第 9 冊，北京：北京大學出版社，1998 年 11 月版，第 770 頁。此稿現行的各種新編《胡適哲學思想資料選》（華東師大出版社版）、《胡適學術文集・中國哲學史卷》（中華書局版）均未見採用，改定稿主要修改了有關荀子和韓非子、李斯兩章，修改內容因與本文無關，故不贅述。

[4]　胡適：〈評論近人考據《老子》年代的方法〉，《胡適論學近著》第一集卷一。《胡適文集》第 5 冊，第 86 頁。

[5]　參見胡適：《先秦名學史》第一編〈歷史背景・四〉、第二編〈孔子的邏輯・傳略〉，《胡適文集》第 6 冊，第 21、27 頁。

[6]　《中國古代哲學史》第三篇《老子》，《胡適文集》第 6 冊，第 193 頁。

[7]　《中國古代哲學史》第三篇《老子》，《胡適文集》第 6 冊，第 193-195 頁。

結構組織。今本所分篇章,決非原本所有。」他還指出:「章太炎推
崇《韓非子》〈解老〉、〈喻老〉兩篇。其實這兩篇所說,雖偶有好的,
大半多淺陋之言……但這兩篇所據《老子》像是古本,可供我們校
勘參考。」[8]這裏,胡適對老子和《老子》一書的年代確認顯然是儘
量採用前人已有的材料和清代學者的結論。對於胡適這部書,蔡元
培在序中特別提到該書所使用的「證明的方法」,稟有「漢學」的遺
傳性。[9]

胡適「老子先於孔子」一說不過是沿承了清人的一種說法,不
同的是,他將那個神仙化了的「老子」還原為哲學家的老子,這在
中國思想史(哲學史)的研究中實為一大創舉。胡適的說法首先引
起梁啟超的反對。1921 年 3 月 4 日,梁氏到北京大學演講〈評胡適
之《中國哲學史大綱》〉,其意除了闡述自己新近發現的「《老子》書
作於戰國之末」的觀點外,無疑還隱含有報自己的「一箭之仇」的
雜念。此前,梁啟超曾將自己所寫《墨經校釋》請胡適寫序,梁氏
的想法大概是借胡適這位新秀的手來為自己捧場,沒想到胡適「因
他虛懷求序,不敢不以誠懇的討論報他厚意,故序中直指他的方法
之錯誤」。[10]此舉頗使梁任公不滿,書出版時,他將胡適的序置於書
後,而將自己的答書放在書前。北大學生聞說此事,有意請任公來
演講,以添熱鬧,[11]遂出現了上述這一幕。

梁啟超立論的主要論據為:第一,《史記‧老莊申韓列傳》所記
「實在迷離惝恍」,一個「老子」有三個化身,「第一個是孔子問禮
於老聃,第二個是老萊子,第三個是太史瞻」。此篇半是神話半是人
話,但「前輩的老子八代孫,和後輩的孔子的十三代孫同時,未免
不合情理」。第二,《史記》中的「老子若龍」一段,其他書均未提,
《墨子》和《孟子》也未提。第三,據《禮記‧曾子問篇》記述老

8　《中國古代哲學史大綱》第三篇《老子》,《胡適文集》第 6 冊,第 195 頁。
9　蔡元培:《中國古代哲學史‧序》,收入《胡適文集》第 6 冊,第 155 頁。
10　《胡適的日記》(手稿本)第八冊,臺北:遠流出版公司,1990 年 12 月版。
11　參見周谷城:〈蔡元培與北京大學〉,收入《論蔡元培》,北京:旅遊教育出版
　　社,1989 年版,第 13 頁。

子的五段話看來,「老聃是一位拘謹守禮的人,和五千言的精神,恰恰相反」。第四,《史記》中的那些神話「可以說十有八九是從《莊子》中〈天道〉、〈天運〉、〈外物〉三篇湊雜而成。那些故事,有些說是屬於老聃,有些說是屬於老萊子,《莊子》寓言十九,本就不能拿作歷史譚看待」。第五,「從思想系統上論,《老子》的話太自由了,太激烈了……不大像春秋時人說的;果然有了這一派議論,不應當時的人不受他的影響,我們在《左傳》、《論語》、《墨子》等書裏頭,為什麼找不出一點痕跡呢?」第六,從文字語氣上看,《老子》書中所用一些詞彙和語氣,都不似春秋時代的用語。梁啟超結語曰:「胡先生對於諸子年代,考核精詳,是他的名著裏頭特色之一,不曉得為什麼像他這樣勇於疑古的急先鋒,忽然對於這位『老太爺』的年代竟自不發生問題?」[12]

梁啟超振振有詞,不過,在這裏他將老子的年代問題轉換成《老子》一書(實際上是後人看到的本子)的時代問題。後來附和他的意見的論者沿承此法;梁氏的另一影響是他在材料欠缺的情況下,採用疏證的方法,來支持自己的觀點。

梁文發表後,引起了各種議論,《古史辨》第四冊彙集了這些討論文字。與梁啟超同調者中引人注目的有顧頡剛、馮友蘭、錢穆三人。顧頡剛在 1923 年 2 月 25 日給錢玄同的信中說:「《老子》決當如梁任公先生說,是戰國末年的書。」[13]他還於梁舉的證據之外,又得兩個證據:其一,戰國後期,盛行「經」體著作,《老子》即為此類著作;其二,《老子》痛恨聖智,與《莊子·胠篋》、《韓非子》中的〈五蠹〉、〈顯學〉雖歸宿不同,而出發點則一。到了 1932 年,顧頡剛寫成〈從《呂氏春秋》推測《老子》之成書年代〉一文,顧氏原持「經」體說被「賦」體說取代,在比較《荀子》與《老子》內容的時候說:「此等文辭實與《老子》同其型式,即此可以推知

---

[12] 梁啟超:〈論老子書作於戰國之末〉,收入顧頡剛:《古史辨》第 4 冊,上海古籍出版社,1982 年 8 月版,第 305-307 頁。

[13] 顧頡剛:〈論《詩經》經歷及《老子》與道家書〉,《古史辨》第 1 冊,上海古籍出版社,1982 年 3 月版,第 56 頁。

《老子》一書是賦體寫出的；然而賦體固是戰國之末的新興文體呵！」[14]

1931 年，馮友蘭出版《中國哲學史》一書，亦將《老子》歸到戰國時的作品，他列舉了三個證據：第一，「孔子以前，無私人著述之事，故《老子》不能早於《論語》」。第二，「《老子》之文體，非問答體，故應在《論語》、《孟子》後」。第三，「《老子》之文，為簡明之『經』體，可見其為戰國時之作品」。[15]在另一文中，他還說到：「就是現在所有的以《老子》之書是晚出之諸證據，若只舉一，則皆不免有邏輯上所謂『丐辭』之嫌。但合而觀之，則《老子》一書之文體、學說，及各方面之旁證，皆可以說《老子》是晚出，此則必非偶然也。」[16]

1930 年 12 月，錢穆在《燕京學報》上發表自己民國十二年的舊作〈關於《老子》成書年代之一種考察〉也提出類似的看法。他認定：「以思想發展之進程言，則孔墨當在前，老莊當在後。否則老已先發道為帝先之論，孔墨不應重為天命天志之說，何者？思想上之線索不如此也。」[17]

仔細推敲上述幾家的論證，他們都有一個共同之處：即在直接材料缺乏的情況下，儘量採用相關的輔助材料（旁證）和自己設定的知識前提，作為證據支持自己的觀點，這實際上是一種梳理證明的方法。對於這些相反的意見，胡適在〈與馮友蘭先生論《老子》問題書〉、〈與錢穆先生論《老子》問題書〉和〈評論近人考據《老子》年代的方法〉等文中作了回應。大概是由於不自覺地受到對手思維的牽引，胡適也將問題放到《老子》的年代問題上，對論敵所提的論據從實證到方法都提出了自己的反駁。不過，值得注意的是，胡適通過檢討對手和自己的研究，對自己的考據學方法重新作了說明。

---

[14] 顧頡剛：〈從《呂氏春秋》推測《老子》之成書年代〉，《古史辨》第 4 冊，第 481 頁。

[15] 馮友蘭：《中國哲學史》上冊，第八章〈《老子》及道家中之《老》學〉，《三松堂全集》第 2 冊，鄭州：河南人民出版社，1988 年版，第 162 頁。

[16] 馮友蘭：〈老子年代問題〉，收入《古史辨》第 4 冊，第 421 頁。

[17] 錢穆：〈關於《老子》成書年代之一種考察〉，原載 1930 年 12 月《燕京學報》第八期。又收入《古史辨》第 4 冊，第 387 頁。

　　本來胡適在《中國哲學史大綱》第一篇〈導言〉裏曾花了相當篇幅討論審定哲學史料的方法。他把哲學史的史料分為原料和副料，而審定史料之法可分五端：（一）史事，（二）文字，（三）文體，（四）思想，（五）旁證。[18]胡適對老子年代的認定實際上即是依此法推斷。[19]他的論敵的結論似乎也不離此法。但到了他發表〈評論近人考據《老子》年代的方法〉時，胡適對於孤立運用其中一種方法可能引起的誤判提出了尖銳的批評，他首先批評馮友蘭的「丐辭」說，認為「在論理上，往往有人把尚待證明的結論預先包含在前提之中，只要你承認了那前提，你自然不能不承認那結論了：這種論證叫丐辭」。但邏輯上的所謂「丐辭」不能成為定案的證據，而「馮友蘭先生提出了三個證據，沒有一個不是這樣的丐辭」。然後，胡適將梁啟超、顧頡剛、馮友蘭、錢穆諸人在方法論上的錯誤分成兩組：第一組是「思想系統」或「思想線索」，第二組是文字、術語、文體。最後，胡適對顧頡剛的〈從《呂氏春秋》推測《老子》之成書年代〉一文所舉的兩條理由給予反駁，這裏實際上是就如何使用旁證問題展開討論。

　　顯然，受當時條件的限制，胡適尚無法拿出新的材料，或更多的最直接的證據來論證自己的觀點，但他意識到一種危險的情勢正挾持「疑古」之風蔓延開來。故從他這篇文章的立意來看，主要是反對在考證史實中以疏證代替實證的做法，有一分證據說一分話，有七分證據不說八分話。對於證據不足者，寧肯懸而不斷，或尊重古說。從這個意義說，胡適這時已對原來的「疑古」立場謹慎地保留。故他在文後說：

　　　　我至今還不曾尋得老子這個人或《老子》這部書有必須移到戰國或戰國後期的充分證據，在尋得這種證據之前，我們只能延長偵查時期，展緩判決的日子。

18　《中國古代哲學史》第一編〈導言‧哲學史的史料〉，《胡適文集》第 6 冊，第 175-176 頁。
19　參見胡適：《先秦名學史》、《中國古代哲學史》有關老子的論述。

懷疑的態度是值得提倡的，但在證據不充分時肯展緩判斷（Suspension of judgement）的氣度是更值得提倡的。[20]

胡適對「疑古」的保留，據顧頡剛回憶是在 1929 年，「那時胡適是上海中國公學的校長，我去看他，他對我說：『現在我的思想變了，我不疑古了，要信古了！』」[21]胡適在此後所作的〈說儒〉明顯帶有這種痕跡。為什麼胡適會從原來鼓勵「疑古」的立場遊離出來？我以為，這只能從他對治史方法的取向中去尋找，實際上他不管是先前的「疑古」也罷，還是後來有分析地「信古」也好，其基本原則並未改變，這就是尊重史料和證據。這一立場貫徹到底，在方法上必然是對疏證的拒斥，對實證的認同。

有意思的是，作為胡適的宿敵的郭沫若，在 1944 年 9 月寫作的〈稷下黃老學派的批判〉一文中，卻支持胡適的觀點，大概他敏感到《老子》一書給論爭投下的陰影，所以他有意將老子和《老子》區別開來。他說：

> 老聃的存在，近年來又大成了問題。原因是一向被傳為老子所著的《道德經》被近人發覺著充滿了戰國時代的色彩，故書必晚出。因而作者的老聃也就不得不成為疑案了。漢初的「老子是誰」的問題又復活了起來，……至今都還爭辯未決。但據我的看法，《老子》其書是一個問題，老子其人又是一個問題。這兩者在漢代和現時代似乎都被含混了。《道德經》晚出是不成問題的，在我認為就是環淵所著的《上下篇》……至於老聃本人，在秦以前是沒有發生過問題的，無論《莊子》、《呂氏春秋》、《韓非子》以至儒家本身，都承認老聃有其人而且曾為孔子的先生，我看這個人的存在是無法否認的。[22]

[20] 胡適：〈評論近人考據《老子》年代的方法〉，《胡適文存》第四集卷一。《胡適文集》第 5 冊，第 102 頁。
[21] 顧頡剛：〈我是怎樣編寫《古史辨》的？〉，《文史哲學者治學談》，第 95 頁，長沙：岳麓書社，1983 年 1 月版。
[22] 郭沫若：〈稷下黃老學派的批判〉，《郭沫若全集》（歷史編）第 2 卷，北京：

近年戰國秦漢時期簡帛佚籍的大量出土，其中 1973 年底在長沙馬王堆三號墓出土的帛書——《老子》甲乙兩本和《黃帝書》，為研究早期道家的歷史和重勘《老子》的年代，提供了新的材料。著名學者陳鼓應、李學勤根據這些新的材料（特別是《黃帝書》）再次確認老子早於孔子，《老子》一書不會晚於戰國早期。[23]1993 年冬郭店竹簡本《老子》的出土，為人們進一步深入研究《老子》提供了更早更古的可靠的材料，一般論者均認定簡本《老子》要比帛書《老子》提前了大約一個世紀左右的時間。[24]胡適當年的立論又得到了新的佐證和強有力的支持。

從胡適有關老子的年代考證中，我以為最大的收穫還不是胡適再次確認老子是春秋晚期的人，或「老子先於孔子」這一結論，而是胡適所堅持的治史方法。現代學者可能由於缺乏材料，在古史研究中採用「疏證」，以填補史料不足所出現的空間，這種做法常為一些訓練有素的學者所用，胡適感到這種做法很危險，故他從這一論爭中引申出要堅持實證的結論。我以為從治史方法的角度而言，這是繼前此王國維提出的「二重證據法」後，給人們的又一重要啟示，不理解這一點，就不能把握胡適寫作〈評論近人考據《老子》年代的方法〉一文的真實動機。

二、道家的源流

胡適的治史傾向明顯受到清代樸學方法和西方歷史學中實證方法的影響，這是眾所周知的事實。胡適的治史特點反映在他的先秦

人民出版社，1982 年 9 月版，第 158 頁。

23　參見陳鼓應：〈老學先於孔學〉，收入氏著《老莊新論》，香港：中華書局，1995 年版。陳鼓應：〈關於《黃老帛書》四篇成書年代等問題的研究〉，收入《馬王堆漢墓研究文集》，長沙：湖南出版社，1994 年版。李學勤：〈申論《老子》的年代〉，載《道家文化研究》第六輯，上海：上海古籍出版社，1995 年 6 月版。

24　有關郭店竹簡《老子》本的研究，參見許抗生：〈初讀郭店竹簡《老子》〉，郭沂：〈楚簡《老子》與老子公案〉等文，均收入《中國哲學》第二十輯《郭店楚簡研究》，瀋陽：遼寧教育出版社，2000 年 1 月二版。

思想史（哲學史）研究中，即是對直接材料的重視，他自始就反對以漢儒的觀點來描述先秦諸子學說和先秦思想史的圖景，他主張依據比較可靠的先秦典籍來重新清理，他有關道家源流的研究大體依循這一思路。

胡適留美期間已開始悉心研讀《老子》。其留學日記中對這方面的情況也有反映。如 1914 年 7 月 7 日有〈讀《老子》——「三十輻共一轂」〉一則。[25]1914 年 8 月 21 日有〈讀《老子》（二）——記韓非〈解老〉、〈喻老〉之章次〉一則。[26]在〈讀《老子》（二）〉中，胡適已注意到：「《老子》一書，注之最早者，莫如韓非矣。其所引《老子》原文之先後，頗不與今本《道德經》同。不知非著書時，初不循原書次第乎？抑其所據本果為古本，而吾人今日所見為後人顛倒更置者乎？蓋未嘗無探討之價值也。」他這則札記將韓非所引《老子》次第與今傳各本稍有異同者，一一錄出，供人們參考。這是現今我們能發現胡適考證《老子》的最早文字。

在 1915 年 8 月 9 日〈老子是否主權詐〉的札記中，胡適注意到國內學者謝無量在《大中華》第六號上發表的〈老子哲學〉一文的下篇。他評論說：「其『宇宙論』極含糊不明，所分兩節，亦無理由。其下諸論，則老子之論理哲學耳，所分細目，破碎不堪。其論『老子非主權詐』一章，頗有卓見，足資參考。」[27]

胡適 1917 年發表〈諸子不出於王官論〉，該文直接針對章太炎「九流出於王官之說」而發。章氏之說「蓋本於劉歆〈七略〉」。在反駁「九流出於王官」時，胡適列舉的第一條理由即「劉歆以前之論周末諸子學派者，皆無此說也」。他所舉四本書《莊子・天下篇》、《荀子・非十二子篇》、司馬談〈論六家要指〉、〈淮南子要略〉，前兩篇均為先秦典籍。他認為「《藝文志》所分九流，乃漢儒陋說，未得諸家派別之實也。古無九流之目，《藝文志》強為之分別，其說多

---

[25]　〈讀《老子》——「三十輻共一轂」〉，《胡適留學日記》卷四。

[26]　〈讀《老子》（二）——記韓非〈解老〉、〈喻老〉之章次〉，《胡適留學日記》卷六。

[27]　〈老子是否主權詐〉，《胡適留學日記》卷十。

支離無據」。章太炎先生《諸子學略說》曰「古之學者多出王官。世卿用事之時，百姓當家則務農商畜牧，無所謂學問也。其欲學者，不得不給事官府，為之胥徒，或乃供灑掃為僕役焉」。[28]胡適則認為「古者學在官府，是一事，諸子之學是否出於王官，又是一事。吾意以為即令此說而信，亦不足證諸子出於王官。蓋古代之王官，定無學術可言」。他的結論是「吾意以為諸子自老聃、孔丘至於韓非，皆憂世之亂而思有以拯濟之，故其學皆應時而生，與王官無涉。」[29]胡適這篇文章雖泛論諸子的起源，但其中當然包括道家。從他的論證中，自然諸子各家均出於王官，這一說法值得商榷，但完全斷然否認，證據似也不易成立。胡適當時立論的其中一個理由是根據自己的西方文化史知識推論而出，即西方近代學術並不是從教會中產生（這實際上也是一種疏證）。而他所提示的「諸子之學皆春秋戰國之時勢世變所產生，其一家之興，無非應時而起」。這一觀點實際上是揭示諸子學說產生的時代背景，它與諸子的文化淵源似還並非一回事。

胡適寫作《中國哲學史大綱》時，其所持的一個獨特觀點是「不承認司馬談把古代思想分作『六家』的辦法」，「不承認古代有什麼『道家』、『名家』、『法家』的名稱」，他這本書裏「從沒有用『道家』二字。因為『道家』之名是先秦古書裏從沒有見過的」。他想「這樣推翻『六家』、『九流』的舊說，而直接回到可靠的史料，依據史料重新尋出古代思想的淵源流變。」[30]這是胡適這本書的一個重要基點。由此出發，胡適對老子、莊子這兩位先秦道家的代表人物的思想雖作了富有現代意義的闡釋，但並未將其歸屬為道家。胡適的《中國哲學史大綱》雖然影響很大，但他的這一獨特處理在以後卻很少見人採納。

胡適對老子哲學思想的介紹主要有五點：（1）「老子哲學的根本觀念是他的天道觀念」，老子以前的天道觀念，都把天看作一個有意

---

[28] 參見章太炎：〈諸子學略說〉，收入湯志鈞編：《章太炎政論選集》上冊，北京：中華書局，1977 年 11 月版，第 287 頁，此段引用胡適標點。

[29] 胡適：〈諸子不出於王官論〉，《胡適文存》卷二。《胡適文集》第 2 冊，第 184-185 頁。

[30] 《中國古代哲學史》臺北版自記，《胡適文集》第 6 冊，第 160 頁。

志，有知識，能喜能怒，能作威作福的主宰。老子的天道觀念一方面「打破古代的天人同類說」，一方面在天地萬物之外，別假設一個自然的「道」，「道常無為」。（2）老子最先發現「道」，但道的觀念太抽象，他又從具體的方面提出「無」，「道與無是萬物的母」，可見道即是無，無即是道。（3）老子是最早提出名與無名的問題。（4）老子在社會政治方面主張「無為放任」。（5）老子的人生哲學是要人無知無欲，「見素抱樸，少私寡欲，絕學無憂」。[31]顯然，胡適以「革命家之老子」冠之，可見其對老子哲學是比較欣賞和推崇的。

胡適對莊子哲學思想的詮釋包括：（1）《莊子》書中的生物進化論。（2）莊子的名學。（3）莊子的人生哲學。與對老子哲學的評價有明顯區別的是，胡適對莊子哲學多持批評態度，他在結論中說：「莊子的哲學，總而言之，只是一個出世主義。因為他雖然與世人往來，卻不問世上的是非、善惡、得失、禍福、生死、喜怒、貧富，……一切只是達觀，一切只要『正而待之』，只要『依乎天理，因其固然』」。「莊子是知道進化的道理，但他不幸把進化看作天道的自然，以為人力全無助進的效能，因此他雖說天道進化，卻實在是守舊黨的祖師。他的學說實在是社會進步和學術進步的大阻力」。[32]從這段評語中看得出來，胡適對莊子思想是貶抑的。但胡適對《莊子》「萬物皆種也」一段的解釋，遭到了章太炎的嚴厲批評。[33]胡適後來在「臺北版自記」中自我檢討道：「此書第九篇第一章論『莊子時代的生物進化論』，是全書裏最脆弱的一章，其中有一節述《列子》書中的生物進化論，也曾引用《列子》偽書，更是違背了我自己在第一篇裏提倡的『史料若不可靠，歷史便無信史的價值』的原則。我在那一章裏述『《莊子》書中的生物進化論』，用的材料，下的結論，現在看來，都大有問題」。[34]實際上是接受了章太炎的意見。

---

[31] 《中國古代哲學史》第三編〈老子〉，《胡適文集》第 6 冊，第 198-207 頁。

[32] 《中國古代哲學史》第九編〈莊子〉，《胡適文集》第 6 冊，第 341-342 頁。

[33] 參見章太炎：〈與胡適論莊子書〉，收入《章太炎學術史論集》，北京：中國社會科學出版社，1997 年 6 月版，第 255 頁。

[34] 《中國古代哲學史》臺北版自記，《胡適文集》第 6 冊，第 159 頁。

胡適對道家源流的系統探索是在 1930 年完成的《中國中古思想史長編》。有意思的是，這部書開首一章是講「齊學」。齊學包括陰陽家、神仙家和道家。胡適認為「古代無『道家』之名，秦以前的古書沒有提及『道家』一個名詞的。『道家』一個名詞專指那戰國末年以至秦漢之間新起來的『黃老之學』，而黃老之學起於齊學。齊學成了道家，然後能征服全中國的思想信仰至二千多年而勢力還不曾消滅」。[35]

有關道家，胡適提出了一些獨特的觀點：（1）關於道家與雜家的關係，胡適認為「雜家是道家的前身，道家是雜家的新名。漢以前的道家叫做雜家，秦以後的雜家應叫做道家」。在胡適看來，司馬談所謂道家，即是《漢書》所謂雜家。先秦未嘗有「道家」之名。「《莊子·天下篇》（不是莊周所作）所舉老聃、關尹、墨翟、禽滑釐、慎到、彭蒙、田駢、宋鈃、尹文、莊周等人，都稱『道術』。道即是路，術是方法，故不論是老聃，是墨翟，是慎到、尹文，他們求的都是一條道路，一個方法，儘管不同，終究可稱為『道術』。故秦以後的思想，凡折衷調和於古代各派思想的，使用這個廣泛的道術原意，稱為『道家』。道家本有包羅一切道術的意義，所謂『因陰陽之大順，採儒墨之善，撮名法之要』是也。故司馬談所謂道家，正是《漢書》『兼儒墨，合名法』的雜家。這是『道家』一個名詞的廣義」。[36]（2）「道家雖然兼收並蓄，但它的中心思想是老子一脈下來所主張的無為而無不為的天道自然變化的觀念」。「因為這個大混合的中心思想在此，所以『道家』之名也可以移到那個中心思想系統的一班老祖宗的身上去，於是老子、莊子一系的思想便也叫做『道家』了。這便是『道家』一個名詞的狹義」。[37]（3）「依司馬談的話，道家是用老子的『無為』思想作中心的大混合，是一個雜家。《漢書·藝文志》的『雜家』有《呂氏春秋》和《淮南王書》，其實這兩部書都可以代表那中心而綜合儒墨陰陽名法各家的道家。故我用《呂氏春秋》來

---

[35] 《中國中古思想史長編》第一章〈齊學〉，《胡適文集》第 6 冊，第 440 頁。
[36] 《中國中古思想史長編》第二章〈雜家〉，《胡適文集》第 6 冊，第 446-447 頁。
[37] 《中國中古思想史長編》第二章〈雜家〉，《胡適文集》第 6 冊，第 447 頁。

代表漢以前的道家，用《淮南王書》來代表秦以後的雜家。其實都是雜家，也都是道家，都代表思想混一的趨勢。」[38]對《呂氏春秋》和《淮南王書》這兩部書在道家發展史上的地位給予了很高的評價。

具體來說，關於《呂氏春秋》，胡適認為該書的主旨在於「法天地」，其意有三「第一是順天，順天之道在於貴生。第二是固地，固地之道在於安寧。第三是信人，信人之道在於聽言。『三者咸當，無為而行』。」《呂氏春秋》用這三大綱「總匯古代的思想」。而「法天地的觀念是黃老一系的自然主義的主要思想」。《呂氏春秋》的政治思想是以此為基礎，「充分發展貴生的思想，側重人的慾望，建立一種愛利主義的政治哲學」。[39]其中亦包含「無知無為的君道論」。《呂氏春秋》「病萬變，藥亦萬變」的道家思想，其實正是司馬談的「與時遷移，應物變化，立俗施事，無所不宜」的道家要旨。而書中思想來源，如十二月令是陰陽家的分月憲法，五德轉移論（〈應同篇〉）完全是鄒衍的話，貴生重己是楊朱一派的貴己主義，孝治之說是儒家的，無為無知的君道論是慎到等人的思想，尚賢主義雜採儒墨之說，反對無欲之說頗近於荀卿，主張不法先王，因時而化，是根據於莊子一派的自然演變論和韓非的歷史演進論的。這一切正是《史記》稱之為「道家」，《漢書》稱之為「雜家」的理由。

關於《淮南王書》，胡適認為：這部書與《呂氏春秋》性質最相似，取材於呂書之處也最多。「但淮南之書編制更精審，文字也更用氣力，的確是後來居上了」。《淮南王書》是繼《呂氏春秋》之後的又一次思想總結。它的出現是適應漢初無為而治的政治的產物。胡適非常推重《淮南王書》，稱「道家集古代思想的大成，而《淮南王書》又是道家的大成」。[40]道家的中心思想是「（一）自然變化的宇宙觀，（二）養生保真的人生觀，（三）放任無為的政治觀」。《淮南王書》對之都作了充分的發揮。首先，道家的中心思想是「那自然無為而無不為的『道』」。《淮南王書》以之為基本思想，「不但是把『道』

---

[38] 《中國中古思想史長編》第二章〈雜家〉，《胡適文集》第 6 冊，第 447 頁。
[39] 《中國中古思想史長編》第二章〈雜家〉，《胡適文集》第 6 冊，第 449、453 頁。
[40] 《中國中古思想史長編》第五章〈淮南王書〉，《胡適文集》第 6 冊，第 512 頁。

看作實有的存在，並且明白規定了他的特性：一是無往而不在；一是萬物所以成的原因；一是纖微至於無形，柔弱至於無為，而無不為，無不成」。[41]其次，道家對無為與有為的關係處理是傾向於「無為而無不為」。而《淮南王書》把這種無為主義應用到人生和政治上去。第三，「《淮南王書》的政治思想，雖然處處號稱『無為』，其實很有許多精義，不是『無為』一個名詞所能包括。約而言之，此書的政治思想有三個要義：一是虛君的法治，一是充分的用眾智眾力，一是變法不拘故常」。[42]第四，道家思想是齊學，受神仙出世之說和陰陽禨祥之說的影響都很大。「《淮南王書》中，這兩種思想都佔重要的地位」。[43]最後，陰陽感應的宗教。「道家出於齊學，齊學之神仙陰陽都掛著黃帝的招牌，故號稱黃老的道家吸收了陰陽家的許多禁忌思想，這是不可避免的」。[44]

對《淮南王書》的思想內容，胡適最欣賞其中的社會政治思想，這實際上也是胡適推重這部書的一個主要原因。

胡適這部《中國中古思想史長編》，無論是從他的行文結構看，還是從他表述的觀點看，實際上是以道家為主幹來貫穿戰國中後期到西漢前期這一段的思想史。胡適的這一處理，除了為這段思想史提供一種新的歷史敘述外，應當說，還表示他對這時期道家思想歷史作用的重視。事實上，後來他在演講中多次提及這一點。

1934 年，胡適發表了一篇〈說儒〉。本來這是一篇論述儒家起源的文字。然其中涉及儒道的關係，故也論到老子的歷史定位。〈說儒〉有些觀點是針對章太炎的《國故論衡》而發，《國故論衡》中有〈原道〉三篇，其上篇之末有注語云：「儒家法家皆出於道，道則非出於儒也」。照章太炎此語，儒家不過是道家的一個分派。胡適不同意章氏的這一觀點。他的新見是：老子「不過是代表那六百年以來柔道取容於世的一個正統老儒；他的職業正是殷儒相禮助葬的職

41　《中國中古思想史長編》第五章〈淮南王書〉，《胡適文集》第 6 冊，第 514 頁。
42　《中國中古思想史長編》第五章〈淮南王書〉，《胡適文集》第 6 冊，第 531 頁。
43　《中國中古思想史長編》第五章〈淮南王書〉，《胡適文集》第 6 冊，第 538 頁。
44　《中國中古思想史長編》第五章〈淮南王書〉，《胡適文集》第 6 冊，第 552 頁。

業，他的教義也正是《論語》裏說的『犯而不校』、『以德報怨』的柔道人生觀。古傳說裏記載著孔子曾問禮於老子，這個傳說在我們看來，絲毫沒有可怪可疑之點。……孔子和老子本是一家，本無可疑。後來孔老的分家，也絲毫不足奇怪。老子仍舊代表那隨順取容的亡國遺民的心理，孔子早已懷抱著『天下宗予』的東周建國的大雄心了」。[45]胡適的這個觀點可能是受到《韓非子‧顯學》篇中「世之顯學，儒、墨也」一語的影響，故〈說儒〉一文是從儒、墨兩系來把握先秦思想脈胳。實際上，在文後結語中，他也只是提及儒、墨先後興起的過程。1993 年郭店楚簡《老子》本的出土，其中為論者們注意到的一點，即是簡本《老子》沒有今本《老子》中非黜儒家之語，從而引起了學者們對早期儒道之間關係的重新探討的興趣，其實胡適當年在〈說儒〉中所表述的觀點，對我們認識這一問題應有參考之助。

胡適上述對道家源流的勾勒和對道家思想的闡釋，不無缺陷甚至問題，如他將老子歸類為儒家，對莊子思想消極意義的理解，但在強調思想史（哲學史）研究應依據歷史原型和挖掘道家思想的現代意義這方面來說，胡適的確表現了他的特長，在同時代的思想史（哲學史）研究中，可以說是鮮見的範例。

三、道家思想的現代意義

道家構成胡適思想史研究的一個組成部分，道家思想亦構成胡適本人思想的一個重要傳統來源。

胡適一生非常重視從道家思想中吸取養料。早在 1906 年 9 月，胡適在上海中國公學讀書，當時具有革命傾向的《競業旬報》創刊，他應約給該刊撰稿，他寫作《四十自述》提及此事時說：「第一期裏有我的一篇通俗〈地理學〉，署名『期自勝生』。那時候我正讀《老子》，愛上了『自勝者強』一名話，所以取了個別號叫『希強』，又

---

[45] 〈說儒〉，《胡適文存》第四集卷一。《胡適文集》第 5 冊，第 60 頁。

169

自稱『期自勝生』」。[46]據他晚年回憶:「老子對我幼年的思想影響很深。記得我在 1909 年(清宣統元年,己酉)作了一首詠〈秋柳〉的詩。這是一首絕句,在這詩前的小序上,我寫道:「秋日適野,見萬木皆有衰意。而柳以弱質,際茲高秋,獨能迎風而舞,意態自如。豈老氏所謂能以弱者存耶?感而賦之。」[47]他講的這首詩原文是:

> 但見蕭颸萬木摧,尚餘垂柳拂人來。
>
> 西風莫笑長條弱,也向西風舞一回。

胡適留美的第四年,正逢第一次世界大戰爆發,他研讀《老子》,受老子的「不爭」思想影響很大。「老子主張『不爭』(不抵抗)。『不爭』便是他在耶穌誕生五百年之前所形成的自然宇宙哲學之一環。老子說:『夫惟不爭,故天下莫能與之爭!』他一直主張弱能勝強,柔能克剛。老子總是拿水作比喻來解釋他底不抵抗哲學。老子說:『天下莫柔弱於水,而攻堅強者,莫之能先!』」[48]老子的「不爭」和墨子的「非攻」,教友派基督徒的基本信仰成為這時在他心中佔有主導地位的和平主義思想的主要來源。

在寫作《先秦名學史》時,胡適已獲得了兩個重要認識:一是在研究對象上,他認為「中國哲學的未來,似乎大有賴於那些偉大的哲學學派的恢復,這些學派在中國古代一度與儒家學派同時盛行」。「在這些學派中可望找到移植西方哲學和科學最佳成果的合適土壤。」[49]他特別提到「關於方法論問題,尤其是如此。如為反對獨斷主義和唯理主義而強調經驗,在各方面的研究中充分地發展科學的方法,用歷史的或者發展的觀點看真理和道德,我認為這些都是西方現代哲學的最重要的貢獻,都能在西元前五、四、三世紀中那些偉大的非儒學派中找到遙遠而高度發展了的先驅」。[50]正是從這一

---

[46] 《四十自述‧在上海(二)》,《胡適文集》第 1 冊,第 86 頁。

[47] 唐德剛譯注:《胡適口述自傳》,臺北:傳記文學出版社,1986 年版,第 58 頁。

[48] 唐德剛譯注:《胡適口述自傳》,臺北:傳記文學出版社,1986 年版,第 57 頁。

[49] 胡適:《先秦名學史》,〈導論 邏輯與哲學〉,《胡適文集》第 6 冊,第 11 頁。

[50] 胡適:《先秦名學史》,〈導論 邏輯與哲學〉,《胡適文集》第 6 冊,第 11 頁。

認識出發，他對非儒學派的「名學」作了較多的挖掘，內容幾乎佔全書篇幅的三分之二。如其中論及老子的哲學思想時，胡適盛讚老子「是古代中國的普羅塔哥拉。在他身上，我們可以找到啟蒙年代精神的體現。他是他那個時代的最大批評者，並且他的批評總是帶破壞性的和反權威性的」。不過，「雖然老子的思想是破壞的和虛無主義的，但是在他的哲學中有某種東西超出了他的偶像破壞和虛無主義，而且可能為後來的哲學家，特別是孔子，建立他們的建設性體系提供了基礎」。在這些建設性因素中，對孔子產生影響的有：（1）老子的時間和變化的概念。即天下萬物生於有，而有生於無。「在這一虛無主義的觀點背後，可以看出他的作為連續過程的變化的觀念」。（2）老子「殘缺不全的知識理論」，「有時他似乎主張：由累積的學習得來的知識和智慧，就真正的『道』來說，是沒有什麼用的。真的知識的獲得僅在於一個人如此簡化或減少他的願望和欲望，以達到自然的無所斷定的目標（見四十八章）」。「這樣一個知識觀念正好說明那個時代鼓吹個人智力的趨勢。」[51]

　　二是在研究方法上，他強調用中西互釋的方法來研究中國哲學。他說：

> 新中國的責任是借鑒和借助於現代西方哲學去研究這些久已被忽略了的本國的學派。如果用現代哲學去重新解釋中國古代哲學，又用中國固有的哲學去解釋現代哲學，這樣，也只有這樣，才能使中國的哲學家和哲學研究在運用思考與研究的新方法與工具時感到心安理得。[52]

正是基於這一認識，在論及老子的思想時，胡適如是說道：「他的自然的概念相似於霍伯特·斯賓塞的觀點。『天地不仁，以萬物為芻狗。』他借著類比，加上一句：『聖人不仁，以萬物為芻狗』（五章）。這種

---

[51] 胡適：《先秦名學史》，第一編〈歷史背景·五〉，《胡適文集》第6冊，第25-26頁。
[52] 胡適：《先秦名學史》，〈導論　邏輯與哲學〉，《胡適文集》第6冊，第11頁。

從嚴酷的自然律到政治上的放任自流學說的演變，正是斯賓塞所做過的。」[53]

胡適十分推崇老子「無為」的社會政治思想。在《中國哲學史大綱》中，他將其提高到一個特殊的高度，稱之為「革命家之老子」。他講老子的哲學思想，首先是從講解老子的政治哲學開始，足見其對之重視。胡適認為，老子「反對有為的政治，主張無為無事的政治」，這是當時政治的反動。「凡是主張無為的政治哲學，都是干涉政策的反動。因為政府用干涉政策，卻又沒干涉的本領，越干涉越弄糟了，故挑起一種反動，主張放任無為」。「老子的無為主義，依我看來，也是因為當時的政府不配有為，偏要有為；不配干涉，偏要干涉，所以弄得天下多忌諱而民彌貧；民多利器，國家滋昏；法令滋彰，盜賊多有」。「老子對那種時勢，發生激烈的反響，創為一種革命的政治哲學」。[54]

胡適在《中國中古思想史長編》中，對於《淮南王書》的政治思想，主要是「虛君的法治」、「充分的用眾智眾力」、「變法而不拘故常」極表讚賞。依胡適的眼光看來：他特別提到《淮南王書》「無為」政治哲學所包含的民治主義思想因素。其一，「虛君之政治，君主不但不輕於為暴，並且要不輕於施恩惠。必須能『重為惠，若重為暴』，然後可以做到慎到所謂『動靜無過，未嘗有罪』，立憲國家所謂君主不會做錯事，即是此意」。其二，「無為的政治還有一個意義，就是說，君主的知識有限，能力有限，必須靠全國的耳目為耳目，靠全國的手足為手足。這便是『眾智眾力』的政治，頗含有民治的意味」。所謂「無愚智賢不肖，莫不盡其能」（《淮南王書‧主術訓》）的原則即是一個例證。其三，「善否之情日陳於前面而無所還」（《淮南王書‧主術訓》）說明其尊重人民的輿論。其四，「承認統治者與被統治者是對等的，只有相互的報施，而沒有絕對服從的義務」。[55]

---

[53] 胡適：《先秦名學史》，第一編〈歷史背景‧四〉，《胡適文集》第6冊，第23頁。
[54] 《中國古代哲學史》，第三編〈老子〉，《胡適文集》第6冊，第196-197頁。
[55] 《中國中古思想史長編》第五章〈淮南王書〉，《胡適文集》第6冊，第531-534頁。

　　胡適對《淮南王書》的上述看法甚至反映在同時期的其他活動中。如他 1932 年 11 月 27 日南下武漢等地，在武漢大學發表的〈談談中國政治思想〉的演講，其中就涉及《淮南王書》的政治思想。而在 11 月 29 日傍晚他與蔣介石晤面時，送給蔣的見面禮居然是一部《淮南王書》，這不能不說是意味深長的一個舉動。這天，胡適日記中如是記道：「六點半，黎琬（公琰）來，小談，同去蔣宅晚會。同席者孟餘、布雷、立夫。今晚無談話機會，我送了一冊《淮南王書》給蔣先生」。[56]

　　在四、五十年代發表的一些演講和文章中，胡適更是不遺餘力地開掘中國傳統思想（包括道家）的現代意義。1942 年 3 月 23 日，胡適在華盛頓納德克立夫俱樂部（The Radcliffe Club）以〈中國抗戰也是要保衛一種文化方式〉為題演講，其中言及「中國民主思想形成的哲學基礎」時，開首舉例即為「『無為而治』的黃老治術為最高政治形態。老子和他的門人認為，最好的政治，是使人民幾乎不知有政府的存在；而最壞的政治，是人民畏懼政府。所以他主張：『一切聽其自然……無為而無不為』」。[57]

　　1954 年 3 月 12 日在臺灣大學以〈中國古代政治思想史的一個新看法〉為題演講時，提到中國古代政治思想史的幾種觀念——威權與自由衝突的觀念，或四件大事，「第一，是無政府的抗議，以老子為代表。這是對於太多的政府，太多的忌諱，太多的管理，太多的統治的一種抗議。這種中國古代的政治思想，能在世界上佔有一個很獨立的，比較有創見的地位」。「他對政府抗議，認為政府應該學『天道』。『天道』是什麼呢？『天道』就是無為而無不為。這可說是一個很重要的觀念。他認為用不著政府；如果有政府，最好是無為，放任，不干涉，這是一種無政府主義的政府理想：有政府等於沒有政府。如果非要有政府不可，就是無為而治。所以第一件大事，

---

[56] 《胡適的日記》（手稿本）第十一冊，1932 年 11 月 27 日，臺北：遠流出版公司，1991 年版。

[57] 胡適：〈中國抗戰也是要保衛一種文化方式〉，《胡適文集》第 12 冊，第 782 頁。

就是中國政治思想史上第一個放大炮的——老子——的無政府主義。他的哲學學說，可說是無政府的抗議」。胡適還說到：「在西方恐怕因為直接間接的受了中國這種政治思想的影響，到了十八世紀才有不干涉政治思想的影響」。「我頗疑心十八世紀的歐洲哲學家已經有老子的書的拉丁文翻譯本：因為那時他們似乎已經受到老子學說的影響」。[58]像胡適這樣將老子思想在中國政治思想史和世界政治思想史上提升到如此高度，在近人著述中確屬鮮見。

1960 年 7 月 10 日在美國西雅圖華盛頓大學以〈中國傳統與將來〉（The Chinese Tradition and the Future）為題演講，在談到中國文化傳統的第二個階段——「中國固有哲學思想的『經典時代』」，亦即「老子、孔子、墨子和他們的弟子們的時代」。

> 這個時代留給後世的偉大遺產有老子的自然主義的宇宙觀，他的無為主義的政治哲學；有孔子的人本主義，他的看重人的尊嚴，看重人的價值的觀念，他的愛知識，看重知識上的誠實的教訓，他的「有教無類」的教育哲學；還有大宗教領袖墨子的思想，那就是反對一切戰爭，鼓吹和平，表揚一個他心目中的「兼愛」的「天志」，想憑表揚這個「天志」來維護並且抬高民間宗教的地位。

> 中國文化傳統的基本特色，多少都是這個「經典時代」幾大派哲學塑造磨琢出來的。到了後來的各個時代，每逢中國陷入非理性，迷信，出世思想，——這在中國很長的歷史上確有過好幾次——總是靠孔子的人本主義，靠老子和道家的自然主義，或者靠自然主義，人本主義兩樣合起來，努力把這個民族從昏睡裏救醒。[59]

---

[58] 胡適：〈中國古代政治思想史的一個新看法〉，《胡適文集》第 12 冊，第 179、184、185 頁。

[59] 胡適：〈中國傳統與將來〉，《胡適文集》第 12 冊，第 198、199 頁。

他還提到在漢朝的頭幾十年「有意採用無為的政治哲學，使一個極廣大的帝國在政治規模上有了一個盡量放任，尊重自由，容許地方自治的傳統，使這樣一個大帝國沒有龐大的常備軍，也沒有龐大的警察勢力」。對老子和道家的思想在西漢前期以及以後的歷史中所起的作用，作了高度評價。

胡適在上述演講中一再重複自己的觀點，這表明他力圖開掘自由、民主思想的傳統資源，為民主政治在中國生根培植歷史文化土壤，其中老子和道家，可以說是他這一工作中非常重要的組成部分。胡適的這一做法，構成他後期思想較為成熟的一面。

結語

胡適對道家的研究，在中國近現代學術史、思想史上有著極為特殊的示範意義。他鑒於中國歷史材料的複雜性，強調哲學史研究應以實證為基礎，而不能靠疏證來把握；他提出研究先秦思想史應盡量擺脫漢儒的陋見，直接返回到原始材料中去，依據歷史原型進行研究；他注重傳統思想現代意義的開掘，用「中西互釋」的眼光透視中國傳統哲學，凸顯中國思想傳統中被壓抑的自由意識；這是胡適治中國哲學史（思想史）的突出特點，也是值得今人借鑒之處。從二十世紀中國學術的發展實際來看，胡適的這一方向，代表著中國學術比較健康但卻未被充分發展的一個傳統。

載《中國哲學史》1997 年第 4 期。

收入陳鼓應主編：《道家文化研究》第 20 輯當代專輯，

北京：三聯書店，2003 年 9 月出版。

胡適與中美文化交流

　　談到古代中印文化交流，人們會首先想到玄奘。說到中日文化
交流，人們自然會想起鑒真。而要談中美文化交流，胡適則不能不
置於重要的地位。

　　在西方國家中，美國立國時間較短，它與中國接觸的時間也稍
晚。近代以來，由於西方國家在現代化道路上先行一步，中西之間
呈現出新的差距。中西之間的文化交流在相當長一段時間，主要是
以西方文化影響中國為主。掃描美國文化對中國影響最巨者，哲學
上當推實驗主義，政治上則是民主思想，而這二者都與胡適的名字
密不可分。應當說，胡適在中國傳播的「美國經」並不只限於這些，
對它們的成效，中國方面也有著不同的反應和評價。以中國這樣一
個處在社會轉型期的國家來說，這是一種自然而正常的現象。另一
方面，胡適在美國居留了相當長一段時間，他在美國除了完成學業
外，還以其學者、外交官的身份進行了大量活動，他給美國人民解
讀「中國經」，幫助他們理解中國，是美國人民最為信賴的中國朋友。

　　胡適在中美文化交流的雙向影響中所發揮的中介作用，對中美
兩國都有相當的正面性。誠如 Hyman Kublin 教授所說：「胡適博士
是被譽為現代中國的傑出學者、哲學家、教育家之一，他不僅在他
的祖國而且在他曾經工作過數年的美國備受人們的稱讚。」[1]遺憾的
是，由於各種原因，二十世紀的中美關係和中美文化交流曾經歷了
一段曲折、複雜的歷史過程，胡適這一扮演過折衝樽俎的重角，其
個人經歷自然也深深打下了這一複雜關係的烙印。因此，研究胡適

---

[1]　Hu Shih, *The Chinese Renaissance*. Hyman Kublin, Introduction to the Second
　　Edition. Paragon Book Reprint Corp. 1963. New York.

在中美文化交流中的遭遇，對於抱著善意要求發展中美關係和中美文化交流的人們來說，也是一個值得解剖的標本。

一、胡適在美國

1910 年 8 月 16 日，年僅十八歲的胡適作為第二批清華庚款留學生踏上了其赴美留學的旅程。從此開始，一直到他 1962 年 2 月 24 日在臺北逝世，在這五十二年的時間裏，胡適共赴美九次，在美學習、生活、工作，計二十五年，可以說他成年後幾乎有近一半的光陰是在美國度過，因此要研究胡適，不能不研究胡適的這一半。但在相當長一段時間，由於資料的限制，過去出版的數十種胡適傳記、年譜對這一段都語焉不詳，相關的研究論著也對這一問題缺乏系統的、深度的研究。近年來整理、公佈的一些歷史資料，[2]為這一問題的研究提供了諸多新的線索。

這裏，我們先對胡適在美國的經歷做一扼要回溯：

第一次：赴美留學。胡適於 1910 年 8 月 16 日從上海乘「支那號」（S. S. China）輪船赴美，9 月初到達美國舊金山。[3]先在綺色佳（Ithaca）的康乃爾大學習農科，1912 年初轉入文學院。1915 年 9 月 20 日離開綺色佳，21 日抵紐約進入哥倫比亞大學研究院，1917

---

[2] 這方面的文獻有：《胡適駐美大使期間來往電文選》，北京：中華書局，1978 年 3 月版。《胡適來往書信選》（3 冊），北京：中華書局，1979 年 5 月—1980 年 8 月版。《胡適的日記》（2 冊），北京：中華書局，1982 年版。《胡適的日記》（手稿本）十八冊，臺北：遠流出版公司，1990 年。耿雲志主編：《胡適秘藏書信及遺稿》（42 冊），合肥：黃山書社，1994 年 12 月版。周質平主編：《胡適英文文存》（3 冊），臺北：遠流出版公司，1995 年 5 月版。周質平編譯：《不思量自難忘——胡適給韋蓮司的信》，臺北：聯經出版公司，1999 年 12 月版。周穀編著：《胡適、葉公超使美外交文件手稿》，臺北：聯經出版公司，2001 年 12 月初版。周質平編：《胡適未刊英文遺稿》，臺北：聯經出版公司，2001 年版。

[3] 關於此次乘船赴美的情形，參見胡適：〈追想胡明復〉，收入《胡適文存三集》卷九。趙元任在其〈趙元任早年回憶〉中亦有記載，參見趙新那、黃培雲：《趙元任年譜》，北京：商務印書館，1998 年 12 月版，第 58 頁。

年 6 月 14 日離開綺城經加拿大溫哥華乘船返國。歷時六年零十月。關於胡適的留學情形和經歷，《胡適留學日記》有較為詳盡的紀錄，胡適晚年所作的英文口述自傳亦有近一半的篇幅述及這段歷史。[4]他留學的康乃爾大學、哥倫比亞大學至今還保存了他的一些與學業有關的檔案。胡適晚年回憶這段歷史時，特別提到這段生活經驗對他成長的深刻影響：一，與各種不同種族和不同信仰（特別是基督教）人士的密切接觸，這是他美國經驗的一部分，也是他對美國生活方式的瞭解。二，對美國政治的興趣和對美國政治制度的研究，決定了他對民主政治的態度，也決定了他對政治的態度──不感興趣的興趣。三，對世界主義、和平主義和國際主義的信仰，使得他能從一個新的高度觀察世界。四，在哥倫比亞大學接觸到全美最有影響的一批文科教授，特別是杜威教授的授課，決定了他終身對實驗主義的信奉。五，在治學方法上，他逐漸領悟中國清代的考據方法和西方歷史學重證據的實證方法，基本上形成一套自己終身受用的治學方法。另外，在美國的數百次演講，給了他一個訓練口才的絕好機會，訓練了一種不易在當時中國那種比較封閉的社會所具有的技能──演講，這一點對他也十分重要，胡適利用演講這一技能，很快在中國社會形成相當大的影響力。關於這段歷史，人們過去頗具疑慮的是胡適與韋蓮司的情愛關係，隨著他倆來往書信的解密，近來的研究成果亦已揭開了這一關係的神秘面紗。[5]

　　第二次：1927 年月 1 月 11 日－4 月 12 日赴美訪問。此次胡適是應邀赴英國參加庚款諮詢委員會的會議，於 1926 年 7 月 17 日離京赴歐，先取道蘇聯，8 月上旬到達倫敦，在英、法停留五個月，於這年 12 月 31 日離英乘船去美國。1927 年 1 月 11 日到達美國紐約，在美國停留三個月，經日本回國。這次美國之行，胡適辦理了他的博士學位手續（1927 年 3 月 21 日註冊），在哥倫比亞大學、哈佛大

---

[4]　參見唐德剛譯注：《胡適口述自傳》第三至八章，收入《胡適文集》第 1 冊，北京：北京大學出版社，1998 年版。

[5]　關於胡適與韋蓮司的情戀關係，參見周質平：《胡適與韋蓮司──深情五十年》，臺北：聯經出版公司，1998 年版。

學、舊金山、波特蘭（Portland）等處作了多場演講。關於他的演講行程安排，現在保留的部分胡適日記和他給韋蓮司的信作了交代。[6]

第三次：1933 年 6 月底－10 月 7 日到美、加訪問。6 月 18 日胡適從上海乘船出發，中經日本，6 月底到達美國。7 月 12-14 日，胡適應芝加哥大學賀司克講座（Haskell Lectures）邀請到該校演講「中國文化之趨向」（Cultural Trends in China），演講分六講，後結集為《中國的文藝復興》（*The Chinese Renaissance*），由芝加哥大學出版。隨即賀司克基金會主辦了為期四天的「世界六大宗教」學術演講會，胡適就儒教作了三次演講：一，儒教與現代科學思想。二，儒教與社會經濟問題。三，儒教的使命。[7]8 月 14-28 日出席在加拿大班福（Banff）舉行的太平洋國際學會第五屆常會。10 月 7 日從加拿大溫哥華與陳衡哲同行回國。此次訪問美、加時間為三個多月。[8]

第四次：1936 年 7 月 14 日由上海啟程赴美國，中途在日本停留，7 月 24 日到達檀香山，7 月 29 日到達舊金山。[9]此次胡適是應邀出席在美國加州約瑟米岱（Yosemite）舉行的第六次太平洋國際學會常會（8 月 12-29 日），並發表了題為〈中國的重建〉（Reconstruction in China)的演講，[10]會議選舉胡適為太平洋國際學會副主席。[11]9 月 16-18

---

[6] 參見《胡適的日記》（手稿本）第六冊，收有胡適 1927 年 1 月 11 日至 2 月 5 日的日記。周質平編譯《不思量自難忘──胡適給韋蓮司的信》，臺北：聯經出版公司，1999 年版。其中第 90—97 封亦寫於此時。

[7] 這三次演講收入 A.Eustace Haydonm: *Modern Trends in World---Religions.* University of Chicago Press 1934. 袁同禮與 Eugene L.Delafield 合編：《胡適西文著作目錄》和周質平編：《胡適英文文存》、《胡適未刊英文遺稿》均漏收此文。此文的第三部分有徐高阮中譯文，收入《胡適文集》第 12 冊，第 296-300 頁。

[8] 關於此次胡適訪美情形，參見《胡適的日記》（手稿本）第十一冊 1933 年 6 月 18 日至 10 月 13 日日記，中間有缺。周質平編譯《不思量自難忘──胡適給韋蓮司的信》，臺北：聯經出版公司，1999 年版。其中第 100-114 封寫於此時。陳衡哲：〈重訪北美的幾點感想〉、〈回到母校去〉，兩文收入《衡哲散文集》，石家莊：河北教育出版社，1994 年版。

[9] 胡頌平：《胡適之先生年譜長編初稿》第 4 冊第 1538 頁，將胡適到美日期定為「8 月初旬」，現據《胡適的日記》（手稿本）第十三冊當日日記訂正。

[10] *Asian Magazine* ,1936－Nov.Vol.36 No.11.pp737-740.收入周質平主編：《胡適英文文存》第二冊，第 657 頁。

[11] 胡不歸等：〈胡適之先生傳〉，收入《胡適傳記三種》，合肥：安徽教育出版社，

日他代表北大、南開、中研院參加哈佛大學成立三百周年校慶活動，作了以〈中國的印度化：文化借鑒的範例研究〉（*The Indianization of China : A Case Study in Cultural Borrowing*）為題的著名演講。[12]隨後曾在加拿大威里佩（Winnipeg）停留三天（10 月下旬），11 月 6 日離開舊金山。此行哈佛大學、南加州大學給胡適頒發了榮譽博士學位。[13]在美停留時間三個月零九天。

第五次：1937 年 9 月 26 日－1946 年 6 月 5 日（中間 1938 年 7 月 13 日－9 月 28 日前往歐洲訪問）寓美。先作為國民政府的特使在美遊說，1938 年 9 月 17 日國民政府任命胡適為駐美大使，10 月 6 日到館視事，1942 年 9 月 8 日卸任大使職務。隨後離開華盛頓，閒居紐約東 81 街 104 號。1944 年 11 月至 1945 年 6 月應哈佛大學之聘，講授「中國思想史」課程。此次在美時間約八年零七個月。美國先後有二十六所大學給胡適頒發榮譽博士學位，它們是：哥倫比亞大學、芝加哥大學、柏令馬學院、賓夕法尼亞大學、韋斯理陽大學、杜克大學、克拉克大學、卜隆大學、耶魯大學、聯合學院、加州大學、佛蒙特州大學、森林湖學院、狄克森學院、密達堡學院、達脫茅斯大學、茅第納遜大學、紐約州立大學、俄亥俄州立大學、羅卻斯德大學、奧白林學院、威斯康辛大學、妥爾陀大學、東北大學、普林斯頓大學、伯克納爾大學。瀏覽這份名單，我們可以看到，它幾乎囊括了美國所有最重要的大學。據說當時還有一些大學欲給胡適頒發榮譽博士學位，胡適因時間精力不濟而婉拒前往領取的尚不在其列。這時期，胡適在全美各地的演講次數之多，聽眾人數之廣，在中國人中都是空前的，可以說這是胡適在美國最為風光的時期。[14]胡適與

2002 年 3 月版，第 103 頁。

[12] *Independence, Convergence, and Borrowing in Institute, Thought, and Art.* Cambridge: Harvard College ,1937.pp219-247.

[13] 關於此次胡適訪美情形，參見《胡適的日記》（影印本）第十三冊「第四次出國日記 July.4.1936－Sept.21.1936」。周質平編譯《不思量自難忘——胡適給韋蓮司的信》第 118-124 封，臺北：聯經出版公司，1999 年版。胡適：〈太平洋國際之認識與感想〉，載 1936 年 12 月 12 日北平《晨報》。胡適：〈海外歸來之感想〉，載 1937 年 1 月 1 日《正風雜誌》半月刊第 3 卷第 10 期。

[14] 關於胡適任駐美大使的文章有：傅安明：〈如沐春風二十年〉，收入李又甯主

美國朝野上下，上至總統議長，下至平民百姓，都有廣泛的接觸，成為美國各界熟知的文化大使。由於活動頻繁，以致積勞成疾，1939年12月胡適因心臟病住院，達七十七天，因此又與一位看護他的護士哈德曼夫人（Mrs Verginia Davis Hartman）建立了親密的關係。[15]

第六次：1949年4月21日－1958年4月4日寓居美國。1949年4月6日胡適從上海登輪赴美，21日抵達舊金山。1950年7月1日受聘擔任普林斯頓大學葛思德東方圖書館館長，這所圖書館規模很小，胡適受聘擔任這個職務，除了經濟上的考慮，還有學術上的因素，因為這所圖書館保存了一些有價值的中國古書。儘管如此，1952年6月30日校方終止了聘任他的合同。[16]在這段期間，胡適兩度短暫離美到臺灣活動，第一次是1952年11月19日應臺灣大學和臺灣師範學院之邀，赴台講學，1953年1月17日離台返美，途經日本東京，1月23日抵美。第二次是1954年2月11日離美返台參加「國大」，4月8日回到舊金山。這兩次回台約四個月。此次在美寓居約八年零八個月。這期間美國的考爾開特大學、東萊蒙研究院給胡適授予榮譽博士學位。胡適除了在葛思德東方圖書館工作的那一段時間有固定的收入外，其他則主要靠自己的稿費和積蓄維持生計。胡適在美國的這段日子可謂暗淡已極，大陸組織「胡適大批判」，美國冷淡他，臺灣顧不上他。這是胡適一生最潦倒的時期。當時，從中國去美國的各種人員頗多，一時形成新的移民熱。胡適的一些朋友為自己的生計、出路著想，亦紛紛設法加入美國籍，胡適則沒有這方面的打算。胡適在美國的這一段經歷，說明他的個人命運仍

編：《回憶胡適之先生文集》第一集，紐約：天外出版社，1997年版。張忠棟：〈出使美國的再評價〉，收入《胡適五論》，臺北：允晨文化實業股份有限公司，1987年版。

[15] 參見傅安明：〈如沐春風二十年〉，收入李又寧編：《回憶胡適之先生文集》第一集，紐約：天外出版社，1997年版，第17頁。關於胡先生與哈德曼夫人的親密關係，傅安明先生亦曾與筆者談及。

[16] 參見周質平：〈胡適的暗澹歲月〉，收入《胡適與韋蓮司》，北京：北京大學出版社，1998年11月版，第205-234頁。

擺脫不了他作為一個中國人這一身份給他帶來的限制，這一點在他潦倒困頓之時表現得極為明顯，對此他自己也承認。[17]

第七次：1958 年 6 月 18 日－11 月 3 日訪問美國舊金山、紐約、華盛頓等地。9 月 5 日在華盛頓主持中華教育文化基金會董事會第二十九次會議，10 月 11、12 日曾在紐約召集中研院院士談話。

第八次：1959 年 7 月 4 日－10 月 12 日訪問美國。其中 7 月 4 日至 8 月 1 日應邀訪問夏威夷大學，參加第三次「東西方哲學討論會」，提交論文〈中國哲學裏的科學精神與方法〉，接受夏威夷大學所頒榮譽博士學位。隨後去紐約活動。

第九次：1960 年 7 月 9 日－10 月 18 日赴美國參加中美學術合作會議（Sino-American Conference on Intellectual Cooperation）。7 月 10 日胡適在西雅圖華盛頓大學舉行的「中美學術合作會議」開幕典禮上作題為「中國傳統與將來」的著名演講。此次在美停留三個月零十天。

實際上，胡適一生出國也就是這九次。其中第二次，胡適的朋友李大釗曾勸他在訪問英、法以後，仍取道蘇聯回國，沒想到胡適還是「往西走」，經美國折返。[18]在胡適九次旅美之行中，有三次時間較長，其中第一次是留美，為胡適學業成長最重要的階段。第五次是擔負國家的外交使命，胡適成為全美最有聲譽、最具影響力、也是美國人最看好的中國人。第六次胡適居美時間雖長，卻無所作為，這也是他打定主意去臺灣的原因。[19]

考察胡適在美國的生活過程，我們可以發現：與其他旅美的中國學人相比，胡適有其個人的獨特之處。首先，他既不是像林語堂那樣以撰寫通俗讀物為生，在中美之間從事一種大眾化的文化工

---

[17] 胡適：〈北大同學會歡迎會上講話〉，《胡適言論集》（乙編），臺北：自由中國社，1953 年版。

[18] 參見〈漫遊的感想〉「四，往西走」，收入《胡適文存三集》卷一。《胡適文集》第 4 冊，第 34-36 頁。

[19] 關於胡適欲定居臺北的打算，參見胡適致趙元任信（1949 年 8 月 16 日、1955 年 12 月 19 日、1956 年 11 月 18 日）。這些信均收入《胡適書信集》中、下冊，北京：北京大學出版社，1996 年 9 月版。

作；也不像趙元任、楊聯陞那樣，專注於本職的專業工作，完全是一個學院派的學者。胡適是一個兼濟多重角色的學者。一般中國學人在美的活動主要以寫作、教書或科研為主，這是一種職業化很強的工作。胡適除了這種職業化的活動以外，還有其他大量的社會活動，他的演講活動之多，簡直令人難以置信。胡適因演講在美國而獲得廣泛的知名度，進入了所謂公眾人物的行列。其次，胡適的活動範圍不同於一般的學者，也非一般的政客、外交家所能比。他既與美國學術界有著廣泛的聯繫，也與美國政界有著密切的關係，他基本上融入了美國主流社會，並能對其產生一定的影響。胡適一生獲得三十五個榮譽博士學位，其中三十一個係美國高等學院頒發，這也說明美國知識界給予胡適高度評價。再次，胡適在中美之間扮演著雙重角色。一方面胡適屬於在美的中國人，而非美籍華裔。胡適在美時間雖長，但他沒有在美定居的打算，即使在五十年代也是如此，這一點又多少反映了他本人無法改變的中國情結。[20]他在美國的演講內容和撰寫文章大都與中國政治文化有關，基本上可以說他是以中華文化或中國人的代表這一身份出現。他以個人的才華、魅力和品德，贏得了美國公眾對他的信賴和喜愛，被視為最誠實可信的中國人。一方面胡適在中國被視為美國文化的主要代言人，胡適不僅大力宣傳美國經驗，且直接參與決策中美文化交流，推薦中國學生、學者赴美交流。胡適因與美國主流社會接觸密切，能準確把握美國社會的脈膊，故在中國這一方，他對美國的評介具有一定的權威性和客觀性。這也是中國方面對胡適在美動向關注的原因。此外，四十年代後期至五十年代初期，大批中國人從大陸、港臺來到美國，出現了中國人第二次移民熱。與第一次移居美國的中國人都是勞工

---

20 1949 年 8 月 16 日胡適致趙元任信，明確表示：「你們勸我在外教書，把家眷接來。此事我也仔細想過，但我不願意久居外國。讀了 White Book 之後，更不願留在國外做教書生活。」收入《胡適書信集》中冊，第 1181 頁。1956 年 11 月 18 日胡適致趙元任信，表示自己不願留在美國教書的原因：一是不願與外國學者「搶飯吃」；二是美國的東方學學者政治傾向比較「進步」，與他「隔教」；三是自己年紀大了，積蓄在美使用不夠；四是想去臺北工作，完成自己的著述。收入《胡適書信集》下冊，第 1291 頁。

不同，二戰後移居美國的中國人知識層次較高，胡適與這一群體的
許多人都有著密切的私人關係，且成為他們心儀的一尊精神偶像。

二、近世傳播美國文化第一人

　　胡適去美九次，每次美國之行，他都獲得了某種靈感和激勵，
他將自己的見聞和思想收穫報告國人，與他們分享美國經驗，幫助
國人追蹤美國的最新動態。由於胡適在中國知識界的特殊地位，胡
適的美國觀自然就不僅僅是他個人的思想，而往往能產生一定的思
想影響力，成為人們思考、觀察美國的一個重要參照系，或一種可
能性極大的選擇。這對中國的現代化、中國的現實社會政治、中方
處理中美關係的態度，都勢必產生一定的作用。需要說明的是，胡
適除了九次赴美以外，還兩次去歐洲訪問，多次路經日本，這些遊
歷足以使他在同時代學人中，成為最具世界眼光的中國人。那麼，
胡適的美國觀或他從美國取回的「經」到底是什麼呢？

　　五四時期叱咤風雲的新文化運動健將們多具外國教育背景，其
中以留學日本居多，如陳獨秀、周氏兄弟、錢玄同、李大釗等，這
與二十世紀初中國一度出現的留學日本熱有關。從美國歸來者甚
少，胡適是這少數人中間的頂尖人物，自然他成了美國文化的權威
介紹者。有趣的是，胡適留美提出的「文學革命」，在美國留學生中
卻極為孤立，僅得陳衡哲這樣一位女同志的支持，反而是在國內被
陳獨秀所看好，帶頭為之力倡。

　　五四時期，胡適直接以美國為介紹題材的文章只有〈美國的婦
人〉一篇，文中介紹了美國婦女「超於良妻賢母的人生觀」，「自立」
的觀念，自由擇偶的婚姻；美國婦女的教育，特別是男女同校的大
學教育；美國婦女的政治活動，包括參與公共事業。文章還針對中
國社會對美國婚姻關係的誤解，特別解釋了美國男女不婚不嫁和離
婚夫妻多的社會現象。[21]這篇文章在《新青年》上發表後，對當時的

---

[21] 胡適：〈美國的婦人〉，原載 1918 年 9 月 15 日《新青年》第五卷第三號，收

婦女解放運動產生了強烈的推動力。胡適還發表了一篇〈大學開女禁的問題〉，其中提出「大學當延聘有學問的女教授」，「大學當先收女子旁聽生」，[22]北京大學接受了胡適的建議，最早在中國大學招收了第一批女子旁聽生，實行男女同校；延聘從美國留學歸來的陳衡哲為北大的第一位女教授。

　　五四運動是一場思想解放運動，思想解放的哲學則是實驗主義。而實驗主義在中國的流傳也與胡適密不可分。在杜威來華講學前夕，胡適在《新青年》上發表了長文——〈實驗主義〉，[23]這是一篇專業色彩較濃的哲學論文，也是在中國第一次系統介紹美國本土的哲學，它拉開了傳播實驗主義的序幕。實驗主義的大師杜威先生來華講學時，在北京一地的演講主要由胡適擔任口譯，並結集為《杜威的五大演講》出版。[24]杜威離開中國時，胡適又作〈杜威先生與中國〉一文，稱：「自從中國與西洋文化接觸以來，沒有一個外國學者在中國思想界的影響有杜威先生這樣大的。」[25]1922 年 9 月 5 日胡適完成的〈五十年來之世界哲學〉，再一次闢專節介紹了「實驗主義」；並在第六節「晚近的兩個支流」介紹了美國的新實證主義，如何爾特（E. B. Holt），馬文（W. T. Marvin）等。[26]在胡適之前，中國學術界介紹西洋哲學，有介紹英國哲學的，如嚴復；有介紹法國哲學的，如李石曾、張君勱；有介紹德國哲學的，如王國維；惟美國哲學獨缺。介紹美國哲學，當推胡適為第一人。實驗主義在中國的廣泛傳播與杜威來華巡迴講學有著相當大的關係，但胡適的助力也起了很大作用。對此蔡元培先生曾如是評價：

　　入《胡適文存》卷四。《胡適文集》第 2 冊，第 490-502 頁。

[22] 胡適：〈大學開女禁的問題〉，載 1919 年 10 月 15 日《少年中國》第一卷第四期。收入《胡適文集》第 11 冊，第 44-45 頁。

[23] 胡適：〈實驗主義〉，原載 1919 年 4 月 15 日《新青年》第 6 卷第 4 號。收入《胡適文存》卷二。《胡適文集》第 2 冊，第 208-248 頁。

[24] 《杜威的五大演講》，1922 年北京《晨報》社出版。

[25] 〈杜威先生與中國〉，收入《胡適文存》卷二。《胡適文集》第 2 冊，第 279 頁。

[26] 〈五十年來之世界哲學〉，收入《胡適文存二集》卷二。《胡適文集》第 3 冊，第 280-293、296-303 頁。

　　　杜威在中國兩年，到的地方不少，到處都有演講。但是
　　長期的學術演講，只在北京、南京兩處，北京又比較的久一
　　點。在北京有五大演講，都是胡適口譯的……胡氏不但臨時
　　的介紹如此盡力，而且他平日關於哲學的著作，差不多全用
　　杜威的方法，所以胡氏可算是介紹杜威學說上最有力的人。[27]

　　胡適在新文化運動中提出的最有影響力的思想主張，也深深地
烙上了美國文化的痕跡。他所宣傳的「易卜生主義」，其實即是一種
地道的美國個人主義人生哲學。以後他一直堅持個人主義是五四運
動的精神，堅持個人主義是民主社會的基石，這也是基於他對一種
美國式的現代精神的理解。

　　1920 年代以後，中國知識界出現了兩股頗具影響力的思潮：一
派是與俄國十月革命有關的社會主義思潮，它否定歐美的資本主義
制度，主張中國應「以俄為師」。一派是對新文化運動主流的反動，
認為西方資本主義百病叢生，東方文明在精神文明方面可以補救其
弊。此派或稱為東方文化派，或稱為本位文化派。對於前者，胡適
雖存不同看法，但因與陳獨秀、李大釗這些朋友的密切關係，多少
受到它的一些影響。對於後者，胡適則毫不留情地予以反駁。胡適
的這種態度反映在他第二次出國前夕發表的〈我們對於西洋近代文
明的態度〉一文中，一方面他對文化保守主義把西洋文明看作是唯
物的文明，物質文明與精神文明二分法的觀點作了系統的批評；一
方面他也承認「十九世紀以來，個人主義的趨勢的流弊漸漸暴白於
世了，資本主義之下的苦痛也漸漸明瞭。」「社會主義的大運動現在
還正在進行的時期，但他的成績已很可觀了。」[28]看得出來，社會主
義作為新思潮的一部分，胡適在 1926 年 6 月寫作此文時，仍持肯定
的態度。

27　〈五十年來中國之哲學〉，《蔡元培全集》第 4 卷，北京：中華書局，1984 年
　　9 月版，第 363-364 頁。
28　〈我們對於西洋近代文明的態度〉，收入《胡適文存》三集卷一。《胡適文集》
　　第 4 冊，第 11 頁。

　　胡適第二次從美國訪問回來，發表了兩篇與美國有關的文章。一篇是〈漫遊的感想〉，這篇文章借談歐美之行，來談國內所存在的問題，故文中處處是兩相對比的描寫，如說到美國是「摩托車的文明」，即提到東方仍是「人力車的文明」；述及「美國是不會有社會革命的，因為美國天天在社會革命之中」，針對的則是國內在革命名義下所出現的「擾亂」。他提出「世間大的問題決不是一兩個抽象名詞所能完全包括的。最要緊的是事實。」「拿一個『資本主義』來抹殺一個現代國家」，這種眼光究竟比張作霖、吳佩孚高明多少？」[29]這當然是對國內流行的反資本主義觀點的商榷。顯然，這篇文章的討論對手不局限於保守的「東方文化派」，而且包括新興的社會主義者，胡適試圖以自己的所見所聞表達一種與這兩派不同意見的聲音。這說明胡適思想的微妙變化。胡適已欲特立獨行，在中國傳播美國式的現代化發展道路。

　　人們常常喜歡引用胡適〈歐遊道中寄書〉[30]來說明胡適對蘇聯社會主義實驗的看法，這幾封信是胡適途經蘇聯時所寫，發表在《晨報副鐫》時，還被編者冠以〈新自由主義〉的標題。[31]不錯，的確當時有不少的自由主義者對蘇聯的社會主義實驗持同情的態度，對其經濟上的成就亦表讚賞。胡適在前面提到的〈我們對於西洋近代文明的態度〉和這篇文章中的一些議論亦表現了這種傾向。胡適在蘇聯訪問時所寫的日記也流露了這種心態。[32]但他從美國回國後在〈漫遊的感想・往西走〉一節中所表達的意見表明，他對美國的發展仍是有信心且很樂觀的。一年後，他發表的〈請大家來照照鏡子〉，借美國駐華使館商務參贊安諾德先生所製的三張表，即「中國人口的

---

[29]　胡適：〈漫遊的感想〉，收入《胡適文存三集》卷一。《胡適文集》第 4 冊，第 29-40 頁。

[30]　胡適：〈歐遊道中寄書〉，收入《胡適文存三集》卷一。《胡適文集》第 4 冊，第 41-50 頁。

[31]　胡適：〈新自由主義〉，載 1926 年 12 月 8 日《晨報副鐫》。

[32]　〈胡適的日記 1926 年 7 月 17 日—8 月 20 日〉，收入《胡適研究叢刊》第二輯，北京：中國青年出版社，1986 年 12 月版，第 335-351 頁。

分配表」、「中國和美國的經濟狀況、生產能力、工業狀態的比較」、「美國在世界上佔的地位」，來說明「中國今日的三大根本問題」：「第一，怎樣趕成全國鐵路的幹線，使全國的各部分有一個最經濟的交通機關。第二，怎樣用教育及種種節省人力，幫助人力的機器，來增加個人生產的能力。第三，怎樣養成個人對於保管事業的責任心。」[33]亦可再次證明這一點，他試圖從經濟建設入手為人們思考中國問題提出一個新的具有建設意義的參考視角。

1930 年代，在歐洲，德國、義大利相繼建立法西斯政權，蘇聯的社會主義實驗也獲得了相當的成功。在亞洲，日本帝國主義咄咄逼人，將戰火由東北燒到華北。面對日本的侵略，中國的自由主義知識份子在策略上發生了爭議，這反映在《獨立評論》一刊所展開的民主與獨裁的論爭，即是擇取蘇聯模式，或德日模式，還是美國模式來建國的問題。胡適的朋友蔣廷黻、丁文江都主張中國建立蘇聯式的革命獨裁，以集中國力，統一人心。胡適不同意他們的觀點，他寫下的〈建國問題引論〉、〈建國與專制〉、〈再論建國與專制〉、〈武力統一論〉、〈政治統一的途徑〉等文章，為民主政治辯護，其所憑又是美國民主政治的經驗，這除了以他個人的政治信念作為底色外，還應與 1933 年他的美國之行有關。在〈歐遊道中寄書〉中，他還表示過「我們應當學德國；至少應該學日本。我們要想法子養成一點整齊嚴肅的氣象。」[34]此時他完全排拒蘇、德、日模式，他鄭重表示：「我近年觀察考慮的結果，深信英美式的民主政治是幼稚園的政治，而近十年中出現的新式獨裁政治真是一種研究院的政治；前者是可以勉強企及的，而後者是很不容易輕試的。有些幼稚民族，很早就有一種民主政治，毫不足奇怪。」[35]胡適還特別根據自己的經驗來說明這一觀點：

---

[33] 胡適：〈請大家來照照鏡子〉，收入《胡適文存三集》卷一。《胡適文集》第 4 冊，第 23 頁。

[34] 〈歐遊道中寄書〉，《胡適文存三集》卷一。《胡適文集》第 4 冊，第 44 頁。

[35] 胡適：〈一年來關於民主與獨裁的討論〉，載 1935 年 1 月 1 日《東方雜誌》第 32 卷第 1 號。收入《胡適文集》第 11 冊，第 509 頁。

　　　　民主政治只要有選舉資格的選人能好好的使用他們的公
權：這種訓練是不難的。（我在美國觀察過兩次大選舉，許多
次地方選舉，看見許多知識程度很低的公民都能運用他們的
選舉權。）新式獨裁政治不但需要一個很大的「智囊團」做
總腦筋，還需要整百萬的專家做耳目手足：這種需要是不容
易供給的。蘇聯與義大利都不是容易學的。[36]

表現了對美國式的民主政治的情有獨鍾。[37]

　　胡適第四次訪美歸來時，在他的談話中，提出了兩個引人注目
的觀點。一個是在教育方面，中國雖為五千年文明古國，但卻沒有
一所四十年歷史的大學，胡適代表北大參加哈佛校慶，被大會排在
四百一十九位（大會按各校成立日期排列），這對胡適觸動很大。中
國大學歷史不長，「這固然由於政治經濟不安定。然而一個學術機關
的不能機關化，不能組織化，也是極大的原因。」[38]胡適以後在許多
演講中，都一再引用此例說明中國大學教育未能持續發展的問題。
另一點是中日關係問題，各國參加太平洋學會的代表都關注這一問
題，三年前胡適在大會上「談到日人橫行，竟無一人肯表同情。」
故胡適在中日關係上也比較低調，以為國際形勢尚不成熟。「迄至此
次前往出席，形勢大變，這就是一味侵略的結果。」胡適提請人們
注意，「所以遠東一旦有事，我們的敵人自己也會將他的敵人請來
的。」[39]國際輿論的變化，對胡適是一大鼓舞，從此胡適由「低調俱
樂部」轉向對日的強硬態度。[40]

---

[36]　胡適：〈中國無獨裁的必要與可能〉，載 1934 年 12 月 9 日《獨立評論》第 130
　　號。《胡適文集》第 11 冊，第 505 頁。

[37]　有關胡適在三十年代民主與獨裁討論中的情形，參見張忠棟：《胡適五論》
　　〈四、在動亂中堅持民主〉，臺北：允晨文化實業股份有限公司，1987 年 5
　　月版，第 157-258 頁。

[38]　胡適：〈海外歸來之感想〉，載 1937 年 1 月 1 日《正風雜誌》半月刊第 3 卷第
　　10 期。《胡適文集》第 12 冊，第 659 頁。

[39]　胡適：〈海外歸來之感想〉，載 1937 年 1 月 1 日《正風雜誌》半月刊第 3 卷第
　　10 期。《胡適文集》第 12 冊，第 661 頁。

[40]　有關三十年代胡適對日態度的轉變，參見耿雲志：〈七七事變後胡適對日態

　　抗戰時期胡適出使美國，此時胡適完全成為一個公眾人物，與美國主流社會打成一片。對於這一階段的胡適，人們一般將注意力集中於他的外交活動，而容易忽略他的政治思想，其實他對美國主流政治的觀察有了進一步的認識，他開始力圖建立自己的政治哲學，這反映在他的〈工具主義的政治哲學〉（*The Political Philosophy of Instrumentalism*，1940）、〈作為一種政治哲學的工具主義〉（*Instrumentalism as a Political Concept*，1941）、〈意識形態的衝突〉（或譯為〈民主與極權的衝突〉（*The Conflict of Ideologies*，1941）等文中，胡適已由一個單純對民主政治的信奉者，上升到對自由主義政治理論的思索。在〈民主與極權的衝突〉一文中，他已意識到，民主與極權的衝突主要來自於兩個方面：一是「急進革命的方法，與漸進改善的方法之衝突」；二是「企圖強迫劃一，與重視自由發展的衝突。」[41]這篇文章已經包含胡適後期政治思想的所有線索，只是它的中譯文直到 1949 年方出現在《自由中國》的創刊號上，才引起中文世界的人的注意。

　　第二次世界大戰以後，世界很快進入新的冷戰，中國的國共兩黨也陷入內戰。世界局勢和中國政局的變化影響到知識界，如何處理中國與蘇、美的關係成為一個不僅與國家前途相關，且與個人命運至密的決定性問題。胡適結合國內外形勢，寫下了一系列時評政論，它們結集在《我們必須選擇我們的方向》。這些文章系統地表達了他的自由主義思想，充分展現了他對一種美國式的民主政治的信念。即使在當時中國知識份子中，甚至具有自由主義思想的知識份子當中，像胡適這樣對美國模式如此崇拜，以至迷戀的人並不多。著名社會學家費孝通根據一本美國人所寫的分析美國人性格的書，寫了一本讀書札記——《美國人的性格》，此書分節在《觀察》上連載，胡適讀到第八節的〈負了氣出的門〉時，發現其中有兩處「硬傷」，一處是作者說邱吉爾「顯然的歪曲了歷史，即使沒有歪曲，也

　　度的改變〉，收入氏著《胡適新論》，長沙：湖南出版社，1996 年 5 月版，第 102-115 頁。

[41]　〈民主與極權的衝突〉，胡頌平：《胡適之先生年譜長編初稿》第 5 冊，第 1739 頁。

不免是斷章取義」；一處是對著名哲學家懷德海先祖的名字 North 的解說。胡適以很強硬的語氣指出了這兩處小錯是「兩個大錯」，並嚴肅地勸告費「不可不多讀一些美國人人知道的歷史」，[42]也可看出他對美國問題的認真。

當時的中國自由主義者中有兩種比較普遍的觀點，一種觀點認為美國在政治上民主，蘇聯是經濟上民主，所謂「美國給人民一張選舉票，蘇聯給人民一塊麵包。」胡適以為這「不是公允的比較論」。美國人民未嘗沒有麵包，蘇俄人民也未嘗沒有選舉票。「但這兩個世界的根本不同，正在那兩張選舉票的使用方式的根本不同。」[43]也就是政治的不同。胡適以兩國選舉投票的結果為例說明：「所謂『兩個世界』的劃分正在這自由與不自由，獨立不獨立，容忍與不容忍的劃分。」[44]在談到「用社會化的經濟制度來提高生活程度」時，胡適還特別提到美、英的福利、均富政策，以為其經濟制度辯護。他說：「我特別『用社會化的經濟制度』一個名詞，因為我要避掉『社會主義』一類的名詞。『社會化的經濟制度』就是要顧到社會大多數人民的利益的經濟制度。最近幾十年的世界歷史有一個很明顯的方向，就是無論在社會主義的國家，或在資本主義的國家，財政權已經不是私人的一種神聖不可侵犯的人權了。社會大多數人的利益是一切經濟制度的基本條件。美國、英國號稱資本主義的國家，但他們都有級進的所得稅和遺產稅。」[45]在中國，胡適大概是最早主張以每個國家的人民生活水平來考量、評估它的經濟制度的好壞，而不是簡單地在意識形態上拘泥於姓「社」姓「資」的問題。

---

[42] 〈關於美國人的性格〉（通信），原載 1947 年 9 月 20 日《觀察》第 3 卷第 4 期，第 23 頁。後來費孝通在該書重印時，採納了胡適的意見，對這兩處作了修改。參見費孝通：《美國與美國人》，北京：三聯書店，1986 年 12 月版，第 197 頁。

[43] 胡適：〈兩種根本不同的政黨〉，收入《胡適的時論》一集，南京：六藝書局，1948 年 6 月版。

[44] 胡適：〈兩種根本不同的政黨〉，收入《胡適的時論》一集。

[45] 胡適：〈眼前世界文化的趨向〉，收入《胡適的時論》一集。

另一種觀點則認為，在世界兩大陣營對峙的情形下，中國應該保持中立。胡適在〈國際形勢裏的兩個問題——給周鯁生先生的一封信〉中，對這個問題作了自己的回答。他說自己曾對蘇俄「懷著很大的熱望」，他「總希望革命後的新俄國繼續維持他早年宣傳的反對帝國主義，反對侵略主義的立場」，「但是《雅爾達秘密協定》的消息，《中蘇條約》的逼訂，整個東三省的被洗劫，——這許多件事逼人而來。……我不能不承認有一大堆冷酷的事實，不能不拋棄我二十多年對『新俄』的夢想，不能不說蘇俄會變成了一個很可怕的侵略勢力。」[46]胡適與周鯁生在對待蘇聯的問題上可能早有歧見，他在 1941 年 8 月 1 日的日記中即寫道：

> 讀完了 *Darkness at Noon*。這部小說寫一個蘇俄革命老同志，被「刷新」而關在監裏，受種種的拷問，終於自承種種罪名，並在公庭上宣佈自己的罪狀。結果還是槍斃了。作者很能體會這位共產黨的心理，描寫很有力量。我勸鯁生讀此書。[47]

周鯁生（1889-1971 年）湖南長沙人。1913-1921 年，先後在英國愛丁堡大學、法國巴黎大學留學，獲博士學位。回國後曾一度擔任北大政治系教授、系主任，抗戰時期赴美講學，大概在這時他與胡適已在如何看待蘇聯這一問題上產生分歧，各執己見，誰也說服不了誰。解放後，周鯁生留在大陸，1956 年加入中國共產黨，也就是在這一年，周以外交學會副會長身份訪英，會見陳源時說，要胡適「應放眼看世界上的實在情形，不要將眼光拘於一地。」[48]這裏的「一地」當然是指美國。胡、周兩人相交甚密，卻因為對待蘇、美的觀點不同，最後分道揚鑣。

---

[46]　〈國際形勢裏的兩個問題——給周鯁生先生的一封信〉，《胡適的時論》一集。

[47]　參見胡適日記（1941 年 8 月 1 日），《胡適的日記》（手稿本）第 15 冊，臺北：遠流出版公司，1990 年 12 月版。

[48]　陳漱渝：〈飄零的落葉——胡適晚年在海外〉，載《新文學史料》1991 年第 4 期。

　　五十年代以後，胡適的活動空間主要在美國和臺灣，由於臺灣對美國的依附關係，美國對臺灣的影響力也比過去大得多。在這樣一種背景下，胡適宣傳、介紹美國的力度也隨之增大，他直接以美國為題材的演講、文章、序言亦明顯見多，可謂對美國政治、文化的推介不遺餘力。涉及政治方面的即有：〈五十年來的美國〉（1953年1月5日講演）、〈美國的民主制度〉（1954年3月17日講演）、《《司徒雷登回憶錄》導言》（*Introduction to John Leighton Stuart's Fifty Years in China* 1954年），〈述艾森豪總統的兩個故事給蔣總統祝壽〉（1956年10月21日）、〈美國選舉的結果及其對參議院的影響〉（1958年12月25日講演）、〈紀念林肯的新意義〉（1959年1月29日講演）、〈讀程天放先生的《美國論》後記〉（1960年4月16日）等。有關文化方面的有：〈美國大學教育的革新者吉爾曼的貢獻〉（1954年3月26日講演）、〈記美國醫學教育與大學教育的改造者弗勒斯納先生〉（1959年11月9日）、〈美國如何成為世界學府〉（1959年12月19日講演）、〈終身做科學實驗的愛迪生〉（1960年2月11日講演）等。其意是介紹美國政治文化，希望在臺灣落實美國式的政治、教育制度，給蔣介石政權施加政治壓力。這種傾向在他為蔣介石七十大壽所寫的那篇〈述艾森豪總統的兩個故事給蔣總統祝壽〉的文章中表露無遺，胡適為了表達自己對臺灣的政治現狀不滿，要蔣介石學習艾森豪，做一個「無智、無能、無為」的「三無」總統。1960年他以美國總統任期的慣例，反對蔣介石連任總統，並在「國大」代表主席團會議上講一百〇四年無記名投票的歷史與意義，其用意也是如此。民國時期主張民主政治最力者，前後有兩位人物與蔣介石關係密切，一位是被蔣介石稱為「國父」的孫中山先生，一位是想做蔣介石「諍友」的胡適，二人在樹立民主政治理念時，都對美國政治制度有過悉心的研究。但他們在這方面的教導與軍人出身的蔣介石均無緣。

　　從以上胡適宣傳、介紹美國的言論中，我們看出胡適的工作，可歸納為兩點：一是正面介紹美國，這裏包括美國的民主制度、經

濟制度、實驗主義，為中國現代化提供一個他親身接觸的樣板，這是基於他本人的美國經驗。一是為美國模式辯護，在與其他國家的現代化模式（主要是蘇聯模式）比較中，力主選擇美國模式，這與他所處的國內外環境有關。

在二十世紀上半期，美國已是世界上最強大的國家，這是舉世公認且有數據可以證明的事實。但如何處理與這樣一個強大國家的關係？則須看雙方的互動情形。從中美兩國來看，除了在兩次世界大戰結束時，中國人曾對美國有過短暫的好感外，美國的形象對中國人來說始終沒有擺脫「列強」、「強權」、「帝國主義」的影子。美國將庚子賠款用於資助中國學生留美，美國在華興辦教育文化事業，這對改善美國在中國人心目中的形象，對中美兩國的文化交流自然極有幫助，對中國人民直接認識、瞭解美國亦提供了一個有效渠道。但這畢竟只與少數有關係的知識份子有關。在中國與日本、俄國和美國的關係中，應當說與中國相鄰的日本、俄國對中國威脅更大，事實上，也是這兩個國家對中國造成了更為嚴重的危害。沙皇俄國從中國掠奪了一百五十多萬平方公里的土地，日本軍國主義從《馬關條約》後即與中國結下了不解之仇，但這兩個國家因與中國相鄰，也更容易施加它們的影響，在戰略利益上它們將中國放在重要位置，甚至頭等位置。它們的變革對中國曾經一度都有過震撼性的影響，造成中國內部變革的急劇醞釀，以致出現了「以夷為師」、化敵為友的局面。美國則不然，它的戰略利益在歐洲，因而其注意力也主要放在歐洲，它對中國投射的影響相對有限，在一些重要關頭，它以犧牲中國的利益而求自保，這也傷害了中國人民的民族感情。就像它自身的改革方式一樣，總是保持在溫和的層面上，美國對中國的影響力有限，並常常被其他國家所抵消。對此，司徒雷登先生在反思美國對華政策時意味深長地說過一段話：「美國政府過去曾經幾次捲入中國問題並作了妥協，非但沒有哪一次對美國有利，而且每一次對中國有害。我記得 1917 年美國在《蘭辛－石井協定》，1919 年在巴黎做出的在山東問題上對日本的讓步，以及 1945 年在雅

爾塔簽訂的『遠東協定』這些明顯的例子。」[49]司徒雷登所提的幾次都是在歷史的關鍵時刻，美國對中國利益的出賣以及它所作的害人又損己的選擇，給中美關係帶來了嚴重後果，對中國民族主義情緒也有強烈的刺激，胡適到五十年代也認識到這一點。[50]因此，他在中國傳輸美國經驗，雖具有增強美國文化影響，促進中國現代化的動機，但畢竟無法改變這樣的國際國內格局，這大概也是他在中國屢受挫折的原因之一吧。

三、宣傳中國文化的特使

對中國人講美國文化，反過來，對美國人則講中國文化，這是胡適承擔的另一個角色。胡適一生發表了大量英文作品，他逝世後，1962 年 12 月袁同禮和 Eugene L.Delafield 合編了一份《胡適西文著作目錄》。[51]1992 年周質平先生也整理編輯了一份《胡適英文著作編年及分類目錄》，[52]隨後，他又將搜集到的單篇胡適英文作品編為三卷《胡適英文文存》出版。但可以肯定，這還不是胡適英文作品的全部，他在美國各地的英文演講、英文來往書信散落在各處，[53]尚未能盡收其中。胡適英文作品按照體裁大致可分為：專著、論文、演講、書評序跋和被譯為英文的作品。就內容來說，則可分為如下幾個方面：

首先，探討中國古代哲學、宗教，以加深對中國傳統文化的理解。哲學是胡適的專業，有關中國哲學、宗教的英文作品在他的英文學術著述中所佔比重也最大。

---

[49] 〔美〕約翰‧司徒雷登著、程宗家譯：《在華五十年——司徒雷登回憶錄》，北京：北京出版社，1982 年 4 月版，第 301 頁。

[50] 參見 Hu Shih, *Introduction to Leighton Stuard's Fifty Years in China,* New York, Random House,1954, ppvii-ix.

[51] 收入《中央研究院歷史語言研究所集刊》第三十四本《故院長胡適之先生紀念論文集》。

[52] 收入周質平：《胡適叢論》，臺北：三民書局，1992 年 7 月版。

[53] 據筆者所知，在臺北胡適紀念館、北京中國社科院近代史研究所、北京大學還保留了部分胡適英文手稿和英文來往書信，美國的報紙雜誌亦應有胡適的文章或報導值得挖掘。

　　胡適的第一本英文專著，也就是他的博士論文——《先秦名學史》（*The Development Of The Logical Method In Ancient China*），此書的英文版第一次於 1922 年在上海由亞東圖書館出版，1963 年在美國紐約 Paragon 重印再版，1968 年又重印了一次。這是一本以討論中國先秦諸子邏輯哲學為對象的書籍。　胡適期望它能「成為用中文以外的任何語言向西方介紹古代中國各偉大學派的第一本書。」[54]在書的導言中，胡適一方面表示：

> 　　就我自己來說，我認為非儒學派的恢復是絕對需要的，因為在這些學派中可望找到移植西方哲學和科學最佳成果的合適土壤。關於方法論問題，尤其如此。如為反對獨斷主義和唯理主義而強調經驗，在各方面的研究中充分地發展科學的方法，用歷史的或者發展的觀點看真理和道德，我認為這些都是西方現代哲學的最重要的貢獻，都能在公元前五、四、三世紀中那些偉大的非儒學派中找到遙遠而高度發展了的先驅。因此，新中國的責任是借鑒和借助於現代西哲學去研究這些久已被忽略了的本國的學派。如果用現代哲學去重新解釋中國古代哲學，又用中國固有的哲學去解釋現代哲學，這樣，也只有這樣，才能使中國的哲學家和哲學研究在運用思考與研究的新方法與工具時感到心安理得。[55]

另一方面，胡適也說明「我不想被誤認為我之所以主張復興中國古代哲學學派是由於我要求中國在發現那些方法和理論中的優先榮譽這一欲望所促成——那些方法和理論直至今天都被認為發源於西方。我最不贊成以此自傲。僅僅發明或發現在先，而沒有後繼的努力去發行或完善雛形的東西，那只能是一件憾事，而不能引以為榮。」[56]我之所以長篇引述這段話，不僅因為它是胡適這部書的一個理論上

---

[54]　《先秦名學史》〈導論　邏輯與哲學〉，《胡適文集》第 6 冊，第 12 頁。

[55]　《先秦名學史》〈導論　邏輯與哲學〉，《胡適文集》第 6 冊，第 11 頁。

[56]　《先秦名學史》〈導論　邏輯與哲學〉，《胡適文集》第 6 冊，第 11 頁。

的動機，而且是他本人一生研究中國哲學史的指南。可見，胡適治中國哲學史從一開始就有中西結合、中西溝通的自覺。胡適接著撰寫的《中國哲學史大綱》，係他在北大講課時的講義，一般人批評它的西方色彩太濃，吳稚暉、金岳霖等人甚至批評該書像是一個美國人寫的書，[57]其實它成書於《先秦名學史》之後，兩書處理的題材、內容基本相同，只是《先秦名學史》當時還是一本未出版的英文著作，《中國哲學史大綱》反而先以中文著作行世，弄清了這兩書之間的內在聯繫，對《中國哲學史大綱》遺留著前一書向美國人講中國文化的痕跡也並不為怪。

二、三十年代，胡適的英文學術論文主要有：〈佛教對中國人宗教信仰生活的影響〉（Buddhist influence on Chinese Religious Life. 1925）、〈儒教〉（Confucianism. 1931）、〈中國歷史上的信仰與哲學〉（Religion and Philosophy in Chinese History. 1931）、〈中國禪宗的發展〉（Development of Zen Buddhism in China. 1932）、〈中國的印度化：文化借鑒的範例研究〉（The Indianization of China: A Case Study in Cultural Borrowing. 1937）等。在內容上均偏重於佛教禪宗，在方法上亦借鑒了西方漢學的方法。

四十年代以後，胡適與中國文化相關的英文學術著述，明顯以闡釋中國文化的現代意義為主。這些論文包括〈中國思想〉（Chinese Thought. 1942）、〈中國人思想中的不朽觀念〉（The Concept of Immortality in Chinese Thought. 1945）、〈中國思想〉（Chinese Thought. 1946）、《中國傳統中的自然法》（The Natural Law in the Chinese Tradition. 1951）、〈禪宗在中國：它的歷史與方法〉（Ch'an（Zen）Buddhism in China: Its History and Method. 1953）、〈古代亞洲世界權威與自由的鬥爭〉（Authority and Freedom in the Ancient Asian World. 1954）、〈中國哲學裏的科學精神與方法〉（The Scientific Spirit and Method in Chinese

---

[57] 參見金岳霖：〈馮友蘭《中國哲學史》審查報告〉，《金岳霖學術論文選》，北京：中國社會科學出版社，1990 年 12 月版，第 281 頁。吳稚暉對胡適《中國哲學史大綱》的評價為「只有三分中國思想，卻有七分美國思想。」參見周毅城：《蔡元培先生與北京大學》，收入《論蔡元培》，北京：北京旅遊教育出版社，1989 年 4 月版，第 14 頁。

Philosophy. 1959)、〈中國傳統與將來〉(The Chinese Tradition and the Future. 1960)等。這些論文大都是從現代意義的角度或現代性的高度對中國文化、思想內涵的價值作充分的肯定和挖掘。如在〈中國思想〉一文中，胡適分三個時期述說了中國思想的發展：

> 耶穌紀元前的一千年為上古時期，偉大的中古佛教及道教時代，以及一直通過了紀元後一千年的全部時間，都為中古時期。而近世這一時期則為中國理智復興期；這一時期，遠從第十世紀大規模的刊印書籍，以及第十一世紀、第十二世紀新孔子學派起來的時代起，一直延長到我們這個時代，每一時期，都佔了將近千年的光景。[58]

胡適對上古時代的人文主義（Humanism）、合理主義（Rationalism）、自由精神（Spirit of freedom），以及近世的「實事求是，莫作調人」的懷疑態度作了高度讚揚。在〈中國傳統中的自然法〉一文中，胡適探討的問題是「中國在其漫長的歷史中是否形成了任何能夠與我們所知的歐洲，特別是盎格魯－撒克遜法律和憲法傳統中的『自然法』或『自然的法則』相媲美的道德或法律概念？」他的回答是肯定的，胡適以老子、孔子、墨子、儒家經典（五經）為例討論了「理」、「天理」的意義，他認為「在中國漫長的社會，政治思想史中是這樣。研究者們可以從中發現一系列努力求助於更高的法則或權威的形異實同的方式。」他指出了求助於更高權威的五種形式，它們「與歷史上西方世界求助於自然法和自然權利是基本相同的。」[59]

胡適在美國人面前對中國傳統人文主義、自然法意識、懷疑意識的證明，並非是一種民族主義意識的簡單顯現，而是他對一個古老民族文明生命力的信心，是他對世界現代化理念的把握，這種信心將喚起美國人民對中國文化的尊重和重新認識。

---

[58] Hu Shih，Chinese Thought. *Asia Magazine*,1942.Oct.Vol.42.No.10.p582.

[59] Hu Shih，The Natural Law in the Chinese Tradition. Edward F. Barrett, *Natural Law Institute Proceedings.* University of Notre Dame Press, 1953.Vol.5.p123.

其次，介紹中國新文化的現狀，增加美國人民對中國進步事業的瞭解，特別是對中國現代文化發展進程的理解。胡適是新文化運動的主要代表，也是中國現代化的積極推動者，以歷史見證人的姿態，介紹這方面的情形，是胡適義不容辭的使命。在這方面，他發表的論文、演講不少，所盡的心力也較多。

短短的幾年內，「文學革命」蔚然成為一股不可阻擋的風潮，在國內教育界佔據了主流地位，但外界世界對這一運動和它對中國文化的巨大影響仍知之甚少。五四時期，胡適就寫下了〈中國的文學革命〉（A literary Revolution in China, 1919）、〈1919 年的知識份子中國〉（Intellectual China in 1919, 1919）、〈中國的文學革命〉（The literary Revolution in China, 1922）等文章，及時報導了這一運動的來龍去脈，這大概是新文化運動的主要代表人物當時向英語世界報導新文化運動最早的一批文章。

在闡釋「文學革命」的過程中，胡適喜歡使用一個名詞——「文藝復興」，這個名詞並非胡適的發明，它是近代西方早已發明並使用的一個名詞。胡適使用該詞，意在說明中國文化通過自我的革新，完全擁有走上現代化之路的能力；以胡適的眼光看來，中國自宋以降在其內部即出現了一種「文藝復興」的趨勢。「五四」以來的新文化運動「也不過是這個一千年當中，中國文藝復興的歷史當中，一個潮流、一部分、一個時代、一個大時代裏面的一個小時代。」[60]1926 年 11 月 9 日胡適在英國第一次公開以「文藝復興在中國」（The Renaissance in China）[61]為題演講；1931 年 10 月 21 日在杭州舉行的第四屆兩年一度的太平洋國際學會，他再次發表以「文學的復興」（Literary Renaissance）為題的演講。1933 年 7 月胡適應邀到芝加哥大學比較宗教學系「哈斯克講座」講學，哈斯克基金是由卡羅琳·E·哈斯克夫人設立，旨在促進世界上處在不同文化、宗教背景下的民

---

[60] 參見胡適：〈中國文藝復興運動〉，收入《胡適作品集》第 24 冊，臺北：遠流出版公司，1988 年 9 月版，第 180 頁。

[61] Hu Shih, The Renaissance in China *Journal of Royal Institute of International Affairs,* 1926.Vol.5.pp265-283.

族的相互瞭解。該講座認為「不論是作為一個中國文化復興的闡釋者，還是作為一個溝通不同種族和不同文化的文化大使。胡適教授都是理想的哈斯克講座的講演者。在文化上，他既屬於東方，也屬於西方。」[62]胡適的系列演講結集出版，書名亦題「中國的文藝復興」，這是胡適在美國第一次出版自己的單行本著作。該書內容正如胡適在前言所說：它「首先是要描述中國文化的某些方面是如何發生變革的；其次，是要解釋這些變革怎樣採取其特殊的途徑與方式。」「中國的文藝復興正在變成一種現實。這一復興的結晶看起來似乎使人覺得帶著西方色彩。但剝開它的表層，你就可以看出，構成這個結晶的材料在本質上正是那個飽經風雨侵蝕而可以看得明白透徹的中國根柢——正是那個因為接觸新世界的科學、民主、文明而復活起來的人文主義與理智主義的中國。」[63]這本書的出版引起了美國讀者的極大興趣。Betty Drury 在一篇書評中如是評價道：

> 他的新書在簡短的篇幅中蘊含了廣博的內容。他以 110 頁的篇幅提綱挈領地展示了整個中國歷史。事實上，它是有關現代中國文化走向的有價值的研究，對國際上瞭解這一問題將極有幫助。[64]

1963 年紐約 Paragon 重印該書時，Brooklyn 學院的歷史學教授 Hyman Kublin 回憶起初讀此書時的情形：

> 二十五年前，那時我是波士頓大學的一名學生，我第一次讀到胡適博士的《中國的文藝復興》，我至今仍生動的記憶起被這本書喚起的知識的激情，這本只有一百多頁的小冊子所給予我有關正在中國發生的劃時代的變化的豐富知識遠遠超過了從一打書和數百篇期刊論文中所學到的東西。[65]

---

[62] Hu Shih, *The Chinese Renaissance*. Foreword. University of Chicago 1934.

[63] Hu Shih, *The Chinese Renaissance*. Preface. University of Chicago 1934.

[64] The Chinese Renaissance Is Becoming a Reality, *The New York Times Book Review*, July 1,1934.

[65] Hu Shih, *The Chinese Renaissance*. Introduction to the Second Edition .Paragon Book

　　胡適還積極向美國人民推介中國的文化藝術。1927 年著名京劇藝術家梅蘭芳組團訪美，胡適為介紹該團出訪的書籍作序。[66]1943 年 1 月 15 日至 3 月 14 日在紐約市大都會藝術博物館主辦的現代中國繪圖展，1943 年 5 月 24 日至 6 月 12 日在紐約現代藝術館主辦的王濟遠（Wang Chi-Yuan）繪圖展，1943 年 5 月至 6 月在紐約 Bignou 美術館主辦的古代中國與現代歐洲繪圖展，1946 年 1 月 7 日至 2 月 4 日在華盛頓藝術俱樂部主辦的重慶張書旂教授畫展，1954 年 10 月 10 日至 11 月 7 日在印第安那州印第安那波里斯主辦的凌叔華繪圖展，胡適都出面為這些畫展作介紹詞。楊步偉撰寫的《中國飲食》在紐約出版時，胡適亦欣允為之作序。此外，胡適還有專文介紹孫中山、康有為、張伯苓等近代中國歷史中的風雲人物，讚揚他們對推動中國現代化所起的歷史作用。

　　第三，與美國學術界對話，澄清西方對中國文化歷史一些流行的誤解和偏見，以求得對中國人文傳統的客觀評估，這也是胡適關注的一個課題。

　　早在 1925 年，胡適在〈目前的漢學研究〉（Sinology Research at the Present Time）一文中，就提到漢學研究的兩種態度：一種是宣傳的態度（propagandist attitude），它從成見出發，力圖證明中國文化在許多方面優越於西方文化；一種是客觀的態度（objective attitude），它僅僅以事實為依據，不管以事實研究得出的結論如何。[67]胡適自然是取第二種態度。西方著名史學家韋爾士在《世界史綱》一書認定中國文明在唐朝已達到頂點，近一千年停滯不前。這種觀點在西方學術界有很大影響，胡適對此頗不以為然。1926 年 11 月 11 日在英國劍橋大學演講時，他從文學、哲學、宗教、科學研究方法等方面

Reprint Corp .1963 .New York.

[66] Ernest K.Moy, Mei Lan-fan: Chinese Drama. Hu Shih, Mei Lan Fang and the Chinese Drama Being an introduction to Mei Lan-fan's American tour in 1927.此文目錄收入袁同禮和 Eugene L.Delafield 編：《胡適西文著作目錄》，筆者未見。

[67] Hu Shih，Sinological Research at the Present Time. Peking :Peking leader Press ,1925.收入周質平主編：《胡適英文文存》第 1 冊，第 177-183 頁。

詳細論述了唐以後的繼續發展。[68]同樣的問題在美國也被提了出來，1927 年 2 月 26 日在美國外交政策協會組織的一次題為「中國是前進還是倒退？」的午餐討論會上，聚集了一千五百多聽眾，主席 James G. McDonald 和胡適、Grover Clark、Dr. Stanlay K. Hornback 分別作了講演。胡適在講演中，介紹了五四時期的文學革命、白話文運動和思想革命，並認為「這場在中國的思想信仰革命與 1911 年的革命相比，是一場更為根本性的革命」，辛亥革命「不過是一個政府的更換，一個朝代的更換」，但是新文化運動卻是一場廣泛的知識改革，它影響了人們的思想信仰、社會生活、家庭習俗和學者們的基本態度。[69]胡適也介紹了孫中山領導的國民黨和孫中山先生的基本思想，包括三民主義、五權憲法和知難行易的哲學等等，一般認為孫中山領導的國民革命受到了布爾什維克的影響，而在胡適看來，中國的前途究竟是進步還是倒退，則取決於中國是受到盎格魯——撒克遜民族的民主傳統影響，還是受到蘇俄的極權主義的理想的影響。[70]

對這個問題的探討似乎長期纏繞著胡適，直到晚年他在美國講演〈中國傳統與將來〉時仍然以此作為一個問題來討論，他堅持「不要把中國傳統當作一個一成不變的東西看，要把這個傳統當作一長串重大的歷史變動進化的最高結果看」，胡適將中國傳統的發展分為六個階段：一，上古的「中國教時代」；二，中國固有哲學思想的「經典時代」；三，秦朝以後的歷史的大進化；四，佛教傳入引起的一場革命；五，對佛教的一連串反抗；六，中國的文藝復興。他深信，「那個『人本主義與理智主義的中國』的傳統沒有毀滅，而且無論如何沒有人能毀滅。」[71]

---

[68] Hu Shih，Has China Remained Stationary During the Last Thousand Years? *The Promotion of Closer Cultural ties Between China and Great Britain.* London: The Universities China Committee.1926.收入周質平主編：《胡適英文文存》第 1 冊，第 221-224 頁。

[69] Hu Shih，Forward or Backward in China. Peking: Peking Leader Press,1927.收入周質平主編：《胡適英文文存》第 1 冊，第 235-242 頁。

[70] Hu Shih，Forward or Backward in China. Peking: Peking Leader Press,1927.收入周質平主編：《胡適英文文存》第 1 冊，第 235-242 頁。

[71] 胡適：〈中國傳統與將來〉，收入《胡適文集》第 12 冊，第 197-210 頁。

　　與對中國人文傳統的偏見相聯，西方學者有的認為（如 Prof. W. H. Sheldon）東方沒有產生自然科學。有的認為（如 Prof. Filmer S. C. Northrop）東方很少有超過最淺近最初步的自然史式的知識的科學。針對這些觀點，尤其是諾斯洛浦教授的觀點，1959 年 7 月胡適在夏威夷大學第三屆東西方哲學家會議上發表了題為「中國哲學裏的科學精神與方法」的演講，他確認「古代中國的知識遺產裏確有一個『蘇格拉底傳統』。自由問答，自由討論，獨立思想，懷疑，熱心而冷靜的求知，都是儒家的傳統。」[72]還有考據學中「嚴格的靠證據思想，靠證據研究的傳統，大膽的懷疑與小心的求證的傳統」。[73]

　　一些美國學者撰寫的漢學著作憑空議論，十分粗糙。胡適對這類出版物毫不留情地給予批評。如約翰‧德‧弗蘭西斯（John De Francis）撰寫的《中國民族主義與語言改革》（*Nationalism and Language Reform in China*）一書，得出「語言改革運動和中國的民族主義運動緊密聯繫在一起」的結論，並在具體史實上杜撰胡適對自己提倡的白話文感到懷疑的細節，胡適不得不據理起而駁斥，在《美國歷史評論》上發表書評指出：「在中國所有的語言改革，無論是白話文運動也好，提倡拼音也好，無一不是由國際主義者（包括無政府主義和共產主義者）來領導。」[74]另一位美國學者羅伯特‧培恩（Robert Payne）在《毛澤東：紅色中國的統治者》一書中，根據毛澤東、蔣介石兩人簽字字形的比較，即得出毛勝蔣敗的結論。胡適指出這樣的研究「荒誕」、「離奇」、「荒唐」、「胡說八道」，「對中國語言和中國歷史的無知」。[75]

　　在胡適對西方漢學界評介文章中，也有一篇例外，這就是他為《清代名人傳略》所寫的前言，此書由恒慕義先生主編，中國學者房兆盈夫婦為其助手，經几年努力完成。在為此書所作的序中，胡適表示：「它是目前可以看到的關於近三百年中國歷史的最翔實最優

---

[72]　胡適：〈中國哲學裏的科學精神與方法〉，收入《胡適文集》第 12 冊，第 401 頁。
[73]　胡適：〈中國哲學裏的科學精神與方法〉，收入《胡適文集》第 12 冊，第 421 頁。
[74]　收入周質平主編：《胡適英文文存》第 3 冊，第 897-899 頁。
[75]　Hu Shih, My Former Student, Mao Tse－tung. *Freeman*, July 2,1951.

秀的一部著作。」「謹對編者和五十餘位作者在中國歷史和人物傳記方面的第一次國際合作研究獲得巨大成功表示祝賀」。[76]他稱讚了該書在選題、翻譯和編輯方面的「工作量確實大得驚人」。

第四，評介中國與世界的時事動態，宣傳中國人民抵抗日本侵略的正義性，爭取美國人民的同情和支持，以形成中美結盟共同反對日本法西斯的國際統一戰線。

胡適在美國觸及中國政治，主要有三段時間。一段是在民國初年，這是他自動投入，他談論的主題是宣傳辛亥革命。當時他到處演講，成為留學生中的演講明星。第二段時間是在抗日戰爭時期，他擔負著國民政府的外交使命，胡適這時不僅是談政治，且是在幹政治，而其介入政治的目的主要是推動美國支持中國抗戰。第三段是在五十年代，這時國民黨退至臺灣，胡適介入政治的話題是檢討美國的對華政策。與前兩段到處演講不同，此時胡適閉門不出，演講活動亦大為減少。從胡適自身的政治地位看，抗戰時期他負命赴美這一段最值得注意。

「七七事變」以後，胡適負命歐美做外交工作，「正是美國新中立法成為法令的第三個月，胡先生到任時正是美國孤立和平政策盛行之時」，[77]「美國人對亞洲戰爭最初的反應，反映了深刻的中立主義及和平主義情緒，由於世界未能阻止日本人入侵『滿洲』，令人大失所望，中立主義、和平主義情緒籠罩全美國。」[78]胡適面對這一嚴重形勢，他一方面在美國政府中活動，力爭其對中立法的修訂；一方面演說造勢。據他身邊的秘書傅安明先生回憶，「胡先生在美演說可分為三類：第一類是把中國抗戰比喻為美國獨立革命時期的苦鬥，希望美國援華，一如當年法國之援美。」「第二類是在 1939 年 9 月歐戰全面爆發時，他的演說在強調中國絕對不會對日妥協，並指

[76] *Eminent Chinese of the Ch'ing Period,1644-1912.*Washington DC,1943.ppv、vii.

[77] 傅安明：〈如沐春風二十年〉，收入李又寧主編：《回憶胡適之先生》第一集，紐約：天外出版社，1997 年 5 月版，第 11 頁。

[78] 〔美〕孔華潤著，張靜爾譯：《美國對中國的反應——中美關係的歷史剖析》，上海：復旦大學出版社，1997 年第二版，第 125 頁。

出中國抗戰和歐洲戰事密不可分。」「第三類強調中國是為全球民主而戰。」[79]

應當說，這時期胡適發表的演講，不僅發揮了他的演講口才之長，且展示了他作為一個現代學者的才識和修養，更重要的是他知道如何利用自己通曉的美國人民習慣的方式調動他們的情緒，這使得日本駐美使館人員大為惱火。這時期，胡適發表的著名講演有：〈日本在中國之侵略戰〉、〈中國抗戰的展望〉、〈我們還要作戰下去〉、〈偉大的同情心〉、〈中國目前的情勢〉、〈中國和日本的西化〉、〈民主中國的歷史基礎〉、〈中國為一個作戰的盟邦〉、〈中國抗戰也是要保衛一種文化方式〉等。如為了說明中國的國家性質是有別於日本軍國主義的民主國家，胡適列舉了中國發展現代民主制度所具的歷史基礎，它們主要體現在：

第一，一個徹底民主化的社會結構；

第二，2000 年客觀的、競爭性的官吏考試甄選制度；

第三，政府創立其自身「反對面」的制度和監察制度。[80]

胡適還對比了中日兩國文化的歷史差別。他列舉了六條「有關中國民主基礎思想形成的哲學基礎」，一、「以『無為而治』的黃老治術為最高政治形態」，二、「墨家的兼愛精神」，三、「本著『人皆可教』的原則，產生了社會不分階級的理想」，四、「中國具有言論自由，及政治上採納坦誠諫奏的悠久傳統」，五、「人民在國家生活中，佔極重要地位」，六、「均產的社會思想」。中國歷史有三個特點：「（一）中國在兩千年前，即已廢棄封建制度，成為一個統一的大帝國。」「（二）兩千一百年來，中國發展成為一個幾乎沒有階級的社會組織。」「（三）中國在權威鼎盛時期，也從不鼓勵武力侵略，而且一

---

[79] 傅安明：〈如沐春風二十年〉，收入李又寧主編：《回憶胡適之先生》第一集，紐約：天外出版社，1997 年 5 月版，第 19 頁。

[80] Hu Shih:*Historical Foundation for a Demoratic China.* Edmund J. James Lectures on Government: Second Series. Urbana: University of Illinois Press,1941 p1.

向厭棄戰爭，譴責帝國主義的領土擴張行為。」而「日本歷史，在政治組織上，一直是極權統治；在學術上，是愚民教育；在教育上，是軍事化訓練；其抱負則是帝國主義的思想。」[81]胡適這些千方百計地將中國併入民主國家行列的言論，與他在國內要求民主、自由，反抗獨裁的政治主張似相矛盾。但在抗戰這樣一個特殊的歷史時刻，胡適為博得美國公眾的理解，他不得不採取一種能與現行美國意識形態相適應的宣傳方式，介紹中國的文化歷史，以取得最好的造勢效果。

分析胡適的英文作品，我們不難看出，胡適對中國文化歷史評介的視角與他的中文作品有很大調整，這就是他更多的是從正面的角度介紹中國的文化歷史，而不像他在中文作品中，比較多的是批評傳統文化的缺陷、民族性格的劣根。胡適雖從未說明他何以要作這樣的調整，但從他的對話對象變化，我們不難體悟，這裏既有民族自尊心的情結，有歷史主義的態度，還有溝通中西方之間的良苦用心。一個擁有優越感的民族是不可能平等地對待異族文化，因而也不可能進行平等的文化交流。而非平等的文化交流，往往是以傷害對方為代價。中國曾以這種方式蔑視西方文化，西方隨之又以這樣一種方式粗暴對待中國，胡適處在西方傲視中國的環境裏，他不能不謹慎而機智地尋求一種平等溝通中美文化的方式，一種能夠使美國人民接受和理解的方式。

結語：以胡適為例看中美文化交流的歷史經驗

1959 年 11 月 30 日胡適在美國遠東文化會議的餐會上談到「文化交流的感想」這個主題時，承認自己「是早期中美文化交流的受惠者」，他談到自己的三點感受：一、致力於理解對方。二、理解對方的最好辦法就是深入社會，學習它的文化優點。三、長期的在外

---

[81] Hu Shih:*China too is Fighting to Defend a way of Life.* San Francisco: The Grabborn Press,1942.有張為麟中譯文小冊子，臺北：胡適紀念館，1972 年 2 月版。

國學習才能有機會深入瞭解該國的一切。[82]這可以說是胡適的切身體會。他從中美文化交流獲得種種益處，在充實自身的同時，他又做出更大的回饋。從這個意義上說，胡適是中美文化交流成功的一個標本、一個中美文化結合孕育的文化巨人。

整體評估近現代中美文化交流的歷史，有其相當成功的地方。從美國歸來的留學生在中國教育界、科學界舉足輕重，其中一部分人走上了領導者的崗位。他們以自由、民主為政治理想，對中國與世界的關係持一種開放的姿態，在中美之間架起一座理解的橋樑，以所學之長報效祖國，全力推動中國的現代化。另一方面，他們中的一部分人或申請加入美國籍，或長期居住美國，成為美國文化的一部分，對所在國做出了自己的貢獻，這又極大地豐富了美國文化，成為美國豐富多彩的多元文化的一部分。可以說，中美文化交流構成了我們這個時代世界文化絢麗燦爛的圖景的一個篇章。

勿庸諱言，中美文化交流也出現過一些波折。中國是一個歷史悠久的最大發展中國家，美國是世界上最強大的發達國家，要在兩者之間溝通並不是一件容易的事！中國作為美國文化的受眾，主要承受來自於美國的影響，但這一影響的接受也是在中國各種力量的較量中進行，接受什麼、吸收什麼很大程度取決於中國的社會文化背景，取決於美國經驗與中國文化傳統相容的程度。美國作為世界第一強國，在文化上擁有天然的優越感，它往往關心的是美國文化、美國價值的輸出，而對中國文化、中國價值容易視而不見，或有意無意地貶低。胡適看到這一點，他在中國介紹美國經驗，為中國現代化提供樣板，反對將美國「妖魔化」；同時在美國希望通過解讀中國文化的現代意義，來提升中國文化在美國人心目中的地位，以化解美國人對中國文化所存的偏見，在中美之間建立一種平等、正常的交往關係。

---

[82] 胡頌平：《胡適之先生年譜長編初稿》第 8 冊，臺北：聯經出版公司，1990 年版，第 3082 頁。

　　探討胡適與中美文化交流這一個案，胡適說過的一段話仍值得我們深思，也值得我們記取。在文化交流中，「吸取什麼，如何利用所吸取的東西，從所吸取的東西中又會產生出什麼來——這都決定於種族的、文化的核心，即決定於受容的人民。受容的人民，是一切事物的量度器，並且從長遠看，還是一切事物的最佳評判者。」「只要有必要的接觸、比較、評判的自由，只要有必要的提倡、接受、拒絕的自由，那就會產生出真正的『有選擇的吸收』——這是唯一可取而且持久的有選擇的文化吸收。」[83]我相信，只要保持和增加中美文化交流的趨勢，時間就會對兩國人民有利，在交流接觸中遇到的矛盾和障礙，通過兩國人民的共同努力也必將克服。

本文為作者 2000 年 10 月應邀參加在紐約舉行的「華族對美國的貢獻」
國際學術研討會提交的論文，載《現代中國》第三輯，
武漢：湖北教育出版社，2003 年 5 月出版。
英譯文載 *Chinese Studies in History*, WINTER 2008-2009/ VOL.42,NO.2.

---

[83]　Hu Shih，*The Exchange of Ideas Between the Occident and the Orient: A Case Study in Cultural Diffusion.* Contemporary China,1941 Nov.3.Vol.No.12.pp3、4.

中國的文藝復興

——胡適以中國文化為題材的英文作品解析

近代以降，中西文化交流進入一個新的階段，雙邊的文化互動以前所未有的規模展開。一方面，西方文化潮水般地湧向中國，其途徑或經西方人士直接傳輸，或由中國知識份子自覺吸收、譯介。一方面，中國文化亦被引入西方，承擔這一工作的除了西方的傳教士、漢學家外，中國少數知識份子在其中亦扮演了重要角色。西方文化憑藉其各方面的優勢，在這一雙向交流過程中處在強勢地位。中國文化則以其深厚的文化底蘊和豐富的文化資源，同樣對西方具有不可抗拒的魅力。向西方世界傳播中國文化，不僅需要具備良好的中國文化素養，而且要求傳輸者本身擁有相當的西學背景（包括使用西方語言的能力和西方文化素養），故有能力承擔這樣一種角色的中國學人可以說是寥若晨星，在這份罕見的名單中，除了已有專著論述的辜鴻銘、林語堂這兩位大家外，胡適應屬缺乏研討的一位大師。

胡適英文寫作、演講能力俱佳，英文著述宏富。他的英文作品除了少數是以西方文化為討論對象外，大部分作品的主題是中國文化（包括中國思想、中國哲學和中國宗教），它們表現了胡適在異域的中國文化情懷。向中國人傳播西方文化，向西方人宣傳中國文化，這是胡適在中、英文語境裏扮演的雙重角色。胡適在前一方面的工作已廣為國人所知，在後一方面所做的工作則鮮見人論述，其中一個重要原因是搜集胡適英文作品實為不易。最早從事胡適英文作品搜集工作的是美國人尤金・L・德拉菲爾德（Eugene L. Delafield）和袁同禮先生，1956 年 12 月出版的《中央研究院歷史語言研究所集刊》第二十八本《慶祝胡適先生六十五歲論文集》下冊載有他倆合編的

《胡適先生著作目錄》（中、西文），這大概是最早出現的胡適西文著作目錄。1962 年 12 月出版的《中研院史語所集刊》第三十四本《故院長胡適先生紀念論文集》下冊再次刊登他倆整理的《胡適西文著作目錄》，共收文兩百三十七篇。以後，胡頌平在其撰寫的《胡適之先生年譜長編初稿》書後附錄《胡適之先生著作目錄》（臺北：聯經出版公司，1984 年出版），內有〈西文部分〉；美國普林斯頓大學東亞系教授周質平撰著的《胡適叢論》（臺北：三民書店，1992 年出版）書後亦附錄一份〈胡適英文著作編年及分類目錄〉，胡、周使用的目錄仍為尤金・L・德拉菲爾德和袁同禮此前在《中研院史語所集刊》所刊的目錄。1995 年臺北遠流出版公司出版了周質平先生主編的《胡適英文文存》（三冊），內收胡適英文作品一百四十七篇，這是我們首次見到系統整理的胡適英文作品集。胡適的兩部單行本英文著作：*The Development of the Logical Method in Ancient China*（《先秦名學史》）和 *The Chinese Renaissance*（《中國的文藝復興》），因較為流行，編者未予收入。接著，周先生又編輯整理了《胡適未刊英文遺稿》（臺北：聯經出版公司，2001 年出版），增補胡適英文作品六十六篇；將胡適給他的美國女友韋蓮司的英文信譯成中文，結集為《不思量自難忘——胡適給韋蓮司的信》（臺北：聯經出版公司，1999 年出版），收入胡適致韋蓮司信一百七十五通。2003 年 9 月安徽教育出版社出版的《胡適全集・英文著述》第 35-39 卷（周質平、韓榮芳整理），收文兩百三十九篇；第 40-41 卷《英文信函》（韓榮芳整理），收函八百四十四通。這是胡適英文作品收文數量最多的一次結集。不過，這還不是胡適英文作品、書信的全部。[1]儘管如此，已經整理出版的

---

[1] 據筆者所知，漏收或未查獲的胡適英文作品，主要有五類：一是胡適發表在美國報刊中的作品，如《胡適留學日記》卷十五提到的「Review of Prof. B.K. Sarkar's Chinese Religion through Hinda Eyes（登 *The Hindusthanee Student.* Nov.1916），A Documentary History of the Recent Monarchical Movement in China（登 The Journal of Race Development）.」參見《胡適全集・日記（1915-1917）》第 28 冊，合肥：安徽教育出版社，2003 年版，第 493 頁。胡適發表在 The *Chinese Students' Monthly*（《中國留美學生月報》）上的作品亦未見收。二是美國報刊刊載的有關胡適發表英文演講的報導，這類報導尤以抗日戰爭時期為多。三

胡適英文著述、信函,為我們研究胡適在中美文化交流史上的作用,畢竟已提供了基本的文獻材料,這就使得以胡適的英文作品為研究對象,解剖其在中美文化交流史上的歷史經驗成為可能。

尤金‧L‧德拉菲爾德和袁同禮將胡適已發表的英文作品按體裁分為七類:書(Books)、散見於各書的著作(Articles Forming parts of books)、小冊子(Pamphlets)、期刊論文(Periodical article),書評(Book reviews)、引言、前言、序言(Introductions, Forewords and Prefaces)、講演、報告、評論(Addresses, Statements, Comments)。未刊的遺稿尚未計入其內。如就胡適英文作品的內容看,主要涉及有:一、關於中國歷史、文化、哲學、宗教及中西文化關係。二、時評政論。三、關於西方文化、思想的介紹和評論。在這三類作品中,以第一、二類為主。即使在第二類作品中,也常常包含了關於中國文化的評論或介紹。胡適英文作品內容的這一特點,反映了他本人作為一個專業中國思想史研究者身份的特質。因此,我們討論胡適以中國文化為題材的英文作品實有必要。[2]這裏我想就胡適以中國文化為題材的英文作品涉及的幾個主要問題加以討論,以顯現胡適英文作品給我們帶來的新的資訊。

是胡適在美國各大學講學的文字。如 1927 年 2 月胡適在哥倫比亞大學講演「中國哲學中的六個時期」(六次)、1943 年 10 月胡適在哈佛大學為美國陸軍訓練班所作關於中國歷史文化(The Historical Culture of China)的演講(六次)。1944 年 11 月至 1945 年 6 月在哈佛大學講授「中國思想史」課程。1946 年下半年在哥倫比亞大學講授「中國思想史」課程。1956 年在加利福尼亞大學以「中國的文藝復興運動」為題所作的演講(十次)。這些演講稿或記錄稿,今均未見出版。四是胡適的英文書信,特別是 1949 年以後胡適的英文書信,這些信件現在大都保存在臺北胡適紀念館。五是未刊的胡適英文遺稿,這些手稿原件主要保存在臺北胡適紀念館、中國社會科學院近代史研究所和北京大學圖書館等處。

[2] 有關這一問題的論著現有周質平:〈胡適英文著作中的中國文化〉,收入氏著《胡適與中國現代思潮》,南京:南京大學出版社,2002 年 9 月版,第 250-286 頁。周文主要探討了胡適中、英文作品表述、觀點的差異。殷志鵬:《赫貞江畔讀胡適》第七章〈胡適的英文訓練與發表能力──讀《胡適英文文存》〉,臺北:國家出版社,2005 年 8 月版,第 133-170 頁。殷文主要展現了胡適發表英文作品的能力及水平。

一、博士論文背後隱藏的較量

關於胡適在留美時期對國內孔教運動的觀察及其意見，已有相關研究論及。[3]但有關胡適的第一本英文專著，也就是他的博士論文《先秦名學史》（*The Development of the Logical Method in Ancient China*）[4]與當時反對孔教鬥爭的密切關係以及背後隱藏的思想衝突，人們對其中蘊含的資訊仍缺乏足夠的挖掘，而對其中可能牽涉的兩個關鍵人物——孔教運動的主要組織者陳煥章和哥大漢學教授夏德（Friedrich Hirth），人們則幾乎毫無察覺。所以，這裏我們有必要首先討論陳煥章和夏德教授。

陳煥章（1881-1933）早年曾入萬木草堂受學於康有為，1904 年（光緒三十年）入京參加科舉考試，獲進士。1907 年赴哥倫比亞大學經濟系留學，接受系統的西方學術訓練和教育，1911 年畢業，獲博士學位。其博士論文《孔門理財學》（*The Economic Principles of Confucius and His School*）當年即收入由哥大政治學教師編輯的「歷史、經濟和公共法律研究」叢書，由哥大出版社分兩冊精裝本出版。中國留美學生在美國出版博士論文，這可能是首例。該書出版後，除了書前有哥大兩位著名教授夏德（Friedrich Hirth）、亨利・R・西格（Henry R. Seager）的序言鼎力推薦外，美國《獨立報》、《歷史評論》、《東方評論》、在華的英文報《字林西報》等報刊登載了報導和書評。該書按照西方經濟學原理，分別討論孔子及其儒家學派的一般經濟學說及其在消費、生產、分配、財政方面的思想，從學術上

[3] 參見拙作〈胡適與儒學〉，收入《新文化的傳統——五四人物與思想研究》，廣州：廣東人民出版社，2004 年 5 月版，第 242-245 頁。

[4] 胡適的博士論文初題為：*A Study of the Development of Logical Method in Ancient China*（《中國古代哲學方法之進化史》），參見《胡適留學日記》卷十六〈一六、我之博士論文〉，收入《胡適全集・日記（1915-1917）》第 28 冊，合肥：安徽教育出版社，2003 年 9 月版，第 555 頁。1922 年亞東圖書館出版該書時改題為 *The Development of the Logical Method in Ancient China*（《先秦名學史》）。

而言，此書的價值自不待言。正因為如此，它獲得西方著名經濟學家馬克斯・韋伯（Max Weber）、羅斯（E・Ross）、凱恩斯（John Maynard Keynes）、熊彼特（Joseph Alois Schumpeter）等人的推介和好評，很快成為西方讀者瞭解中國經濟思想的經典著作，後來在西方一再重印。[5]但作者向西方學術界介紹孔門理財精義，其目的是致力於在中國建立孔教。

民國初年，陳煥章回到國內，迅即在國內發起成立孔教會，刊佈《孔教會雜誌》，與其老師康有為一起大力推動孔教運動，其主旨是將孔教立為國教，並將其寫進憲法，從制度上確立孔教的國教地位。這一主張一方面是康有為在戊戌變法時期倡導的孔教運動的繼續，一方面又帶有在政治文化上與以孫中山為代表的國民黨人爭奪話語權力的意味，說明「共和政體不能行於中國」。遠在海外的胡適對於這一運動頗為關注，早在 1912 年 6 月 25 日梅光迪致信胡適，即讚揚《孔門理財學》為「奇書」，稱「陳君真豪傑之士，不愧為孔教功臣」。[6]他們之間就孔教問題開始討論。隨後胡適在自己的日記中持續跟蹤孔教運動的進展，1915 年 5 月 23 日他在日記中提到陳煥章：「任公又有一文論孔子教義，其言顯刺康南海、陳煥章之流，任公見識進化矣。」[7]經過審慎的思考，胡適做出了反對孔教的抉擇。[8]

夏德（1845-1927）德國人。1870 年被招聘進入中國海關工作，1876 年任廈門海關幫辦，1877-1886 年在上海海關造冊處任職。以後歷任九龍、淡水、鎮江、宜昌、重慶等口副稅務司、代理稅務司和稅務司職。1886-1887 年任亞洲文會主席。1897 年回到德國。1902

[5] 有關陳煥章著《孔門理財學》在西方的出版情形，參見《孔門理財學》上冊〈出版說明〉，長沙：岳麓書社，2005 年 5 月版。該〈出版說明〉為筆者所擬。有關該書的影響及其相關書評，參見梁捷：〈「生財有大道」──陳煥章的《孔門理財學》〉，載 2007 年《博覽群書》第 4 期。

[6] 〈致胡適〉第十二函，收入羅崗、陳春豔編：《梅光迪文錄》，瀋陽：遼寧教育出版社，2001 年 2 月版，第 135 頁。

[7] 《胡適全集》第 28 冊，合肥：安徽教育出版社，1994 年版，第 148 頁。

[8] 關於這方面的情形，參見拙作〈胡適與儒學〉，收入《新文化的傳統──五四人物與思想研究》，廣州：廣東人民出版社，2005 年 4 月版，第 240-264 頁。

年接受美國哥倫比亞大學聘任，成為該校第一位漢學教授和「丁龍講座」教授。夏氏的主要學術興趣是研究中西關係史和中國上古史。1917年返回德國。著述頗豐，主要有：《中國與羅馬的東方》(*China and Roman Orient*，1885 年)、《古代的瓷器》(*Ancient Porcelain*，1888 年)、《中國研究》(*Chinesische Studien*，1890 年)、《周朝末年以前的中國古代史》(*The Ancient History of China, to the End of the Chou Dynasty*，1908 年)等。陳煥章的博士論文《孔門理財學》在哥大出版社出版時，他曾為之作序推介。1921 年他在自傳中回憶，他在紐約時書齋裏的常客有維新派哲學家康有為。[9]可見，他與康有為、陳煥章師徒二人的關係非同尋常。

　　1914 年 5 月胡適發表過一篇〈孔教運動在中國———一個歷史的解釋與批評〉(The Confuciunist Movement in China: an Historical Account and Criticism) 的文章，開首即指出：「目前在中國正在進行中的將孔教立為中華民國國教的運動並不是一場新的和意外的運動。」(The Movement now on foot in China for the establishment of Confucianism as the state religion of the Chinese Republic is by no means a new and unexpected movement.)文章回顧了自 1898 年戊戌變法以來康有為倡導孔教運動的歷史和民國初年孔教會開展活動的情況，公開表明自己不同意孔教運動的立場，他說：「決不能希望以任何官方的崇拜儀式來復興儒學，也不可能以憲法或法律來復興，更不可能讓學校重新讀經來復興。」(Confucianism can never hope to be revived by any official formulation of its rituals of worship, nor by a mere constitutional or statutory provision, nor by the re-introduction of the study of Confucian classics into the schools.) [10]但當時他的訴求還相對溫和，他撰文的目

---

[9]　有關夏德的介紹，參見張國剛：《德國的漢學研究》，北京：中華書局，1994年 7 月版，第 27-28 頁。中國社會科學院近代史研究所翻譯室編譯：《近代來華外國人名辭典》，北京：中國社會科學出版社，1984 年 6 月版，第 208-209頁。Friedrich Hirth: Biographisches nach eigenen Aufzeichnungen, in:Asia Mayor Hirth Anniversary Volume, Londen.1921.S.XXXV.

[10]　Suh Hu,The Confuciunist Movement in China: an Historical Account and Criticism,

的仍是圍繞「我們怎樣能使孔子的教誨適合現代需要或現代變化」這一問題來展開。

　　胡適撰著的《先秦名學史》與當時的孔教運動有著密切的關係。這種關聯主要來自於兩條線索：一是胡適與陳煥章共同的老師，都是哥大著名漢學教授夏德。胡適在哥大時以夏德的「漢學」（Sinology）為副修，與夏氏關係熟稔。夏德的學術興趣是在中國與東羅馬交通史和中國上古史，這一點對於胡適的博士論文選題範圍可能產生影響。但從學術傾向看，夏德則明顯傾向於陳煥章的觀點，從他為陳氏博士論文《孔門理財學》所撰寫的序言，並給予其高度評價可以見證這一點，他說：「陳博士之為後學也，誠可謂有功於其大教主者矣。彼愛護大聖及其教旨之熱心，未有能過者也。彼既為孔教中人，又得西方科學之法以精研之，西方之讀者，於其書也，其將由純粹之孔教家，而孔教之代表也乎。」（Dr.Chen proves a disciple worthy of his great teacher. His enthusiasm for the great sage and his doctrine could not be surpassed; western readers will find in his book the representation of Confucianism from the purely Confucianist point of view by an author who is a Confucianist himself and has had the advantage of sifting his ideas through the methods of western science.）[11]陳煥章作為當時哥大最知名的歸國留學生和孔教運動的領導人，其動向成為胡適的關注點，是一件自然的事。但胡適做出反對孔教的選擇，與夏氏所持理解甚至支持孔教的態度明顯抵觸。二是胡適寫作博士論文時，正是國內孔教運動及其反對者雙方鬥爭十分激烈的時期。胡適當時既然注意到這一事態的發展，以他對學術與政治密切關係的敏感性，自然對此

Chinese Students' Monthly. Vol.9,No.7, May 12,1914 ,pp.533-536.《胡適全集》和各種《胡適英文著作目錄》均漏收此文，它實為研究留美時期胡適對孔教運動意見最重要的一篇英文文章。周明之先生在其著《胡適與中國現代知識份子的選擇》一書引用了此文，Min-chih Chou, *Hu Shih and Intellectual Choice in Modern Chin,* Ann Arbor:The University of Michigan Press,1987.pp181-182.中譯文參見周明之著、雷頤譯：《胡適與中國現代知識分子的選擇》，桂林：廣西師大出版社，2005 年 2 月版，第 202 頁。

[11]　陳煥章：《孔門理財學》下冊，長沙：岳麓書社，2005 年 5 月版，第 816 頁。

會有所領悟。他的博士論文《先秦名學史》導論明確提到時在進行的孔教運動和它的反對者，並將之與自己的博士論文寫作聯繫起來。他說：「中國哲學的將來，似乎大有賴於那些偉大的哲學學派的恢復，這些學派在中國古代一度與儒家學派同時盛行。這種需要已被我們有思考力的人朦朧地或半自覺地覺察到，這可以從這樣的事實看出來：儘管反動的運動在憲法上確立儒學，或者把它作為國教，或者把它作為國家道德教育的制度，但都受到國會內外一切有思想的領導人物的有力反對，而對知識份子有影響的期刊在最近幾年中幾乎沒有一期發表關於非儒學各派的哲學學說的論文。」[12]這段話表現了胡適寫作《先秦名學史》的現實動機是反對孔教運動的需要：即「對知識份子有影響的期刊在最近幾年中幾乎沒有一期發表關於非儒學各派的哲學學說的論文」，這是他寫作博士論文的一個重要出發點。胡適在這裏雖未公開點康有為、陳煥章的名字，可能是為了減少論文對現實的刺激和論辯的火藥味。一般讀者對這段話所內含的現實意義很容易忽略。而作為胡適博士論文答辯評委之一的夏德教授對此則應有警覺，他對陳煥章所推動的孔教運動的同情，極有可能最終成為他阻止胡適博士論文通過的深層原因。[13]

---

[12] 中譯文參見胡適：《先秦名學史》導論〈邏輯與哲學〉，收入歐陽哲生編：《胡適文集》第 6 冊，北京：北京大學出版社，1998 年 11 月版，第 11 頁。胡適上述說法有誤，1915 年 10 月 15 日《青年雜誌》第 1 卷第 2 號刊發易白沙〈述墨〉一文，是闡釋先秦非儒家學說的一篇重要論文。胡適在美國哥大留學時是否讀到此文，仍待考。

[13] 胡適博士學位最後考試是在 1917 年 5 月 22 日，主試者六人：John Dewey（杜威）,D.S.Miller,W.T.Montague W.T.Bush, Frederich Hirth（夏德）,W.F.Cooley。「此次為口試，計時二時半。」參見《胡適全集》第 28 冊，第 561-562 頁。胡適在 1917 年未獲博士學位，其中原因主要有二說：一是唐德剛先生的「大修通過說」。唐指出，除了夏德教授「略通漢文」，其他評委因不懂中文，對胡適的博士論文難以評判。參見《胡適口述自傳》第五章〈哥倫比亞大學和杜威〉，收入《胡適文集》第 1 冊，第 272 頁。 二是余英時先生的「補繳博士論文副本 100 本，只是履行手續而已」說，參見余英時：《重尋胡適歷程：胡適生平與思想再認識》，臺北：聯經出版公司，2004 年 5 月版，第 3-13 頁。筆者同意唐先生的判斷，但不同意唐先生對胡適未能通過原因的推測。筆者

在《先秦名學史》中，胡適展示了反對孔教，或解構儒學意識形態最有效的三條途徑：一是大力輸入西方哲學。二是恢復儒學在歷史上的原形。三是恢復非儒學派的歷史地位。胡適說：「中國哲學的將來，有賴於從儒學的道德倫理和理性的枷鎖中得到解放。這種解放，不能只用大批西方哲學的輸入來實現，而只能讓儒學回到它本來的地位；也就是恢復它在其歷史背景中的地位。儒學曾經只是盛行於古代中國的許多敵對的學派中的一派，因此，只要不把它看作精神的、道德的、哲學的權威的唯一源泉，而只是在燦爛的哲學群星中的一顆明星，那末，儒學的被廢黜便不成問題了。」[14]這是當時許多新文化人的共識。胡適的特殊之處或特別關注點在於對非儒學派思想的肯定，他說：「就我自己來說，我認為非儒學派的恢復是絕對需要的，因為在這些學派中可望找到移植西方哲學和科學最佳成果的合適土壤。關於方法論問題，尤其如此。如為反對獨斷主義和唯理主義而強調經驗，在各方面的研究中充分地發展科學的方法，用歷史的或者發展的觀點看真理和道德，我認為這些都是西方現代哲學的最重要的貢獻，都能在西元前五、四、三世紀中那些偉大的非儒學派中找到遙遠而高度發展了的先驅。因此，新中國的責任是借鑒和借助於現代西方哲學去研究這些久已被忽略了的本國的

以為其他評委因不懂中文，不易對胡適的博士論文價值做出評判，因而他們的判斷反而有可能依賴於夏德教授。而如夏德不同意胡適博士論文的觀點，則完全可能對之做出否定性的評判。因此，夏德教授作為胡適博士論文的「問題」人物的可疑性更大。金岳霖在回憶錄中提到他間接聽到有關胡適博士論文答辯的一個情節：「在論文考試中，學校還請了一位懂中國歷史的，不屬於哲學系的學者參加。這位學者碰巧是懂天文的，他問胡適：『中國歷史記載是在什麼時候開始準確的？』胡適答不出，那位考官先生說：『《詩經》上的記載『十月之交，率日辛卯，日有食之』，是正確的記載，從天文學上已經得到了證實』。這個情節是我聽來的，不是胡適告訴我的。雖然如此，我認為很可能是真的。」參見劉培育主編：《金岳霖的回憶與回憶金岳霖》，成都：四川教育出版社，1995年7月初版，第30頁。金氏所說的這位考官正是夏德，可見，夏氏「為難」胡適的說法並非空穴來風，在留學生中早有流傳。

[14] 胡適：《先秦名學史》導論〈邏輯與哲學〉，收入《胡適文集》第6冊，第10-11頁。

學派。」[15]本此原則，胡適除了介紹「孔子的邏輯」以外，其他還評介了「墨翟及其學派的邏輯」（約佔全書的三分之一），這是《先秦名學史》的一個主要特色，也是被羅素認為是該書「最為有趣」的一部分。[16]

　　胡適對儒學的批評還表現在他提出儒學的邏輯阻礙科學發展這一觀點。中國哲學缺乏邏輯，或者邏輯學不發達，這是西方學術界普遍的觀點。基於此，西方某些學者甚至認為中國沒有哲學。胡適在書前開首即指出：「哲學是受它的方法制約的，也就是說，哲學的發展是決定於邏輯方法的發展的。」「中國近代哲學的全部歷史，從十一世紀到現在，都集中在這作者不明的一千七百五十字的小書（指《大學》──引者按）的解釋上。確實可以這樣說，宋學與明學之間的全部爭論，就是關於『格物』兩字應作『窮究事物』或『正心致良知』的解釋問題的爭論。」宋明兩代學者「他們對自然客體的研究提不出科學的方法，也把自己局限於倫理與政治哲學的問題之中。因此，在近代中國哲學的這兩個偉大時期中，都沒有對科學的發展做出任何貢獻。可能還有許多其他原因足以說明中國之所以缺乏科學研究，但可以毫不誇張地說，哲學方法的性質是其中最重要的原因之一。」[17]換句話說，中國哲學是有它的方法（邏輯），但這種方法（邏輯）將人們引向對政治倫理的研究，從而阻礙了科學的發展。所以胡適明確得出結論：「近代中國哲學與科學的發展曾極大地受害於沒有適當的邏輯方法。」[18]

　　將儒學的邏輯方法誤導看成是中國科學未能發達的重要原因，這一觀點不獨胡適持有，馮友蘭早年也曾發表過類似的看法。他在〈為什麼中國沒有科學──對中國哲學的歷史及其後果的一種解釋〉（Why

---

[15] 胡適：《先秦名學史》導論〈邏輯與哲學〉，收入《胡適文集》第 6 冊，第 10、11 頁。

[16] 羅素對《先秦名學史》的英文書評:Early Chinese Philosophy 及中譯文，參見《胡適全集・日記（1923-1927）》第 30 冊，第 89、94 頁。

[17] 胡適：《先秦名學史》導論〈邏輯與哲學〉，收入《胡適文集》第 6 冊，第 8 頁。

[18] 胡適：《先秦名學史》導論〈邏輯與哲學〉，收入《胡適文集》第 6 冊，第 9 頁。

China Has no Science: An Interpretation of the History and the Consequences of Chinese Philosophy？）也表達了類似的看法。「中國哲學家不需要科學的確實性，因為他們希望知道的只是他們自己；同樣地，他們不需要科學的力量，因為他們希望征服的只是他們自己。在他們看來，智慧的內容不是理智的知識，智慧的功能不是增加物質財富。在道家看來，物質財富只能帶來人心的混亂。在儒家看來，它雖然不像道家說的那麼壞，可是也絕不是人類幸福中最本質的東西。那麼，科學還有什麼用呢？」[19]可以說，近代科學為什麼未能在中國首先產生？這是「五四」時期思想界共同思考的一個問題，胡適、馮友蘭對儒家哲學及其方法論的局限的反省，從一個側面反映了當時先進知識份子對科學的探求。

一般認為，《先秦名學史》是胡適後來在北大的講義《中國哲學史大綱》的先導，這並沒錯。胡適的英文作品就其內容看，與中文作品之間的關係大致可分為三種情形：一是其思想內容主要是針對西方人士而發，故其內容基本上只在英文作品中表述。二是先以英文發表，後以中文發表。三是先以中文發表，後以英文發表。第二、三種情形，中、英文著作在內容上或基本重疊，或相互交錯。因對象不同，中、英文著作的表述方式可能會有所差異。《先秦名學史》與《中國哲學史大綱》之間的聯繫屬於第二類情形。試比較兩書，我們發現至少有兩大區別：一是《先秦名學史》的導論部分突顯了胡適寫作該書的思想的、現實的動機。而《中國哲學史大綱》的〈導言〉在體例上則完全更像一部教材，事實上也是如此。二是《先秦名學史》是以思想邏輯為其主線，其反對孔教的意義更為突出；而《中國哲學史大綱》則主要以「平行地說明」諸子哲學為其特點。但貫穿兩書的基本之處則在於「平等的眼光」，即對儒學和非儒學一視同仁的處理。這樣的學術處理，在學術史上有著重要的示範意義和開拓性質。《先秦名學史》反對孔教的現實意義常常被人們忽略，

---

[19]　馮友蘭：〈為什麼中國沒有科學〉，收入《三松堂全集》第 11 卷，鄭州：河南人民出版社，2000 年 12 月版，第 52 頁。

這是論者研究該書的一個重要缺陷。在這一點上，可能當時參加胡適博士論文答辯的評委夏德教授有一定敏感性。作為陳煥章博士論文的評閱者和作序者，他對兩篇博士論文的觀點所呈現的對立自然會有一定的警覺和選擇，而他對陳文的欣賞極有可能促使他阻礙胡適博士論文通過答辯。[20]

西方知名的漢學家、傳教士支持孔教運動，是當時孔教運動賴以發展的重要輿論資源。只要看一看 1913 年陳煥章的《孔教論》一書出版時，美人李佳白（Gibert Raid）、英人梅殿華（C.Spurgeon Medhurst）、李提摩太（Timothy Richard）、德人費希禮（Karl Fischer）諸人連袂為之作序，大力推薦該書，以示奧援，即可看出當時在華的西方人士的動向。正如袁世凱起用美人古德諾、澳人莫理循、日人有賀長雄為其政治、法律顧問，以為其復辟帝制宣傳鼓噪，[21]孔教運動得力於外力的支持也是其一時氣盛的重要原因。西人改變對中國新思想界，或對新文化運動的態度，是在「五四」時期杜威、羅素來華講學之後，杜、羅兩大思想家與新文化運動諸領導者的密切接觸，以及他們對新文化運動的熱情贊助，才使外部世界對中國文化界的新趨勢有了新的認識和轉變；[22]也是杜、羅兩位大哲學家對胡適的《先秦名學史》首先作了熱情洋溢的讚揚，[23]使這部書的影響力擴及到歐

---

[20] 如對陳煥章、胡適二篇博士論文作一比較，陳著分上下兩冊，長達 756 頁，而胡著只有 187 頁，明顯單薄。

[21] 《中國留美學生月刊》（*The Chinese Students' Monthly*）對古德諾擔任袁世凱政府的法律顧問一事作了報導，並組織討論，胡適撰有專文批評。參見 Suh Hu,A Philosopher of Chinese Reactionism. *The Chinese Students' Monthly,* Vol XI.No.1. November,1915.《胡適全集》和各種《胡適英文著作目錄》均漏收此文。

[22] 有關這方面的情形，參見張寶貴編著：《杜威與中國》「杜威眼中的新文化運動」一節，石家莊：河北人民出版社，2001 年 1 月版，第 31-37 頁。馮崇義：《羅素與中國——西方思想在中國的一次經歷》「羅素與五四新文化運動的主題」一節，北京：三聯書店，1994 年 2 月版，第 180-188 頁。

[23] 杜威對胡適博士論文的評論，參見〈陶履恭教授致胡適之教授函〉，載 1919 年 3 月 27 日《北京大學日刊》第 6 版。陶孟和在該信談及他在日本會晤杜威的情形，信中說：「今早到東京，午後往訪 Prof Dewey 於新渡戶家。彼極贊兄之論文。恭告以現著《中國哲學史》已經出版，乃根據於前論文之研究更擴充之。」羅素為《先秦名學史》撰有書評，參見：Early Chinese Philosophy, 原

美學術界。1932 年 6 月 2 日德國普魯士國家學院致函，聘請胡適為該院哲學史學部通訊會員，這是該院第一次聘請中國會員，[24]它表達了國際學術界對胡適中國哲學史研究成就的高度承認。夏德對陳煥章的讚揚和推介，不過是其沿承歐洲漢學傳統觀點的一個例證。從這個意義上說，胡適的反孔教立場也是對西方漢學傳統觀點的一大挑戰。

二、新文化運動的另一種解釋──中國的文藝復興

胡適是新文化運動的主要代表，也是新文化運動的歷史見證人。胡適對新文化運動有他自己的理解，在中文著作中，他最初在〈新思潮的意義〉一文中說明了自己的觀點：「新思潮的根本意義只是一種新態度。這種新態度可叫做『評判的態度』。」「尼采說現今時代是一個『重新估定一切價值』（Transvaluation of all Values）的時代。『重新估定一切價值』八個字便是評判的態度的最好解釋。」他將這種「評判的態度」分作四層理解：「研究問題，輸入學理，整理國故，再造文明。」[25]在英文著作中，胡適解釋新文化運動或新文學運

文及中譯文收入《胡適全集‧日記（1923-1927）》第 30 冊，第 87-96 頁。在文中，羅素說：「對於試圖把握中國思想的歐洲讀者來說，這本書標誌著一個嶄新的開端。要求歐洲人既是一個一流的漢學家，又是一個合格的哲學家，這是幾乎不可能的。」「但現在，胡適先生的出現使之得以改觀。他對西方哲學的精通絲毫不遜於歐洲人，而英文寫作的功力則可與許多美國教授相媲美，同時在移譯中國古代典籍的精確性方面外國人更是無可望其項背。」羅素甚至還說：「許多中國哲學的根本目的是為帝國的管理和合乎禮儀的行為提供準則。但胡適所引證的一些早期學者的論述卻遠比孔子及其門徒缺少道德說教的氣息。」羅素不僅讚揚了胡適西方哲學和英文寫作的素養，而且還稱許了他不同於孔教及其門徒的論述方式。據余英時先生在〈從《口記》看胡適的一生〉一文稱，此文原載美國 Nation 雜誌，參見氏著《重尋胡適歷程──胡適生平與思想再認識》，臺北：聯經出版公司，2004 年版，第 13 頁。杜威、羅素對胡適博士論文的讚揚，多少帶有追認的性質，反映了西方思想界對蓬勃發展的新文化運動重新認識的一面。

24 參見耿雲志：《胡適年譜》，成都：四川人民出版社，1989 年 12 月版，第 200 頁。
25 胡適：〈新思潮的意義〉，收入《胡適文存》卷四。《胡適文集》第 2 冊，第 552 頁。胡適晚年在口述自傳中將之概括為：「中國文藝復興運動的四重意義」，

動時，特別喜歡以「中國的文藝復興」（The Chinese Renaissance）來形容之，這不單是一個用詞問題，而是有其特殊的內涵和意義，它表明胡適對新文化運動的價值取向有其自身的選擇。「文藝復興」這個名詞是近代西方早已發明並使用的一個名詞，胡適最初也是從西方文藝復興運動那裏獲得以白話文作為國語的靈感和啟示。胡適使用該詞時，或特指新文化運動，或指近代以來中國的現代化運動，或指明末清初以來中國包括考證學在內的「文藝復興」，或泛指宋代以降包括宋明理學、清代考證學、近代新文化運動在內的「文藝復興」趨勢。胡適之所以喜歡使用「文藝復興」這個詞，一方面是便於西方民眾對中國新文化運動的理解，一方面也是強調新文化運動的人文主義（Humanism）、理性主義（Rationalism）性質，其意在說明中國人文傳統通過自我的革新，完全擁有走上現代化之路的能力。當胡適將新文化運動置於「中國的文藝復興」這一思想框架時，新文化運動顯現的意義的確與我們熟悉的「革命話語」或「啟蒙話語」的解釋有了新的不同：第一，他認可新文化運動與中國人文傳統的歷史傳承性，新文化運動是中國文化的再生或更生。第二、他重視新文化運動應含的人文主義、理性主義的意義。第三、他注重中國新文化與西方近代文化，特別是文藝復興運動的相通一面。在新文化陣營中，像胡適這樣理解新文化運動，特別是如此追溯新文化運動的歷史淵源，如此定位新文化運動的性質，實屬個別，反映了他作為一個自由主義者的特性。[26]

胡適可能是中國作家以英文文章向外界介紹新文化運動和「文學革命」的第一人。早在 1919 年 2 月，胡適在《北京導報》（The Peking Leader）發表〈文學革命在中國〉（A Literary Revolution in China）一文，該文分「第一槍是怎樣打響」（How the First Shot Was Fired）、「新

參見《胡適口述自傳》第八章〈從文學革命到文藝復興〉，收入《胡適文集》第 1 冊，第 339 頁。

[26] 有關這方面的論述，參見拙作〈自由主義與五四傳統——胡適對五四運動的歷史詮釋〉，收入《新文化的傳統——五四人物與思想研究》，廣州：廣東人民出版社，2004 年 5 月版，第 141-165 頁。

的『實驗詩』(New "Experimental Poetry")、「運動是怎樣散佈的」(How the Movement Is Spreading)、「歷史的辯護」(Historical Justification) 四節簡要地評介了新文化運動開展以來「文學革命」的情形。它向外界明確宣告：

> 引起保守派圈子反對的所謂「中國文學革命」確定會獲得成功，它不僅意味著自覺要求一種活文學──一種以口語作為寫作語言、並能真正代表人民的生活和需求的文學。

> The so called "Chinese literary revolution" which has aroused so much opposition in conservation but which certainly has all promise of success, means simply a conscious demand for a living literature──a literature which shall be written in the spoken tongue and shall truly represent the life and needs of the people.[27]

> 為了表現一個豐富的內容，首先有必要解放文學形式。舊瓶不能再裝新酒。

> In order to express an enriched content, it is necessary first to secure the emancipation of the literary form. The old bottles can no longer hold the new wine. [28]

同年 12 月，胡適就在《中國社會政治科學評論》(*The Chinese Social and Political Science Review*) 發表了〈中國知識份子在 1919 年〉(Intellectual China in 1919) 一文，介紹了 1919 年中國新知識界的活動情況。他在文中開首即稱：

> 在整個中國現代史上，1919 年無疑是值得稱作驚天動地的一年。一長串的值得紀念的事件是如此聞名，以至值得在

---

27 A Literary Revolution in China，收入《胡適全集‧英文著述一》第 35 冊，第 236 頁。

28 A Literary Revolution in China，收入《胡適全集‧英文著述一》第 35 冊，第 242-243 頁。

此一提，它們始於五月四日，終於本年最近幾週的教師罷課。
但是本年真正的奇蹟似乎是表現在整個國家思想和觀念的改
變。知識界變化的速度如此之快，以至那些對它最終的勝利
不抱任何期望的人也大為驚異。

In the whole modern history of China the year 1919 certainly
deserves the name Annus mirabilis. The long series of memorable
events beginning with the Fourth of May and ending in the teachers 』
strike during the last weeks of the year, are too well known to require
mentioning here. But the real miracle of the year seems to be the
marked change in the thoughts and ideas of the nation. So rapid
indeed has been the spread of the intellectual transformation that it
even astounded those who have entertained the wildest expectations
for its final triumph.[29]

1922 年胡適再次在《中國社會政治科學評論》以〈文學革命在中國〉
（The Literary Revolution in China）為題，從近代以來歐洲棄用拉丁
文作為文學語言以後的國語運動，講到中國古代的白話文學史和新
近發生的「文學革命」，以及在「文學革命」中提出的「國語的文學，
文學的國語」。（Produce literature in the national language and you shall
have a national language of literary worth.）[30]系統評介了白話文運動的
歷史和現狀。同年，他還以〈中國詩歌中的社會資訊〉（The Social
Message in Chinese Poetry）為題發表演講，介紹了中國歷代詩歌中蘊
含的豐富社會生活內容。[31]

---

[29] Intellectual China in 1919，收入《胡適全集·英文著述一》第 35 冊，第 244 頁。

[30] The Literary Revolution in China，收入《胡適全集·英文著述一》第 35 冊，第 274-286 頁。

[31] The Social Message in Chinese Poetry，*The Chinese Social and Political Science Review*,1923.Jan .Vol.7.pp66-79. 收入《胡適全集·英文著述一》第 35 冊，第 607-631 頁。

1923 年，胡適第一次使用〈中國的文藝復興〉（The Chinese Renaissance）的題目，討論中國自宋明以來文化學術的演變。胡適以為可用西方的「文藝復興」這一名詞稱呼中國現今的文化運動：

> 許多學說提出將歐洲歷史上的這個時代描繪為文藝復興。有人認為歐洲文藝復興最偉大的進步是世界的發現和人的再發現。另一些人則聲稱文藝復興最好形容為一個反抗權威和批評精神興起的年代。所有這些描述都可以應用於我們現在稱之為中國文藝復興的這個年代，而這一指稱仍被證明是相當準確的。

> Many a theory has been advanced to characterize that epoch in European history known as the Renaissance. Some hold that the greatest achievements of the European Renaissance were the discovery of the world and the rediscovery of man. Others maintain that the Renaissance may be best described as an age of rebellion against authority and of the rise of a critical spirit. Each of these descriptions may be readily applied to what we now call the age of Chinese Renaissance and the application will still be found remarkably accurate.[32]

在文中，胡適將中國文藝復興的最早階段追溯自宋代的理學；隨之而來的第二階段是明末清初出現的第一批反宋學思想家，如毛奇齡（1623-1716）、黃宗羲（1610-1695）、胡渭（？-1714）；第三階段是反宋學的「漢學」或考證學；第四階段是近代以來伴隨各種維新運動、政治革命而出現的「文學革命」。胡適詳細探討了戊戌維新、辛亥革命、第一次世界大戰對中國的影響，以及新文學運動興起的過程。1923 年 4 月 3 日胡適在日記中對寫作這篇文章的初衷有明確的說明：「用英文作一文，述『中國的文藝復興時代』（The Chinese Renaissance）。此題甚不易作，因斷代不易也。友人和蘭國 Ph. De

---

[32] The Chinese Renaissance，收入《胡適全集·英文著述一）》第 35 冊，第 632 頁。

Vargas 先生曾作長文 Some Elements in the Chinese Renaissance，載去年四月－六月之 The New China Review。此文雖得我的幫助，實不甚佳。」「我以為中國『文藝復興時期』當自宋起。」「王學之興，是第二期。」「清學之興，是第三期。」「近幾年之新運動，才是第四期。」[33]這裏所謂「斷代不易」大概是指他心中的「中國文藝復興」究竟是從明末清初開始，還是應從宋代開始？其中最大的難題主要是對宋明理學的處理及其歷史定位。胡適在日記中特別列舉了宋代學術文化的諸項成就，以證其從宋代開始的理由。胡適如此表露其對「宋學」的好感，[34]尚未見於在他公開發表的中文文字，他在 1928 年發表的〈幾個反理學的思想家〉一文所表述的觀點與此文更是南轅北轍。胡適在此文中所展示的「中國文藝復興」的思想線索成為他以後討論類似主題的基調。從此以後，胡適經常使用「中國的文藝復興」這一題目發表演講或撰文。

　　1926 年 11 月 9 日、25 日胡適在英國三次以「文藝復興在中國」（The Renaissance in China）[35]為題演講。在演講中胡適表示：

> 中國文藝復興運動代表我們國家和我們人民在現代化過程中的一個新的階段。這個過程中可劃分為三個顯而易見的階段。第一階段可描述為機械化階段——引入機器、戰艦、槍炮和蒸汽船。第二階段是政治改革。然後是第三階段，就是我今晚要講的運動。

---

[33] 《胡適全集・日記（1923-1927））》第 30 冊，第 5-6 頁。

[34] 胡適對新儒學（理學）的好感在他晚年的英文口述自傳中亦有明確的說明：「有許多人認為我是反孔非儒的。在許多方面，我對那經過長期發展的儒教的批判是很嚴厲的。但是就全體來說，我在我的一切著述上，對於孔子和早期的『仲尼之徒』如孟子，都是相當尊崇的。我對十二世紀『新儒學』（Neo-Confucianism）（『理學』）的開山宗師的朱熹，也是十分崇敬的。」參見唐德剛譯注：《胡適口述自傳》，收入《胡適文集》第 1 冊，第 418 頁。

[35] Hu Shih, The Renaissance in China .*Journal of Royal Institute of International Affairs*,1926. Vol.5.pp265-283.演講文字參見《胡適全集・英文著述二》第 36 冊，第 156-190 頁。

The Chinese Renaissance movement represents a new stage in the process of modernizing our country and our people, and in that process three stages have already been manifested. The first may be described as the mechanical stage—the introduction of mechanical implements, of battleships, guns and steamships. The second was the stage of political reform. Then came the third stage the movement of which I am to speak to-night.

這是胡適第一次將「中國文藝復興」與中國現代化運動聯繫在一起。一部中國近代史，是中國走向現代化的歷史，也是中國文藝復興運動的歷史。正是在這次旅英的演講中，英方為胡適 11 月 18 日演講「第一次中國文藝復興」（The First Chinese Renaissance）做廣告時使用了「中國文藝復興之父」（The Father of the Chinese Renaissance）來推介胡適。[36]從此在中文世界裏被推為「文學革命」第一人的胡適，搖身一變在英文世界裏成了「中國文藝復興之父」，這樣一種稱謂更符合西方文化的習慣。

1931 年 10 月 21 日至 11 月 4 日在杭州舉行的第四屆太平洋國際學會，胡適提交了以「文學的復興」（The Literary Renaissance）為題的英文論文。該文回顧了新文學運動的發生、發展過程，[37]該文與此後胡適發表的同類題材的中文文章，如〈逼上梁山──文學革命的開始〉（1933 年）、《中國新文學大系》第一集〈建設理論集〉導言（1935 年）內容有互補之處。如文章開首引用的刊登在 1915 年《甲寅》第 1 卷第 10 期黃遠庸致章士釗信，文中對中國、西方近代國語運動比較的內容，都未見在中文文章中出現。陳衡哲將這次會議論文編輯、結集為《中國文化討論會》（*Symposium on Chinese Culture*），作者均

---

[36] 《胡適的日記》第 5 冊，1926 年 11 月 18 日，臺北：遠流出版公司，1990 年 12 月 17 日版。

[37] The Literary Renaissance ,Sophia H.Chen Zen. ed, *Symposium on Chinese Culture*. Shanghai:China Institute of Pacific Relations,1931 pp150-164. 收入《胡適全集‧英文著述二》第 36 冊，第 607-628 頁。

為當時活躍在中國文化、教育界的名流人物，如丁文江、蔡元培、趙元任、朱啟鈐、余上沅、任叔永、翁文灝、李濟、秉志、朱經農、何廉、曾寶蓀、陶孟和、陳衡哲等，但從提交的英文論文的文字能力看，胡適明顯屬於其中的佼佼者。[38]

　　1933 年 7 月胡適應邀到芝加哥大學比較宗教學系「哈斯克講座」講學，第二年胡適的系列演講結集由芝加哥大學出版社出版，書名題為「中國的文藝復興」。這是胡適在美國第一次出版自己的單行本著作，也是胡適對英文世界最為系統的闡述他對中國新文化歷史看法的著作。全書分六部分：一、文化反應的類型，二、排拒、熱情欣賞和新懷疑，三、中國文藝復興，四、知識份子的生活：過去與現狀，五、中國人生活中的宗教，六、社會瓦解與重新調整。其中在第三章〈中國的文藝復興〉，胡適如是評價新文化運動的意義：

　　　　該運動有三個突出的特徵，使人想起歐洲的文藝復興。首先，它是一場自覺的、提倡用民眾使用的活的語言創作的新文學取代用舊語言創作的古文學的運動。其次，它是一場自覺地反對傳統文化中諸多觀念、制度的運動，是一場自覺地把個人從傳統力量的束縛中解放出來的運動。它是一場理性對傳統、自由對權威、張揚生命和人的價值對壓制生命和人的價值的運動。最後，很奇怪，這場運動是由既瞭解他們自己的文化遺產，又力圖用現代新的、歷史地批判與探索方法去研究他們的文化遺產的人領導的。在這個意義上，它又是一場人文主義的運動。在所有這些方面，這場肇始於 1917 年，有時亦被稱為「新文化運動」、「新思想運動」、「新浪潮」的新運動，引起了中國青年一代的共鳴，被看成是預示著並指向一個古老民族和古老文明的新生的運動。[39]

---

[38]　參見《丁文江致胡適》1930 年 12 月 9 日，收入耿雲志主編：《胡適遺稿及秘藏書信》第 23 冊，合肥：黃山書社，1994 年 12 月版，第 162 頁。丁信對與會者提交的英文論文的文字水平有嚴苛批評。

[39]　中譯文參見胡適著、歐陽哲生、劉紅中編譯：《中國的文藝復興》，北京：外

　　這是胡適第一次全面、系統向外界闡述他對新文化運動以及中國近代歷史發展的看法。

　　1935 年 1 月 4 日，胡適在接受香港大學頒給他的第一個榮譽博士學位時，也是以「中國文藝復興」為題，這篇演講我們現在看到的是名為「景冬」留下的中文紀錄稿。[40]以香港大學採用英文教學的慣例而言，胡適演講的原稿應為英文。

　　據胡適自述，1956 年他應加里福尼亞大學之邀，在該校做了為期五月的講學，「加里佛（福）尼亞大學請我做十次公開的講演（用英文做十次公開的講演）。他們要一個題目：近千年來的「中國文藝復興運動」。[41]可惜這次演講的英文稿，我們在現有出版的《胡適英文文存》、《胡適全集》以及各種《胡適英文著作目錄》中都未能找到，[42]故不得其詳。

　　胡適第一次在中文世界使用「中國文藝復興運動」這一題目來講述五四運動史或新文化運動史，是遲到 1958 年 5 月 4 日在臺北「中國文藝協會」發表題為「中國文藝復興運動」的演講。[43]發表這篇中文演講的背景與前此胡適在 1920、30 年代發表同題英文演講的背景大相徑庭。在國際上，此時世界已進入冷戰狀態，以蘇聯為首的社會主義國家與以美國為首的資本主義國家在意識形態上嚴重對立。在國內，國民黨退縮臺灣，共產黨在大陸建立了統治政權，國、共兩黨的力量對比發生了根本性的變化。胡適這次演講明顯受到時代

語教學與研究出版社，2001 年 2 月版，第 181 頁。
[40] 中文稿《胡適在港演講》，載 1935 年 1 月 17 日《大公報》。收入《胡適文集》第 12 冊，第 41-43 頁。
[41] 胡適：〈中國文藝復興運動〉，收入《胡適作品集》第 24 冊，臺北：遠流出版公司，1988 年 9 月三版，第 179 頁。
[42] 有關胡適這次在加州大學的講學活動，現有胡頌平、耿雲志、曹伯言三位先生的《胡適年譜》均未見記載，胡適本人的日記、書信中亦無記載。胡適僅在 1958 年 5 月 4 日在臺北「中國文藝協會」以「中國文藝復興運動」為題的演講中提到此事。故其詳細情形仍有待考。
[43] 1956 年 9 月 3 日胡適在日記中記道：「到『好世界』，赴 Chicago 一帶的『智識分子聚餐』，到的有一百四十多人。我有演說，說『四十年來的中國文藝復興運動』。王熙先生主席。」參見《胡適全集》第 34 冊，第 436 頁。此次演講系用中文還是英文，不得其詳，因未留下文稿，故暫可不計。

背景的制約，但就其對新文化運動的理解與前此的英文文章的內容可謂一脈相承。胡適吐露了自己為何多年來在國外「總是用 Chinese Renaissance 這個名詞」介紹新文化運動的緣由：

> 在四十年前──四十多年前，提倡一種所謂中國文藝復興的運動。那個時候，有許多的名詞，有人叫做「文學革命」，也叫做「新文化思想運動」，也叫做「新思潮運動」。不過我個人倒希望，在歷史上──四十多年來的運動，叫它做「中國文藝復興運動」。多年來在國外有人請我講演，提起這個四十年前所發生的運動，我總是用 Chinese Renaissance 這個名詞（中國文藝復興運動）。Renaissance 這個字的意思就是再生，等於一個人害病死了再重新再生。更生運動再生運動，在西洋歷史上，叫做文藝復興運動。

胡適明確指出「中國文藝復興」具有兩重含義。廣義地指唐代以來「古文復興運動」，宋代以後出現的新儒家，元明時期由民間興起的戲曲、長篇小說創作，明末以後的考證學，近代的新文化運動。狹義地則指新文化運動。

> 從西曆紀元一千年到現在，將近一千年，從北宋開始到現在，這個九百多年，廣義的可以叫做「文藝復興」。一次「文藝復興」遭遇到一種旁的勢力的挫折，又消滅了，又一次「文藝復興」，又消滅了。所以我們這個四十年前所提倡的文藝復興運動，也不過是這個一千年當中，中國文藝復興的歷史當中，一個潮流，一部分，一個時代，一個大時代裏面的一個小時代。[44]

在這次演講中，胡適特別表彰了《新潮》雜誌：

> 《新潮》雜誌，在內容和見解兩方面，都比他的先生們辦的《新青年》，還成熟得多，內容也豐富得多，見解也成熟得多。在這個大學的學生刊物當中，在那個時候世界學生刊

---

[44] 胡適：〈中國文藝復興運動〉，收入《胡適作品集》第 24 冊，臺北：遠流出版公司，1988 年 9 月版，第 178-180 頁。

物當中，都可以說是個很重要的刊物。他們那個刊物，中文
名字叫做「新潮」，當時他們請我做一名顧問，要我參加他們
定名字的會議──定一外國的英文名，印在《新潮》封面上。
他們商量結果，決定採用一個不只限於「新潮」兩個字義的
字，他們用了個 Renaissance。這個字的意義就是復活、再生、
更生。[45]

從語義上來說，中文《新潮》的刊名與英文 Renaissance 並不對應。
捨去中文原義，而另取一英文名稱，反映了《新潮》同人對新文化
運動在中西文化關係互換時的另一種理解。這一理解，可能主要來
自於他們的顧問胡適的影響。胡適晚年在口述自傳中提示了這一
點：「他們請我做新潮社的顧問。他們把這整個的運動叫做『文藝復
興』可能也是受我的影響。」[46]當然，當時章太炎派在北大文科佔有
很重的份量，也不排除這一名稱與章太炎的思想影響有某種聯繫。
思想的源泉可能是多元的，其中某種因素佔有主導性的影響，胡適
對《新潮》的影響可作如是觀。某種因素也可能起有輔助性的作用，
《新潮》英文名暗合章太炎的思想可忝為一例。

　　持有「中國文藝復興」類似觀點的並不只有胡適。二十世紀初
以章太炎為首的「國粹學派」提出中國的「古學復興」且不說，在
新文化運動中蔡元培多次提到中國新文化運動類似於西方的「文藝
復興」。[47]梁啟超為蔣方震《歐洲文藝復興時代史》所作的序文最後
獨立成文竟是《清代學術概論》，梁氏以「復古解放」來概述有清一
代學術的歸趨，可見當時學界領袖不乏有人將中國新文化比附為西
方的「文藝復興」。胡適本人在其中文著作《中國哲學史大綱》導言
中論及清代學術變遷大勢時，也以「古學昌明的時代」稱之：「自從

---

[45] 胡適：〈中國文藝復興運動〉，收入《胡適作品集》第 24 冊，第 179 頁。唐德
剛先生原譯為「指導員」，鄙人以為譯為「顧問」為宜。

[46] 唐德剛譯注：《胡適口述自傳》第八章〈從文學革命到文藝復興〉，收入《胡
適文集》第 1 冊，第 340 頁。

[47] 參見蔡元培：〈吾國文化運動之過去與將來〉，高平叔編：《蔡元培全集》，第 6
卷，北京：中華書局，1988 年 8 月版，第 421-422 頁。

有了那些漢學家考據、校勘、訓詁的工夫，那些經書子書，方才勉強可以讀得。這個時代，有點像歐洲的『再生時代』（『再生時代』，西名 Renaissance，舊譯文藝復興時代）。」[48]以「文藝復興」類比清代學術發展趨勢，可謂二十世紀初以來中國學術界一種「時尚」說法。但隨著新文化運動的蓬勃發展，人們逐漸屏棄「中國文藝復興」這樣一種提法，而更喜用新文化運動或新思潮運動來稱呼當時正在進行的文化運動。「五四」以後，胡適在英文世界雖頻頻以「中國文藝復興運動」為講題詮釋、宣傳新文化運動，而在國內他也順應了環境的變化，也並不使用該詞。為什麼胡適在英文世界屢屢以「文藝復興」來說明和闡釋中國新文化運動，而在中文世界卻長期不以該詞語來說明新文化運動呢？這是值得探討和追究的一個問題。

在「中國的文藝復興」這一思想框架中，胡適對清代漢學、甚至宋明理學的肯定，很容易讓人產生「復古」的聯想，它既不被新文化陣營所認同，又極有可能被舊派勢力所利用，胡適遂只能在中文世界裏擱置這樣一種提法。1923 年當胡適第一次以英文「中國的文藝復興」為題著文時，同年他還在中文世界發表了極富影響力的〈《國學季刊》發刊宣言〉，開始起動一場頗具聲勢的「整理國故」運動。就胡適的本意來說，這場「整理國故」運動既是其規劃的新文化運動的重要一環，亦是他內心深處「中國文藝復興」思想的重要組成部分。胡適對新文化運動的建設性思路和其「中國的文藝復興」歷史構想相一致。但是，圍繞是否應該開展「整理國故」運動，新文化陣營內部產生了極大的爭議，陳獨秀、魯迅等人根本反對這樣做。實際上，「整理國故」不過為胡適循依清代漢學的治學方法是科學方法這一思路，承繼有清一代的考證學傳統，以將新文化運動推進到歷史學領域，1919 年 11 月胡適開始發表的〈清代漢學家的科學方法〉一文，[49]即是這一思路的最初表現。沒想到在這一環節，就

---

[48] 胡適：《中國哲學史大綱》第一篇〈導言〉，收入《胡適文集》第 6 冊，第 168 頁。

[49] 胡適：〈清代漢學家的科學方法〉原載 1919 年 11 月至 1921 年 4 月《北京大學月刊》第 1 卷第 5、7、9 期。收入《胡適文存》（上海：亞東圖書館，1921

遭遇到了新文化陣營同志的抵觸情緒。胡適如再將其「中國的文藝復興」是從宋明理學開始這一思想和盤托出，發表在中文世界，其不同反響可想而知，它自然會被認為是與新文化運動的主流思想「背道而馳」。所以，胡適在〈新思潮的意義〉和〈《國學季刊》發刊宣言〉兩文中對「整理國故」的提倡，實為其「中國文藝復興」構想的一部分，而他在 1923 年發表的英文文章〈中國的文藝復興〉才是他真實的、系統的思想闡釋。當他的「整理國故」主張已產生爭議，甚至被人非議時，胡適意識到「中國的文藝復興」思想根本就不宜在中文世界發表。而在英文世界的語境裏，胡適則不用擔心類似情形的發生，所以他完全可以從容不迫地展現自己的思想。

　　「五四」以來中國新文化運動的發展主流是「革命文學」或「革命文化」，這也使得胡適不得不謹慎迴避使用「文藝復興」這一明顯帶有資產階級情調性質的辭彙來描述或定位新文化運動，以避免在新文化陣營中產生不必要的爭議。在胡適總結新文學運動的系列中文文字，如〈五十年來中國之文學〉（1922 年）、〈新文學運動之意義〉（1925 年）、〈陳獨秀與文學革命〉（1933 年）、〈逼上梁山——文學革命的開始〉（1933 年）、《中國新文學大系》第一集〈建設理論集〉導言（1935 年）等文中，[50]我們根本看不到「中國文藝復興」這樣的名詞。胡適本人因被陳獨秀推為「文學革命」第一人，從而暴得大名，他就歷史地被推上了「文學革命」的舞臺，他不得不扛著「文學革命」的旗幟往前走。如果在「文學革命」的浪潮中，他再冠以英文世界裏那樣的「中國文藝復興之父」頭銜來領袖群倫，顯然不

年 12 月版）卷二時改題為〈清代學者的治學方法〉。

[50] 1935 年 1 月 12 日胡適在廣西梧州市中山紀念堂發表過一篇〈中國再生時期〉的演講，原載 1935 年 1 月 22 日至 25 日《梧州日報》。收入《胡適文集》第 12 冊，第 115-127 頁。這篇文字所表述的基本思想與胡適在英文中所論述的「中國的文藝復興」有接近之處，但影響極小。1927 年 5 月 13 日，胡適發表過一篇類似題目的英文文章：Cultural Rebirth in China（〈中國的文化再生〉），Speech before Pan-Pacific Club, May 13,1927. *Transpacific* .Vol.14. No.20. May 14,1927.p13.

合時宜，或不免給人以軟弱、退縮之感。由此不難看出，胡適在中文世界對「文藝復興」的迴避使用，一定程度上反應了他對中國現實環境和新文化陣營主流傾向的某種妥協。在二十世紀新文化史上，各種文化流派對人文主義的態度殊不一致。「文學革命」對梅光迪、吳宓為代表的「新人文主義」的批判，本身亦說明其某種程度上帶有反人文主義的傾向；後來「左翼」文化以批判資產階級人性論為由，甚至出現了拒斥人本主義的現象；這一選擇發展到十年「文革」，更是產生了許多政治的、文化的悲劇性後果。因此，在中、英文世界胡適對新文化運動解釋所出現的差異這一現象也一定程度上折射了中國新文化進程的複雜性和曲折性。

胡適嚮往的「中國文藝復興」，始終是一套未能充分伸展的話語系統。在一個革命浪潮洶湧澎湃的時代，它也很難獲得機會發展成為一套成熟的理論系統，它只是初步表達了自己的價值取向：它注意到從中國人文傳統自身的演變看中國新文化的產生及其發展，表現出開掘中國內在的人文主義傳統資源的傾向。它提倡「為文化而文化」，以有別於「為政治而文化」。早在 1917 年胡適留學歸國之初，即向《新青年》同人建言：「我們這個運動既然被稱為『文藝復興運動』，它就應撇開政治，有意識地為新中國打下一個非政治的（文化）基礎。我們應致力於（研究和解決）我們所認為最基本的有關中國知識、文化和教育方面的問題。我並且特地指出我們要『二十年不談政治；二十年不幹政治』。」[51]這樣一種選擇，顯然不能為對政治抱有濃厚興趣、對舊文化深惡痛絕的陳獨秀等人所認同。由於各種力量的推動，胡適本人也很快改變了「不談政治」的主張，創辦《努力週報》，即是其評論時政的一個積極舉動。「五四」以後，「革命話語」已成為主流選擇。它不僅強調新、舊文化的決裂，而且強調文化服從政治，「為政治而文化」。在這樣一種歷史情境裏，即使扮演「革命話語」修正角色的「啟蒙話語」雖強調科學、民主的啟蒙，

---

[51] 唐德剛譯注：《胡適口述自傳》第九章〈五四運動〉，收入《胡適文集》第 1冊，第 358 頁。

強調對個人正當權利和人道主義的維護，實際上也處在邊緣化的境地。這就不難想像以「中國文藝復興」 這樣一種思路詮釋新文化運動的價值取向遭受被冷落的命運，它在中國新文化進程中幾乎沒有可能成為一個可供操作的選項。胡適當年發出「中國文藝復興」的呼喊，其影響力實際上也是微乎其微，以至於在一波又一波革命文化浪潮中，幾乎被人們所忽略和淡忘。「五四」運動以後，話語權力的爭奪主要是在「革命話語」與「啟蒙話語」這兩大話語系統之間展開。

三、中西文化觀的前後演變

1954 年胡適在〈一個東方人對現代西方文明的看法〉（An Oriental Looks at the Modern Western Civilization） 一文中，總結自己的文化觀，明確交代自己中西文化觀的發展分前後兩大階段，為我們研究他的中西文化觀提供了一條基本線索：

> 在我簡短的六十多歲生涯中，我經歷了兩次不得不選擇立場的文化衝突的關鍵時期。在我年青時期，我面對的是舊的東方文明與年青的、充滿生機的、擴張的和侵略性的西方世界文明之間的大衝突。在那場鬥爭中，我公開地、毫不含糊地以一個東方文明的嚴厲批評者和西方文明的堅定捍衛者出現。

> 在我比較成熟的年紀，我不得不面對一個新的文化衝突的時代──極權主義制度反對西方自由人民的民主文明的戰爭。這場新的衝突將我引向重新檢視與反思我在這一主題上曾經說過、出版過的東西，我再次率直地以一個民主世界文明的捍衛者和支持者出現。

> In my brief life of a little over sixty years, I have gone through two critical periods of cultural conflict in which I had to choose

235

sides and take a stand. In my younger years, I was faced with the great conflict between the old civilizations of the East and the young, vigorous, expanding, and aggressive civilization of the Western world. In that struggle, I came out openly and unequivocally as a severe critic of the oriental civilization and steadfast of the occidental civilization.

In my more mature years, I had to face a new era of cultural conflict in the war of the totalitarian systems against the democratic civilization of the free people of the West. That new conflict led me to review and rethink what I had said and published on the subject, and I came out once more an unequivocal defender and supporter of the civilization of the democratic world.[52]

在文中，胡適提到自己前期中西文化觀的代表作是 1926 年發表的那篇著名文章——〈我們對於西洋近代文明的態度〉，這篇文章 1928 年被譯成英文，收入查理·愛·比爾德編輯的《人類往何處去：現代文明概觀》一書，由紐約朗曼公司出版。[53]隨後世界形勢發生了一系列重大變化，1929 年資本主義世界發生經濟危機，為應對危機，1931 年美國出現了羅斯福「新政」，實施國家資本主義；日本、德國、義大利法西斯分子掌權，開動了戰爭機器；1939 年德國入侵波蘭，第二次世界大戰爆發；1941 年日本襲擊珍珠港，美國被迫對日宣戰。這一系列的事件，逼使胡適調整自己的中西文化觀及其思想視角，1941 年 7 月胡適在密西根大學所作「意識形態之戰」（The Conflict of Ideologies）的英文演講，以及他在 1941、1942 年發表的一系列有關詮釋中國歷史、中國思想的英文文章，即是其思想調整的一個顯著

---

[52] Hu Shih, An Oriental Looks at the Modern Western Civilization，收入《胡適全集·英文著述五》第 39 冊，第 426-427 頁。

[53] Hu Shih, Civilization of the East and West, Whither Mankind: A Panorama of Modern Civilization ,ed. By Charles A.Beard. New York, Longmans ,1928.pp25-41. A revised text appears in the World's Best, ed. .by whit Burnett. New York, Dial Press.pp.1066- 1077.

標誌。他後期的中西文化觀與前期明顯不同。胡適這篇〈一個東方人對現代西方文明的看法〉幾不見海內外論者徵引，這是一篇尚未被利用的重要文獻。正因為如此，人們對胡適中西文化觀的前後演變也就缺乏必要的認識。

胡適前期的中西文化觀最初是在其中文作品中表達，然後在英文作品中得到進一步發揮，故易為人們所熟知；他後期的中西文化觀則出現相反的情形，開始是在英文作品中展現，後來才在他的政論集《胡適的時論》第一集（1948 年）和其有關中國歷史文化的中文文字中給予進一步表述。胡適對中日現代化的比較和蘇俄模式的態度，是其中西文化觀前後演變的典型表現。

近代日本的迅速崛起，促使國人思考日本成功背後的因素，許多中國學人在比較中、日現代化時，往往只注意到日本現代化的優點，忽略它隱含的負面因素，這幾乎是 1930 年代以前一種比較普遍的傾向。胡適一生雖未曾在日本長期居住或留學，但他有過多次乘船途經日本，並作短期旅行的經歷（1910 年 8、9 月間，1917 年 7 月，1927 年 4 月 24 日至 5 月底，1933 年 10 月，1936 年 7 月），1950 年代以後，胡適每次乘機從臺灣去美國，或從美國返回臺灣，都常常在日本東京作短暫停留（1953 年 1 月 17 日至 23 日，1954 年 4 月 6、7 日，1958 年 4 月 6 日至 8 日，1960 年 10 月 19 日至 22 日）。胡適利用每次停留在日本的機會，與日本各界人士接觸，實地考察日本各地，調查當地風土人情，對日本有直觀的瞭解。胡適關注中日現代化比較這一問題時，起初也有貶中揚日的傾向，隨著中、日民族矛盾的激化，胡適越來越注意到日本現代化模式的兩面性（特別是負面性）。他對這一問題的思考軌跡，頗值得我們回味。[54]

胡適對日本現代化的評價首次出現在其英文作品中，是在《1929年中國基督教年鑒》（*China Christian Year-book1929*）第五章的「文

---

[54] 有關胡適對日本的思考和中日比較的論述，現有周質平：《胡適筆下的日本》，收入氏著：《胡適與中國現代思潮》，南京：南京大學出版社，2002 年版，第349-368 頁。

化的衝突」（Conflict of Cultures），在該文中，他高度評價了日本現代化模式：「日本毫無保留地接受了西方文明，結果使日本的再生取得成功。由於極願學習和銳意模仿，日本已成為世界上最強國家之一，而且她具備一個現代政府和一種現代化文化。日本的現代文明常常被批評為純粹是西方進口貨。但這種批評只不過是搔到事物的表面，如果我們以更多的同情態度來分析這個新文明，我們會發現它包含著許許多多必須稱之為土生土長的東西。隨著由技術和工業文明造成普遍的興盛的程度日益提高，這個國家土生土長的藝術天才已在數十年間發展了一種和全國的物質進步相適應的新藝術與新文學。」[55]胡適列舉中國對待西方文明的三種可能方式：「第一種態度是抗拒；第二種態度是全盤接受；第三種態度是有選擇性的採納。」其中第二種態度，胡適解釋為「可以一心一意接受這個新文明」。[56]他把中、日現代化的差異看成是第二、三種態度之別。所以在文章結尾，胡適發出號召：「讓我們希望中國也可能像日本那樣實現文化復興。讓我們現在著手去做日本在五六十年前著手做的事情吧。」[57]胡適此文提出的觀點與前此他在 1926 年發表的〈我們對於西洋近代文明的態度〉表現的中西文化觀基本一致。

類似對日本現代化讚美的話語還出現在 1930 年胡適發表的另一篇英文作品——〈東西文化之比較〉（The Civilizations of the East and the West）中，胡適論及「東西文化之成敗，就是看它們能夠脫離中古時代那種傳統思想制度到什麼程度」這一問題時，對中、日作了比較，在批評中國文化束縛人們走向現代化的同時，他對日本文化發生的轉變作了高度讚揚：

---

[55] Hu Shih, Conflict of Cultures，*China Christian Year-book1929*,V .pp112-121 尤金‧L‧德拉菲爾德和袁同禮編輯的《胡適西文著作目錄》誤將該文與 1931 年胡適在《太平洋問題》上發表的〈中國的文化衝突〉（The Cultural Conflict in China）當成一文，故《胡適全集‧英文著述》未收入此文。從兩文的內容看，文字出入較大，應算兩文。中譯文〈文化的衝突〉，收入《胡適文集》第 11 冊，第 173、174 頁。

[56] 參見中譯文〈文化的衝突〉，收入《胡適文集》第 11 冊，第 167 頁。

[57] 參見中譯文〈文化的衝突〉，收入《胡適文集》第 11 冊，第 174 頁。

她很不客氣地接受西方的機械文明，在很短的時期內，就造成了新式的文化。當培理（Perry）到日本的時候，她還是麻醉在中古文化裏。對於西方文化，她起初還表示反抗，但不久就不得不開放門戶而接受了。日人因著外人的凌辱蹂躪，於是奮起直追，製造槍炮，便利交通，極力生產，整頓政治；而對於中古的宗教封建制度等，都置之不理了。在五十年之中，日本不但一躍而為世界列強之一，而且解決了許多困難問題，為印度的佛教或中國的哲學所不能解決的。封建制度取消了，立憲政府起而代之，中古的宗教也立刻倒塌了。……國家既因著工業而富足興盛，於是國內的文藝天才，乘機而起，產生了一種新的文學，與物質的進步並駕齊驅。日本現在有九十個專門科學的研究社；全國各工程師所組織的會社，共有三千會員。因著這許多人力與工具，東方就建築了一個精神文明。[58]

對日本現代化，從物質文明到精神文明幾乎亦是推崇備至。在這一貶一抑的比較中，胡適對中、日現代化模式的態度可以說是涇渭分明。

隨著日本帝國主義將侵略魔爪伸向東北、華北，中日民族矛盾急劇上升，胡適對日的評價立場逐漸轉變。顯然，如果再繼續沿承此前「西化」的思路，視日本現代化的成功為中國學習的「樣板」，就正好迎合了日本帝國主義「大東亞共榮圈」或「日、中提攜」理論的邏輯，無異於給日本侵略中國提供理據，故胡適開始調整自己的思想視角。1933 年他在芝加哥大學發表的「中國的文藝復興」演講中，第一章「文化反應的類型」比較中、日現代化時指出「日本西化的成功，有三個因素起了最重要的作用。首先，它擁有一個強有力的統治階層，幾乎所有的改革與現代化運動的傑出領導人都出自其中。其二，這個統治階層又是一個享有特權並受過高等軍事訓練的

---

[58] The Civilizations of the East and the West, In Charles A.Beard,ed, *Whither Mankind: A Panorama of Modern Civilization.* New York: Longmans, Green and Co,1928.pp. 25-41. 收入《胡適全集·英文著述二》第 36 冊，第 335-336 頁。中譯文〈東西文化之比較〉，收入《胡適文集》第 11 冊，第 187、188 頁。

軍事集團。這使日本很容易地適應其他東方民族感到最難學習的西方文明的一個特別方面，而這個特別方面對反抗屬於新文明的強烈侵略、保證民族生存來說，又最為重要。這就是以西方科技文明和工業文明為後盾的陸軍力量。其三，日本數千年來獨特的政治發展方式，為其新的政治體制提供了適當而穩固的基礎。」[59]而保證日本成功的這三個因素，中國都不具備。但胡適對中、日現代化不再作一低一高、一貶一抑的評價，而是歸納為兩種不同類型：「中央控制型」（Centralized control）、「發散滲透型」或「發散吸收型」（Diffused penetration, Diffused assimilation），這是胡適以後在比較中日現代化時使用的兩個關鍵概念。在這種類型比較中，日本「代表一種獨特的類型，我們可稱之為『中央控制型』。」「日本的文化調適顯露了自身的優點，但它也並非沒有任何重大缺陷。日本領導人開展這一迅速轉型時間過早，即便是他們當中最具遠見卓識的人，也只能看到、理解西方文明的某些膚淺方面。其他的許多方面，他們都未注意到。而且為了保存其民族遺產，為了強化國家和朝廷對人們的控制，他們十分注意保護其傳統免受西方文明的滲透。」「受到保護的東西中，確實有許多瑰麗的、具有永久價值的好東西，但也有不少是原始的、孕育著火山爆發般嚴重危險的東西。」[60]胡適第一次指出日本模式蘊藏的負面因素。另一方面，他將中國現代化歸類為「發散滲透型」或「發散吸收型」，其缺點很多，「它們緩慢、不連貫，有時是盲目、不加區別的，而且經常是費時費力的；因為任何東西在其變化前，都需經歷許多破壞和腐蝕。」儘管如此，「中國也成功地帶來了文化轉型，雖然痛苦、緩慢而零碎。且常缺乏協調性、連貫性，但終能解決生活與文化中緊迫而基本的問題，並創建一種嶄新的文明，一種與新世界精神水乳交融的文明。」[61]基於這樣一種認識，胡適在接下來的第二章〈抗拒、激賞與新的疑問——中國人之西方文明觀念的變遷〉中，介紹了自明末中西文化接觸以來中國人

---

[59] 中譯文參見《中國的文藝復興》第 156 頁。

[60] 中譯文參見《中國的文藝復興》第 168 頁。

[61] 中譯文參見《中國的文藝復興》第 168、169 頁。

的西方文明觀念的變遷。胡適對中、日現代化的這種類型比較，成為他以後比較中、日現代化的基調，構成他中西文化觀的重要內容。像胡適這樣觀察、評估中日現代化者，在近代中國學人中似很少見。

抗戰爆發後，胡適赴歐美為中國抗戰開展宣傳活動。他上任駐美大使之初，日本方面即極為緊張，當時東京《日本評論》發表文章，認為「日本要派三個人同時使美才能擋得住胡適一人。那三個人是鶴見祐輔、石井菊次郎、松岡洋佑。鶴見是文學的，石井是經濟的，松岡是雄辯的」。[62]足見當時日本方面對胡適出任大使的重視，並預感到胡適可能在宣傳攻勢方面的「威脅」。胡適擔任駐美大使四年（1938 年 10 月-1942 年 8 月），足跡踏遍全美各地，他的演說活動在美國朝野上下產生了極大的影響力，具有積極的宣傳造勢效應，他對中、日現代化的比較，對打破美國公眾的「孤立主義」立場也有一定的轉變作用。1942 年《華盛頓郵報》對此發表評論：「中國駐美大使胡適，最近六個月來遍遊美國各地，行程達三萬五千里，造成外國使節在美國旅行之最高紀錄。胡大使接受名譽學位之多，超過羅斯福總統；其發表演說次數之多，則超過羅斯福總統夫人；其被邀出席公共集會演說之紀錄，亦為外交團所有人員所不及。」[63]

1938 年 12 月 4 日胡適在紐約發表「日本在中國之侵略戰」（The Present Situation in China）的英文演講，首先說明了中日戰爭的情勢及其性質：

> 以我個人用非歷史專家的眼光來看，把我們這次的抗戰，認為是一種革命戰爭，必須用美法俄土革命戰爭的歷史去襯托他才能得到最確切的瞭解──這句話含有很大的真理。美國的聽眾對於這個歷史的比喻當然最能瞭解；不久以

---

[62] 參見傅安明：〈如沐春風二十年〉，收入李又寧主編：《回憶胡適之先生》第一集，紐約：天外出版社，1997 年 5 月印行，第 18 頁。

[63] 〈胡大使在美之聲望〉，載 1942 年 7 月 2 日重慶《大公報》。

前，有一位美國朋友寫信給我說：「目前中國困在福奇山谷中，但我希望不久當可達到約克城。」

　　中國抵抗侵略戰的最後成功，也得靠二種事，第一，中國必須繼續抗戰。事實上中國除抗戰外，也沒有別的選擇。第二，在中國持久戰爭中，也許有一天國際情形轉變到對中國有利而對日本不利。[64]

把剛剛進入相持階段的中國抗日戰爭遭遇的艱難比喻為美國獨立戰爭時期困在福奇山谷中的美軍，但胡適堅信中國軍民能走出這一低谷。「凡是革命戰爭，都是武器不全而為理想所激發的民眾，和操有裝備優越的正規軍的壓迫者或侵略者作戰。結果最後的勝利總是歸於篤信主義、勇敢犧牲而能征服一切困難的一方面。若果說這是一個幻想，那末也是一種使人非常興奮使人非常感動的幻想，所以我國成千累萬的人民決定拿血和生命來考驗一下啊！」[65]一改幾年前對抗戰所持的「低調」姿態，胡適為中國人民的抗戰向西方發出激昂的呼喊。

　　抗戰時期，胡適在演講中多次涉及中、日現代化比較這一主題，沿承他在《中國的文藝復興》一書的思路，他對日本的現代化模式提出了更多的批評和抨擊。1938 年胡適發表〈中國和日本的西化〉（The Westernization of China and Japan）一文，藉評介西方學者休斯（E. R. Hughes）的《西方對中國的侵略》和李德勒（Emil Lederer）、李德勒塞德洛（Emy Lederer Seidler）合著《轉變中的日本》的兩書，來討論和糾正西方學者有關中、日「西化」的觀點。這兩本書的文化立場大相徑庭。前一書為一位在中國有過多年傳教、旅遊經歷的傳教士撰寫，書中一些細節雖存錯誤，「但是這些細節的錯誤並不減少這本專寫中國逐漸西化像一齣雄壯戲劇的真實歷史的價值。」[66]此

---

[64] The Present Situation in China，China Monthly, Jan 1940.Vol.1.No.2.pp.4-5;12-13. 收入《胡適全集・英文著述三》第 37 冊，第 562-576 頁。中譯文〈日本在中國之侵略戰〉，收入《胡適文集》第 12 冊，第 741、744 頁。

[65] 中譯文〈日本在中國之侵略戰〉，收入《胡適文集》第 12 冊，第 743 頁。

[66] The Westernization of China and Japan，*Amerasia*,1938,Vol.2.No.5.pp243-247.收

書作者說「他們對一部分西方文化的特點表示歡迎，但拒絕接受另外一部分。他們對於他們所歡迎的是毫無猶豫地加以修改來適合他們的口味。換句話說，一種中國特有的思想正活動起來，包括中國特有的評判力、特有的道德與美學價值的判斷力。」胡適認為，「這些話是一個一生獻身於傳道事業的人所寫的，所以使這些話更加有分量，更加令人有深刻的印象，而我們認為大體上說來這些話是正確的。」胡適認為該書所展示的一切與他自己有關中西關係的觀點相一致，這就是「中國趨向現代化是由於『長久暴露』於與西方思想與制度的接觸下所引致的結果」。[67]對於後一部書，胡適給予了更多的批評，「其實不過是一位遊方的哲學家，對一個民族所作深入的解釋，有時候由於過分推理而沒有足夠的事實來支援，他們的理論難免有錯誤的地方。」胡適批評了該書「沒有充分的證據」、「太喜歡推理」的種種表現。不過，胡適指出，「兩位李德勒勉強但不可避免的達到一個結論，那就是日本雖然經過七十年戲劇性的現代化運動，但古老日本的基本因素還是繼續存在，並且繼續抗拒一切西化的危險。」「所以在日本其國民生活基本觀點的抗拒現代化的力量只能解釋為反對改革的人為保護傳統的努力所致。」[68]這裏，胡適繼續發揮了自己此前已經形成的一個觀點：中國的「西化」雖然緩慢，但它是自願接受和逐漸積累的成果；日本雖然在工業化和軍事現代化方面發展迅速，但「日本古代文化的持續力與有關的活力以及其文化形式所達成的完美狀況成了一股外來因素而不肯輕易同化的力量」。[69]

　　1939 年 12 月胡適在〈中國與日本的現代化運動──文化衝突的比較研究〉（The Modernization of China and Japan）一文中，再次申述、發揮了上述他對中、日現代化運動比較的看法。在胡適看來：「經過一世紀的猶豫和抗拒後，中國終於成為一個現代的國家，在物質

入《胡適全集‧英文著述三》第 37 冊，第 454-467 頁。中譯文〈中國和日本的西化〉，收入《胡適文集》第 11 冊，第 785 頁。

[67]　中譯文〈中國和日本的西化〉，收入《胡適文集》第 11 冊，第 786 頁。
[68]　中譯文〈中國和日本的西化〉，收入《胡適文集》第 11 冊，第 790 頁。
[69]　中譯文〈中國和日本的西化〉，收入《胡適文集》第 11 冊，第 789 頁。

方面，中國誠然不夠西化，但是對於人生觀和人生意識卻完全是現代化了。換句話說，日本七十年的迅速現代化之後，卻突然發現其國民生活的基本方面並沒有改變。」胡適以《轉變中的日本》為例證支持自己的看法：「日本式的現代化運動之優點是有秩序的、經濟的、繼續的、安定和有效的。但是我也看出其不利點來。日本為保護其傳統的精神和對人民控制的嚴密，所以採用軍事外殼來防止新文化侵入到日本傳統的中古文化裏面去。固然日本所保存的傳統文化有很美麗的地方，有些地方還具有永恆的價值；但是也有一些原始的和孕育著火山爆發性的危險所在。」「中國式的逐漸普及和同化的文化變化不利之點很多，因為這種變化是緩慢的、零落的，並且往往是浪費精力的。」「但是中國式的變化也有其不可否認的優點。因為從口紅到文學革命，從鞋子到推翻帝制都是自願的。廣義的說，都是經過『推理』的結果。」[70]胡適認為「早期和迅速的明治維新是一個統治階級有效的領導和有力的控制所促成的，這個統治階級恰巧就是最渴望用西方戰術和軍械的軍國主義階級。」「但是這個軍國主義的階級卻並非是一個開明和智識階級。」它造成了日本的軍國主義，這是日本現代化運動最大的失敗。「中國西化的失敗，就是由於中國缺少使日本西化大成功的因素。」中國通過三四十年的努力，推翻帝制，驅走滿清，建立共和，完成「政治革命」。「這個政治革命從任何一方面來看都可說是社會和文化的解放。在一個沒有統治階級的國家，推翻帝制等於毀滅了社會與文化改變由中央集權統籌辦理的可能性。但是也創造了一種自由接觸、自由批判、自由評價、自由主張和志願接受的氣氛。」[71]胡適本著政治民主、思想自由的原則來比較中、日現代化運動的優劣，在當時不能不說是極具高明的一著棋。這樣做一方面符合西方人的價值觀念，扭轉、調整他們對中、日現代化運動的價值評判，一方面有利於促進美國人民對中國

---

70 The Modernization of China and Japan，收入《胡適全集·英文著述四》第38冊，第54-67頁。中譯文〈中國與日本的現代化運動〉，收入《胡適文集》第12冊，第768頁。

71 中譯文〈中國與日本的現代化運動〉，收入《胡適文集》第12冊，第770-771頁。

人民的生活方式、民國政治制度的理解和認同，從而增強西方世界對中國抗戰的同情和支持。

胡適對中、日現代化的改調，與他對中西文化觀的重新檢討有關。胡適中西文化觀的這一顯著變化出現在 1941-42 年，促使做出這一思想調整的重要原因是他面對國際形勢的新變化，內心世界萌發的一系列疑問：「難道採取了西方技術的日本真正使她變成西方文明了嗎？在希特勒消滅了德國共和制，建立了他的極權主義統治，德國這個最大的科學技術國家難道不是徹底變成了西方民主國家的敵人嗎？蘇聯也確定無疑地使她採納了西方的技術，但這使她成為『西方文明』的一部分了嗎？」[72]帶著這些疑問，胡適漸次形成一種新的國際觀，1941 年 7 月在密西根大學所作題為「意識形態之戰」（The Conflict of Ideologies）的英文演講，胡適指出正在進行的第二次世界大戰「不僅是為了國家的權力，而是民主與極權的鬥爭。這次戰爭是有史以來兩種生活方式之間的戰爭。」即民主政治與極權主義之間的戰爭。他認為：「真正的民主與極權的衝突，可以歸納為兩種基本觀念的衝突：第一，這種急進革命的方法，與漸進改善的方法之衝突；第二，這種企圖強迫劃一，與重視自由發展的衝突。為民主的生活方式和民主的制度辯護，須對於健全的個人主義的價值，具有清楚的瞭解，必須對於民主主義的遲緩漸進的改善的重要性，具有深刻的認識。」[73]在文中，胡適罕見地、也許是第一次公開批評蘇俄的革命道路。這與他在此前發表的〈我們對於西洋近代文明的態度〉（1926 年）、〈中國的文藝復興〉（*The Chinese Renaissance*, 1933 年）等文中對俄國革命和蘇聯社會主義建設成就的禮讚截然不同。[74]根據

---

[72] An Oriental Looks at the Modern Western Civilization，收入《胡適全集・英文著述五》第 39 冊，第 433 頁。

[73] The Conflict of Ideologies，收入《胡適全集・英文著述四》第 38 冊，第 210-235 頁。中譯文參見胡頌平：《胡適之先生年譜長編初稿》第 5 冊，臺北：聯經出版公司，1984 年版，第 1730-1739 頁。

[74] 參見胡適：〈我們對於西洋近代文明的態度〉，收入《胡適文集》第 4 冊，第 11 頁。在文中，胡適說：「俄國的勞農階級竟做了全國的專政階級。這個社會主義的大運動現在正在進行的時期。但他的成績已很可觀了。」中譯文參見

自己新的國際觀，胡適改換了對中西文明思考的視角，對中國傳統亦做出與此前不同的解釋。

1941 年 3 月 12 日胡適在伊利諾伊大學發表「民主中國的歷史基礎」（Historical Foundation for a Democratic China）的英文演講，回答了「中國的共和主義或民主主義有沒有什麼歷史的基礎？」這一問題。他「意在說明幾個歷史因素。這些歷史因素，使中國必然成為了亞洲第一個斷然廢除君主制，認真創立民主形式的國家。」「也提供了一個民主的中國可以成功地建立其上的基礎」。這些歷史因素包括：「第一，一個徹底民主化的社會結構；第二，2000 年客觀的、競爭性的官吏考試甄選制度；第三，政府創立其自身「反對面」的制度和監察制度。」在胡適看來，「這些歷史因素，而且單單這些歷史因素，就可以解釋辛亥革命、君主制度的推翻、共和政府形式的確立，以及最近三十年與今後的憲法的發展。」[75]

同年 10 月胡適在《生活協會新聞》發表〈中國歷史上為自由而戰〉（The Fight for Freedom in Chinese History）一文，該文的目的是講述中國在長達三千年的歷史中為自由而戰的故事，在這裏「自由」意味著有權公開講出生活、社會、道德、政府或者宗教的真情，甚至因為講出真情可能是對已有的秩序有害或者損害，因而被國家的政治力量禁止。「中國歷史上為自由而戰」是指中國人民，特別是他們的教育領袖為了思想及其表達自由，為了批評和責難法案、政府政客的自由，為了懷疑和批評既定的思想、傳統信仰、甚至神聖的制度的權利而進行長期的鬥爭。「簡而言之，它有時是為思想而戰，

《中國的文藝復興》，第 179-180 頁。在文中，胡適對蘇聯有正面的評價：「難道蘇維埃俄國的領袖們不是科技進步的最熱切的倡導者嗎？儘管蘇俄的工業化也許與西方不同，它是為著更廣大的人民的，但他們不也是在充分借助科技實施著全國工業化的宏偉計畫嗎？最後，我們若把這些社會主義、共產主義運動看作是並非外在於西方文明的異己成分，而是其有機組成部分，是完善其民主理想的邏輯必然，只是對其早先有點過於個人主義民主理念的補充，不是更合理嗎？」

[75] 中譯文參見鄒小站譯：〈民主中國的歷史基礎〉，收入歐陽哲生、劉紅中編：《中國的文藝復興》，第 315、326 頁。

有時是為信仰而戰，有時是為政治批評而戰」。[76]胡適從先秦的「中國經典時代」開始講起，一直講到清代，回顧了中國古代的「批評精神」──「為自由而戰的傳統」的演變歷史。

1942 年 3 月 23 日胡適在華盛頓納德立克俱樂部發表「中國抗戰也是要保衛一種文化方式」（China too Is Fighting to Defend a way of Life）的英文演講，對中日戰爭的性質做了明確的判斷：「中日衝突的形態乃是和平自由反抗專制、壓迫、帝國主義侵略的戰爭。」胡適論證了中國民主思想形成的哲學基礎，包括「無為而治」的黃老治術，墨家的兼愛精神，儒家「人皆可教」、「有教無類」的思想，言論自由和政治上採納坦誠諫奏的傳統，人民反抗暴政的傳統，均產的社會思想。以及在這些民主思想基礎上產生的制度，諸如以「無為而治」來管理大一統帝國，宗法制的消失，使「有教無類」得以實現的科舉制度，諫奏的監察制度，學術生活的思想自由與批評精神。從歷史上看，日本「在政治組織上，一直是極權統治；在學術上，是愚民政策；在教育上，是軍事化訓練；其抱負則是帝國主義的思想。」[77]根據這一對比，胡適的結論是：「由於上述兩種截然不同的歷史背景，而產生了兩種根本上對立的生活方式。今天，中國人民的自由、民主、和平的方式，正面臨著日本獨裁、壓迫、黷武主義方式的嚴重威脅。」[78]中日戰爭孰是孰非，對於持有民主觀念的西方聽眾或讀者而言，一辨即清。

同年 5 月 12 日在華盛頓宇宙俱樂部（Cosmos Club）胡適發表了題為「中國歷史上為爭取思想自由的鬥爭」（The Struggle for Intellectual Freedom in Historical China）的演講，在胡適看來，思想

---

[76] Hu Shih, The Fight for Freedom in Chinese History, *Life Association News*, Vol.36, No.2 .October 1941, pp.136-138; 213-215. 收入《胡適全集·英文著述四》第 38 冊，第 354-374 頁。

[77] China too Is Fighting to Defend a way of Life，收入《胡適全集·英文著述四》第 38 冊，第 539-556 頁。中譯文〈中國抗戰也是要保衛一種文化方式〉，收入《胡適文集》第 12 冊，第 786 頁。

[78] 中譯文〈中國抗戰也是要保衛一種文化方式〉，收入《胡適文集》第 12 冊，第 789 頁。

自由是一種講出真實的自由，甚至是因為講真話而觸及神聖不可侵犯的傳統捍衛者的感情、或者政治教條和社會公共財富的自由。換句話說，思想自由是一種特殊的言論自由、觀點自由、出版自由、信仰自由。胡適首先從介紹先秦時代的孔子、墨子開始，然後將秦朝以降的為思想自由鬥爭的歷史劃分為三個時期：第一時期從西元前一世紀至三世紀，這時勇敢的思想家們為尋求批評和推翻漢朝的宗教信仰、哲學傳統。偉大思想家王充的《論衡》是最具代表性的經典。第二時期覆蓋了中古時期，這時中古佛教和道教的教條及其實施被當作嚴厲批評和勇敢懷疑的對象。第三時期包括從十一世紀延續到十九世紀的理學。在文末，胡適指出：「我國人民現正在艱苦奮戰，因為視懷疑為一種德行、批評為一種權利的我國人民不希望被一個責備所有思想為危險的民族所統治。」[79]

　　同年胡適發表的〈中國思想史綱要〉（Chinese Thought）一文，亦將漫長的中國思想史分為上古、中古和近世三個時期：「耶穌紀元前的一千年為上古時期，偉大的中古佛教及道教時代，以及一直通過了紀元後一千年的全部時間，都為中古時期。而近世這一時期則為中國理智復興期；這一時期，遠從第十世紀大規模的刊印書籍，以及第十一世紀、第十二世紀新孔子學派起來的時代起，一直延長到我們這個時代，每一時期，都佔了將近千年的光景。」[80]胡適特別讚揚了上古時代的人文主義（Humanism）、合理主義（Rationalism）、自由精神（Spirit of freedom），以及近世的「實事求是，莫作調人」的懷疑態度。「人文主義者的興趣，與合理及唯理主義的方法論結合起來，這一結合，就給予古代中國思想以自由的精神。」[81]「以懷疑態度研究一切，實事求是，莫作調人。這就是那些中國思想家的精神，他們曾使中國理

---

79 Hu Shih, The Struggle for Intellectual Freedom in Historical China, *World Affairs*（Washington .D.C）.Vol.105.No.3 September 1942.pp.170-173. 收入《胡適全集・英文著述四》第 38 冊，第 603-610 頁。

80 Hu Shih，Chinese Thought，*Asia Magazine*, Oct 1942.Vol.42.No.10.p582. 中譯文參見《中國思想史綱要》，收入《胡適文集》第 10 冊，第 414 頁。

81 中譯文參見《中國思想史綱要》，收入《胡適文集》第 10 冊，第 414 頁。

智自由的火炬，永遠不熄。也就是這個精神，方使中國的思想家們，在這個新世界上，新時代中，還覺應完全的自如與合適。」[82]

從 1941-42 年胡適發表的上述五篇英文文章、演講稿可以看出，他對中國歷史文化的評價與此前在國內發表的對中國傳統文化評價的文字大相徑庭，在 1934、35 年他發表的三論〈信心與反省〉、〈試評所謂「中國本位的文化建設」〉等中文文章中，胡適對中國傳統文化有過嚴厲的批評，奉勸國人對中國傳統文化、中國歷史要有一種徹底反省的精神。現在他卻視自由、民主為西方現代化的最重要的指標，並以此大力挖掘中國歷史文化中的自由、民主因素，理順自由主義與傳統文化之間的關係。胡適之所以這樣做，與西方主流意識形態的變化、與二戰時期的意識形態鬥爭有著密切關聯。第二次世界大戰爆發以後，美、英等民主國家在意識形態上迅速作出新的調整，由原來強調資本主義與共產主義的對抗轉向強調民主與極權的對抗，即將它們與德、意、日之間的衝突和戰爭是民主的生活方式與法西斯的極權政治的對抗。胡適發表的「意識形態之戰」（The Conflict of Ideologies）這篇演講，即為對這一新的意識形態之戰的呼應。他對中國歷史文化的重新解釋，實際上亦為適應這一變化了的形勢需要，這是他作為一個具有國際視野的思想家的敏銳之處。

抗戰時期，胡適對中日現代化的比較，對中國文化傳統、中國思想史的重新解釋，對於改變西方對中國歷史文化的偏見，改善中國的國際形象，溝通中國文化與美、英主流意識形態，無疑會產生積極的影響。應當說明的是，胡適在抗戰時期發表的這些言論，並不完全是為了宣傳、應景的需要，還有基於他自己理性思考和文化反省的一面。正因為如此，他在抗戰以後的中、英文演講或著述中，如〈談談中國思想史〉（載 1947 年 6 月《學風》第 1 卷第 6 期）、〈儒家的人文主義傳統〉（The Humanist Tradition in Confucianism，1953 年在 Vermont 大學的英文演講）、〈在古代中國思想中的懷疑權利〉（The Right to Doubt in Ancient Chinese Thought，1954 年撰寫）、〈中國古代

---

[82] 中譯文參見《中國思想史綱要》，收入《胡適文集》第 10 冊，第 419 頁。

政治思想史的一個看法〉（載 1954 年 3 月 13 日臺北《中央日報》、《中國哲學》（Chinese Philosophy，1955 年 1 月 31 日在紐約庫柏聯合會的演講）、〈中國傳統與將來〉（The Chinese Tradition and the Future，1960 年 7 月 10 日在美國西雅圖中美學術會議的英文演講）等文，繼續發揮這些觀點，成為他晚年思想的重要組成部分。有的論者強調胡適中西文化觀在中、英文語境中的表述差異，以顯現胡適的文化民族主義情懷，其實這種差異只是構成胡適中西文化觀的一個側面，更大的差異主要顯現在前後期思想重心的變化，這是我們在研究胡適中西文化觀時須要注意的一條線索。

中西文化觀是中國近現代文化史上的核心問題。幾乎這一時期所有的思想家都面臨這一問題的困擾和拷問，都不得不做出自己的選擇。胡適在前期是一個西方近代文明的辯護者——「西化」派的代表，他認同西方近代文明，是與確認現代性、現代化的正當性聯結在一起，這時他心中的「西方」是一個泛化的概念，它並沒有明確區別美英模式、蘇俄模式甚至日本模式，儘管他內心世界的理想模式是「美國經驗」；他心中的「西化」模式，指一切完成現代化過程的國家（包括不在歐美的日本），它們對中國來說都具有示範的意義。只是由於 1920、30 年代中文還未曾流行使用「現代化」一詞，「西化」、「歐化」才成為「現代化」的代名。所謂「全盤西化」或「充分世界化」實際上也是表達對現代化的一種訴求，這一點以胡適 1931 年發表的英文文章〈中國的文化衝突〉（The Cultural Conflict in China）所使用的 Wholehearted modernization（「一心一意的現代化」、「全力的現代化」）一詞表述最為恰當，也較易為人所接受。[83]後

---

[83] The Cultural Conflict in China，收入《胡適全集·英文著述二》第 36 冊，第 383-393 頁。有關這一篇文章的評論，參見胡適：〈充分世界化與全盤西化〉，收入《胡適文存四集》卷四。《胡適文集》第 5 冊，第 453—455 頁。胡適在文中談到潘光旦在《中國評論週報》（The China Critic）刊文贊成他使用 Wholehearted modernization（「一心一意的現代化」、「全力的現代化」）一詞，而不能贊成 Wholesale westernization（「全盤西化」），即為一例。作為一個社會學家、民族學家，潘光旦對二者的區別表現出特有的敏感。胡適本人似不在意這二詞的區別，而注重於二詞所表達的內容同質。在英文裏，兩詞的意義基本相同。在中文裏，兩詞則有一定區別：「全盤西化」強調西方模式對後現代化國家的

期他是一個「民主世界文明」的捍衛者,他選擇的「民主世界文明」,主要是以個人主義、市場經濟和民主政治為其核心價值,這些要素只有美國、英國才具備,因此他理想的「民主國家」其實就是美國、英國,他否定了德國、日本、義大利這些法西斯國家,也排除了蘇俄模式。胡適的這一傾向──他對美國民主政治模式的強烈認同感,他在《獨立評論》上與丁文江、蔣廷黻就「民主與獨裁」問題辯論時已初露端倪。也就是說,隨著法西斯主義者在德、日、意等國家掌控政權,隨著蘇俄社會主義建設取得巨大成就,國際上開始呈現德、日、意法西斯國家、蘇俄社會主義與美英民主政治三種模式競爭的局面,胡適心中的西方世界、西方文明一分為三、三足鼎立,這時他不得不面臨選擇立場的問題。由此不難看出,胡適後期的中西文化觀實際上是其前期中西文化觀的深化和細化。胡適中西文化觀的合理性在於他確認了現代性、現代化的正當性,在於他確認了民主、自由、個人主義的合法性,從而為國人走向未來提供了一種富有期望值的文化想像,這些在近代中國這樣一個後現代化國家當然具有進步意義。作為一個具有國際視野的思想家,胡適中西文化觀演變的內在根據,是他始終與美英的主流意識形態保持一致,他的中西文化觀在這一點上不能不說又具有一定的依附性。在胡適中西文化觀的世界,我們看到的主要是胡適「對西方的態度」──一個「西方化的中國」,或者按照美國思想處理的中國傳統──一個按照美國理想塑造的中國未來,這與他「中國的文藝復興」的理想多少又有些矛盾。在胡適的「美國經驗」裏,我們看不到對歧視有色人種、排華法案和麥卡錫主義等負面因素的任何說明,這不免讓人感到有美化之嫌。

示範意義。而「一心一意的現代化」並不包含現代化就要「西方化」這一層含義。胡適使用「充分世界化」或「全盤西化」主要是強調現代化應有的「世界化」或「國際化」意義。胡適對現代化的這種理解與他的「美國經驗」密切相關。潘光旦的另一篇批評文章〈科學與「新宗教新道德」──評胡適〈我們對於西洋近代文明的態度〉〉,原載 1927 年 5 月 1、2、3 日《時事新報・學燈》。收入《潘光旦文集》第 8 冊,北京:北京大學出版社,2000 年 12 月版,第 212-221 頁。對胡適前期中西文化觀的批評亦有補正的性質。

四、與西方漢學家對話

與西方漢學界對話，澄清西方學術界對中國文化歷史一些流行的誤解和偏見，以求得對中國人文傳統的客觀、公正地評估，這是胡適在與西方漢學界接觸過程中關注的一個課題。

胡適對西方漢學的評論最早見於其留美日記中。1916 年 4 月 5 日他在日記中寫道：「西人之治漢學者，名 Sinologists or Sinologues，其用功甚苦，而成效殊微。然其人多不為吾國古代成見陋說所拘束，故其所著書往往有啟發吾人思想之處，不可一筆抹煞也。今日吾國人能以中文著書立說者尚不多見，即有之，亦無餘力及於國外。然此學（Sinology）終須吾國人為之，以其事半功倍，非如西方漢學家之有種種艱阻不易摧陷，不易入手也。」[84]可見，當時胡適對西方漢學抱有可依可違的雙重態度，「成效殊微」一語則更顯其內心之輕視。留學時代的胡適除了與哥大漢學教授夏德接觸外，基本上沒有機會與其他西方漢學家直接交流，他主要是通過閱讀漢學刊物瞭解西方漢學界的動態。實際上，當時美國漢學研究學術力量相對薄弱，遠不如歐洲的法、英、德、俄等國。

隨著胡適在新文化運動中的聲名鵲起，西方漢學家來華訪問時，常常慕名前往拜訪他，在華的西方人士也樂與胡適結交，胡適因此結識了一批西方漢學家和「中國通」，如俄國的鋼和泰（Alexander von Stael-Holstein）、英國的莊士敦（R. F. Johnston）、德國的衛禮賢（R. Wilhelm）、瑞士的戴密微（P. H. Demieville）、王克私（Philippe de Vargas）、瑞典的喜仁龍（O. Siren）、安特生（J. G. Andersson）、高本漢（Bernhard Karlgren）諸多名家，胡適對西方漢學界的瞭解隨之也漸漸增多。1926 年下半年，胡適赴歐洲訪問時，又與蘇俄、德國、法國、英國的一些漢學界大師級人物，如阿列克（V. M. Alekseev）、

---

[84]　《胡適留學日記》卷十二，收入《胡適全集·日記（1915-1917）》第 28 冊，第 332 頁。

伯希和（Paul Pelliot）、蘇熙洵（W. E. Soothill）、維列（Arthur Waley）等有過交往，此行對拓展他的西方漢學視野亦大有助益。[85]1926 年 10 月 27 日胡適在法蘭克福中國學社主辦的「東方和西方」學術報告會上發表「中國的小說藝術」的演講。[86]令人費解的是，素以尊敬師長著稱的胡適此次德國之行，卻未去拜訪自己的老師夏德，這是否有其博士學位問題的「心結」在起作用，不免讓人產生聯想。

1925 年 6 月 12 日，胡適在華北協和華語學校（North China Union Language School）發表了題為〈當代的漢學研究〉（Sinology Research at the Present Time）的演講，這篇演講現在保存的是英文摘要。儘管如此，我們也可看出胡適漢學觀的基本概貌。胡適在這裏探討的「漢學」，既包括中國近三百年的漢學即考證學，也包括西方的「漢學」（實為「中國學」）研究。文中提到漢學研究的兩種態度：一種是宣傳的態度（propagandist attitude），它從成見出發，力圖證明中國文化在許多方面優越於西方文化；一種是科學的、客觀的態度（Scientific or objective attitude），它僅僅以事實為依據，不管因此研究得出的結論如何。在胡適看來，第二種態度是任何嚴肅學者所取的態度。[87]文章第二節論述「近三百年本國學者的成就」、第三節「本國學者的缺點」，指出清代「漢學」的缺點，一是研究的範圍太窄，主要局限於儒家經典。二是缺乏系統的工作組織。三是學者為比較研究的校勘材料過於貧乏。這些觀點在 1923 年他發表的〈《國學季刊》發刊宣言〉中實已表述過。第四節「西方漢學的成就」是該文最值得注意之處，胡適提到西方漢學的成就主要表現在：首先是拓展了研究範圍，他特別提到了安特生和佩倫・萊斯特（Pere Licent）有關新石器

---

[85] 有關這方面的詳細情形，參見桑兵：《國學與漢學——近代中外學界交往錄》第五章〈胡適與國際漢學界〉，杭州：浙江人民出版社，1999 年 11 月版，第 149-200 頁。桑文主要是依據胡適日記、書信提供的線索，梳理胡適與國際漢學界的交往關係。

[86] 此文原載德國 Sinical，1927 年 11、12 月號。中譯文參見胡適著、范勁譯：《中國的小說》，載《文藝理論研究》2005 年第 3 期。

[87] Hu Shih，Sinology Research at the Present Time，收入《胡適全集・英文著述二》第 36 冊，第 53-54 頁。

時代的研究、高本漢的比較語言學研究。其次是西方漢學家的顯著成就在於系統的材料建構，如李希霍芬（Ferdinand von Richthofen）在中國的地質學研究、勞弗爾（Berthod Laufer）的考古學、高本漢（Klas Bermhard Karlgren）的語言學、安特生（J. G. Andersson）的石器時代文化研究、多爾（Dore）的神話研究、翟理思（Herbert Allen Giles）的文學研究等。第三是西方漢學家經常引入新的材料進行比較研究，諸如在方言、佛教等領域的研究尤顯這一長處。胡適提醒人們，在現今的漢學研究中，人們常常以為只有中國人在中國文化領域的研究可能真正富有價值，其實令人驚奇的是西方學者不管在材料方面，還是在工作方法上都已做出了貢獻。[88]從胡適這篇文章引據的材料和提出的觀點看，他當時因比較全面地掌握西方漢學的前沿動態，從而大大改變留美時期所存對西方漢學的輕蔑態度，對中西方「漢學」研究的差距亦有了新的認識。

胡適在與西方人士或西方漢學家交往過程中，如果說那些漢學大師或名家的研究工作及其成就給他留下了深刻影響，對他的學術研究有所制導的話，那麼，西方學術界對中國歷史文化所抱持的某些偏見也刺激了他的民族自尊心，促使他起而為中國文化、歷史辯護，在英文世界裏，胡適儼然成為中國文化的一個代言人和辯護者，這方面也不乏事例。

西方學術界長期流行關於中國近一千年來歷史發展「停滯不前」的觀點，這一偏見很容易將西方人士引向對中國文明的鄙夷，胡適深感不能接受這樣一種對中國歷史的詮釋。1921 年 7 月 3 日胡適、丁文江等在與英國使館參贊哈丁（H. M. Harding）會談時觸及到這一問題，他在日記中記載了這次會談經過：

> 我們談的很久，後來談到一個大問題上：「中國這幾千年來何以退步到這個樣子？」我與在君都主張，這兩千年來，中國的進步實在很多，退步很少。這句話自然駭壞了哈丁、比

---

[88] Hu Shih，Sinology Research at the Present Time，收入《胡適全集・英文著述二》第 36 冊，第 54-62 頁。

善功一般人。哈丁說，難道唐朝的文化不如後來嗎？我說，自然。唐朝的詩一變而為宋詞，再變而為元明的曲，都是進步。即以詩論，宋朝的大家實在不讓唐朝的大家。南宋的陸、楊、范一派的自然詩，唐朝確沒有。文更不消說了，……至於學問，唐人的經學遠不如宋，更不用比清朝了。在君說，「別的且不說，只看印刷術一事，便可見唐遠不如宋。」此話極是。[89]

中國歷史「停滯不前」的觀點在西方學術界由來已久。早在十八世紀來華的西方傳教士、外交家就在他們的旅行記和書信中就表達了這樣一種看法。十九世紀中期以後伴隨西方對華侵略戰爭的步步升級和勝利，西方思想家、歷史學家的著述也不斷強化這樣一種觀點。英國著名歷史學家韋爾士在《世界史綱》一書中認定中國文明在唐朝已達到頂點，近一千年停滯不前，即是這一觀點的經典表述。[90]所以，胡適在這次會談中遇到的問題，實際上是哈丁不經意流露出的一個西方人的成見。

1926 年 11 月 11 日胡適在英國劍橋大學以「中國近一千年是停滯不進步嗎？」(Has China Remained Stationary During the Last Thousand Years？) 為題發表演講，詳舉事實說明唐以後中國的歷史進步：在印刷方面，七世紀沒有印刷的書籍，雕版印刷是九世紀開始，大規模印書要到十世紀才開始。在藝術方面，唐代雖然極受人讚美，「若與宋朝和晚明的藝術作品相比只能算是不成熟的藝術」。在文學方面，「唐代出了一些真正偉大的詩人和幾個優美的散文作家。但是沒有史詩，沒有戲曲，沒有長篇小說，這一切都要在唐代以後很久才發展起來」。最大的進步是宗教和哲學領域，佛教在唐朝以前已「完全支配全國」，但到唐朝時「中國人的民族心理漸漸又恢復過來了，漸漸對佛教的支配起了反抗」，出現了禪宗；宋明以後又出現了理學、心學，他們擺脫佛教的神秘主義，「把注意力重新用到人生與社會與

---

[89] 《胡適全集・日記（1919-1922）》第 29 冊，第 342 頁。

[90] 參見〔英〕赫・托・威爾斯著、吳文藻、謝冰心、費孝通等譯：《世界史綱》「中國智慧的束縛」一節，北京：人民出版社，1982 年 10 月版，第 629-636 頁。此書英文原版初版於 1920 年。

國家的實在問題上」。在列舉諸種事實後，胡適表示：「我所說的話已經夠表示中國在近一千年裏不是停滯不進步的了。我們很高興而且誠心誠意地承認，中國在這些世紀裏的成就比不上近代歐美在近二百年裏所做到的奇蹟一般迅速的進步。」「然而這種差別只是程度的差別，不是種類的差別。而且，如果我所提出的歷史事實都是真實的，——我相信都是真實的——我們便還有希望，便不必灰心。」[91]

同樣的問題在胡適訪問美國時也被提出來，1927 年 2 月 26 日美國外交政策協會就中國問題主辦了一次題為「中國是前進還是倒退？」（Forward or Backward in China.）的午餐討論會，主席詹姆斯・G・麥克唐納（James G. McDonald） 和胡適、格羅弗・克拉克（Grover Clark）、斯坦利・K・霍恩貝克博士（Dr. Stanley K. Hornbeck）分別作了講演，聚集了 1500 多位有興趣的聽眾，這是該協會有史以來最大的一次聚會。胡適在演講中，介紹了五四時期的文學革命、白話文運動和思想革命，並認為「這場在中國的思想信仰革命與 1911 年的革命相比是一場更為根本性的革命」，辛亥革命「不過是一個政府的更換，一個朝代的更換」，新文化運動卻是一場廣泛的知識改革，它影響了人們的思想信仰、社會生活、家庭習俗和學者們的基本態度[92]。胡適還介紹了孫中山領導的國民黨和孫中山先生的基本思想——知難行易的哲學、三民主義、四大民權、五權憲法，並認為中國的國民革命受到了俄國布爾什維克影響力的支配[93]。

在中國文化歷史另一個常被西人討論的問題，是中國哲學與近代科學的關係，這一問題導源於近代科學為什麼沒有首先在中國產生？這是一個中西文化比較和科學哲學的問題。西方學者有薛爾頓教授

---

[91] Hu Shih，Has China Remained Stationary During the Last Thousand Years? *Cambridge Review,* Vol.48.No.1176. November 19,1926.pp.112-113。收入《胡適全集・英文著述二》第 36 冊，第 132-139 頁。 中譯文參見〈中國近一千年是停滯不進步嗎？〉，收入《胡適文集》第 12 冊，第 101 頁。

[92] Hu Shih，Forward or Backward in China. Peking: Peking Leader Press,1927.收入《胡適全集・英文著述二》第 36 冊，第 215 頁。

[93] Hu Shih，Forward or Backward in China. Peking: Peking Leader Press,1927.收入《胡適全集・英文著述二》第 36 冊，第 216-222 頁。

（Prof. W. H. Sheldon）在〈東西哲學的主要不同〉一文中直指：「西方產生了自然科學，東方沒有產生。」 諾斯洛浦（Prof. Filmer S. C. Northrop）在〈東方直覺哲學與西方科學哲學互相補充的重點〉一文中則認定：「東方很少有超過最淺近最初步的自然史式的知識的科學。」針對這些觀點，尤其是諾斯洛浦教授的觀點，1959 年 7 月胡適在夏威夷大學第三屆東西方哲學家會議上發表了題為「中國哲學裏的科學精神與方法」（The Scientific Spirit and Method in Chinese Philosophy）的演講，反駁了上述看法。他認為：「第一，並沒有一個種族或文化『只容納由直覺得來的概念』。老實說，也並沒有一個個人『只容納直覺得來的概念』」。「第二，為著嘗試瞭解東方和西方，所需要的是一種歷史的看法（a historical approach），一種歷史的態度，不是一套『比較哲學上的專門名詞』。」[94]胡適根據前哈佛大學校長康南特博士（Dr James B. Conant）在《懂得科學》（On Understanding Science）演講集中所舉科學探索的精神與方法的特徵，即「對於冷靜追求真理的愛好」、「盡力抱評判態度而排除成見去運用人類的理智，盡力深入追求，沒有恐懼也沒有偏好」、「有嚴格的智識探索上的勇氣」、「給精確而不受成見影響的探索立下標準」。胡適以為「古代中國的知識遺產裏確有一個『蘇格拉底傳統』。自由問答，自由討論，獨立思想，懷疑，熱心而冷靜的求知，都是儒家的傳統。」還有考據學中「嚴格的靠證據思想，靠證據研究的傳統，大膽的懷疑與小心的求證的傳統」。[95]這些都是中國知識史、哲學史上可以找出來的「科學精神與方法的特徵」、「一個偉大的科學精神與方法的傳統」。[96]

有趣的是，在中文語境裏，與胡適意見相左的馮友蘭 1947 年在美國賓夕法尼亞大學講授「中國哲學史」課程時，對諾斯洛浦同一文的哲學觀點卻基本贊同，馮氏如是評及諾斯洛浦的觀點：「諾斯洛

---

[94] 中譯文參見胡適：〈中國哲學裏的科學精神與方法〉，收入《胡適文集》第 12 冊，第 397-398 頁。

[95] 同上。

[96] 中譯文參見胡適：〈中國哲學裏的科學精神與方法〉，收入《胡適文集》第 12 冊，第 401、421 頁。

普（Northrop）教授說過，概念的主要類型有兩種，一種是用直覺得到的，一種是用假設得到的。他說，『用直覺得到的概念，是這樣一種概念，它表示某種直接領悟的東西，它的全部意義是某種直接領悟的東西給予的。』諾斯洛普還說，用直覺得到的概念又有三種可能的類型：『已區分的審美連續體的概念。不定的或未區分的審美連續體的概念。區分的概念。』……照他說，儒家學說可以定義為一種心靈狀態，在其中，不定的直覺的多方面的概念移入思想背景了，而具體區分其相對的、人道的、短暫的『來來往往』則構成了哲學內容。但是在道家學說中，『則是不定的或未區分的審美連續體的概念構成了哲學內容。』」馮友蘭表示：「諾斯洛普在他這篇論文中所說的，我並不全部十分同意。但是我認為他在這裏已經抓住了中國哲學和西方哲學之間的根本區別。」「這一點也可以解釋，為什麼在中國哲學裏，知識論從來沒有發展起來。」「為什麼中國哲學所用的語言，富於暗示而不很明晰。」[97]馮友蘭在這裏表達的觀點與他 1927 年發表的〈中國哲學中之神秘主義〉一文的觀點相一致。在前一文中，馮氏已認定，道、儒兩家「在中國哲學中，此兩家之勢力最大。此兩家皆以神秘底境界為最高境界，以神秘經驗為個人修養之最高成就。」[98]所以，胡適對諾斯洛浦觀點的反駁，其實也是對馮友蘭觀點的批駁。甚至我們還可以推測，胡適之所以產生撰寫〈中國哲學裏的科學精神與方法〉一文的衝動，很可能與馮友蘭《中國哲學簡史》觀點的刺激以及該書在西方的「走紅」有關，這一點與他早年撰寫《先秦名學史》時遇到的情形有類似之處。1950 年 1 月 5 日，胡適在日記中寫道：「我頗想借一樓身之地，把《中國思想史》的英文簡本寫定付印。前些時曾見馮友蘭的 A Short History of Chinese Philosophy，實在太糟了。我應該趕快把《中國思想史》寫完。」[99]反映了他對馮友蘭英文著作《中國哲學簡史》的先行問世的極為不滿

---

[97] 馮友蘭：〈中國哲學簡史〉，收入《三松堂全集》第 6 卷，鄭州：河南人民出版社，2000 年 12 月版，第 24-25 頁。

[98] 馮友蘭：〈中國哲學中之神秘主義〉，收入《三松堂全集》第 11 卷，第 109 頁。

[99] 《胡適全集·日記（1950-1962）》第 34 冊，第 5 頁。

以及自己未能完成《中國思想史》英文簡本的焦慮。在中文語境裏，馮友蘭是帶有濃厚新儒家色彩的文化保守主義代表，胡適是「西化」派的代表。在英文語境裏，馮友蘭、胡適對諾斯洛浦觀點的遵與違，卻出現了錯位，胡適走到了作為西方代言人——諾斯洛浦的對立面，這種格局的形成頗耐人尋味。

近代科學與中國哲學、中國思想、中國文化的關係是伴隨在胡適各個時期的英文作品中的一個重要話題，也是他反覆無常、猶疑不定的一個問題。早年在撰寫《先秦名學史》一書時，他批評宋明時期的哲學家「對自然客體的研究提不出科學的方法，也把自己局限於倫理與政治哲學的問題之中」。[100]1920 年 9 月 1 日法國人莫納斯蒂（Monestier）請胡適吃飯，胡適在當日日記記載：「Monestier 問我一個大問題：中國沒有科學，是否由於國民性與西洋人不同？我痛駁他。他要我寫出來，譯成法文發表，我答應了。」[101]1934 年胡適在芝加哥大學演講〈孔教與現代科學思想〉（Confucianism and Modern Scientific Thinking）時，又認為：「孔教，如果能得到正確的解釋，絕無任何與現代科學思想相衝突的地方。我不但認為孔教能為現代科學思想提供一片沃壤，而且相信，孔教的許多傳統對現代科學的精神與態度是有利的。」[102]1959 年他雖然發表了〈中國哲學裏的科學精神與方法〉一文，認定中國哲學記憶體有「蘇格拉底傳統」、「嚴格的靠證據思想、靠證據研究的傳統」。但他 1961 年 11 月 16 日在東亞區科學教育會議上發表的那篇語驚四座、且引發極大爭議的最後一篇英文演講——〈科學發展所需要的社會改革〉（Social Changes Necessary for the Development of Science），大聲呼籲：「為了給科學的發展鋪路，為了準備接受、歡迎近代的科學和技術的文明，我們東方人也許必須經過某種智識上的變化或革命。」「我們應當學習瞭

---

[100] 胡適：《先秦名學史》，收入《胡適文集》第 6 冊，第 8 頁。

[101] 《胡適全集・日記（1917-1922）》第 29 冊，第 200 頁。

[102] 中譯文轉引自周質平：〈胡適英文著作中的中國文化〉，收入氏著《胡適與中國現代思潮》，第 256 頁。周質平主編：《胡適英文文存》和《胡適全集・英文著述》未收此文。

解、賞識科學和技術決不是唯物的,乃是高度理想主義的(idealistic),乃是高度精神的(spiritual);科學和技術確然代表我們東方文明中不幸不夠發達的一種真正的理想主義,真正的『精神』。」[103]又將東方傳統與近代科學截然對立起來,並表現出改革東方傳統的立場。胡適的這種思想起伏,反映了中西方文化關係的不確定、不穩定的現狀。近代以來中西文化衝突的最後一道防線是文化精神或哲學精神,胡適在這道防線的「棄」與「守」之間的確是經歷了長時間的痛苦抉擇和徘徊不定的疑慮!這種心態是他直接面對歐美列強的強盛和西方知識界對中國根深蒂固的偏見,而對自我文化身份極度焦慮的一種反映。

　　胡適晚年在美國做寓公時,與美國漢學界的關係淡薄。1920、30 年代美國大學多次邀請胡適訪問、講學。胡適駐美大使卸任後,他應邀在哈佛大學、哥倫比亞大學等處講授「中國思想史」課程。[104] 1950 年代胡適旅居美國紐約時,卻嘗盡被「冷落」的滋味。除了在普林斯頓大學葛思德東方圖書館有過兩年被聘任為該館館長的經歷(1951 年 7 月-1952 年 6 月)外,胡適再沒有被其他大學聘任過。1949 年 8 月 16 日胡適致信趙元任夫婦曾表示:「你們勸我在外讀書,把家眷接來。此事我也仔細想過,但我不願意久居外國。讀了 White Book 之後,更不願留在國外做教書生活。」[105]說是自己「不願」,其實美國人未必想請。看重實力和時勢的美國人對胡適所表現出的「勢利」,令胡適感到炎涼。1952 年 12 月 17 日他在臺北「北大同學會」歡迎會上的那番「青山真正是我們的國家」的講話,實為這種情緒的發洩。[106]1955 年 12 月 19 日他在給趙元任的信中說到:「我這幾年

---

[103] Social Changes Necessary for the Development of Science,收入《胡適全集‧英文著述五》,第 671-678 頁。中譯文參見〈科學發展所需要的社會改革〉,收入《胡適文集》第 12 冊,第 703-704 頁。

[104] 有關這方面的情形,參見拙作《歐陽哲生講胡適》第三章〈哥倫比亞大學的世界——胡適與哥倫比亞大學〉,北京:北京大學出版社,2008 年 1 月版,第 110-124 頁。

[105] 〈致趙元任夫婦〉,收入耿雲志、歐陽哲生編:《胡適書信集》中冊,北京:北京大學出版社,1996 年 9 月版,第 1181 頁。

[106] 胡適:〈北大同學會歡迎會講話〉,收入《胡適言論集》(乙編),臺北:自由

所以故意不教書，也不熱心向人要教書講演的機會，實在是因為一種避嫌的心理，一面是這種人在政治上又往往是『前進』份子，氣味也不合，所以我總有點神經過敏的感覺，覺得還是『敬而遠之』為上策，切不可同他們搶飯吃。」[107]終於道出了他與美國漢學界「氣味不合」的心曲。1956 年 11 月 18 日他致信趙元任夫婦時再次傾吐自己的不快和以後的打算：「第一，外國學者弄中國學術的，總不免有點怕我們，我們大可以不必在他們手裏討飯吃或搶飯吃。第二，在許多大學裏主持東方大學的人，他們的政治傾向往往同我有點『隔教』，他們雖然不便明白說，我自己應該『知趣』一點，不要叫他們為難。第三，我老了，已到了『退休』年紀，我有一點積蓄，在美國只夠坐吃兩三年，在臺北或台中可以夠我坐吃十年有餘。第四，我誠心感覺我有在臺灣居住工作的必要。」[108]正是因在美國與漢學界有「隔教」、「應該知趣」的痛苦感覺，胡適才打定主意，希望去臺北中研院度過自己的餘生，完成自己的「兩三部大書」。

　　1960 年 7 月胡適在美國西雅圖舉行的中美學術會議發表以「中國傳統與將來」（The Chinese Tradition and the Future）為題的英文演講，回答了西方學者關心的「中國傳統與將來」這樣一個大問題，此前他有關中國文化史（思想史）意見的精粹盡顯其中，因而這篇演講可以視為胡適對自己有關中國文化歷史的思想的一個總結。內中所蘊藏的資訊值得我們解讀。第一，胡適堅持「不要把中國傳統當作一個一成不變的東西看，要把這個傳統當作一長串重大的歷史變動進化的最高結果看」。這反映了他的歷史觀——進化論，他是從進化的觀點看待中國傳統文化的變遷，他把中國歷史的演變看成是一個不斷向前發展和不斷進化的過程，不存在一個西方學者所謂有一段「停滯不進步」的歷史時期。第二，胡適將中國文化傳統的發展分為六個階段：一，上古的「中國教時代」；二，中國固有哲學思想的「經典時代」；三，秦朝以後的歷史的大進化；四，佛教傳入引

中國社，1953 年版，第 60 頁。另載 1952 年 12 月 18 日臺北《中央日報》。
[107] 〈復趙元任〉，收入耿雲志、歐陽哲生編：《胡適書信集》下冊，第 1256-1257 頁。
[108] 〈致趙元任夫婦〉，收入耿雲志、歐陽哲生編：《胡適書信集》下冊，第 1291 頁。

起的一場革命；五，對佛教的一連串反抗；六，中國的文藝復興。
這種對中國文化史（思想史）的「六階段」分期法，可能 1927 年 2
月他在哥倫比亞大學演講「中國哲學中的六個時期」時已經表述，
但以後在《中國思想史綱要》（1942 年）、《談談中國思想史》（1947
年）他又簡化為上古、中古和近世三段說。他的這種分期法，既與
梁啟超在〈論中國學術思想變遷之大勢〉（1902 年）一文提出的「胚
胎時代」（春秋以前）、「全盛時代」（春秋末至戰國）、「儒學統一時
代」（兩漢）、「老學時代」（魏晉）、「佛學時代」（南北朝）、「儒佛混
合時代」（宋元明）、「衰落時代」（近二百五十年）、「復興時代」（今
日）「八時代」說有別，也與馮友蘭在《中國哲學史》中所分的
「子學時代」（春秋戰國時期）和「經學時代」（漢至清朝）兩階段
說不同。梁啟超、馮友蘭是胡適一生在中國思想史（哲學史）研究
圈內先後最為關注的兩個國內同行。梁氏對胡適的早年學術道路有
莫大的影響，胡適的分期法仍保留著對梁氏的中國學術史分期法修
正的痕跡。馮氏後來居上，是胡適成名後的競爭對手，他對中國哲
學史的敘事方式被胡適視為「正統」觀點的代表，當馮友蘭的代表
作《中國哲學史》被譯成英文時，胡適撰寫英文書評毫不客氣地給
予嚴厲批評。[109]第三，胡適對中國「經典時代」（也就是老子、孔
子、墨子和他們弟子們的時代）所產生的文化及其遺產評價甚高。
這些遺產包括：「這個時代留給後世的偉大遺產有老子的自然主義
的宇宙觀，他的無為主義的政治哲學；有孔子的人本主義，他的看
重人的尊嚴，看重人的價值觀念，他的愛知識，看重知識上的誠實
的教訓，他的「有教無類」的教育哲學；還有大宗教領袖墨子的思
想，那就是反對一切戰爭，鼓吹和平，表揚一個他心目中的重「兼
愛」的「天志」，想憑表揚這個「天志」來維護並且抬高民間宗教的

---

[109] Hu Shih's Review on Fung Yu-lan』s *History of Chinese Philosophy,* 2 vols.
（Princeton,NJ:Princeton University Press,2nd ed,1952）, tr. By Derk Boddde. In
The American Historical Review Vol LX.No.4. July, 1955.pp898-900.收入周質平
主編：《胡適英文文存》第三冊，第 1471-1476 頁。中譯文參見周質平：〈胡適
與馮友蘭〉，收入氏著《胡適與中國現代思潮》，南京：南京大學出版社，2002
年 9 月版，第 60-63 頁。

地位。」[110]胡適以為這些構成中國文化的根柢。這些話語在他 1940
年代以後發表的諸多中、英文文章中，均已表達。第四，胡適所謂
「中國的文藝復興」實際上是針對第四階段佛教傳入中國，「中國已
經印度化」以及第五階段「中古道教的開創和推廣」這一歷史背景
而言。把佛教在中國的傳播及其影響過程，看成是中國的「印度化」
過程，這是胡適的一個學術發明。這在 1936 年他參加哈佛大學校慶
三百周年發表的〈中國的印度化：文化借鑒的一個事例研究〉（The
Indianization of China：A Case Study in Cultural Borrowing）一文中已
有系統、精當的闡述。[111]在胡適看來，這個「印度化」過程，「差不
多整一千年，中國幾乎接受了印度輸入的每一樣東西，中國的文化
生活大體上是『印度化』了。但是中國很快地又覺醒過來，開始反
抗佛教。」[112]韓愈作為反抗佛教的最大代表和宋代以後興起的理學，
在胡適的中國思想史框架裏獲得了高度肯定，[113]他們被尊為「中國
文藝復興」的先行者。「理學是一個有意使佛教進來以前的中國固有
文化復興起來，代替中古的佛教與道教的運動。這個運動的主要目
的只是恢復孔子、孟子的道德哲學和政治哲學，並且重新解釋，用
來替代那個為己的、反社會的、出世的佛教哲學。」[114]正是從這個
意義上，胡適將被大多數新文化人攻擊的理學也納入他的「中國文
藝復興」的範圍。第五，胡適所謂的「中國的文藝復興」包括「中
國的文學復興」、「中國哲學的復興」和「學術復興」三個方面。文
學復興「從八、九世紀已經蓬蓬勃勃地開始，一直繼續發展到我們
當代」。哲學復興「到十一、十二世紀入了成熟期，產生了理學的幾
個派別，幾個運動」。學術復興「是在一種科學方法——考據方法
——刺激之下發生的」。「整三百年的一個時代（1600-1900）往往被
稱做考據的時代」。在整個中國文化史上，「中國的文藝復興」實為

---

[110] 中譯文〈中國傳統與將來〉，收入《胡適文集》第 12 冊，第 198 頁。
[111] The Indianization of China: a Case Study in Cultural Borrowing, 收入《胡適全
集》（英文著述三）第 37 冊，第 328-364 頁。
[112] 中譯文〈中國傳統與將來〉，收入《胡適文集》第 12 冊，第 205 頁。
[113] 參見胡適：〈中國思想史綱要〉，收入《胡適文集》第 10 冊，第 418-419 頁。
[114] 中譯文〈中國傳統與將來〉，《胡適文集》第 12 冊，第 203 頁。

最後、也是最高的一個階段。顯然，胡適是從大歷史觀的角度界定「中國的文藝復興」，並不是局限於「五四」時期的新文化運動這一短時段。第六，胡適認為要預估中國文化的未來，需要對近一百五十年以來的中西文化衝突及其交融帶來的歷史進步有一估價。胡適認為，從十九世紀以來，「中國傳統才真正經過了一次力量的測驗，這是中國文化史上一次最嚴重的力量的測驗，生存能力的測驗」。他提出：「我想我們要推論中國傳統的將來，應當先給這個傳統在與西方有了一百五十年的對照之後的狀況開一份清單」。「我們應當先估量一下：中國傳統在與西方有了這樣的接觸之後，有多少成分確是被破壞或丟棄了？西方文化又有多少成分確是被中國接受了？最後，中國傳統還有多少成分保存下來？中國傳統有多少成分可算禁得住這個對照還能存在？」胡適以為，「短短幾十年裏，中國已經廢除了幾千年的酷刑，一千年以上的小腳，五百年的八股。」「中國是歐洲以外第一個廢除君主世襲的民族」，這些都是很大的進步，這些都是「中國自動採取的東西」。胡適充分肯定中國文化在中西文化交流過程中所獲得的進步。第七，胡適重新提到自己 1933 年在「中國的文藝復興」那篇演講中對中、日現代化模式所作的「類型比較」，再次強烈地肯定了不同於日本「中央統制型」的中國現代化運動。中國的現代化似乎較慢，但「那許多緩慢的，但是自動的變化，正好構成一個可以算是民主而又可取的文化變動的型態，──一個長期曝露，自動吸收的型態。我的意思也是要說，那種種自動的革除淘汰，那種種數不清的採納吸收，都不會破壞這個站在受方的文明的性格與價值。正好相反，革除淘汰掉那些要不得的成分，倒有一個大解放的作用；採納吸收進來新文化的成分，會使那個老文化格外發揮光大。我決不擔憂站在受方的中國文明因為拋棄了許多東西，又採納了許多東西，而蝕滅、毀滅。」[115]胡適對中、日現代化的這種類型比較不單純是出於自身本能的民族感情，更是基於自己對現代化價值取向的認識，即現代化不僅是物質的、軍事的現代化，

---

[115] 中譯文〈中國傳統與將來〉，收入《胡適文集》第 12 冊，第 208-209 頁。

而且還應包含民主化和文化革新。第八，胡適強調中國傳統文化的根柢是「人文主義」（humanism）和「理性主義」（rationalism），這是中國文藝之所以能夠復興的關鍵所在。所以在文末，胡適得出的結論，表達了他的堅定信念：「那個『人本主義與理智主義的中國』的傳統沒有毀滅，而且無論如何沒有人能毀滅。」[116]這一話語可以視為胡適探索中國文化前途的最後囑託。從整個文章的基調看，胡適對中國文化的歷史及其現狀都表現了一種樂觀、積極的看法，這是其作為一個「不可救藥的樂觀主義者」的本性使然。胡適發表這篇演講正是中國新文化處在步履艱難的年代，為保存中國文化的體面和尊嚴，他在西方人士面前的確仍在極盡全力做自己最後的努力。

結語

　　胡適以為對中西文化處理的理想方式是「中西互釋」。這種態度在《先秦名學史》的〈導論〉裏得到經典表述：「如果用現代哲學去重新解釋中國古代哲學，又用中國固有的哲學去解釋現代哲學，這樣，也只有這樣，才能使中國的哲學家和哲學研究在運用思考與研究的新方法與工具時感到心安理得。」[117]正是基於這一認識，胡適英文作品處處表露出比較意識和比附現象。從他在《先秦名學史》所表現的主旨看，從他對「中國的文藝復興」的歷史詮釋看，從他對中國歷史文化中的自由、民主因素的解釋看，從他撰寫〈中國哲學裏的科學精神與方法〉、〈中國傳統與將來〉等文的立意看，他在其英文作品裏傾注的核心主題是「中國的文藝復興」。他所扮演的則是一個竭盡全力宣傳中國新文化、毅然充當中國文化歷史的辯護律師的角色。但他處理中西文化的方式，卻只能說是以現代哲學解釋中國古代哲學，或者說以西方思想處理中國思想。出現這一現象的

---

[116] 中譯文〈中國傳統與將來〉，收入《胡適文集》第 12 冊，第 210 頁。該文譯者將「humanism」譯為「人本主義」、「rationalism」譯為「理智主義」，亦通。
[117] 中譯文〈先秦名學史〉，收入《胡適文集》第 6 冊，第 11 頁。

原因，並不僅僅是胡適個人的學術背景和治學傾向使然，而主要是由近代以來的中西文化關係所決定。在西方文化處於強勢地位的時代，中國的現代化過程的確伴隨著「西方化」的過程，中國人的思維方式和科學方法的確不可避免地受到外來的西方思想（哲學）的重塑。這一點為近代以來包括蔡元培、馮友蘭等在內的許多哲學家所明確承認。胡適這位被陳寅恪當年視為大鬧天宮的「孫行者」，不能跳出西方文化（思想）這尊如來佛的掌心，其實也是近代中國中西文化實力對比相差懸殊的一種反映。

胡適作為一個誕生在近代中國的文化鉅子，他的特殊貢獻在於他自如地運用了西方思想（哲學），包括以實驗主義、自由主義對中國歷史、中國哲學重新做出解釋。他對西方（特別是美國）近代以來的生活方式，如個人主義、民主政治、思想自由有一真切的瞭解，並將之傳播給自己的同胞。同時，他憑藉自己優質的西學素養和超強的英語語言表達能力，向西方世界展示了中國傳統文化蘊含的精神財富和正面價值，他的解釋考慮到符合西方人士的口味，雖然不免比附和牽強，但卻具有極大的說服力和感染力。胡適真正是一位身跨中西文化的大師級學者，就其在西方世界產生的文化影響看，除了林語堂外，殆無其他人可以與之比肩。林語堂主要是以他的英文文學作品馳騁於西方文壇，並於 1975 年 9 月在維也納召開的第 40屆國際筆會榮膺副會長一職；而胡適則是以他的英文作品解釋中國思想、中國哲學，在西方世界獲取重要影響。從中國文化走向世界這一視角來看，不管是西方報刊對胡適「中國文藝復興之父」的稱謂，還是中國人給予他的「文化大使」之頭銜，都恰當地說明了胡適在中西文化交流中所扮演的重要角色。

載《近代史研究》2009 年第 4 期。
又載臺北《傳記文學》2009 年 8-10 月。

胡適檔案文獻的發掘、整理與利用

　　任何歷史課題的研究都有賴於史料的發現、公佈與整理，歷史研究的推進與對史料的發掘密不可分。王國維先生曾經在〈最近二三十年中國新發見之學問〉這篇文章的開首就提到，「古來新學問起，大都由於新發見」。[1] 這裏所指「新發見」，即是指的新材料。二十世紀中國歷史學的發展，其中最重要的成果即是歷史新材料的發現，著名的四大發現即殷墟甲骨文的發掘、居延漢簡的出土、敦煌藏經洞文物材料的利用，明清大內檔案的公佈。這些材料的公佈，對中國古代史研究具有巨大的推動作用。胡適研究也是如此，胡適的檔案材料和各種相關文獻資料的整理、公佈，對於胡適研究也是一個強大的動力。只有從這個角度來審視胡適研究的進展，才真正具有學術的意義和價值。

　　我從事胡適研究，前後已有二十年時間，我研究胡適的過程，可以說也就是發掘胡適材料、整理胡適文獻的過程。故討論「胡適檔案文獻的發掘、整理與利用」這樣一個題目，也是想讓大家與我一起分享搜集、整理胡適材料的苦衷與樂趣。1986 年 9、10 月我為寫作碩士論文，去安徽績溪、上海、北京查找有關材料，最大的收穫是搜得胡適在《競業旬報》、《留美學生年報》、《留美學生季報》等刊物的材料，這些材料後來均結集彙編於北大版的《胡適文集》第九冊《早年文存》中。1994 年 11 月我應邀去臺北訪問，第一次踏進胡適紀念館的大門，在該館館長陶英惠先生的幫助下，得以接觸胡適紀念館的檔案材料，也是在那一次訪問中，我接觸到一些胡適先生的生前好友、學生和海峽對岸的胡適研究同行牟宗三先生、劉

---

[1]　王國維：〈最近二三十年中國新發見之學問〉，收入《王國維文集》第 4 卷，北京：中國文史出版社，1997 年 5 月版，第 33 頁。

紹唐先生、傅安明先生、蘇雪林女士、李敖先生、楊日旭先生等等，他們各自與我交流了與胡適直接接觸的印象。如今這些人中，已有好幾位已經去世。利用自己多年收集、積存的一些材料，我與耿雲志先生合作編輯了三卷本的《胡適書信集》。1997-1998 年在我起動編輯《胡適文集》的工作時，我又接觸到北大圖書館、檔案館所獨家收藏的胡適書籍、各種著作版本和一些檔案資料、老照片，這些資料盡現於我編輯的北大出版社 1998 年出版的《胡適文集》（十二冊）中。1999 年 12 月，我第三次應邀訪台，當時臺灣正在熱火朝天地展開「總統競選」活動，而我卻一頭扎進胡適紀念館遍查該館的館藏，當時協助我查找資料的萬麗鵑小姐，不過幾年，在她花容月貌般的年齡辭別人世，而陶英惠先生慷慨相贈我的一套《胡適之先生年譜長編》（油印本），可能是大陸學人唯一的存貨。2002 年 2 月，我利用在美國訪學的機會，去哥倫比亞大學檔案館查閱胡適的檔案，在那次查找資料中，我大有斬獲，幾乎複印了哥大檔案館所有與胡適相關的材料，這些材料均從未被人採用，我已利用其中的部分材料寫作了〈胡適與哥倫比亞大學〉這篇論文。去哥大的一個重要目的是為了查找胡適在哥大學習的成績表，從而獲取他 1917 年為什麼未拿博士學位的直接證據，而哥大方面以事涉個人私密為由，拒絕了我的要求。2002 年 4 月，我利用去華盛頓參加美國亞洲學會年會的機會，拜訪了胡適的長子胡祖望先生一家，老人家向我展示了他家保存的胡適日記、書信、照片資料等，令人遺憾的是，如今他老人家也於 2005 年 3 月去世。我可能是胡適研究這個學者群中，有幸接觸胡適原始檔案文獻較多的幾位學者之一。挖掘歷史檔案材料，搶救現場歷史紀錄（口述史學），成為我從事這項研究工作的一個主要內容。

胡適生前談及歷史研究時，有一句名言：「歷史的考據是用證據來考定過去的事實。史學家用證據考定事實的有無、真偽、是非，與偵探訪案，法官斷獄，責任的嚴重相同，方法的謹嚴也應該相同。」[2]把

---

[2] 胡適：〈考據學的責任與方法〉，收入《胡適文集》第 10 冊，第 193 頁。

歷史考證比喻成偵探訪案、法官斷獄，這是胡適的一大發明。現在我們以這種方式來看待胡適研究，以偵探訪案的精神搜尋胡適的「證據」和材料。胡適可謂一個「大案」，有關他的材料散落在世界各地，所以對他的「偵破」需要各個地域的研究工作者的鼎力配合才可成功。

胡適生前主要刊行的是一些經他本人編輯或訂正的著作。他還有許多不成熟的手稿、私人往來書信、個人的日記和一些檔案文獻材料，因當時不便於公佈或刊行，都暫時未予出版。胡適去世以後，這些材料才陸續得以整理出版，其方式或直接影印，或經人整理。胡適檔案文獻材料的整理、出版，按區域劃分，主要在三個地方進行：中國大陸、臺北、美國。下面我就以這三地為單元，分別介紹他們整理、編輯、出版胡適的檔案文獻情況，俾海內外學人研究參考。

一、中國大陸胡適檔案文獻整理、出版情況

胡適作為一個二十世紀中國文化巨人，生前即享有盛名，其刊行的著作在市面上頗為暢銷，擁有大量的讀者群。如《胡適文存》四集、《嘗試集》、《中國哲學史大綱》（後改名《中國古代哲學史》）、《白話文學史》、《短篇小說》（二集）、《胡適留學日記》都是當時最具影響力、也最為暢銷的著作，一版再版，有的多達十餘版。除了正版以外，盜版也隨之而起。1980 年，上海書店就曾根據大連實業印書館 1942 年印行的《中國章回小說考證》影印該書，該書即為坊間流行的一本盜版書，該書版權頁署出版時間「1942 年（昭和 17 年）」，收有胡適所作中國古典章回小說考證八篇，從出版時間、出版地點都可看出顯係他人編印，以牟取暴利，此書出版後第二年就再版了，北大現存有 1943 年版。以當時的情形可以斷定，胡適絕不可能將自己的著作授權給這樣一個具有日偽色彩的出版社出版。此書重印不只發生一次，1999 年 9 月安徽教育出版社出版了一套「胡適精品集」（十八種），其中又選有一本《中國章回小說考證》。事隔四、五十餘年後，出版社對此不嚴加鑒別，作為「精品」收入，可

謂魚目混珠。亦可見當年盜編、盜印者的高明，不是凡輩所為。當然這種情形只是個案，大多數盜版書印製粗劣，錯訛甚多。1950 年代香港市面上曾出現過一些盜版的《胡適文存》，編校甚差，錯字甚多，胡適看到這些書，大為惱怒，但又無可奈何。許多名家名作都免不了這樣的遭遇，自古即是如此。

除了已刊的著作外，胡適還有自己保存的私人檔案，他離開大陸以前的檔案主要存放在他北平的住處——東廠胡同一號。1948 年12 月 16 日胡適在北平南苑機場匆匆搭乘飛機離開北平南下，同行的有陳寅恪、毛子水、劉崇鋐、錢思亮、英千里、張佛泉、袁同禮等人。[3]四個月後，1949 年 4 月 6 日他又在上海乘船前往美國舊金山，從此他未再回大陸。他在北平的住家是北平東廠胡同一號，這是一個恐怖的地名，明代它是特務機關「東廠」所在地，民國年間大總統黎元洪曾住在此，抗戰勝利後被分配給北大。據胡適後來說：他離開北平時，只帶了兩本東西：一本是胡傳遺稿的清抄本，一本是乾隆甲戌本《紅樓夢》（《脂硯齋重評〈石頭記〉》）。[4]這兩本書稿後來都在臺北出版，前者先以《臺灣紀錄兩種》為名，1951 年由臺灣省文獻委員會印行，後又以《臺灣日記與稟啟》為名，分兩冊，收入臺灣文獻叢刊第七十一種，1960 年 3 月由臺灣銀行編輯、印行。後者則以影印本的形式，1961 年 5 月由臺北商務印書館出版。

當時胡適家裏面的東西都留在北平。胡適早享盛名，自己又有「歷史癖」，所以他對於自己的材料非常珍惜，也懂得如何保留。他有寫作日記的習慣，從進入上海澄衷學堂就開始寫，直到去世時止。有人說，日記的寫法有兩種，一種是寫給自己看的，帶有獨白、自傳的性質，一種是寫給別人看的。胡適寫作日記，既是給自己保存

---

[3] 關於胡適離開北平的具體時間，參見胡適 1960 年 12 月 19 日給蔣介石的信，收入胡頌平：《胡適之先生年譜長編初稿》第 6 冊，第 2063-2064 頁。胡適在〈影印乾隆甲戌《脂硯齋重評石頭記》的緣起〉一文中亦是採用上說，參見胡適：〈影印乾隆甲戌《脂硯齋重評石頭記》的緣起〉，收入《胡適文集》第 8 冊，第 459 頁。

[4] 參見胡適：〈影印乾隆甲戌《脂硯齋重評石頭記》的緣起〉，收入《胡適文集》第 8 冊，第 459 頁。

史料，也是給別人看的，我在他兒子胡祖望先生家中親眼看過他的日記原稿，稿本都是使用的高級日記本，顯然胡適是有心把自己的日記本當做文物收存，供後人研究，他知道自己的日記必將公之於世。胡適交遊甚廣，朋友亦多，故通信的數量也很大，他寫信給別人，很多信他都請人抄一份自己保存。假如這封信他覺得很有價值，又寫得很長，他寄給某人，自己沒有存一份底稿的話，他有時甚至還要求對方收到信以後把那封信再還給他。[5]這樣做當然有點過分，也可見胡適對自己的材料是何等重視。自己寫的東西保留了下來，別人寄給他的書信也保留下來，日積月累，他手裏保存的個人檔案材料就很多，建立了很完整的私人檔案。我估計他的這個私人檔案庫，可能是二十世紀中國文化人物中最完備、規模最大的一個資料檔案庫。魯迅、郭沫若等大師就現在儲存的資料而言，還無法與胡適比。魯迅成名晚，從他 1917 年發表成名作《狂人日記》，到他 1936年去世，成名後只活了二十年時間。郭沫若成名雖早，「五四」時期就出版了震動文壇的新詩集——《女神》，但他在解放前的那幾十年顛沛流離，幾度婚變，日子過得很苦。所以魯、郭倆人保存的歷史材料可能相對少於胡適。

　　這批資料留在胡適當時的住地——東廠胡同一號。他走的時候是北大校長，這些材料他曾囑託交給北大圖書館保管。1957 年 6 月 4 日他在紐約立下一份遺囑，共八條，其中第二條交代：將存放在北平家中的一百零二箱書籍和物品贈給北大圖書館。[6]這裏主要有三類：一類是書籍，一類是中、英文剪報，一類是檔案文獻（其中主要是來往書信）和著作手稿。這些書籍和文獻材料後來的去處大致是：書籍大部分仍由北大圖書館保留，少數善本書則交北京圖書館（現為國家圖書館）。剪報則仍在北大，文稿檔案大部分留存在中國社會科學院近代史研究所，小部分由北大圖書館保存。2005 年 9 月

5　有關這方面的例子，參見〈致胡漢民、廖仲愷〉1920 年 1 月 9 日、1920 年 1月 26 日信末，收入耿雲志、歐陽哲生編《胡適書信集》上冊，北京：北京大學出版社，1996 年 9 月版，第 232、235 頁。

6　參見胡頌平：《胡適之先生年譜長編初稿》第 10 冊，第 3907-3908 頁。

李敖來北大演講，講完後北大請他參觀圖書館，北大知道李敖是一個「胡迷」，所以給他辦了一個胡適圖書、著作手稿展覽。我問主辦這次展覽的圖書館相關人士，拿出胡適的剪報沒有？他們說沒有。我告訴他們，李敖也有剪報的習慣，他常做一些剪刀加漿糊的編書工作，如果給他看胡適的剪報，他一定很高興。

胡適私人檔案為什麼會出現存留在近代史所的情形呢？一種說法是胡適原住在東廠胡同一號，後來此處劃歸中國社科院近代史所，近代史所進駐此地即接收了胡適的這部分檔案材料。一種說法是在 1950 年代中期「胡適大批判」運動過程中，中宣部把胡適的檔案材料調去審查，並編輯、整理供「胡適大批判」用的有關資料。運動過後，中宣部將這批材料撥給了近代史所。1990 年代北大的一些政協委員提案要求將這些檔案交還北大，結果與近代史所發生了胡適財產的爭執，近代史所堅持前一種說法，北大則提出後一種說法，且舉出人證，拿出了胡適的遺囑。雙方爭執不下，最後還是不了了之，現在這批材料仍存放在近代史所。

最先接觸胡適的這批檔案材料，是在 1950 年代「胡適大批判」時，當時個別學者在自己的文章中就已使用了胡適檔案，如侯外廬先生的〈揭露美帝國主義奴才胡適的反動面貌〉一文，就使用了胡適私人檔案中的日記、書信等材料。[7] 遠在大洋彼岸——美國的胡適當時亦注意到這篇文章，1955 年 8 月 31 日他給楊聯陞的信中談起讀完該文後的感想：

> 我在國內混了二十多年，總是租房子住，故幾次政治大變故，都沒有房產可沒收。——最後一次，竟把一生收集的一百多箱書全丟了。最近中共印出的三大冊（共九百七十四頁）《胡適思想批判》論文彙編，其第三冊有侯外廬一文，長至七十頁，其小注百餘條，最使我感覺興趣的是這類小注：

---

[7] 參見侯外廬：〈揭露美帝國主義奴才胡適的反動面貌〉，原載《新建設》1955 年 2 月號，收入《胡適思想批判》第 3 輯，北京：三聯書店，1955 年 4 月版，第 17-82 頁。

（61）**胡適未發表文件，自編號二・一九六〇；二・一九八二；二・一九八三。**

（63）**胡適存件，自編號二・二〇八〇。……**

大概這幾年內，有人把我的一百多箱書打開了，把箱角的雜件（收到的函件，電報，……）都檢出編了號，——所謂「自編號」！連我留下的兩大冊日記（1921-1922），以及「胡適給江冬秀函件」，都赫然在侯外廬的小注裏！

我很奇怪，為什麼此君引的文件都屬於「二」，而沒有「一」類？後來我猜想，大概「一」是洋文信件，侯君不能讀，故不能用。

舉此一事，稍示「有產」之累。可惜北京屢次大水，都浸不到東城，否則書與函件都浸壞了，也可以省一些人整理編號之煩。[8]

胡適這封信透露了幾個重要訊息：一是他從未置房產，他在北平東廠胡同的房子是北大分給他的房子，他在美國從未買過房子，後來他去臺北任「中研院」院長，也是院裏分給他的房子。石原皋先生在《閒話胡適》一書中談到胡適的住處，說「胡適住的房子越搬家越大」[9]。容易給人一種胡適生活越來越奢華的感覺，實際上胡適的住房是隨其地位的提高而由相關單位分配給他的住房，或者他自己租用的住房。他不置房產，所以沒有房產之累。二是他並未給自己的私人檔案編號，侯文中出現的「自編號」實為他人所加。三是胡適留在近代史所的私人檔案確如胡適所說，當時已分為中、英文兩部分。不過，胡適的考證中也有小誤，他以為侯先生不懂英文，故只使用了中文部分的材料，其實侯先生早年曾在法國留過學，翻譯了《資本論》。胡適對這位作為馬克思主義史學家「五老」之一的生

8　胡適：〈致楊聯陞〉，收入《胡適全集》第 25 冊，第 648-649 頁。
9　參見石原皋：〈閒話胡適〉，合肥：安徽人民出版社，1985 年 6 月版，第 92 頁。

平（其他四老是郭沫若、范文瀾、呂振羽、翦伯贊），看來一點都不知道。我檢索了《胡適思想批判》八輯，發現只有侯先生這一篇文章引用了胡適的檔案材料，其他文章都只是引用胡適已出版的《文存》或在報刊中公開發表的文章。侯外廬先生解放以後，擔任過中央人民政府政務院文化教育委員會委員、北京師大歷史系主任、北大教授、西北大學校長、中國科學院歷史所副所長等職，[10]1954-55年具體擔任何職，是否參加「胡適思想批判討論會工作委員會秘書處」的工作，暫不得而知，但他是有幸接觸胡適私人檔案的一位學者。在「胡適大批判」運動中，由「胡適思想批判討論會工作委員會秘書處」整理了一批「胡適思想批判參考資料」，一共七輯，其中「之一」是《胡適的一部分信件底稿》（1926 年 4 月至 1936 年 12月），內收胡適致陶行知、蔡元培等人信件二十三封，附蘇雪林致蔡元培信一封。「之二」是《胡適在抗日戰爭時期的一部分日記》，「之四」是《胡適在一九二一年和一九二二年的一部分日記本》，這三輯都是取材於胡適私人檔案。出版時封面有「內部參考，注意保存」字樣。

　　另外，在《我們必須戰鬥》一書後面的附錄中列有《有關胡適的書刊資料索引》一書，注明為中共中央宣傳部圖書資料室編，1954年 12 月出版，[11]它的發放範圍可能相當有限，只限於幹部內部使用，它大概是最早的胡適著作資料目錄索引了。

　　因為「胡適大批判」運動，胡適被定性為反動文人、學者了，其學術思想與成就遭到了全盤否定。許多曾與胡適有過師生關係、朋友關係的人也紛紛與胡適劃清界限，銷毀與胡適有關的歷史資料，如來往書信、合影照片、胡適題字等，唯恐自己因與胡適的瓜葛，被人羅織罪名。1966 年毛澤東發動「文革」時，為了打倒吳晗，《歷史研究》曾經發表了一組批判吳晗的文章和一篇〈評注吳晗、

---

[10] 參見中國社科院歷史研究所：〈深切懷念侯外廬同志〉，收入《侯外廬史學論文集》下冊，北京：人民出版社，1988 年 1 月版，第 454 頁。

[11] 〈我們必須戰鬥——關於胡適思想批判及《紅樓夢》研究問題學習資料〉，中國文學藝術界聯合會學習處編印，1955 年 2 月，第 274 頁。

胡適通信〉，作為吳晗「通敵」的罪證，這些材料就是取之於胡適私人檔案。[12]

從 1950 年至 1978 年，中國大陸幾乎沒有正式出版過一本胡適的作品。在一些批判性材料裏夾雜著一些胡適的文章，如 1970 年代，由於毛主席號召讀《紅樓夢》，隨之出現了各種《紅樓夢研究資料》，這些資料中有的就收入了胡適的〈《紅樓夢》考證〉，有的則對胡適紅學觀點加以批判。在 1970 年代中期評《水滸》的運動中，人民日報資料室編印了一冊《反動文人胡適對《水滸》的考證》（1975 年 10 月 10 日）等，都是將胡適作為反面教材，注明「內部資料，供批判用」。

在「文革」後期，中國社科院近代史所開始起動中華民國史的研究工作，他們所做的一項工作就是編輯一套「中華民國史資料叢稿」，由中華書局出版，參加這項工作的一些學者開始接觸胡適檔案。1978 年 3 月出版了「中華民國史資料叢稿」專題資料選輯第三輯《胡適任駐美大使期間往來電稿》，「編輯說明」第一條稱「這裏收錄的是胡適出任國民黨政府駐美大使期間（1938 年 9 月-1942 年 9 月）的往來電稿（有一小部分不重要的事務性電稿，沒有收入），僅供批判研究之用」。共收四百九十三封電函。這份資料在版權頁仍標明「內部參考，注意保存」。可見，當時從事民國史研究工作仍有相當的政治忌諱或者說是政治敏感度。

1979 年 5 月、1980 年 8 月中華書局先後出版了《胡適來往書信選》上、中冊和下冊。這三冊雖仍標明「內部發行」，但印數並不小，上、中冊印了兩萬冊、下冊印了一萬四千冊，這是一個很不科學的印數，它意味著有六千讀者買不到下冊。「編輯說明」：「一、胡適於 1949 年飛離北京時，曾留下了一批書信，本書所選的是這批書信的一部分。這一部分書信不同程度地反映了自『五四』前後直到解放以前的中國的政治、思想動態和一些歷史事件的某些側面，可以作為歷史研究工作的參考資料。」「二、本書正文部分收入胡適自 1915 年到 1948

---

[12] 參見〈評注吳晗、胡適通信〉，載《歷史研究》1966 年第 3 期。

年的一部分來往書信，其中包括一部分電報和信稿、電稿；另外還收入胡適所存的一些其他書信、胡適一部分手稿和一些與書信內容有關，有參考價值的文件、手稿等等，分別編入附錄一、附錄二和附錄三。胡適的論學書信以及其他專題書信將另行編輯，本書未予收入。曾在報刊上發表過的胡適書信，一般也未收入。」「三、所選書信為保存其原來面目，均全文照錄。」措詞明顯客觀、公允，反映了中共中央十一屆三中全會以後中國政治氣候的變化對學術界的影響。整套書收入他人致胡適書信一千餘封，胡適致他人書信一百餘封。1985年 1 月中華書局出版了《胡適的日記》（上、下冊），內收胡適 1910年、1921-1922 年、1937 年、1944 年的日記。這套日記與書信的出版稍有不同，「編輯說明二」：「日記正文除個別地方略有刪節外，一般均全文照錄，並酌加必要的注釋」。這說明日記出版時小有刪節，如胡適日記的手稿本中提及馬寅初先生的「性生活」一段，在整理本中就被處理了。1922 年 8 月 10 日（星期四）的胡適日記寫道：

> 飯後與馬寅初回到公園，我自七月十四日遊公園，至今四星期了。寅初身體很強，每夜必洗一個冷水浴。每夜必近女色，故一個婦人不夠用，今有一妻一妾。[13]

2004 年香港商務印書館出版的何炳棣先生回憶錄——《讀史閱世六十年》，還保有胡適類似的話語。[14]

這兩套書出版發行後，在海外很快產生了較大反響，1982 年 12月 1 日臺北遠景出版事業公司出版了《胡適秘藏書信選》（正、續編），1982 年 10 月至 1984 年 10 月臺北《傳記文學》第 41 卷第 4 期至第45 卷第 4 期連續 24 期刊載沈雲龍先生輯注的〈從遺落在大陸暨晚年書信看胡適先生的為人與治學〉一文，1987 年 2-4 月臺北《傳記文學》第 50 卷第 2-4 期又連載了〈五十年前胡適的日記〉，這些台版書籍或刊文均取材於大陸版的《胡適來往書信選》、《胡適的日記》。1983

---

[13]　《胡適的日記》（手稿本）第 3 冊，臺北：遠流出版公司，1990 年 12 月版。
[14]　參見何炳棣：《讀史閱世六十年》，香港：商務印書館，2004 年 2 月，第 332 頁。

年 11 月中華書局香港分局出版了修訂版的《胡適來往書信選》（三冊），1985 年 9 月中華書局香港分局又出版了《胡適的日記》（一冊），可見台港方面對這批材料的重視。

1994 年 12 月，黃山書社以十六開本的形式影印出版了《胡適遺稿及秘藏書信》，共四十二卷，可謂胡適私人檔案的最大一次「出土」。檢索其目錄：第 1-4 冊為胡適 1943-1948 年有關《水經注》的考證文稿或資料文稿。第 5 冊為「一般歷史考證及傳記文稿」。第 6-9 冊為「哲學史、思想史、文化史稿」，其中最引人注目的有《中國哲學史大綱》卷上、卷中的手稿，《西洋哲學史大綱》的油印稿。第 10-11 冊為「文學及文學史」，內中有〈中國文學史選例〉（卷一、卷五、卷九），《中國近世文學史選例》。第 12 冊為「時論與雜文」。第 13 冊為「札記稿」。第 14-17 冊為胡適日記，這部分日記雖有已經整理的中華版《胡適的日記》問世，但手稿本仍可與整理本參校。第 18-20 冊為胡適致他人信，第 21-22 冊為胡適與其親屬間的通信，第 23-42 冊為「他人致胡適信」，這 34 冊書信收入六百餘封胡適致他人書信，5400 餘封他人致胡適信，寫信人囊括近現代中國政治、文化、教育絕大部分名人。書前有耿雲志先生的長篇前言，對全書內容作了詳盡介紹。此書的出版，在海內外產生了很大的震動，賣價一度高達兩萬多元人民幣。但保存在近代史所的胡適檔案中的英文書信、文稿和文件，迄今尚沒有整理。中文部分有些涉及胡適私人生活的材料也未收入進去，例如 2000 年 2 月 25 日臺北《近代中國》第 147 期和 2002 年 8 月《百年潮》（總第 56 期）刊登的耿雲志先生撰寫的〈戀情與理性——讀徐芳給胡適的信〉，這篇文章所公佈的 1936 年 4 月至 1941 年 4 月北大學生徐芳致胡適的三十封信，就未收入該書，這些信的前二十九封（寫於 1936 年 4 月 29 日至 1938 年 5 月 6 日），都是以「美先生」稱呼胡適，落款為「愛你的人」、「愛你的芳」、「你的孩子」、「一個被你忘了的孩子」、「真心愛你的人」、「愛你的舟生」，其熱戀之情躍然紙上，只有最後一信署名是「生徐芳」，算是回復到正常的師生關係。很可惜的是，我們現在只看到徐芳這一方的信，

胡適那邊如何回應，暫時不得而知，儘管如此，徐信也確鑿證明了胡適另一段戀情的存在。

北大是胡適長期生活、工作的單位。胡適的私人檔案及其書籍迄今仍有一部分存放在北大圖書館。2003 年 6 月清華大學出版社出版了北大圖書館編輯的《北京大學圖書館藏胡適未刊書信日記》，全書分五部分：一、澄衷中學日記，二、胡適手抄徐志摩日記，三、中文書信，四、《嘗試集》通信，五、英文書信。這是北大第一次公佈其收藏的有關胡適材料。實際上，在此之前，收入張靜廬先生所編《中國現代出版史料》（甲編）的〈關於《新青年》問題的幾封信〉一文注明「原件存北京大學」。[15]樓宇烈先生曾整理北大圖書館收藏的胡適的有關禪宗史書籍，計有二十餘種，將其中有胡適題記和眉批、校語的書籍十五種輯出，共得一百三十餘則，撰成〈胡適禪籍題記、眉批選〉一文，發表在《胡適研究叢刊》第一輯。[16]我所編的《胡適文集》，內中也使用了一些北大檔案館獨家保存的胡適老照片、北大圖書館收藏的胡適著作書影和〈《水經注》版本展覽目錄——北京大學五十周年紀念〉等文。目前，北大圖書館尚未將保存胡適的書籍、中英文剪報和英文書信公開，希望能儘早向公眾開放。胡適父親胡傳的文稿原本仍存放在北大圖書館善本室，其中的大部分詩文、日記亦未經整理。

為什麼北大圖書館和中國社科院近代史所分別保存著胡適的檔案文獻材料？這對我來說，仍是一個待解的謎團。近代史所將其收藏的胡適檔案以《胡適遺稿及秘藏書信》為題出版後，曾給北大贈送一部，在贈送儀式上，北大教授鄧廣銘先生感慨地說：這些檔案如果存放在北大的話，很可能付之一炬，或者不知所終了。他的話並非危言聳聽，因為北大作為一座前清時期創辦的大學，經歷了清、民國、中華人民共和國三朝，背負沉重的歷史包袱，解放後每遇政治運動，人人自危，惟恐歷史遺留問題困擾，故對過去的「問題」

---

[15] 張靜廬輯注：《中國現代出版史料》甲編，北京：中華書局，1954 年版。

[16] 樓宇烈：《胡適禪籍題記、眉批選》，收入《胡適研究叢刊》第一輯，北京：北京大學出版社，1995 年 5 月版。

都抱著避之大吉的心理，希望盡可能丟棄歷史包袱，如果胡適檔案是從北大經中宣部，最後落戶近代史所，大概也是這種扔棄歷史「垃圾」的心理在發生作用。中國社科院近代史所是在新中國創辦的，其前任所長范文瀾先生是延安馬列學院出身的老革命幹部，有著紅色背景，沒有「出身問題」的疑慮，這也是該所建所後敢於收集、保存一些包括胡適在內的敏感的歷史資料，並安然度過歷次運動的一個重要原因。

胡適在大陸的生活地點除了北京以外，還有安徽、上海兩處。安徽作為胡適的家鄉，亦致力於整理、出版胡適的著作。然在檔案文獻資料整理方面，僅出版了一冊《胡適家書手跡》，[17]內收胡適給其族叔胡近仁等人的六十封信。胡適在上海居住了約十年時間（1904-1910 年、1927-1930 年），上海方面至今尚未見胡適原始檔案文獻的「出土」。

在大陸，應該還有一些機構和私人保存有胡適的材料，它們可能因為歷史的原因，有的已經銷毀，有的塵封深藏，有的待價而沽，這些都是我們收集胡適材料的障礙。例如，胡適與毛澤東的通信，現在僅存毛澤東給胡適的一張明信片收入《胡適遺稿及秘藏書信》，實際上毛澤東致胡適的信應不只這一封。抗戰時期，胡適曾託竹垚生保存毛澤東給他的信函，但此人怕落於敵手，給自己帶來禍害，就自行銷毀了，這是一個無法彌補的遺憾。[18]

二、臺灣地區有關胡適文獻檔案的整理、出版

臺灣是胡適生活過的地方，早年他曾隨父親在此居住，生命的最後四年也是在這裏度過，1962 年 2 月胡適在臺北去世。隨後中研院將胡適的住所闢為紀念館，紀念館集收藏、展覽、整理、出版四

---

[17] 章飆、汪福琪、洪樹林、章偉編：《胡適家書手跡》，北京：東方出版社，1997年 3 月版。

[18] 參見胡頌平：《胡適之先生晚年談話錄》，北京：中國友誼出版公司，1993 年 9 月，第 34 頁。

任於一身，是目前胡適著作權的授權單位，也是臺灣胡適研究的一個主要陣地。1962 年冬，中研院成立了「胡故院長遺著編輯委員會」，聘請毛子水、陳槃、屈萬里、周法高、黃彰健、徐高阮、藍乾章、胡頌平等九人為委員，由毛子水任總編輯，胡頌平為幹事。先由胡頌平編輯《胡先生中文遺著目錄》，袁同禮和 Eugene L. Delafield 合編《胡適西文著作目錄》，均收入《中央研究院歷史語言研究所集刊》第三十四本《故院長胡適先生紀念論文集》。胡適紀念館成立後，開展胡適遺稿整理工作，從 1966 年 2 月起影印出版《胡適手稿》第一集，至 1970 年 6 月出到第十集止，這十集裏的文字大部分未曾發表，其中前六集全是有關《水經注》的考證文字，第七集「禪宗史考證」，第八集「中國早期佛教史跡考證、中國佛教制度和經籍雜考」，第九集「朱子彙抄和考證、舊小說及各種雜文的考證和讀書筆記」，第十集「古絕句選、《嘗試後集》等詩歌」。1969 年 4 月影印出版了《中國中古思想小史》（手稿本），此書是 1931 年至 1932 年胡適在北大教書的講義，曾經以《中國中古哲學小史》（油印本）為題由北大出版部 1932 年出版。馮友蘭在他的批胡文章中，引用過北大出版部的油印本。[19]1971 年 2 月影印出版了《中國中古思想史長編》（手稿本），此書是 1930 年間胡適在中國公學寫成的講義。以上三書的手稿本均為首次刊用。

　　1990 年經胡適紀念館授權，由臺北的遠流出版公司影印出版了《胡適的日記》（手稿本，十八冊），這是胡適日記手稿本的一次集大成。遺憾的是，此部日記手稿仍在編輯上個別地方存在錯排和收集並不完整的問題。例如，1926 年 7、8 月間，胡適赴歐洲訪問，途經莫斯科，在此他同共產黨員蔡和森、劉伯堅等有過接觸，受這些人的思想影響，腦子裏曾經閃現了一些比較進步的念頭，在其日記中有所流露。遠流版的《胡適的日記》就沒有收錄這一段日記，到底是遺漏，還是有意不收，這是一個疑問。後來，近代史所研究員

---

[19]　馮友蘭：〈哲學史與政治〉，原載 1955 年《哲學研究》第 1 期，收入《胡適思想批判》第 6 輯，北京：三聯書店，1955 年 8 月版，第 81-98 頁。

耿雲志先生去美國拿到了這部分日記的縮微膠捲，現已整理公佈。[20]
這套十八卷本的《胡適的日記》，加上後來在美國、在北大發現的一
些胡適日記，2004 年由臺北聯經出版公司彙集成《胡適日記全編》
（十冊）出版，約四百多萬字。這套日記的出版對於瞭解胡適本人，
瞭解近現代中國文化學術的發展，甚至於政治的一些內幕，應該說
具有很高的史料價值。余英時先生為該書所作序言〈從《日記》看
胡適的一生〉利用這部日記，對諸多問題或歷史疑點做了考證和論
述，其中不少新的發現。

　　由胡適紀念館編輯，聯經出版公司 1998 年出版的《論學談詩二
十年——胡適、楊聯陞來往書札》，收入胡適致楊聯陞信八十八封，
楊聯陞致胡適信一百一十七封，時間從 1943 年 10 月 23 日始，至 1962
年 2 月 7 日止。胡、楊兩人通信的主題如書名所示是「論學談詩」，
書前余英時先生作序對這批書信的價值作了評介，這部書大陸已有
安徽教育版。

　　由萬麗鵑編注的《萬山不許一溪奔——胡適雷震來往書信選》，
2001 年 12 月由「中研院」近代史所收入「中研院近代史所史料叢刊
（47）」。該書的材料來源主要是胡適紀念館的收藏，共得胡適、雷
震來往書信一百四十七件，另有附錄四件。是研究胡適與雷震關係
及《自由中國》雜誌的第一手資料。由於研究任務負荷過重，編輯
此書的萬小姐在此書出版不久即病逝，她稱得上是第一個為胡學研
究犧牲的學人。

　　此外，胡適紀念館還出版了《神會和尚遺集》、《嘗試集》、《嘗
試後集》、《詩選》、《詞選》、《史達林策略下的中國》（中、英文對照
本）、《中國新文學運動小史》、《白話文學史》、《短篇小說集》、《齊
白石年譜》、《丁文江的傳記》、《胡適演講集》、《乾隆甲戌脂硯齋重
評〈石頭記〉》等書及墨蹟照片多幅，這些作品雖大都原已出版，但

---

[20]　《胡適的日記》（1926 年 7 月 17 日—8 月 20 日），收入《胡適研究叢刊》第 2
　　輯，北京：中國青年出版社，1996 年 12 月版。

紀念館所用版本或經胡適親自校訂，或由胡適編定，故仍具有特殊的文獻價值，被行家視為最權威的版本。

　　胡適紀念館是臺灣胡適文獻收集、保存、編輯的主要機構。以個人之力編輯、整理胡適文獻出力最大者，恐怕要算胡頌平先生了。胡氏曾在中國公學就讀，是胡適的學生。胡適最後四年在台任「中研院」院長，他又任胡適的秘書。利用他工作的便利，他在任胡適秘書時就開始留心收集胡適的資料，以日記的形式記錄胡適每天的言行。有一次胡適看見他在一個小本上「寫著密密的小字」，便發問：「你在寫什麼？」胡頌平回答道：「記先生的事情，我在此地親自看見，親自聽到的事情，我都把它記錄下來。」胡適立刻詫異起來，緊接著問：「你為什麼要記我的事？」胡頌平解釋說，現在先生是「國之瑰寶」，我有機會在先生身旁工作，應該有心記錄先生的言論，胡適聽了胡頌平的解釋才釋然。[21] 這段對白很有意思，一方面反映了胡頌平的細心紀錄，一方面則表現了胡適對身邊的這位工作人員所做的紀錄有所戒意。胡適屬於無黨派人士，或者更準確的政治定位是無黨派的民主人士，他對（國民）黨組織派給他的秘書多少保有一份戒心，這是可以理解的。胡頌平以個人之力，撰寫了一部《胡適之先生年譜長編初稿》（十冊，聯經出版公司 1984 年出版）。該書由作者以五年時間（1966 年 1 月 1 日至 1971 年 2 月 23 日）編成，先以油印本（二十八冊）徵求意見，印數很少，據說只有幾十部，後又根據新的材料加添份量，小做了一些修改（刪去了部分書信，或隱去某些收信人姓名），最後交「聯經」正式出版。全書三百多萬字，是現有中國近現代人物年譜中份量最大的一部。此書之最重要的價值在作者利用其任胡適秘書工作之便，詳記胡適最後四年的工作和生活，篇幅幾近全書份量的一半（第七至十冊）。作為該書的一個副產品，作者仿《歌德談話錄》體例，撰寫了一部《胡適之先生晚年談話錄》（聯經出版公司，1984 年版）。

21　關於這段話的場景回憶，參見胡頌平：《胡適之先生晚年談話錄》，北京：中國友誼出版公司，1993 年 9 月版，第 302-303 頁。

　　臺灣文化名人李敖在前期生涯中亦曾為胡適文獻整理做出過貢獻。李敖的父親李鼎彝先生 1920-1925 年在北大國文系讀書，是胡適的學生。李敖在學生時代曾與胡適通信，並得到胡適的幫助。李敖主要做了三件事：第一，他編選一套《胡適選集》（十三冊），按內容和體裁，分門別類，1966 年 6 月由臺北文星書店出版，此套書印行估計達十萬冊。[22]由於江冬秀聽信他人的挑撥，後來沒有讓李敖再編下去，文星版《胡適選集》也被勒令停售和發行，這可能是李敖最早遭遇的官司。[23]第二，他將胡適的作品，以語錄體的形式，擇其精華，輯為一冊《胡適語粹》。這可能是最早的胡適語錄了。第三，他將胡適給其好友趙元任的書信彙編成集，凡七十五封，題為《胡適給趙元任的信》，1970 年臺北萌芽出版社出版。[24]李敖曾經發願要寫一部十卷本的《胡適評傳》，可惜現今我們看到的仍只是他在 1964 撰寫的第一冊（寫到 1910 年為止）。與胡適這一主題相關的著作，李敖還有《胡適研究》、《胡適與我》等。在臺灣的胡適研究中，李敖可謂開拓性的人物。

　　臺灣政界要人、現任中國國民黨名譽主席連戰曾在美國芝加哥大學政治學專業留學，1965 年他獲取哲學博士學位，其博士畢業論文為《共產黨中國對胡適思想的批判》（*The Criticism of Hu-Shih's thought in Communist China*）。《美國中國學手冊》所載《華人在美中國研究博士論文題錄（1945-1987）》收錄此條時，誤譯 Lien, Chan 為「連常（音）」，[25]一字之差，遮蔽了連戰這一要角。

22　《胡適選集》亦李敖選編，參見李敖：〈「千秋萬歲名，寂寞身後事」〉，收入《胡適與我》，《李敖大全集》第 18 冊，北京：中國友誼出版公司，1999 年 1 月版，第 105-106 頁。

23　關於《胡適選集》出版爭議一案，參見李敖：〈「千秋萬歲名，寂寞身後事」〉、〈一貫作業搜奇〉，收入《胡適與我》，《李敖大全集》第 18 冊，北京：中國友誼出版公司，1999 年 1 月版，第 106-118、119-132 頁。

24　該書署名「蔣光華」主編，李敖自爆他是〈胡適給趙元任的信〉的編者，參見李敖：《我與胡適·自序》，收入《李敖大全集》第 18 冊，北京：中國友誼出版公司，1999 年 1 月版，第 5 頁。

25　參見《美國中國學手冊》（增訂本），北京：中國社會科學出版社，1993 年 9 月版，第 685 頁。

三、美國有關胡適檔案文獻的整理、出版

胡適曾九次赴美國,在美國生活、學習、工作了二十五年,佔
其成年後一半的時間。這裏有他留學過的兩所大學:康乃爾大學、
哥倫比亞大學(1910-1917 年),有他擔任過駐美大使的工作所在地
——華盛頓雙橡園(1938-1942 年),有他曾講學過的包括哈佛大學、
哥倫比亞大學在內的多所大學,有他的長子胡祖望及其家人,有已
知的他的三位美國情人:韋蓮司(Edith Clifford Williams)、哈德曼
夫人(Mrs Virginia Davis Hartman)和羅維茲(Robby Lowitz),有他
的各界美國朋友。我常說,要瞭解胡適,就必須瞭解胡適的這一半;
要研究胡適,也必須研究胡適與美國的關係。

在美國為胡適檔案文獻史料整理做出重要貢獻的學者有四位美
籍華裔學者。

第一位是袁同禮先生。袁先生是北大國文系畢業的學生,擔任
過北大圖書館館長、美國國會圖書館中文部主任等職,與胡適關係
深厚,1948 年 12 月 16 日與胡適同機南下。他與一個名叫 Eugene L.
Delafield 的美國人合編的《胡適西文著作目錄》是第一份胡適西文
著作目錄索引,有了這份索引,研究者即可按圖索驥,查找有關胡
適的英文著作。可以說,它為我們展示了胡適的英文著作世界。順
便交代一句,Eugene L. Delafield,據與他有過直接接觸的周質平先
生說,他也是一位「胡迷」,原是一位善本書商,1940 年代曾與胡適
同住在紐約 81 街 104 號的公寓大樓裏,從此與胡適相識,並從那時
起開始收集胡適發表在美國英文報刊上的文章、演講,胡適知道他
有此興趣,也常將他的英文文章或講演稿寄給他,他的這一業餘愛
好一直保持到他 2001 年去世,去世前還曾與另一位胡適英文作品收
集者周質平先生晤面,並給周以極大幫助。[26]

---

[26] 參見周質平:〈胡適未刊英文遺稿整理出版說明〉,收入《胡適未刊英文遺稿》,
臺北:聯經出版公司,2001 年版。

　　第二位是唐德剛先生。唐先生是安徽人，是哥大畢業的博士，兼具有與胡適兩重關係背景：同鄉、校友，與胡適亦有著深厚的交往。1957 年哥大東亞研究所成立中國口述歷史部，唐先生被聘為工作人員，他被分配採訪的對象之一就有胡適。對這段工作唐先生常常抱怨地說，當年與他同一辦公室的還有一位夏蓮蔭小姐，是商務印書館夏老闆的千金。分配給她的採訪對象是陳立夫、宋子文、孔祥熙這幾位顯赫的達官顯貴，而分給他的則是胡適、張發奎、李宗仁這樣一些相對邊緣的人物，但事後分配與夏小姐合作的採訪對象又無不抱怨夏小姐的工作能力和工作態度。唐先生與胡適合作撰寫了《胡適口述自傳》（英文稿），此英文稿原件至今收存於哥大圖書館，1970 年代唐先生將其譯成中文，並在文後加注，1977 年 8 月至 1978 年 7 月臺北《傳記文學》將其中譯文連載，1981 年 2 月傳記文學出版社又出版了《胡適口述自傳》的單行本。此書內容側重於介紹胡適的學術思想，可謂胡適的學術思想自傳，對於胡適的個人私生活、胡適與國、共兩黨的關係、對胡適的政治思想等敏感問題幾乎沒有涉及，它對研究胡適的學術世界有著重要的史料價值。常常有學生問我如要研究胡適，最好的入門著作看哪一部？我個人喜歡推薦的是《胡適口述自傳》，我以為閱讀胡適這部「夫子自道」的自傳，是我們最真切、最直接瞭解他的思想及其學術成就的捷徑。此外，唐先生還撰寫了一部《胡適雜憶》，以其親見親聞，繪聲繪色地回憶了他與胡適的交往，及根據他的接觸對胡適的為人處世、中西學問做了精彩的議論，亦是研究胡適必讀的一本重要參考書。

　　第三位是周質平先生。他是普林斯頓大學東亞系教授，致力於研究胡適已有二十載，是這一領域的活躍一員。他對胡適文獻的整理主要有兩大貢獻：一是收集、整理、彙編胡適英文作品，1995 年 5 月臺北遠流出版公司出版了他主編的一套《胡適英文文存》（三卷），收入 1912-1961 年間的胡適英文作品一百四十七篇，一千五百八十九頁，這是第一次大規模地出版胡適英文作品。2001 年臺北聯經出版公司繼續出版了周先生編的《胡適未刊英文遺稿》，收入 1914-1959

年間胡適英文作品六十六篇，六百七十二頁。過去我們研究胡適，基本上是只接觸他的中文作品，他在美國發表的英文作品很少見人引用。現在周先生把胡適的英文作品整理出來，為人們研究胡適的英文世界提供了方便。通過這些英文作品，我們可以發現，他用英文寫作出來的作品和他用中文寫作出來的著作有所不同，或者說有時候他的視角有所調整，他一反在國內激烈批評中國文化的態度，在英文文章裏，對中國文化給予了更多的讚美之詞，如對包辦婚姻的態度，在國內胡適批評這是一種不人道的行為，在美國他則為這種生活方式辯護，說包辦婚姻可以節省時間，省去戀愛的煩惱。[27]對中國人講西方文化，對西方人講中國文化，這是胡適兼具的兩重角色。所以這些胡適英文作品的公佈，其價值不可低估，它可以幫助我們瞭解胡適文化世界的另一半。周先生另一項學術工作，就是研究胡適的感情世界，具體來說，就是根據新發掘的胡適與他的兩位美國戀人——韋蓮司和羅維茲的來往書信，研究他們之間的情戀關係。胡適與這兩位美國女友的往來書信，原存在北京中國社科院近代史所、北大和臺北胡適紀念館，但是因為原稿是英文稿，而且是手寫稿，很難辨認，周先生很下了一番功夫把這一批英文書信整理出來——《不思量自難忘——胡適給韋蓮司的信》，內收胡適給韋蓮司的信一百七十五封，過去我們以為與胡適通信最多的是王重民、楊聯陞，看了這些信，才知道是這位紅顏知己。周先生根據他掌握的這批材料，撰寫了一本著作——《胡適與韋蓮司：深情五十年》。對於他倆之間的關係，過去人們只能從胡適留學日記中間依稀看到一些片段，很多學者根據這些片段的紀錄來猜測胡適與韋蓮司之間的關係。是一般朋友關係？還是比朋友更深一層的關係？這一直是一個謎。如唐德剛先生以為是胡適在追求這位美國小姐，而夏志清先生認為是這位美國小姐在追求胡適，學者們都只能根據一些不著邊際

---

27 有關胡適英文作品的分析，參見周質平：〈胡適英文筆下的中國文化〉，收入氏編《胡適未刊英文遺稿》，臺北：聯經出版事業公司，2001 年 12 月版，xiii-xlii。

的材料加以猜測、想像。[28]這些書信的整理和出版，對於人們瞭解他們之間的關係，可以說是一清二楚了。胡適的另外一位美國女友——羅維茲，最先為余英時在他為聯經版《胡適日記全編》所撰寫的序言中所考證，引起了海內外的震動，因為此人曾任杜威的女秘書，後來成了杜威續弦的太太。她在擔任杜威秘書期間，曾與胡適發生了情戀關係，余先生是根據胡適日記所露出的蛛絲馬跡考證出這一關係的存在。而周先生是根據美國南伊利諾依大學杜威研究中心 2001 年新公佈的電子版《杜威書信集》第二冊（1919-1939 年），其中收有五十餘封胡適給羅維茲的信，至於羅維茲給胡適的信，則在近代史所發現了四件，在《北京大學圖書館藏胡適未刊書信日記》中有一件，臺北胡適紀念館保存有兩件，周先生根據這些材料，與陳毓賢合作撰寫了〈多少貞江舊事——胡適與羅維茲關係索隱〉一文，此文分三期連載於《萬象》雜誌，[29]對胡適與羅維茲的情戀關係做了最大的曝光。

第四位是周谷先生。他編著的《胡適、葉公超使美外交文件手稿》一書，2001 年 12 月臺北聯經出版公司出版。周先生曾長期任職於「中華民國」駐美大使館，現早已退休，住在華盛頓，他曾利用工作之餘，廣泛收集美國各大報刊有關中國的報導，輯成剪報數冊，稱得上是研究中美關係的專家。他編輯的《胡適、葉公超使美外交文件手稿》，其中第一篇「胡適戰時外交文件手稿」，收入來去電文一百零二件，內含胡適親擬去電電文四十八件，均為未刊電稿，具有很高的史料價值。

---

[28] 有關胡適與韋蓮司的關係，在周質平之前，曾有徐高阮、唐德剛、夏志清、藤井省三等人的文章予以討論，參見徐高阮：〈關於胡適給韋蓮司女士的兩封信〉，收入《胡適和一個思想的趨向》，臺北：地線出版社，1979 年版，第 29-41 頁。夏志清：〈夏志清先生序〉，收入唐德剛：《胡適雜憶》和唐德剛：《胡適雜憶》「較好的一半」中有關韋蓮司的一節，兩文均收入唐德剛：《胡適雜憶》，臺北：傳記文學出版社，1980 年版。（日本）藤井省三著、劉方譯：〈紐約的達達派女性——胡適的戀人 E.G.韋蓮司的生平〉，載《胡適研究叢刊》第三輯，北京：中國青年出版社，1998 年 8 月版，第 282-300 頁。

[29] 周質平、陳毓賢：〈多少貞江舊事——胡適與羅維茲關係索隱〉，載 2005 年 7-9 月《萬象》第 7 卷第 7-9 期。

美國作為胡適多年居住之地,在材料方面應還有一定的挖掘空間。由於它對研究者有特定的語言技能方面的要求,故一般研究者不容易實現他們的企圖。筆者曾親往哥倫比亞大學檔案館,專程查找有關胡適檔案材料,得數十件胡適檔案材料,其中包括胡適 1927年 3 月 21 日獲博士學位註冊表,並根據新發現的這些材料,撰成長文〈胡適與哥倫比亞大學〉。[30]

四、胡適檔案文獻的價值及其提出的問題

通過搜集、閱讀現有的胡適檔案文獻,我個人有以下三點經驗與大家分享:

第一、現在公佈的《胡適手稿》、《胡適遺稿及秘藏書信》、《胡適的日記》等書,都是以手稿本影印行世。其文獻的真實性和原始性不容置疑。

第二、新發掘的胡適文獻,就其內容而言,主要有胡適日記、書信、胡適的英文作品、胡適考證《水經注》的文字和胡適的思想史、哲學史研究文字,這些文獻為我們研究胡適,打開了一片新的天地。通過閱讀胡適日記,我們可以深入胡適的內心世界;胡適的來往書信向我們展示了他的人際交往世界;胡適的英文作品,表現了鮮為國人所知他的文化世界的另一半;數百萬字的《水經注》考證,則可見出胡適當年是多麼沉湎於自己的「考據癖」,他在這一課題上花費的巨大精力,而這種消耗在今天看來又是多麼地不值得。如果不涉足《水經注》考證,胡適也許就如願以償完成《白話文學史》下卷、《中國思想史》或英文本《中國思想小史》,我們對胡適學術成就的評價當然就大不一樣。

第三、新發掘的胡適文獻,可能對我們過去形成的一些對胡適的認識或觀點產生衝擊。這裏我想舉兩個例子:一個例子是關於胡

[30] 歐陽哲生:〈胡適與哥倫比亞大學〉(上、下),載 2004 年 12 月、2005 年 1月臺北《傳記文學》第 85 卷第 6 期、第 86 卷第 1 期。

適的情感生活問題，胡適去世時，蔣介石曾送一幅輓聯：上橫聯是「適之先生千古」，下對聯是「新文化中舊道德的楷模，舊倫理中新思想的師表」。過去大家都認為蔣的這幅輓聯形容、評價胡適的道德文章非常恰當。現在發掘出的材料，胡適那個隱秘的情戀世界的曝光，使我們看到，胡適比徐志摩的情感生活還豐富、還浪漫，對這個結論似乎形成了一種挑戰。另一個例子是關於胡適的中西文化觀的評價問題，胡適在中文文章中，有大量批評、甚至激烈批判中國文化、中國傳統的文字，但是在現今發現的胡適英文作品中，我們又發現胡適的英文作品大都是以中國文化、中國哲學為題材，它們的基本立場是維護中國文化，為中國傳統人文精神辯護。向外人宣傳中國新文化的進步，為中國的生活方式和文化傳統辯護，這是胡適在異域世界所扮演的一個角色。在英文世界裏，胡適表現了濃烈的民族主義文化情感。

　　胡適檔案文獻材料的整理、出版雖經中國大陸、臺灣、美國三方學者的努力，已取得很大的成就，但在中國社科院近代史所、北京大學、胡適紀念館等處還有不少已經發現或收藏的材料尚未整理或公佈。在其他國家的機構和民間可能還有一些收存的胡適材料暫不為人知，這些仍有待我們繼續發掘。傅斯年先生形容尋找歷史材料的辛勤時有一句名言：「上窮碧落下黃泉，動手動腳找東西。」讓我們帶著這種精神去繼續發掘胡適的材料，以真正推進胡適研究的發展。

　　　　　2005 年 10 月 20 日在廣州「南國書香節」上的演講，
　　　　　　　　　　　載《歷史月刊》2006 年 4 月號。

附錄

自由主義之累

——胡適思想之現代意義闡釋

在一個非理性的時代，真正的思想成就不可能由狂熱分子完成，思想只屬於鎮靜、冷沉、忍受孤獨、保持獨立人格和超越精神的自由人。

——作者手記

一

認識偉大人物的精神需要時間。對胡適這位「譽滿天下，謗亦隨之」的文壇巨匠的評價，正是應驗了這一歷史法則。胡適的畢生事業成就可歸納為二：一是開創了現代新文化運動。它是中國人文傳統的更新和變革，胡適稱之為「中國文藝復興運動」，他早期圍繞這一運動，在諸多文化領域留下的著述，都是前無古人的；二是在中國傳播自由主義的真諦，它是近世西方文明菁華的吸取和引進，胡適認定它為「世界文化的趨勢」和「中國應採取的方向」，胡適一生，特別是在晚期，為實現這一目標，不遺餘力地奔走呼號，成為中國自由民主運動的精神脊梁。

胡適的「暴得大名」是建立在他的早期新文化成就的基礎之上，胡適的「盛名之累」卻不得不歸咎他終身對自由主義的不倦探求。長期以來，對胡適的自由主義思想，國內學者怵於政治禁忌，諱莫

如深；海外學者基於對胡適思想前後一致的認識，亦忽視了胡適晚年自由主義思想的發展。這就在胡適評價中出現了強烈反差：重早期輕晚期，揚文化成就貶思想意義。

站在今天的歷史高度，排除以往的歷史偏見和現實的政治干擾，我們再平心靜氣地重新評估胡適，還他一個本來面目。作為一個歷史人物，胡適確已盡了自己的本分，他作為中國新文化實績的體現者已無需置辯，他對現代中國文化的巨大貢獻亦不容抹煞。然若以現實的眼光立論，作為叱咤文壇風雲的胡適又畢竟已成為歷史。他的詩歌，名噪一時的《嘗試集》幾無審美價值可言；他的學術著作，異軍突起的《中國哲學史大綱》（卷上）、《〈紅樓夢〉考證》和《白話文學史》諸著，作為學術思想史上的一種「範式」亦已過時；他曾大力宣揚過的實驗主義哲學也已退出了歷史舞臺，因此，我們今天來評估胡適，應該談的主要不是確認胡適的文化學術地位，而應該理解、闡釋胡適思想的現代意義，再現胡適作為一個自由思想啟蒙者的歷史價值，重新評價現代中國屢起屢仆的自由主義運動，把湮沒的半個胡適挖掘出來。誠如 L・維特根斯坦所說：「早期的文化將變成一堆瓦礫，最後變成一堆灰土，但精神將縈繞著灰土。」[1] 胡適的精神，亦即貫穿於胡適文化學術和社會政治活動中的「開風氣」的啟蒙精神，胡適思想裏無處不在的自由意識，胡適晚期一再伸張的自由主義大義，理應成為我們據以惠澤炎黃子孫，高揚民族精神的不竭思想源泉。

二

胡適並非最先表述現代自由意識的思想家，在這個思想體系發展的過程中，他只是一個環節。早在 1903 年，嚴復將英國著名思想家約翰・穆勒的《論自由》一書翻譯出版，首次發出「以自由為體，

---

[1] 〔英〕L・維特根斯坦著、黃正東、唐少杰譯：《文化與價值》，北京：清華大學出版社，1988 年 6 月版，第 5 頁。

以民主為用」的呼喊，開中國自由主義之先河。踵起者是晚清輿論界的驕子梁啟超，他以生動、鮮明、犀利的筆調寫下了《新民說》，將自由意識傳播於一代學人，使之成為追求民主革命青年的共識。胡適早年深受嚴、梁二位思想大師的影響，他在《四十自述》中有過明白的交代，在此無須贅言。

自由主義在中國衍化為一場富有影響力的思想運動，浸浸然大倡，主要得力於胡適。嚴復、梁啟超作為中國自由主義第一代佈道人，思想搖擺、言行相背，經歷了一個從離異傳統到復歸傳統的過程。胡適超越了他們，他不僅介紹了一整套自由主義思想，而且身體力行，以自由知識分子的獨立人格相標榜，批判社會政治，成為一個從早期到晚期，從思想到實踐，一以貫之的自由主義者。作為中國自由主義運動一個承先啟後的關鍵人物，胡適的主要貢獻在於：把自由主義由一種朦朧意向的文化探索推向自覺意識的思想建構；謀求在社會政治層面，而不僅僅是在文化學術的範圍，展現自由主義的性格；進而在思想理論和行為規範上，為自由主義提供了一套範型。

胡適自由主義思想形成於留美時期。當時他接受了嚴格的現代民主政治訓練，深受新大陸自由主義氣氛的熏陶；在杜威（John Dewey）、羅素（Bertrand Russell）、安吉爾（Norman Angell）等國際知名思想家的影響下，胡適參加了反戰運動，並確立了對自由主義、和平主義和世界主義的思想信仰。這一思想抉擇，既暗示了胡適思想發展內含的世界性眼光和強烈的自我開放意識，又決定了胡適與中國實際社會背景的巨大衝突。

胡適自由主義思想登上歷史舞臺是在「五四」前後。以實驗主義為指導，胡適提出，中國社會變革不能走「根本解決」的路子，而只能靠日積月累的自然演化和循序漸進；新文明是一點一滴而不是籠統造成的。以易卜生主義為張本，他發出「一個國家的拯救須始於自我的拯救」的呼籲，要求人們真實的為我，養成自由獨立的人格，把自己鑄造器。以「重新估定一切價值」為武器，胡適把

新思潮的意義理解為一種新態度——「評判的態度」。這種態度，就是用懷疑的眼光重新估價一切固有的文化。據此，胡適把中國新文化運動分成四步：研究問題，輸入學理，整理國故，再造文明。胡適的這些思想言論，為方興未艾的新文化運動增添了新的興奮劑，同時又帶有反潮流的性質。顯而易見，他的改良主張與流行的「根本解決」的政治觀點大相徑庭，他的個人主義與傳統的「社會本位論」截然對立，他的「新思潮的意義」與激進主義的全盤性批判傳統甚至拋棄傳統的做法迥然不同。這種矛盾預示了現代中國在傳統秩序崩潰後所走的兩條路向。不幸的是，胡適的聲音乍響之時，就被政治革命的激進熱潮淹沒了，新文化的啟蒙火花稍縱即逝。對這一悲劇性的歷史轉折，胡適只能用「一場不幸的政治干擾」來表示自己的遺憾和悲涼。

1920、30 年代的中國，裹挾在一片階級鬥爭的血雨腥風中。胡適特立獨行，中流砥柱，為自由民主搖旗吶喊，推波助瀾。他以「好政府主義」搏擊北洋軍閥，以「人權」、「思想自由」原則與國民黨鉗制言路的倒行逆施相抗爭，以「充分的世界化」駁斥「本位文化論」是「中體西用」的翻版。胡適面對黑暗勢力大無畏的抗爭精神，反映了一個自由知識分子「諍言」的本性和真誠。

胡適自由主義思想的真正發揮和系統表述是在 1940 年代中期以後，他晚期思想不僅未改初衷，而且變得渾厚、深沉、圓熟。這期間胡適思想的進展表現在：他著力於自由主義基本內涵和行為規範的思辨，不再使自由主義淪為一種宣傳性的口號，奠定了其學理的基礎和理論的構架。胡適注意到「東方自由主義運動始終沒有抓住政治自由的特殊重要性，所以始終沒有走上建設民主政治的路子。」[2]故他特別屬意建立自由主義的政治哲學。他明確提出自由主義的意義在於爭取思想自由，建立捍衛人民基本自由的民主政治；容忍反對黨，保障少數人的權利；實行立法的方法，以推動和平漸進的改革。他

---

[2] 胡適：《自由主義》，原載 1948 年 9 月 5 日北平《世界日報》。《胡適文集》第 12 冊，北京：北京大學出版社，1998 年 11 月版，第 807 頁。

反對那種「必以吾輩所主張者為絕對之是」的偏執態度，特別提出「容忍是一切自由的根本」，「容忍（tolerance」比自由更重要）。[3]把容忍納入自由主義的行為規範。作為新文化運動的歷史見證人，胡適認為，民主是一種生活方式，民主的生活方式就是承認人人各有其價值，人人都應該可以自由發展的方式；科學則是一種思想和知識的法則，一種注重事實、尊重證據的方法，一種「無徵不信」和為真理而真理的精神。不難看出，胡適對民主和科學的詮釋，深深地打上了自由主義的烙印。

　　胡適晚年對傳統文化的思考，構成他自由主義思想中富有特色的一部分。一方面他尋找自由主義植根的文化土壤，肯定中國傳統文化中包含有「自由問答、自由討論、獨立思想、懷疑、熱心而冷靜的求知」的「蘇格拉底傳統」；有像方孝孺這樣為主張、為信仰殺身成仁的思想家；有經學大師重證據的考據精神和科學方法；有使用白話文的下層文學，它是新文化運動的基礎；現代新文化運動不過是宋代以來「中國文藝復興運動」的一部分，一個大時代裏的小時代。一方面，他對傳統文化桎梏人性、阻礙科學發展的種種劣迹給予猛烈抨擊，告誡人們：「為了給科學的發展鋪路，為了準備接受、歡迎近代的科學和技術的文明，我們東方人也許必須經過某種智識上的變化或革命。」[4]只有掃除傳統文化的偏見，改革落後的價值觀念，科學才能在中國生根。胡適的激越之詞，曾一度招人物議，其實正表明了他對中國人文傳統的關切之深。

　　把握時代的脈搏，理清近現代世界文明的總趨勢與中國前途的關係，這是胡適晚年傾注的思想主題。通過透視近兩三百年人類歷史進步的諸種表象，他看到了「科學與工業的進步」和「自由民主制度的發展」是當代世界文明的趨向；逆歷史潮流而動的極權政治和鐵幕文化只能逞狂一時；無論如何，由新文化運動造就的那個「人

3　胡適：《容忍與自由》，原載 1959 年 3 月 16 日臺北《自由中國》第 20 卷第 6 期。《胡適文集》第 11 冊，第 827、823 頁。

4　胡適：《科學發展所需要的社會改革》，原載 1961 年 12 月 1 日臺北《文星》雜誌第 9 卷第 2 期。《胡適文集》第 12 冊，第 703 頁。

本主義與理智主義的中國」不可能被毀滅。中國向何處去？胡適的回答是：「只有自由可以解放我們民族的精神，只有民主政治可以團結全民族的力量來解決全民族的困難，只有自由民主可以給我們培養成一個有人味的文明社會。」[5]

胡適晚年在他的演講和政論中，聲嘶力竭地一再重複上述話語，這在自由之潮跌入低谷的年代裏，不啻是悲壯的奮鬥和蒼勁的吶喊，猶如空谷足音，洪鐘巨響，今天回味起來，仍覺力量無窮，意蘊深遠。

「知難，行亦不易」。胡適生活的年代，對一個自由主義思想家來說，完全是敵對的。他不像文化保守主義那樣有著深厚的傳統根基作為依托，亦有別於文化激進主義可借助前現代社會變革的非理性力量躁動瘋長，他只能訴諸思想的啟蒙，理性的拓展和科學的增長。這在一個專制主義如此漫長，傳統勢力如此根深蒂固，又如此缺乏現代意識的國度，談何容易！胡適深深理解這一切，他堅信：「我們要救國，應該從思想學問下手，無論如何迂緩，總是逃不了的。」[6]因此，胡適的奮鬥充滿了孤獨、悲愴的色彩。從他留學歸來打定主意「在思想文藝上替中國政治建築一個革新的基礎」；[7]至 1920 年代，他警醒國人不要被五花八門的主義牽著鼻子走，要只認得事實，跟著證據走，「努力做一個不惑的人」；[8]1930 年代，他不倚傍任何黨派，不迷信任何成見，以負責任的態度發表「獨立評論」；終至 1940、50年代，他奮力追求言論自由和反對黨的生存權利。胡適終身持行自由主義的理想，他以一個自由知識分子的獨立人格同整個黑暗、暴亂、急躁的社會相抗衡。《努力》談政治「止了壁」；《新月》為「人

5　胡適：〈我們必須選擇我們的方向〉，收入《獨立時論一集》，北平：獨立出版社，1948 年 8 月版。

6　胡適：〈致徐志摩〉1926 年 10 月 4 日，《胡適書信集》上冊，北京：北京大學出版社，1996 年 9 月版，第 388 頁。

7　胡適：〈我的歧路〉，原載 1922 年 5 月 28 日《努力周報》第 4 號。《胡適文集》第 3 冊，北京：北京大學出版社，1998 年 11 月版，第 363 頁。

8　胡適：〈介紹我自己的思想〉，收入《胡適文選》，上海：亞東圖書館，1930年 12 月版。

權」惹出了風波；《獨立評論》揭露「華北自治」的陰謀，被查禁；《自由中國》因鼓吹民主自由、針砭時政而被查封；胡適可謂「沉而再升，敗而再戰」。[9]他傾其一生捍衛理性、科學、文明、自由、民主和人權這些自由主義的基本精神，同各種非理性、偽科學、反文化、宗教迷信、極權主義展開激烈的搏鬥。胡適自詡：「獅子與虎永遠是獨來獨往，只有狐狸與狗才成群結隊。」[10]其實他自己就是時代的獅子和猛虎，是自由、科學、理性的象徵。

三

　　真正的知識分子都是悲劇命運的承擔者。胡適如此，與他同路的自由知識分子也是如此，他們要提前預告一個時代的真理，就必須承擔時代落差造成的悲劇命運。

　　作為現代中國的啟蒙者，胡適既然是時代的產兒，就不可能擺脫時代局限給他命運的規定。從中國的歷史條件出發，胡適及其執著追求的自由主義的受挫是必然的，但這只能說明先驅者因襲的負擔多麼沉重，說明中國多麼需要自由意識的不斷啟蒙。在經歷了幾十年毫無止息、殘酷無情的階級鬥爭風浪，在中國知識分子遭受重重磨難屈辱和整肅之後，我們再體味一下獨立人格、思想自由、社會民主、人道主義和法治這些理想精神的歷史命運到底是什麼，不能不承認逝去的那位智慧老人「勸世良言」的用心良苦和遠見卓識。他所高揚的人權、自由和科學精神，對中國新文化建設是多麼急需！他所反對的偏執、盲從、激進、浮躁，對糾正時代的「左傾」浪漫病又何嘗不是一副良藥！他所寄望的理性、容忍、博愛、重事實、大膽懷疑，對中國人的現代化，是多麼富有建設性意義！該是猛醒

9　此語出自胡適所譯勃朗寧的一節詩，參見〈我的信仰〉，《胡適文集》第 1 冊，第 15 頁。

10　此語出自胡適，參見梁實秋：〈《新月》前後〉，原載 1977 年 10 月 14 日臺北《聯合報》副刊。收入《梁實秋文學回憶錄》，長沙：岳麓書社，1989 年 1 月版，第 125 頁。

的時刻了，如果我們對胡適的思想探索沒有真正的理解和徹底的覺悟，我們又如何走出歷史的迷津呢？！

唐德剛先生稱胡適是「照遠不照近的一代文宗」。[11]的確，胡適的精神生命不是以幾十年來衡量的，胡適的思想價值也不是由片斷的歷史所決定的，不管胡適是他自己信仰的祭品，還是時代的犧牲品，他所奮力開拓的自由民主運動，實已成為中國現代化事業的重要組成部分。正是基於這樣的理解，值此胡適誕辰百歲之際，我想借用胡適暮年最喜吟誦的顧炎武的兩句詩，與深切關懷中國命運與前途的海內外知識分子和青年朋友共勉：

> 遠路不須愁日暮，
> 老年終至望河清。

1990 年 7 月 25 日作於長沙岳麓山下

（本文收入《解析胡適》，北京：社科文獻出版社，2000 年 9 月版。）

---

[11] 唐德剛：《胡適雜憶》，臺北：風雲時代出版公司，1990 年 11 月版，第 11 頁。

附錄二

中國哲學史研究範式回顧

中國哲學史研究作為一門學科能夠成立，是與胡適、馮友蘭的典範性的工作分不開。胡適所作的《中國哲學史大綱》於 1919 年 2 月出版，馮友蘭的《中國哲學史》（上、下冊）分別於 1930 年、1933 年出版，此兩書出版以後，在學術界一直有不同評論，而這些評論實際上又是圍繞究竟如何建設中國哲學史這門學科而展開的，因此梳理這些意見，對於幫助我們建設中國哲學史這門學科，無疑會提供某種啟示。

中國哲學史這門學科的建立，主要面臨三大問題。一是如何確立中國哲學史的研究對象問題，二是應如何處理材料的問題，三是如何處理中國哲學史的實質與形式的關係。解決這三個問題，是這門學科能否確立和走向成熟的關鍵。胡適、馮友蘭的中國哲學史研究實際上是在這三個問題上取得突破，從而完成了這一學科的建立過程。

胡適的《中國哲學史大綱》出版時，蔡元培先生為該書所作序言中，談到了寫作中國哲學史的兩大難處：一是材料的處理，即考證材料的真偽；二是寫作的形式，「中國古代學術從沒有編成系統的記載。」「我們要編成系統，古人的著作沒有可依傍的，不能不依傍西洋人的哲學史。所以非研究過西洋哲學史的人不能構成適當的形式。」[1] 這裏所說的「形式」，不僅僅指方法，而且包括研究架構、使

---

[1] 蔡元培：《中國古代哲學史》序，《胡適文集》第 6 冊，北京：北京大學出版社，1998 年 11 月版，第 155 頁。

用概念、術語、甚至包括寫作方式、語言，蔡先生列舉了該書的四
點長處，「第一是證明的方法」，包括考訂時代，辨別真偽和揭示各
家方法論的立場；「第二是扼要的手段」，也就是「截斷源流，從老
子、孔子講起」；「第三是平等的眼光」，對儒、墨、孟、荀一律以平
等眼光看待；「第四是系統的研究」，即排比時代，比較論點，以見
思想演進的脈絡。[2]其中第一、二條與處理材料有關，第三條是從內
容上來討論、把握的，第四條涉及到的是寫作的形式。實際上，胡
適的《中國哲學史大綱》的示範性意義並不僅僅局限於這四點。我
以為，胡適的《中國哲學史大綱》（以下簡稱大綱）所標示的典範意
義還有兩點值得肯定：

　　一是確立了中國哲學史的研究對象。研究對象的確定是一個學
科得以成立的基本前提。《大綱》前的中國哲學史尚未擺脫傳統經學
注疏的陰影，分不清哲學與經學，哲學與哲學史的區別。胡適寫作
的《中國哲學史大綱》，開首就明確指出：「凡研究人生切要的問題，
從根本上著想，要尋一個根本的解決，這種學問叫做哲學。」據此，
他對哲學的門類進行概括，包括宇宙論、知識論、方法論、人生哲
學、教育哲學、政治哲學、宗教哲學諸科。接著對哲學史又加以界
說：「這種種人生切要問題，自古以來，經過了許多哲學家的研究。
往往有一個問題發生以後，各人有各人的見解，各人有各人的解決
方法，遂致互相辯論，……若有人把種種哲學問題的種種研究法和
種種解決方法，都依著年代的先後和學派的系統一一記敘下來，便
成了哲學史。」[3]這就在中國歷史上第一次把哲學史明確地從傳統學
術史中劃分出來，把各種非哲學的問題全部剔出哲學史的範圍，並
按自己對哲學的理解劃分界定哲學史的對象和範圍，對於哲學成為
一門獨立的學科具有篳路藍縷之功。

　　二是在寫作方式上，《大綱》也進行了大膽的創試，「在中國封
建社會中，哲學家們的哲學思想，無論有沒有新的東西，基本上都

2　蔡元培：《中國古代哲學史》序，《胡適文集》第 6 冊，第 155-156 頁。

3　《中國古代哲學史》第一篇〈導言〉，《胡適文集》第 6 冊，第 163-164 頁。

是用注釋古代經典的形式表達出來，所以都把經典的原文作為正文用大字頂格寫下來。胡適的這部書，把自己的話作為正文，用大字頂格寫下來，而把引用古人的話，用小字低一格寫下來，這表明，封建時代的著作，是以古人為主。而五四時期的著作是以自己為主。這也是五四時代的革命精神在無意中的流露」。[4]《大綱》寫作的另一特色就是用白話文寫作，用新式的標點符號，這在中國學術史上也是第一次，這就從行文格式和使用語言上對中國傳統學術進行革新，可以說是當時的白話文運動向學術領域推進的標誌。

　　《大綱》對傳統學術從內容到形式進行全面的變革，它所提供的系統性方法和整體性思維為新學科的創建提供了一個具有普遍性意義的範式。馮友蘭譽之為「一部具有劃時代意義的書」，的確是不虛之言。以《大綱》為界標，中國學術劃分為兩個時代，在此之前是傳統經學佔統治地位的舊學術時代，在這之後是以現代思維統攝各個學科的新學術時代。

　　值得一提的是，在《中國哲學史大綱》出版以後，亦有各種不同意見甚至批評的言論。最引人注目的是梁啟超先生所寫的〈評胡適之《中國哲學史大綱》〉一文[5]和章太炎 1919 年 3 月 27 日回覆胡適的信，[6]不過，梁、章二人的批評主要是涉及具體史事問題的商榷和批評，並不涉及胡著的上述諸點。真正從寫作形式到處理方式對《大綱》提出批評的是在馮友蘭先生的《中國哲學史》上冊出版以後，最為人們所常引用的批評意見是陳寅恪、金岳霖兩位先生為馮友蘭先生的《中國哲學史》上冊一書出版時所寫的審查報告，兩文雖明為審查馮著，卻都共同表達了一種揚馮抑胡的傾向，為馮著的特色所辯護，顯然這代表了對胡著批評的另一種聲音。由於出自陳、金兩位大家之手，與胡適分庭抗禮的另一刊物——《學衡》將之作為

---

[4]　馮友蘭：《三松堂全集》第 1 冊，第 201 頁。

[5]　梁啟超：《評胡適之〈中國哲學史大綱〉》，收入《飲冰室合集・文集》三十八冊，上海：中華書局，1936 年版。

[6]　耿雲志主編：《胡適遺稿及秘藏書信》第 33 冊，合肥：黃山書社，1994 年 12月版，第 221-223 頁。

重磅炸彈登之於該刊。因此，這裏我們有必要特別討論陳、金兩位先生的審查報告書。

陳寅恪先生的報告主要談了兩點意見：一是「凡著中國古代哲學史者，其對於古人之學說，應具瞭解之同情，方可下筆。」「蓋古人著書立說，皆有所為而發；故其所處之環境，所受之背景，非完全明瞭，則其學說不易評論。而古代哲學家去今數千年，其時代之真相，極難推知。」「而對於其持論所以不得不如是之苦心孤詣，表一種同情，始能批評其學說之是非得失，而無隔閡膚廓之論。否則數千年前之陳言舊說，與今日之情勢迥殊，何一不可以可笑可怪目之乎？但此種同情之態度，最易流於穿鑿附會之惡習；因今日所見之古代材料，或散佚而僅存，或晦澀而難解，非經過解釋及排比之程序，絕無哲學史之可言。」二是關於偽材料的使用問題，「以中國今日之考據學，已足辨別古書之真偽；然真偽者，不過相對問題，而最要在能審定偽材料之時代及作者而利用之。蓋偽材料亦有時與真材料同一可貴。如某種偽材料，若逕認為其所依托之時代及作者之真產物，固不可也；但能考出其作偽時代及作者，即據以說明此時代及作者之思想，則變為一真材料矣。」[7]陳寅恪所表彰的這兩點，雖未點名批評胡適，但他明揚馮友蘭的《中國哲學史》，實則有貶胡適的《中國哲學史大綱》之意。

陳寅恪所謂「同情之瞭解」在「古史辨」討論中實已涉及，劉掞藜在就顧頡剛所持古史態度的商榷中，明確表示：「我對於古史只採取『察傳』的態度，參之以情，驗之以理，斷之以證。」[8]他還說：「我對於經書或任何子書不敢妄信，但也不敢閉著眼睛，一筆抹殺；總須度之以情，驗之以理，決之以證。經過嚴密的考量映證，不可信的便不信了。但不能因一事不可信，便隨便說他事俱不可信；因

[7] 陳寅恪：《審查報告一》，收入《三松堂全集》第 2 冊，鄭州：河南人民出版社，1988 年 5 月版，第 373-374 頁。

[8] 劉掞藜：《討論古史再質顧先生》，收入《古史辨》第一冊，北平：樸社，1931年 8 月六版，第 161 頁。

一書一篇不可信，便隨便說他書他篇皆不可信。」[9]胡適在〈古史討論的讀後感〉中對劉文的觀點予以了反駁，顯然素受「宋學」影響的馮友蘭、陳寅恪先生對於胡適的觀點不表贊成，而對劉掞藜的觀點作了進一步發揮。關於材料使用的問題，胡適的《中國哲學史大綱》在導言中對「哲學史的史料」、「史料的審定」、「審定史料之法」作了系統的論述，並花了很大氣力對其所使用的史料作了考證。胡適強調：「哲學史最重學說的真相，先後的次序和沿革的線索，若把那些不可靠的材料信為真書，必致（一）失了各家學說的真相；（二）亂了學說先後的次序；（三）亂了學派相承的系統。」[10]故其在材料使用上，不使用偽書或者不可靠的史料。而馮友蘭先生的看法則迥異，「對於哲學史的資料，流傳下來，號稱是某子某人的著作，首先要看它有沒有內容。如果沒有內容，即使是真的，也沒有多大的價值。如果有內容，即使是偽的，也是有價值的。所謂真偽的問題，不過是時間上的先後問題。」[11]顯然，馮友蘭並不在意史料的真偽，而是看重其內容的有無。

　　金岳霖先生在談到寫作中國哲學史的態度至少有兩點：「一個態度是把中國哲學當作中國國學中之一種特別的學問，與普遍哲學不必發生異同的程度問題；另一態度是把中國哲學當作發現於中國的哲學。」金先生以為第一種態度在現代中國已不可能，而如取第二種態度，「我們可以根據一種哲學的主張來寫中國哲學史，我們也可以不根據任何一種主張而僅僅以普通哲學形式來寫中國哲學史。胡適之先生的《中國哲學史大綱》就是根據於一種哲學的主張而寫出來的。我們看那本書的時候，難免一種奇怪的印象，有的時候簡直覺得那本書的作者是一個研究中國思想的美國人；胡先生於不知不覺間流露出來的成見，是多數美國人的成見。」[1]馮先生的態度也是以中國哲學史為在中國的哲學史；但他沒有以一種哲學的成見來寫

9　劉掞藜：《討論古史再質顧先生》，收入《古史辨》第一冊，北平：樸社，1931年8月六版，第164頁。

10　胡適：《中國古代哲學史》第一篇〈導言〉，《胡適文集》第6冊，第172頁。

11　馮友蘭：《三松堂自序》第五章〈三十年代〉，《三松堂全集》第1冊，第189-190頁。

中國哲學史。」「他說哲學是說出一個道理來的道理，這也可以說是他主見之一；但這種意見是一種普遍哲學的形式問題而不是一種哲學主張的問題。馮先生既以哲學為說出一個道理來的道理，則他所注重的不僅是道而且是理，不僅是實質而且是形式，不僅是問題而且是方法。」[12]金岳霖這段話語中所提以一種普遍哲學的形式研究中國哲學，實際上提出了中國哲學研究的一個方向。但在當時的歷史條件下，這種普遍哲學的形式也非取法西方哲學不可，三十年代，馮友蘭發表了類似蔡元培的觀點，「中國哲學，沒有形式上的系統，若不研究西洋哲學，則我們整理中國哲學，便無所取法；中國過去沒有成文的哲學史，若不研究西洋哲學史（寫的西洋哲學史），則我們著述中國哲學史，便無所矜式。據此，可見西洋哲學之形式上的系統，實是整理中國哲學之模範。」[13]馮先生認定現在只有「西洋哲學之形式上的系統」可供人們效法。而金岳霖所提到的馮著「沒有以一種哲學的成見來寫中國哲學史」這一點，似也很難成立。五十年代胡適仍不屈服金岳霖等人的意見，他重提當年關於老子年代問題的考證，以為在馮友蘭那裏「原來不是一個考據方法的問題，原來只是一個宗教信仰的問題。」[14]實際上是在標明馮友蘭所持的是正統派的立場，而他寫作哲學史的態度是歷史的、科學的、非正統的。

　　胡適與馮友蘭、陳寅恪、金岳霖的區別，實際上是「漢學」與「宋學」在中國哲學史研究兩軍對壘上的具體表現。對此，胡、馮二人在後來多少有所體悟。胡適在《中國古代哲學史》臺北版自記中提到「推翻『六家』、『九流』的舊說」，「而直接回到可靠的史料，依據史料重新尋出古代思想的淵源流變：這是我四十年前的一個目標。我的成績也許沒有做到我的期望，但這個治思想史的方法是在

---

[12] 金岳霖：〈審查報告二〉，《三松堂全集》第 2 卷，鄭州：河南人民出版社，1988年 5 月版，第 379-380 頁。

[13] 馮友蘭：〈怎樣研究中國哲學史？〉，《三松堂全集》第 11 卷，鄭州：河南人民出版社，2000 年 12 月二版，第 403 頁。

[14] 胡適：《中國古代哲學史》臺北版自記，《胡適文集》第 6 冊，第 162 頁。

今天還值得學人考慮的。」[15]而馮友蘭先生則更明確地點明他與胡適的區別是「漢學」與「宋學」的不同。他說:「蔡元培說,胡適是漢學家,這是真的。他的書既有漢學的長處又有漢學的短處。長處是,對於文字的考證、訓詁比較詳細;短處是,對於文字所表示的義理的瞭解、體會比較膚淺。宋學正是相反。它不注重文字的考證、訓詁,而注重於文字所表示的義理的瞭解、體會。」「胡適的《中國哲學史大綱》對於資料的真偽,文字的考證,佔了很大的篇幅,而對於哲學家們的哲學思想,則講得不夠透,不夠細。金岳霖說,西洋哲學與名學非其所長,大概也是就這一點說的。我的《中國哲學史》在對於各家的哲學思想的瞭解和體會這一方面講得比較多。這就是所謂『漢學』與『宋學』兩種方法的不同。」[16]

在現代中國寫作中國哲學史,是一件艱巨的工作。胡適、馮友蘭作為先行者,他們的研究工作,不僅為我們提供了中國哲學史研究的典範,而且也在實踐上給我們提出了諸多問題。

關於哲學史的研究對象。胡適提到哲學的門類包括:宇宙論、名學及知識論、人生哲學、教育哲學、政治哲學、宗教哲學。[17]而馮友蘭則明確指出一般意義上的哲學僅僅包含三大部:宇宙論、人生論、知識論。而將教育哲學、政治哲學、宗教哲學作為專門性的哲學來處理。[18]馮的這一區別,為寫作通論性的中國哲學史提供了理論依據。

關於材料的處理問題,胡適強調考證材料的真偽,在此基礎上,採用可信的史料;而馮友蘭則以為偽史、偽書如有內容,亦可為利用,可有研究的價值,不能棄置不用。現在看來,胡、馮兩者的意見應該說是可互為補充,但胡適的意見應為前提。換句話說,不論真書偽書,雖可利用,但如不弄清其時代、作者及版本源流,則在敘述哲學家的思想時不免產生錯亂。

---

[15]　胡適:《中國古代哲學史》臺北版自記,《胡適文集》第6冊,第160頁。

[16]　馮友蘭:《三松蘭自序》第五章〈三十年代〉,《三松堂全集》第1卷,第190-191頁。

[17]　胡適:《中國古代哲學史》第一篇〈導言〉,《胡適文集》第6冊,第163頁。

[18]　馮友蘭:《中國哲學史》第一章〈緒論〉,《三松堂全集》第2卷,第5頁。

　　關於如何處理中國哲學的形式與內容問題？這是中國哲學史這門學科從創建以來就已提出的一個難題。早在寫作《先秦名學史》時，胡適提出以「中西互釋」之法來研究中國哲學：「如果用現代哲學去重新解釋中國古代哲學，又用中國固有的哲學去解釋現代哲學，這樣，也只有這樣，才能使中國的哲學家和哲學研究在運用思考與研究的新方法與工具時感到心安理得。」[19]馮友蘭指出：「西洋所謂哲學，與中國魏晉人所謂玄學，宋明人所謂道學，及清人所謂義理之學，其所研究之對象，頗可謂約略相當。」[20]故處理中國哲學有兩種辦法：一是按照西洋所謂哲學之標準，取中國義理學中可與之相對應者，寫作中國哲學史。二是以中國義理之學本身的體系為主體，作中國義理學史；甚至可就西洋歷史上各種學問中，將其可以義理之學名之者，選出而敘述之，以成西洋義理學史。在這兩種選擇中，馮友蘭以為後者不可行。因為「就原則上言，此本無不可之處。不過就事實言，則近代學問，起於西洋，科學其尤著者。若指中國或西洋歷史上種種學問之某部分，而謂為義理之學，則其在近代學問中之地位，與其與各種近代學問之關係，未易知也。若指而謂為哲學，則無此困難。此所以近來只有中國哲學史之作，而無西洋義理之學史之作也。以此之故，吾人以下即竟用中國哲學及中國哲學家之名詞。所謂中國哲學者，即中國之某種學問或某種學問之某部分之可以西洋所謂哲學名之者也。所謂中國哲學家者，即中國某學者，可以西洋所謂哲學家名之者也。」[21]近來亦有學者提出第三種選擇：「我們可以把中國義理之學即作為『中國哲學』，而不必按照西洋所謂哲學嚴格限定之。可以說，自馮友蘭以後，中國哲學史的研究者都是以此種方法研究中國哲學史，即一方面在理論上認

---

[19] 胡適：《先秦名學史》導論〈邏輯與哲學〉，《胡適文集》第 6 冊，頁 11。

[20] 馮友蘭：《中國哲學史》第一章〈緒論〉，鄭州：河南人民出版社，1988 年 5 月版，第 9 頁。

[21] 馮友蘭：《中國哲學史》第一章〈緒論〉，鄭州：河南人民出版社，1988 年 5 月版，第 9-10 頁。

定以西方哲學的內容為標準，另一方面在實際上以中國義理學為範圍。」[22]

　　綜上所述，胡適的《中國哲學史大綱》的功績是依傍西方哲學形式初步建立了中國哲學史學科，馮友蘭的《中國哲學史》的優長是展現了中國哲學實質系統的獨立性、民族性，但在西方文化居有強勢文化地位的時代，馮友蘭的研究也只能適可而止。他所理想的「講哲學史之一要義，即是要在形式上無系統之哲學中，找出其實質的系統」，[23]仍是我們這一代學人應該努力的目標。如何合理地解決中國哲學研究中的形式與實質兩大系統之間的矛盾，可以說是新世紀中國哲學能否突破的一個瓶頸。

本文收入《新哲學》第二輯，鄭州：大象出版社 2004 年 7 月出版。

[22]　陳來：〈世紀末「中國哲學」研究的挑戰〉，收入氏著：《現代中國哲學的追尋》，北京：人民出版社，2001 年 10 月版，第 355 頁。

[23]　馮友蘭：《中國哲學史》第一章〈緒論〉，《三松堂全集》第 2 冊，鄭州：河南人民出版社，1988 年 5 月版，第 14 頁。

附錄三

胡適：1917（電視紀錄片腳本）

引子

這位風度翩翩、溫文爾雅的青年教授，他的名字在五四時期的知識分子中曾無人不曉，被當時的青年學生奉為偶像。在國際上他是最知名的中國人文學者，一生得了三十五個名譽博士學位。他像明星一般照耀過中國文化的天空，又一度從我們的視野裏消失。今天他被我們重新記憶，是因為他不可磨滅的文化成就。

一、文學革命

歷史上一場革命性的變化常常是從一件微末小事開始，五四時期的那場「文學革命」就是如此。作為一名庚款留美學生，胡適每月可收到一筆從華盛頓中國公使館寄來的生活津貼，負責郵寄津貼支票的公使館秘書是一位性情苛嚴的基督徒，每次他都在信封內塞進一些宣傳社會改革的傳單，如「不滿二十五歲不娶妻」、「多種樹，種樹有益」等諸如此類的道德箴言。1915 年初的一天，胡適收到的宣傳單是勸說中國改用字母拼音，以求教育普及。起初胡適對這張宣傳單頗為反感，認為像這種不通漢文的人沒有資格談論這件事，但隨後他就意識到自己的不對，覺得自己有必要用心思研究這個問題。他找來對語言問題極有天賦的同學趙元任一起商量，決定將「中

國文字的問題」列為當年留美學生會文學股年會上的議題，兩人在會上各自提交了論文，趙君的論題是「吾國文字能否採用字母制及其進行方法」，胡適的論題是「如何可使吾國文言易於教授」，胡適文中表達了一個新鮮的命題：文言是半死的語言，白話是活的語言。

　　文言是傳統士人使用的書面語言，白話是百姓日常使用的口語。胡適對文言的貶意在與會留美的中國學生中引起了軒然大波。以梅光迪為代表的大部分同學不同意胡適的觀點，絕不承認文言是半死或全死的文字。雙方展開了辯論，問題從中國文字到中國文學，胡適越辯越激烈，梅光迪則越駁越守舊。這年秋天，胡適要離開在綺色佳的康奈爾大學，轉學到哥倫比亞大學攻讀哲學博士學位；而梅光迪取道綺色佳，由西北大學轉往哈佛大學學習文學。分手時，胡適做了一首長詩送給梅君，詩中胡適第一次提出了「文學革命」，這是一個大膽的宣言：

　（字幕）梅君梅君毋自鄙！
　　　　　神州文學久枯餒，
　　　　　百年未有健者起。
　　　　　新潮之來不可止，
　　　　　文學革命其時矣。
　　　　　吾輩勢不容坐視，
　　　　　且復號召二三子，
　　　　　革命軍前杖馬箠，
　　　　　鞭笞驅除一車鬼，
　　　　　再拜迎入新世紀！
　　　　　以此報國未云菲，
　　　　　縮地戡無差可儗。
　　　　　梅君梅君毋自鄙！

　　　　　　　　　　──胡適〈送梅覲莊往哈佛大學〉

同學們覺得胡適的狂言有點不可思議。胡適原詩四百二十個字，全篇用了十一個外國字的譯音。一個與胡適很要好的留學生——任鴻雋把詩裏的一些外國字連綴起來，做了一首遊戲詩回贈胡適，詩的末行頗帶挖苦之意：

> （字幕）牛敦愛迭孫，培根客爾文。
>
> 索虜與霍桑，「烟士披裏純」。
>
> 鞭笞一車鬼，為君生瓊英。
>
> 文學今革命，作歌送胡生。

> ——任鴻雋〈送胡生往哥倫比亞大學〉

胡適自然不能把這首詩當作遊戲看。他覺得自己是經過深思熟慮才提出這樣一個嚴肅命題。於是他寫了一首很莊重的答詞寄給綺色佳的朋友們，又喊出了「詩國革命」，提出「要須作詩如作文」。

> （字幕）詩國革命何自始，要須作詩如作文。

> ——胡適〈依韵和叔永戲贈詩〉

正統的文學觀將詩與文截然分離為兩途，它不屑於白話化的詩。胡適反叛這樣一種傳統。他的觀點在康奈爾、哥倫比亞、哈佛、瓦夏、華盛頓這五所大學的中國留學生宿舍裏廣泛流傳，被大家爭議、討論。這種情形延續了一年多的光景。一天一張明信片，三天一封長信，中間還出現了一個有意思的插曲。

　　1916 年夏的一天，一群中國留學生在康奈爾大學校園內的凱約嘉湖划船。這裏山水相連，瀑布飛濺，風景優美。忽然湖面颳起了大風，一場大雨傾瀉而下，大家急忙靠岸，在上岸時不小心，把船弄翻了，雖沒出什麼危險，大家的衣服卻全濕了。任鴻雋做了一首〈泛湖即事〉詩寄給胡適。胡適又就詩中的一些句子回信與任討論。梅光迪出來為任打抱不平。這是一個創作詩歌例案的爭論，焦點是白話能否入詩。梅、任反對的意見把胡適逼上梁山，逼迫他將自己關於文學革命的思想作一個系統的整理和更充分的表達。

　　在留美學生群中，胡適只得到一個名叫陳衡哲的女生的支持。她熱愛詩歌創作，任鴻雋情繫這位才華出眾的女生，可陳衡哲似乎被胡適的思想所吸引，她被胡適引為新文學路上的第一位女同志。

　　在這種孤軍奮戰的環境裏，胡適感觸到一種思想的寂寞，他寫下了這樣的詩句：

> （字幕）兩個黃蝴蝶，雙雙飛上天。
> 　　　　不知為什麼，一個忽飛還。
> 　　　　剩下那一個，孤單怪可憐；
> 　　　　也無心上天，天上太孤單。

——胡適〈蝴蝶〉

革新是一件轟轟烈烈的事業。但先驅者卻往往是孤獨的。正在國內主編《新青年》雜誌的陳獨秀，也有一種勢單力薄的孤獨感。他編刊物，常常找不到自己滿意的稿子，有時候他不得不自己來包攬一期的稿子。他到處尋找知音，物色作者，經人介紹他與胡適聯繫上了，他慨嘆地對胡適說：「中國社會可與共事之人，實不易得。」他寫信催促胡適將關於文學革命的意見寫出來。

> （字幕）文學改革，為吾國目前切要之事。此非戲言，更非空言，如何如何？《青年》文藝欄意在改革文藝，而實無辦法。吾國無寫實詩文以為模範，譯西文又未能直接喚起國人寫實主義之觀念，此事務求足下賜以所作寫實文字，切實作一改良文學論文，寄登《青年》，均所至盼。

——1916 年 10 月 5 日陳獨秀致胡適

梅、任兩君的反對與陳獨秀的力邀，形成了一個強烈對比。胡適將自己幾年的思考系統鋪陳一篇長文——〈文學改良芻議〉。1917 年 1 月 1 日出刊的《新青年》，引人注目地登出了這篇文章。身在美國的胡適考慮到國內環境的更為保守，他的文章措詞相對溫和，但它提出的「八事」卻表達了一場「文學革命」的基本訴求。

（字幕）一曰須言之有物。

二曰不摹仿古人。

三曰須講求方法。

四曰不作無病之呻吟。

五曰務去爛調套語。

六曰不用典。

七曰不講對仗。

八曰不避俗字俗語。

——胡適〈文學改良芻議〉

　　陳獨秀是一位敏銳的革命家，文中所包含的革命性內容，被他一眼洞穿，在接下來的一期《新青年》中他發表了一篇〈文學革命論〉，大力推薦胡適的文章：

（字幕）文學革命之氣運，醞釀已非一日，其首舉義旗之急先鋒，則為吾友胡適。余甘冒全國學究之敵，高張「文學革命軍」大旗，以為吾友之聲援。旗上大書特書吾革命軍三大主義：

曰，推倒雕琢的阿諛的貴族文學，建設平易的抒情的國民文學；

曰，推倒陳腐的鋪張的古典文學，建設新鮮的立誠的寫實文學；

曰，推倒迂晦的艱澀的山林文學，建設明瞭的通俗的社會文學。

——陳獨秀〈文學革命論〉

態度比胡適來得更堅決，語氣也更激烈。北大的另一位教授錢玄同也站出來為胡、陳助陣。這位國學大師章太炎的高足頗有高陽酒徒的氣概，他寫信給陳獨秀，斥責在文壇居主流地位的一大批古文宗師為「選學妖孽」、「桐城謬種」。

　　「文學革命」的呼聲對文壇形成一種衝擊。康有為、嚴復、辜鴻銘這些文壇宿老不以為然，著名的翻譯家林紓感到有必要出面一搏，這位不懂西文的翻譯家曾以文言翻譯了一百八十多種西洋小

說。他在上海《民國日報》發表了一篇〈論古文之不當廢〉。在《申報》上他又發表了一篇小說〈荊生〉，在小說中創作了三個小丑似的人物影射攻擊陳獨秀、胡適和錢玄同。但他說：「吾固知古文之不當廢，然吾不知其所以然。」這樣一個糟糕的反對派自然不堪一擊。

　　胡適在《新青年》上第一次公開發表自己創作的白話詩詞。這是一首題為〈人力車夫〉的新詩，它充滿了對人力車夫這一下層勞動人民的同情和悲憫：

> （字幕）警察法令，十八歲以下，五十歲以上，皆不得為人
> 　　　　力車夫。
> 　　　　「車子！車子！」車來如飛。
> 　　　　客看車夫，忽然中心酸悲。
> 　　　　客問車夫，「你今年幾歲？拉車拉了多少時？」
> 　　　　車夫答道：「今年十六，拉過三年車了，你老別多疑。」
> 　　　　客告車夫，「你年紀太小，我不坐你車。我坐你車，
> 　　　　我心慘凄。」
> 　　　　車夫告客，「我半日沒有生意，我又寒又飢。
> 　　　　你老的好心腸，飽不了我的餓肚皮，
> 　　　　我年紀小拉車，警察還不管，你老又是誰？」……
>
> 　　　　　　　　　　　　　　　　　——胡適〈人力車夫〉

胡適初期嘗試創作的白話詩詞，還帶有明顯的舊詩痕迹。用他自己的話說，就像一個纏過腳的女人，不免還帶有纏腳時代的血腥氣。但他打破自古以來「嘗試成功自古無」的觀念，堅信「自古成功在嘗試」，大膽地向前探索。

二、新文化運動的理想

　　那時的中國雖然已掛起了民國的招牌，但政治失序，社會動蕩。舊派搖頭，新派不滿。國內許多知識分子在這座沉悶的鐵屋裏為國

家、民族痛苦地焦慮，但他們找不到出路。在留美的那些崢嶸歲月，胡適耳濡目染美國的民主政治，思考改造中國之道。1915 年他在日記中寫下了這麼一段話：

> （字幕）適以為今日造因之道，首在樹人，樹人之道，端賴教育，故適近來別無奢望，但求歸國後能以一張苦口，一支禿筆，從事於社會教育，以為百年樹人之計：如是而已。

> ——《胡適留學日記》（三）卷十二

1917 年 5 月 22 日，胡適參加博士學位考試後，就匆匆踏上了歸國的路程，他感受到一種使命。在日記上他記下了《伊利亞特》中的一句話：「如果我們已經回來，你們請看分曉吧！」

胡適歸國的船到了日本橫濱，就聽到了張勳復辟的消息，這是民國以來演出的第二幕復辟帝制醜劇。到了上海，一位朋友領他去大舞臺看京戲，沒想到演戲的人還是他十年前見過的趙如泉、沈韵秋、萬盞燈、何家聲、何金壽這些老角色在臺上撐場面。胡適又去逛書店，令他失望的是，書攤上擺滿了玩撲克、算命卜卦一類的書，沒有幾部有價值的中外文書籍可讀。胡適回到闊別七年、夢回縈繞的家鄉——徽州，沒想到「三炮臺」的紙煙也已流行到這裏，鄉村的學堂殘破不堪。人們整天打撲克，打麻雀，泡茶館，時間不值錢。一個曾經為人類文明創造輝煌的民族，精神衰竭到這種地步！不禁令胡適想放聲大哭。他說：「如今的中國人，肚子餓了，還有些施粥的廠把粥給他們吃。只是那些腦子叫餓的人可真沒有東西吃了。難道可以把些《九尾龜》、《十尾龜》來充飢嗎？」

胡適對自己看到的這一幕幕情景刻骨銘心。四年以後他語重心長地對朋友說：「1917 年 7 月我回國時，船到橫濱，便聽見張勳復辟的消息；到了上海，看了出版界的孤陋，教育界的沉寂，我方才知道張勳復辟乃是極自然的現象，我方才打定二十年不談政治的決心，要想在思想文藝上替中國政治建築一個革新的基礎。」

三、北大與《新青年》

　　這年秋天，胡適被聘任為北大教授，時年二十六歲，正是風華正茂，大展才華的年頭。當時北大人才濟濟，尤其是在文科，新舊兩派的力量都很強壯。舊派一方有黃侃、辜鴻銘、劉師培這批人；新派一方以《新青年》的作者為主。胡適的到來無疑是給新派增添了一員大將。校長蔡元培是一位德高望重、銳意革新的教育家；文科學長陳獨秀是一位意志堅定的革命家。有趣的是，蔡先生長陳獨秀十二歲，陳獨秀大胡適十二歲，三人都屬兔。

　　胡適進北大之初，在哲學門擔任中國哲學史大綱、西洋哲學史大綱兩門課；在英國文學門擔任英文學、英文修辭學、英詩、歐洲文學名著等課。

　　西洋哲學史、英文這類與歐美有關的課程，對這位「鍍金」歸來的留學生來說並不為難，胡適在美留學的七年，接受了系統的西方人文社會科學教育，接觸了歐美最新流行的各種思潮。唯獨中國哲學史這門課，對他來說是一個考驗。

　　那時北大的學生對教師十分挑剔，據當時在北大讀書的馮友蘭先生回憶，曾經有一位名不見經傳的先生接替馬敘倫先生的「宋學」一課，因為講義有誤，被學生轟下講臺。現在胡適接受的這門課，原由年近古稀的老先生陳漢章擔任，老先生的國學根基深厚，他講課從三皇五帝講起，講了半年才講到周公。胡適接任後，發下他的講義《中國哲學史大綱》，講義丟開唐、虞、夏、商，直接從周宣王以後講起。這一改對學生們充滿三皇五帝神話傳說的腦筋，不啻是一個巨大的衝擊，學生嘩然。有些學生以為胡適此舉是思想造反，不配登臺講課，他們找來在學生中頗有威望而國學基礎甚厚的傅斯年來聽課，結果傅聽課後的評價是：「這個人，中國古書雖然讀得不多，但他走的這一條路是對的。你們不能鬧。」經他這麼一說，這

場風波才平息下去。多年以後，胡適回憶起這件事，幽默地稱傅斯年是他來北大後的「保護人」。

對北大學生思想造成震撼性效應的這門中國哲學史大綱課程，究竟講的是什麼呢？我們可以從一年以後出版的《中國哲學史大綱》一書看出它的痕跡。在傳統的思想觀念中，儒家學說被樹為正統，置於其它學說之上；而胡適則將儒家與其它諸子平等地對待，還它一個歷史的本來面目。傳統的學術，哲學家的思想，無論有沒有新的東西，基本上都是用注釋經典的形式表達出來，所以把經典的原文作為正文用大字頂格寫下來；胡適的這部書把自己的話作為正文，用大字頂格寫下來，而把引用古人的話，用小字低一格寫下來。傳統的學術著作用文言寫作，而胡適的這部書改用白話寫作。這一切，都意味著一場學術範式的革命，它反映了五四這一代學者對民主、科學精神的追求。

北大集結了一批新派教授。《新青年》改組為同人刊物，由陳獨秀、胡適、李大釗、錢玄同、高一涵、沈尹默六人輪流主持。一批受新文化影響的北大學生，傅斯年、羅家倫、康白情、俞平伯等開始聚集在《新青年》的周圍，他們也辦了一個刊物——《新潮》，它的英文意思是「文藝復興」（Renaissance），胡適是他們的顧問。《新青年》與《新潮》彼此呼應，成了新文化運動的核心刊物。

四、個性解放

這是一個個性解放的時代。中國傳統刻板的家庭制度所顯示的非人道束縛，使無數青年的個性根本無從伸張。五四時期，一位叫李超的女子求學心切，受到兄長的百般阻礙，不得已出家，最後被折磨至死。胡適被這一觸目驚心的事迹所震動，他破例為這位無名女子立傳。胡適在《新青年》上設立「易卜生主義」專號，向世人宣傳「健全的個人主義精神」。

（字幕）我所最期望於你的是一種真益純粹的為我主義。要使你有時覺得天下只有關於我的事最要緊，其餘的都算不得什麼。……你要想有益於社會，最好的法子莫如把你自己這塊材料鑄造成器。……有時候我真覺得全世界都像海上撞沉了船，最要緊的還是救出自己。

——胡適《易卜生主義》

胡適開始對傳統禮教進行改革。他最敬愛的母親去世，他打破「三年喪制」的陳規，只穿了五個月零十幾天的喪服，喪葬事宜從簡。他做了父親，卻告誡兒子要做一個堂堂的人，不要做自己的孝順兒子。他發表《貞操問題》，指責北洋政府的《褒揚條例》鼓勵女子自殺殉夫，是「野蠻殘忍的法律」。他演講《大學開女禁的問題》，呼籲大學招收女生、延聘女教授，蔡元培先生採納他的建議，北大率先招收了第一批女生，聘請了中國第一位女教授。北大成立進德會，胡適自列為甲種會員，它要求不嫖、不賭、不納妾。

無數青年是舊家庭制度的犧牲品。胡適自己的婚姻也是媒妁之言，母親之命。母親很早就為他訂下與江冬秀的親事。出於對母親的尊重，胡適接受了這份禮品，洞房花燭夜他才第一次見到相思十三年的新娘。從此以後，胡適與她相敬相愛，這位不識字的小腳夫人伴隨了胡適的一生。歷史的缺陷有時也需要以一種妥協的方式來彌補。

五、新文化運動的果實

新文化運動像一匹不羈的狂馬向前奔跑。各種白話報刊雜誌如雨後春筍般成長，「文學革命」終於由幾個同志的醞釀、發動形成為一種文化運動。北洋政府的教育部也不得不承認既成的現實，1920年教育部通令全國把小學一二年級國文改為國語，1923 年中學國文課本改為國語科。白話文公然叫做國語了。

　　胡適歸國回到老家時，他的母親對他說：「你出國前種的茅竹，現在已經成林了。」胡適走進菜園一看，果然是一片碧綠的新竹。現在想不到由他插下的第一根文學革命新竹，沒過六七年的功夫就綠遍了全國。

　　受到新文學、新思潮影響的青年學生開始激奮起來，他們對社會生活各方面的改革抱有極大的參與熱情，胡適成了他們的導師。胡適居住的南池子緞庫後街八號成了來自各地的青年學生拜訪的場所，在這些青年學生中，有一位身材瘦高，操著濃厚湖南口音的青年，他就是後來名震中外的毛澤東。毛澤東當時多次登門拜訪，或寫信向胡適求教。

　　長征勝利後，毛澤東在延安與美國記者埃德加·斯諾談話時，說五四前後，他「非常欽佩胡適和陳獨秀的文章」，胡適、陳獨秀代替從前的梁啟超、康有為，成為他崇拜的新的偶像。這是今天在胡適檔案中還保存的一張 1920 年 1 月 15 日毛澤東給胡適的明信片。（手迹照片）

　　短短三、四年的努力終於創造了奇蹟。面對這場空前的文化震撼，南方的一位老革命家——孫中山先生將熱切的眼光投向北京，他肯定了這「一二覺悟者」所引起的「思想界空前之大變化」。他寫信給北大的同志：「率領三千子弟，助我革命。」新文化運動開始超出文學的範圍，將它的革新鋒芒指向更為廣闊的歷史舞臺。

1999 年 11 月 12 日第一稿
2000 年 3 月 12 日第二稿

　　　　〈胡適：1917〉係應中央電視臺之約，
　　　　為拍攝該片所寫的電視紀錄片腳本。

史地傳記類　AC0020

探尋胡適的精神世界

作　　者 / 歐陽哲生
主　　編 / 蔡登山
責任編輯 / 鄭伊庭
圖文排版 / 楊家齊
封面設計 / 王嵩賀

發 行 人 / 宋政坤
法律顧問 / 毛國樑　律師
印製出版 / 秀威資訊科技股份有限公司
　　　　　114 台北市內湖區瑞光路 76 巷 65 號 1 樓
　　　　　電話：+886-2-2796-3638　傳真：+886-2-2796-1377
　　　　　http://www.showwe.com.tw
劃撥帳號 / 19563868　戶名：秀威資訊科技股份有限公司
　　　　　讀者服務信箱：service@showwe.com.tw
展售門市 / 國家書店（松江門市）
　　　　　104 台北市中山區松江路 209 號 1 樓
　　　　　電話：+886-2-2518-0207　傳真：+886-2-2518-0778
網路訂購 / 秀威網路書店：http://www.bodbooks.com.tw
　　　　　國家網路書店：http://www.govbooks.com.tw
圖書經銷 / 紅螞蟻圖書有限公司
　　　　　114 台北市內湖區舊宗路二段 121 巷 28、32 號 4 樓
　　　　　電話：+886-2-2795-3656　傳真：+886-2-2795-4100

2011 年 11 月 BOD 一版
定價：380 元
版權所有　翻印必究
本書如有缺頁、破損或裝訂錯誤，請寄回更換

國家圖書館出版品預行編目

探尋胡適的精神世界 / 歐陽哲生著. -- 一版. --
臺北市：秀威資訊科技, 2011.11
　　面；　　公分. -- (史地傳記類；AC0020)
BOD 版
ISBN 978-986-221-800-6(平裝)

　　1. 胡適　　2. 臺灣傳記

783.3886　　　　　　　　　　　　　100013286

讀者回函卡

感謝您購買本書，為提升服務品質，請填妥以下資料，將讀者回函卡直接寄回或傳真本公司，收到您的寶貴意見後，我們會收藏記錄及檢討，謝謝！如您需要了解本公司最新出版書目、購書優惠或企劃活動，歡迎您上網查詢或下載相關資料：http:// www.showwe.com.tw

您購買的書名：_____

出生日期：_____年_____月_____日

學歷：□高中 (含) 以下 　　□大專 　　□研究所 (含) 以上

職業：□製造業 □金融業 □資訊業 □軍警 □傳播業 □自由業
　　　□服務業 □公務員 □教職 　□學生 □家管 　□其它_____

購書地點：□網路書店 □實體書店 □書展 □郵購 □贈閱 □其他

您從何得知本書的消息？

　□網路書店 □實體書店 □網路搜尋 □電子報 □書訊 □雜誌

　□傳播媒體 □親友推薦 □網站推薦 □部落格 □其他_____

您對本書的評價：(請填代號 　1.非常滿意 　2.滿意 　3.尚可 　4.再改進)

　封面設計____ 版面編排____ 內容____ 文／譯筆____ 價格____

讀完書後您覺得：

□很有收穫 □有收穫 □收穫不多 □沒收穫

對我們的建議：_____

_____

_____

_____

11466
台北市內湖區瑞光路 76 巷 65 號 1 樓

秀威資訊科技股份有限公司　　　收

BOD 數位出版事業部

....

（請沿線對折寄回，謝謝！）

姓　　名：＿＿＿＿＿＿＿＿＿　年齡：＿＿＿＿　性別：□女　□男

郵遞區號：□□□□□

地　　址：＿＿＿＿＿＿＿＿＿＿＿＿＿＿＿＿＿＿＿

聯絡電話：(日) ＿＿＿＿＿＿＿＿　(夜) ＿＿＿＿＿＿＿＿

E-mail：＿＿＿＿＿＿＿＿＿＿＿＿＿＿＿＿＿＿＿